중국어
콘텐츠
큐레이팅

중국어 콘텐츠 큐레이팅

| **박정원** 지음 |

HU:iNE

중국어 콘텐츠 큐레이팅을 발간하며

2016년 클라우스 슈밥(Klaus Schwab) 등에 의해 촉발된 제4차 산업혁명에 대해서 알렉로스(Alec Ross)는 "미래 산업 보고서"에서 미래 산업은 단순히 첨단 IT 분야에 한정된 이야기가 아니라 사회와 산업 전반에 지금과는 전혀 다른 새로운 빅뱅을 불러올 것이라 주장하며, 빅데이터(Big Data)를 포함한 데이터의 중요성을 강조하고 있으며, 나아가 "데이터 시각화"를 "세계를 꿰뚫는 창"이라고 강조하고 있습니다. 데이터의 중요성을 거론한 점은 이전까지 한국사회에서 콘텐츠 중심으로 형성된 담론에 대한 근본적인 질문을 던지고 있습니다. 콘텐츠가 완성차라면 데이터는 부품소재로 규정할 수 있으며, 이 부품소재는 완성차에 갇히는 것이 아니라 다양한 자동차로 발전할 수 있는 근본적인 기반을 형성하고 있다는 점에서 아주 중요하다고 할 수 있습니다.

본 저술은 이러한 문제의식에서 출발하고 있으며 그동안 필자가 지속적으로 연구해 온 중국어 교육과 ICT, 데이터 디자인을 상호 결합하여 구성하였습니다. 즉 중국어 교육에 최신 데이터 디자인툴들을 적극 활용하여 서비스할 수 있는 총체적인 모듈을 제시하였습니다. 본 저술에서 소개하는 다양한 모듈을 내면화할 경우 보다 더 풍요로운 중국어 교육의 세계로 나아갈 수 있을 것입니다. 이를 위해서는 중국어 교육 콘텐츠를 구성하는 소스별 조작 능력도 아주 중요하다고 할 수 있습니다.

본 저술은 총 24장으로 구성되어 있습니다. 각 장은 중국어 콘텐츠를 제작하고 활용하기 위한 필수적인 모듈들로 구성하였으며, OS, 텍스트, 사운드, 영상, 자막, 상호작용, ebook, 스마트 디바이스로 분류할 수 있습니다. 완전한 중국어 교육 콘텐츠를 위해서는 어느 것 하나 중요하지 않은 요소는 없습니다. 즉 콘텐츠는 총체성의 개념으로 접근해야 합니다. 모든 요소들이 유기적으로 결합하여 완전성에 도달할 수 있으나 각 개별 소스에 대한 신뢰성이 담보되어야 만이 최종 콘텐츠를 대한 신뢰성을 확보할 수 있습니다. 세부적은 구성은 다음과 같습니다.

1. 가상 윈도우 설치 Vmware Workstation: 요즘 Windows는 다국어 구현을 지원하고 있으나 소프트웨어의 언어적 특성을 완전하게 지원하고 있지는 않습니다. 특히 오래 전에 개발된 소프트웨어라면 더욱 언어의 특성에 갇히게 됩니다. 대부분 사용자들이 한국어 윈도우 기반에서 중국어 간자를 포함한 다국어 입력을 활용하고 있지만, 특정 소프트웨어는 설치할 수 없는 환경에 노출됩니다. 가상 윈도우는 윈도우 속에 또 다른 다국어 윈도우를 설치하여 활용할 수 있게 합니다. 대부분 유니코드 기반에서 소프트웨어를 개발하기 때문에 자동으로 영어버전으로 설치되지만 비유니코드 기반 중국어 소프트웨어를 한글 윈도우에서 편리하게 사용하고자 할 때 가상 윈도우는 아주 유용한 소프트웨어라고 할 수 있습니다.

2. 중국어 문서인식 Readiris, TH-OCR, Omnipage: 중국어 콘텐츠 제작 작업에서 가장 번거로운 것은 중국어 텍스트 입력이라 할 수 있습니다. 특히 이미 출판된 종이책을 입력하는 작업은 기계적일 뿐만 아니라 상당한 노력이 필요한 작업이기도 합니다. 문서인식은 스캔이나 PDF 파일을 간단한 작업을 통해 순수한 텍스트를 추출할 수 있게 도와줍니다. 문서인식을 적절히 활용한다면 많은 시간을 절약하고 희망하는 텍스트를 단시간에 확보할 수 있습니다.

3. MP3 가사검색, 제작, 재생 Lyricsget, LrcEdit, MiniLyrics: 일반적으로 음악 파일은 사운드로 구성되어 있기 때문에 보편적으로 영상처럼 자막과 결합하지 않고 있습니다. 사운드와 자막을 결합할 수 없는 것이 아니라 일반적으로 사운드만 서비스되고 있습니다. 사운드와 자막 LRC를 생성하여 활용한다면 중국어 교육에 보이는 사운드를 실현하고, PC나 스마트폰에서 사운드와 자막이 상호 동기화되면서 학습효율을 배가시킬 수 있을 것입니다.

4. 스마트폰(iPhone) MP3+LRC 재생 Lyrics Go, iStudy Player: PC에서 사운드와 자막 LRC를 결합하여 사운드의 평면성을 극복할 수 있으며, 스마트폰에서도 어플리케이션을 활용하여 사운드와 자막을 결합할 수 있습니다. 스마트폰에서 사운드와 자막을 결합할 경우 자막 LRC를 터치하고 드래그하여 사운드의 재생을 조절할 수 있는 장점이 있습니다. 즉 사운드 재생시 가장 어려운 특정 영역 찾기를 수월하고 정밀하게 할 수 있습니다. 자막을 눈으로 보면서 터치 드래그하여 사운드의 위치를 탐색할 수 있습니다.

5 사운드 편집 Cool Edit: 사운드는 모든 콘텐츠의 가장 기본적인 소스라고 할 수 있습니다. Cool Edit는 편리하게 사운드를 녹음하고 변환하고 분할할 수 있는 기능을 제공합니다.

6. 가사파일(Lrc) 자막파일(Smi) 변환 SMI ↔ LRC 상호 변환기: 영상에서 사운드를 추출할 수 있고 영상 자막 SMI에서 LRC를 추출할 수 있습니다. SMI ↔ LRC 상호 변환기는 다국어 자막도 유니코드 모드로 영상 자막 SMI와 사운드 자막 LRC를 상호 변환할 수 있습니다. 영화에서 사운드를 추출하고 SMI에서 LRC를 추출하여 PC나 스마트폰에서 활용할 수 있습니다.

7. 인터넷 영상 다운로드 XMLBar: 온라인 상에서 스트리밍 형식으로 서비스되는 영상을 다운로드하는 소프트웨어는 많이 개발되어 있지만, XMLBar는 중국에서 서비스되고 있는 영상을 간단하게 다운로드할 수 있게 합니다. 영상은 스트리밍 방식으로 활용할 수 있지만, 자막작업을 하기 위해서는 반드시 영상이 로컬위치에 있어야 합니다.

8. "중국어+한어병음+한국어" 멀티자막 제작 SMISyncW: 자막은 영상의 진행에 따른 텍스트의 변화를 나타냅니다. 자막은 영상의 사운드에 대한 이해에 제한이 발생할 때 보조적으로 중요하게 활용할 수 있습니다. SMISyncW는 단일 자막도 제작할 수 있지만 멀티 자막도 제작할 수 있습니다. 중국어+한어병음+한국어 자막을 제작하여 활용할 경우 교육 효과를 높일 수 있는 장

점이 있습니다.

9. 한어병음 자막 제작 웹사이트, Pinyin Dashi: 중국어 자막은 영상의 불완전한 내용을 보완하는 역할을 합니다. 그러나 중국어 자막은 중국어 독해 능력이 있는 사람은 문제가 없으나 초보자는 이해할 수 있는 한계가 있습니다. 중국어 자막에 대응되는 한어병음 자막을 제작한다면 중국어와 한어병음을 결합하여 활용할 수 있습니다. 한어병음 자막은 웹사이트나 소프트웨어를 이용하여 중국어 자막의 태그를 유지한 채 몇 번의 동작으로 생성할 수 있습니다.

10. DVD 영상추출 Xilisoft DVD Ripper Ultimate: 요즘은 대부분 영화가 스트리밍 방식으로 서비스되고 있지만 그럼에도 불구하고 중국어 교육에 있어서 DVD 미디어는 중요한 자원이라 할 수 있습니다. DVD 미디어의 가장 중요한 자원은 자막입니다. DVD로부터 영상과 자막을 추출하여 활용한다면 DVD 롬이 없어도 활용할 수 있는 효율적인 중국어 자원을 획득할 수 있습니다.

11. DVD 이미지 자막(idx, sub) 추출 Vobsub, VSRip: DVD 미디어로부터 영상도 추출할 수 있지만 자막도 추출할 수 있습니다. DVD에서 Vobsub을 이용하여 최초로 추출하는 자막은 이미지 기반 작업이며 영상과 결합하여 정상 재생할 수 있지만 특성은 편집불가능한 이미지 기반 자막입니다.

12. 이미지 자막 텍스트 자막(srt, smi) 변환 Subocr: DVD로부터 추출된 자막은 이미지 기반 자막으로 영상과 결합하면 자막을 재생할 수 있으나, 편집을 할 수 없는 한계가 있습니다. Subocr을 이용하면 DVD에서 추출한 이미지 중국어 자막을 간단하게 텍스트 자막으로 변환할 수 있으며, 중국어 기반 소프트웨어이지만 한글 윈도우에서도 사용할 수 있습니다.

13. 중국어 자막 한글 자동번역 Subtitle Edit: 중국어 자막은 DVD에서 추출하여 텍스트 기반 자막으로 변환하거나 웹에서 다운로드 받거나 직접 제작

할 수 있습니다. 한어병음 자막도 간단하게 생성할 수 있으나, 한국어 번역 자막도 구글 번역엔진을 활용하여 완성도는 떨어지지만 생성할 수 있습니다. Subtitle Edit를 이용하여 초벌번역을 수행하고 추후 보완한다면 번역자막 생성에 많은 시간을 절약할 수 있을 것입니다.

14. 영상 자르기 Boilsoft Video Splitter: 중국어 교육에 필요한 중요한 자원 중의 하나인 영상은 Adobe Premiere와 같은 경전적인 영상편집 소프트웨어를 이용하여 자를 수 있습니다. 중국어 교육 콘텐츠를 제작하기 위해서는 전체 영상도 필요하지만 문장별 영상도 필요하게 됩니다. 중국어 콘텐츠 제작을 전제로한다면 간단한 조작으로 영상의 특정 영역을 자를 수 있는 Boilsoft Video Splitter는 아주 유용한 소프트웨어라 할 수 있습니다. 즉 소잡을 때는 소잡는 칼을 사용하고 닭잡을 때는 닭 잡는 칼을 사용해야 작업효율을 높일 수 있습니다.

15. 스마트폰 + 자막 재생 Vobsub cutter, Daum 팟플레이어: 영상이나 자막은 특정한 위치를 잘라서 사용할 수 있습니다. DVD로부터 추출한 이미지 자막 전체를 텍스트 자막으로 전환하여 활용할 수도 있지만 Vobsub cutter를 이용하면 이미지 자막 일부분만을 잘라서 간편하게 활용할 수 있습니다. 자른 자막은 자른 영상과 서로 결합하여 활용할 수 있고, Daum 팟플레이어를 이용하여 자막의 싱크를 조절할 수 있습니다.

16. 영상+자막 합성 다음팟인코더: 영상과 자막은 영상플레이어를 이용하여 재생할 수 있지만, 콘텐츠툴에 삽입할 때는 영상만 삽입되는 한계가 있습니다. 이를 극복하는 방법이 영상+자막을 서로 합성하는 것입니다. 다음팟인코더는 한글 윈도우 환경에서 영상+중국어 자막을 합성할 수 있고, 약간의 처리를 하면 멀티자막도 합성할 수 있습니다.

17. 영상편집 CyberLink PowerDirector: 영상은 중국어 교육콘텐츠를 구성하는 가장 중요한 자원 중의 하나라고 할 수 있습니다. 현재 FinalCut, Adobe

Premiere, Sony Vegas와 같은 전문 영상 편집소프트웨어가 개발되어 있지만 PowerDirector는 최소한의 학습을 거치면 누구라도 영상을 편집할 수 있는 수월성을 제공합니다.

18. 멀티미디어 구간 반복 재생 Audio Replayer: 언어 학습에서 듣기가 아주 중요하다고 할 수 있습니다. Audio Replayer는 영상이나 사운드를 A-B 구간으로 반복해서 플레이하는 단순한 기능이 아닌, 영상이나 사운드의 특정 구간점을 A-B-C-D... 다중구간으로 설정하여 각 구간마다 반복재생 횟수나 구간 사이의 정지시간을 각각 설정할 수 있습니다. 영상이나 사운드를 구간별로 반복적으로 재생하여 교육에 활용할 때 아주 유용한 소프트웨어라 할 수 있습니다.

19. 스마트 상호작용 Socrative: 중국어 교육에 있어서 교수자-학생간의 상호작용은 아주 중요하다고 할 수 있습니다. 오프라인 현장에서 면대면으로 상호작용을 할 수 있지만, 교수자-다수 학생들간의 동시 상호작용은 Socrative와 같은 소프트웨어를 이용하면 더욱 더 소통의 효율성을 높일 수 있습니다. 특히 요즘과 같은 스마트 디바이스 시대에 스마트폰을 활용한 동시 상호작용은 학생들의 학습 참여도를 높일 수 있는 대안으로 활용할 수 있습니다.

20. 스마트 동영상 재생 nPlayer: PC 기반에서 영상+자막을 상호 결합하여 재생하는 방법은 이미 익숙한 방법이지만, 스마트 디바이스에서 영상+자막을 재생하는 방법은 아직은 생소한 방법입니다. Youtube는 제한적으로 자막을 지원하고 있지만, 대부분 인터넷 스트리밍 서비스는 자막을 지원하지 않고 있습니다. 이를 해결하는 방법은 nPlayer와 같은 스마트 디바이스 기반 영상 플레이어에서 사용자가 직접 제작한 자막과 영상을 전송하여 활용하는 것입니다. 스마트 디바이스에서 영상과 멀티자막을 결합할 수도 있고 영상의 재생을 자막을 터치, 드래그하여 제어할 수 있는 장점이 있습니다. 즉 영상재생을 자막을 보면서 앞뒤이동, 반복 등의 재생 제어를 통해서 중국어 교육의 효율성을 강화할 수 있습니다.

21. 스마트 퀴즈제작 iSpring QuizMaker: 상호작용 즉 퀴즈는 학습상황을 점검할 수 있는 유용한 방법이라 할 수 있습니다. 종이인쇄물 기반에서는 오프라인 현장에서 사용해야 하고 시간이 투입되는 사후 확인이라는 과정을 거쳐야 하지만, 상호작용툴을 이용하여 제작한 온라인 퀴즈는 PC나 스마트폰에서 학습상황을 실시간, 자동으로 점검할 수 있는 장점이 있습니다. 또한 퀴즈의 결과는 자동으로 출제자 메일로 전송되기 때문에 관리가 편리합니다.

22. 스마트 eBook 제작 ePage Creator: 디지털 시대의 정보전달은 종이책의 유효성에도 불구하고 ebook의 비중이 증가하고 있는 추세입니다. 중국어 교육 콘텐츠를 제작할 수 있는 렉토라, 스토리라인 등의 오써링 툴들이 개발되어 있지만 사용법과 제작시간이 많이 소요되는 단점이 있습니다. 소스로 PDF 자원을 수용하고 PC와 스마트 디바이스를 동시에 지원하는 HTML5 기반 ebook 제작툴인 ePage Creator은 중국어 교육에 필수적인 영상과 사운드를 수용하고 수월하게 제작할 수 있는 장점이 있습니다.

23. Youtube 영상 자막제작: 중국어 교육에 있어서 영상은 아주 중요한 자원이며, 영상의 정보를 보조적으로 지원하는 자막도 아주 중요한 자원이라고 할 수 있습니다. 세계 최대 영상 스트리밍 서비스인 Youtube는 무료, 무제한 서비스 용량, 빠른 서비스 속도 등에서 아주 경쟁력이 있다고 할 수 있습니다. 또한 영상과 자막을 각각 업로드하여 서비스할 수 있는 기능을 제공하고 있으며 다국어 멀티자막 업로드도 지원하고 있습니다. 대부분의 콘텐츠툴은 Youtube 영상 자원을 링크나 Embed 방식으로 수용하기 때문에 Youtube에서 영상+자막이 결합된 서비스를 그대로 수용할 수 있으며, 영상+자막을 합성하는 번거로운 과정이 필요없는 장점이 있습니다.

24. 스마트 중국어 콘텐츠 제작 Articulate Storyline 2: Articulate Storyline 탁월한 대화형 동적 기능, 효율적인 콘텐츠를 구축할 수 있는 강력한 저작도구라 할 수 있습니다. ePage Creator와 같은 HTML5 기반 ebook툴로 있지만, 스토리라인은 시뮬레이션, 화면 녹화, 드래그 앤 드롭 상호 작용 및 퀴즈 및 평

가 등의 입체적인 기능을 제공합니다. 또한 대표적인 스마트 디바이스인 iPad를 지원하기 때문에 PC와 같이 사용하여 효율성을 높일 수 있습니다.

입체적인 중국어 학습과 교육을 위해서는 중국어를 구성하는 다양한 자원들에 대한 큐레이팅 능력이 전제되어야 합니다. 다양한 자원들은 개별적으로도 활용할 수 있지만, 상호 결합하여 하나의 완전한 콘텐츠로 발전할 수도 있습니다. 또한 이러한 자원이나 콘텐츠는 오프라인 로컬환경에서 활용할 수 있지만, NAS나 구글 드라이브와 같은 온라인에 탑재하여 대중이 동시에 활용할 수 있게 할 수 있습니다. 중국어 교육이나 학습 자원이나 콘텐츠는 최초 제작에 시간이 소요되지만 제작 후에는 오프라인이나 온라인을 통해 제약없이 사용할 수 있습니다.

본 저술은 중국어 교육이나 학습에 효율적으로 적용할 수 있는 다양한 자원과 콘텐츠 큐레이팅을 다루고 있습니다. 독자들께서 이러한 모듈을 학습하고 적용할 경우 기존 아날로그 환경과는 비교할 수 없을 정도로 접근성, 효율성, 수월성, 경제성을 확보할 수 있으며, 무엇보다도 학습과 교육의 경쟁력을 강화할 수 있을 것입니다. 나아가 이러한 자원 모듈에 대한 큐레이팅 능력을 중국어 교육과 학습에 활용하는 용도를 넘어 보편적인 자원들에 대한 큐레이팅 능력으로 확장할 수 있을 것입니다.

단 본 저술에서 소개하고 있는 소프트웨어의 버전은 지속적으로 업그레이드되고 있기 때문에 최신 버전과 다소 차이가 있을 수 있으나 기본적인 접근법은 동일하다고 할 수 있습니다.

제4차 산업혁명시대에 중국어 교육과 학습의 패러다임 전환에 동참하시는 여러분을 환영합니다.

2017년 7월 15일
박정원

중국어 콘텐츠 큐레이팅

목차

중국어 콘텐츠 큐레이팅을 발간하며 _ 5

1. 가상 윈도우 설치: Vmware Workstation _ 17

2. 중국어 문서 인식: Readiris, TH-OCR, Omnipage _ 33

3. MP3 가사검색, 제작, 재생: Lyricsget, LrcEdit, MiniLyrics _ 65

4. 스마트폰 MP3 + LRC 재생: Lyrics Go, MyMusicOn _ 83

5. 사운드 편집: Cool Edit _ 91

6. 가사파일(Lrc) 자막파일(Smi) 변환: SMI ↔ LRC 상호 변환기 _ 99

7. 인터넷 영상 다운로드: XMLBar _ 105

8. "중국어 + 한어병음 + 한국어" 멀티자막 제작: SMISyncW _ 117

9. 한어병음 자막 제작: 웹사이트, Pinyin Dashi _ 135

10. DVD 영상 추출: Xilisoft DVD Ripper Ultimate _ 149

11. DVD 이미지 자막(idx, sub) 추출: Vobsub, VSRip _ 167

12. 이미지 자막 텍스트 자막(srt, smi) 변환: Subocr _ 183

13. 중국어 자막 한글 자동번역: Subtitle Edit _ 197

14. 영상 자르기: Boilsoft Video Splitter _ 211

15. 스마트폰 + 자막 재생: Vobsub cutter, Daum 팟플레이어 _ 221

16. 영상 + 자막 합성: 다음팟인코더 _ 229

17. 영상편집: CyberLink PowerDirector _ 239

18. 멀티미디어 구간 반복 재생: Audio Replayer _ 327

19. 스마트 상호 작용: Socrative _ 345

20. 스마트 동영상 재생: nPlayer _ 363

21. 스마트 퀴즈 제작: iSpring QuizMaker _ 375

22. 스마트 eBook 제작: ePage Creator _ 417

23. Youtube 영상 자막 제작 _ 455

24. 스마트 중국어 콘텐츠 제작: Articulate Storyline 2 _ 467

가상 윈도우 설치 1

LESSON 01 가상 윈도우 설치

VMWARE WORKSTATION

- 제작사: VMware, Inc
- 웹페이지: http://www.vmware.com/
- 버전: 10.0
- 용도: 가상 OS 설치
- 설치환경: 한글, 다국어 윈도우 XP, 7, 8, 10
- 가격: $249.00

왜 필요한가?

일반적으로 하드 파티션(Partition) 소프트웨어를 활용하여 파티션을 나눈 다음 별도의 드라이브에 다른 언어나 버전의 윈도우를 설치하는 방법을 사용합니다. 그러나 이 방법은 하드 디스크 파티션을 해야 하고, 하나의 윈도우로 진입하면 다른 윈도우는 사용할 수 없는 한계가 있습니다.

이런 한계를 극복하는 방법이 하드 디스크를 파티션 하지 않고 가상 PC 소프트웨어를 활용하여 윈도우를 설치하는 것입니다. 이 방법은 메인 윈도우 기반 위에 소프트웨어처럼 다른 윈도우가 설치되며, 메인 윈도우와 가상 윈도우를 동시에 사용할 수 있어 편리합니다. 예를 들어 메인으로 한글 윈도우를 사용하면서 부수적으로 외국어 윈도우를 꼭 사용해야 할 경우 다른 외국어 윈도우로 재부팅하지 않아도 한글 윈도우에서 다른 외국어 윈도우 시동이 가능합니다. 또한 한글 윈도우와 외국어 윈도우 간의 자료 공유, 복사와 붙이기가 가능하기 때문에 마치 하나의 윈도우를 사용하는 것과 같습니다.

Mac 컴퓨터 IOS에서는 VMware Fusion을 설치하여 Windows를 설치하여 사용할 수 있습니다.

준비사항

1) 가상 PC를 설치하기 위해 가상으로 설치하고자 하는 윈도우 CD나 ISO 이미지를 준비합니다. 가상으로 설치할 수 있는 윈도우는 메인 윈도우와 동일하거나 하위 버전의 윈도우이어야 합니다.
2) 가상 PC가 설치될 약 5GB 정도의 디스크 공간을 준비합니다.

사용법

1) 설치한 VMware Workstation을 실행합니다.

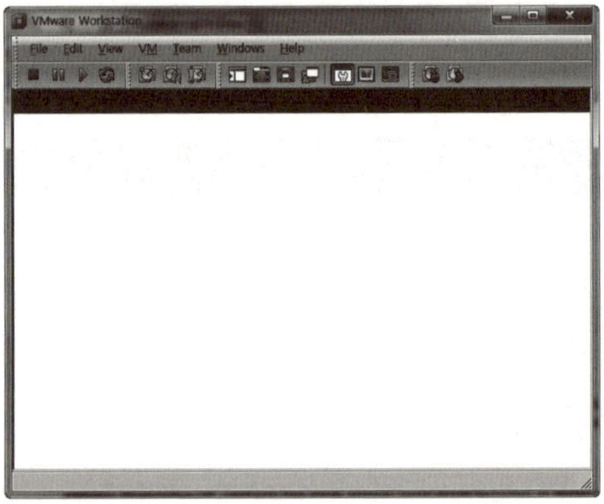

2) 가상 윈도우를 설치하기 위해 [File] → [New] → [Virtual Machine]을 클릭합니다.

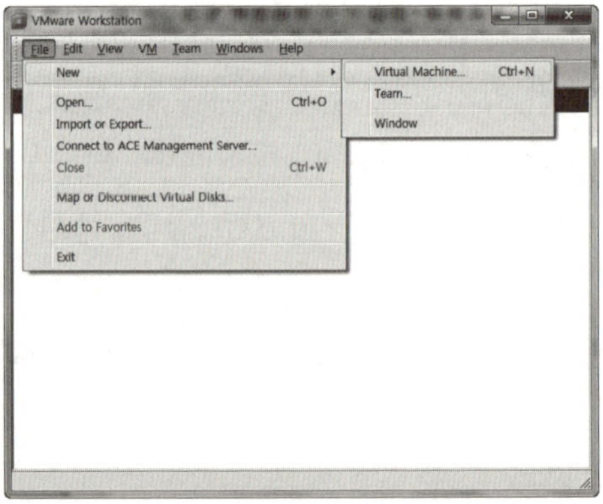

3) [New Virtual Machine Wizard] 창이 나타나면, [Typical] 모드를 선택한 다음 [Next] 버튼을 클릭합니다.

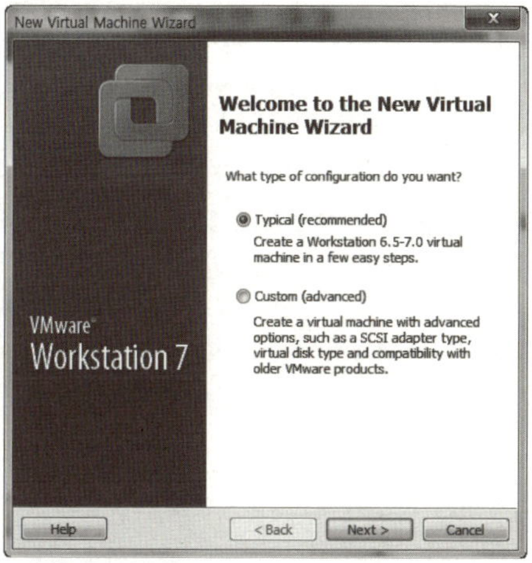

4) 설치하고자 하는 윈도우의 설치 방법은 CD와 디스크 이미지 중 하나를 선택할 수 있습니다. 윈도우 CD가 있을 경우 [Installer disc]를 선택하고, 디스크 이미지가 있을 경우 [Installer disc image file(iso)]를 선택하고 이미지 파일이 있는 위치를 설정합니다.

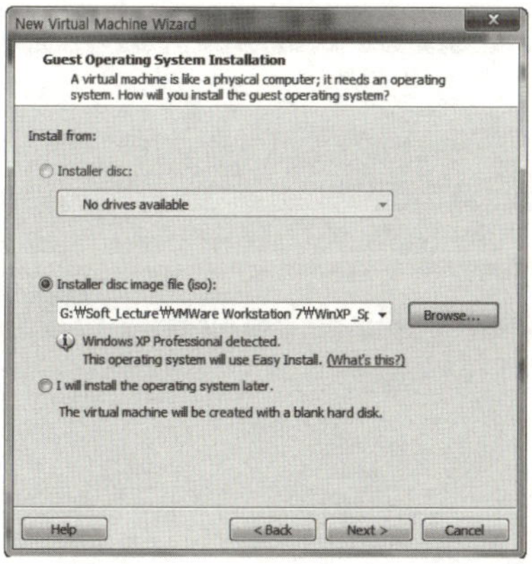

5) [Windows Product key]에 해당 윈도우의 제품 번호를 입력한 후 [Next] 버튼을 클릭합니다.

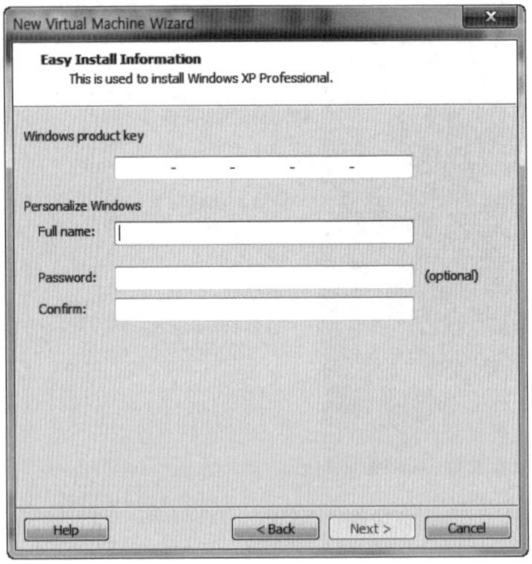

6) [Virtual machine name]가 버전에 맞게 부여되며, [Location]에 가상 PC가 설치될 위치를 설정합니다. 가상 PC는 선택한 폴더에 단일 파일로 생성됩니다.

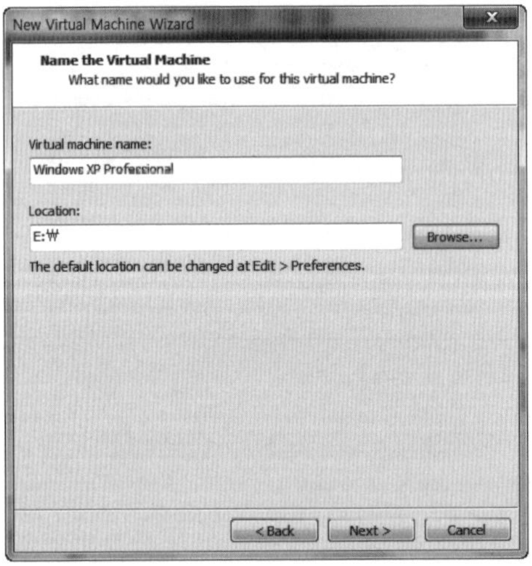

7) 가상 PC 용량은 추후 변경이 가능하며, 임의의 용량을 입력한 후 [Next] 버튼을 클릭합니다.

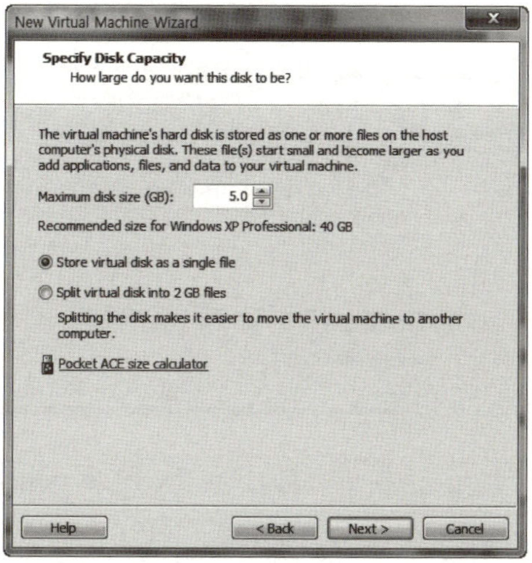

8) [Store Virtual disk as a single file]에 체크가 기본적으로 되어 있으며, 가상 PC를 단일 파일로 생성시킨다는 것을 의미합니다.

9) 가상 PC를 설치할 준비를 확인하는 창이 나타납니다. 구체적인 사양을 확인하기 위해 하단의 [Customize Hardware] 버튼을 클릭합니다.

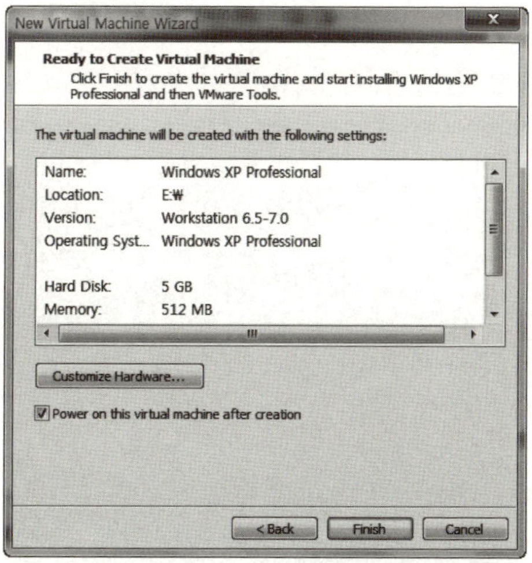

10) 하드웨어 사양에는 메모리, 프로세서, CD/DVD롬, 네트워크 어댑터, USB, 디스플레이 등이 있습니다. 대부분 기본값을 유지합니다.

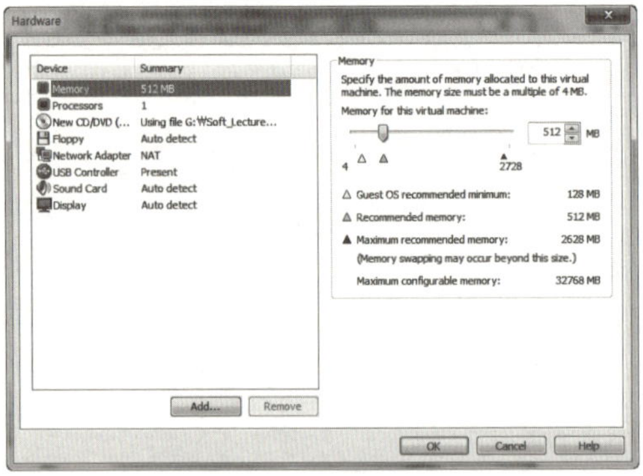

11) 만약 컴퓨터의 프로세서(CPU)가 듀얼코어인 경우 [Number of processors]를 “2”로 설정하면 가상 PC의 성능이 향상됩니다.

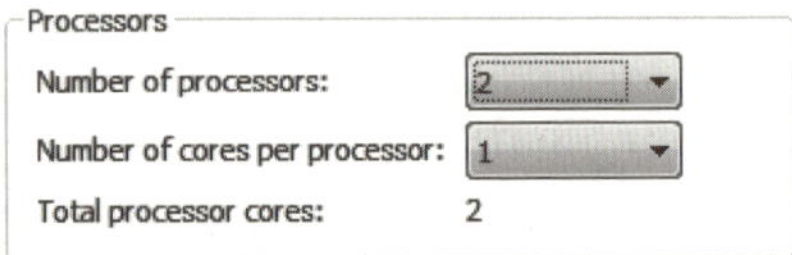

12) [Finish] 버튼을 클릭하면 가상 PC 설치가 시작됩니다. 윈도우가 설치되는 과정은 일반적인 윈도우 설치 과정과 동일합니다. 편리한 점은 윈도우를 새로 설치할 경우 컴퓨터 사양에 맞는 각종 드라이버를 수동으로 설치해야 하는데 비해, 가상 PC는 메인 윈도우의 자원을 사용하기 때문에 별도의 드라이버 설치가 필요치 않다는 것입니다.

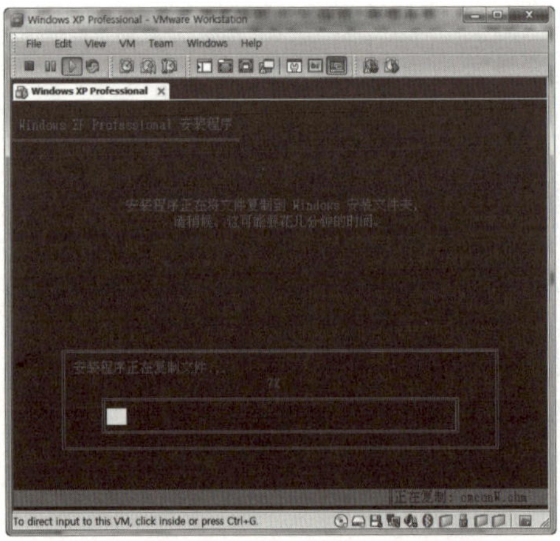

13) 윈도우가 설치되는 시간에 컴퓨터의 사양에 따라 차이가 나지만 일반적으로 ISO 이미지 모드 윈도우 XP 기준 약 30여분 정도가 소요됩니다. 설치 시간이나 관리면에서 CD 설치보다는 ISO 이미지 설치가 편리합니다.

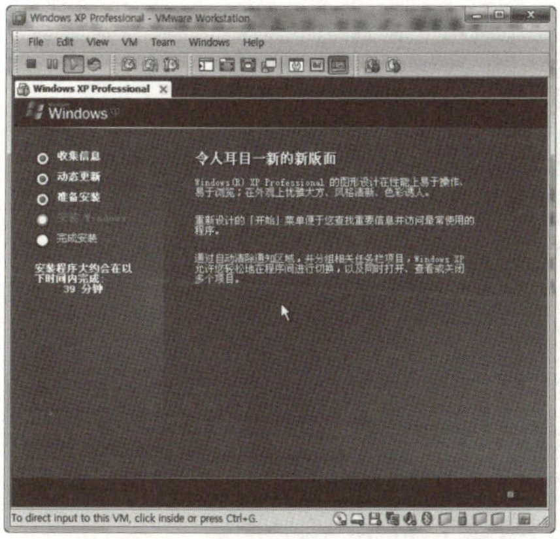

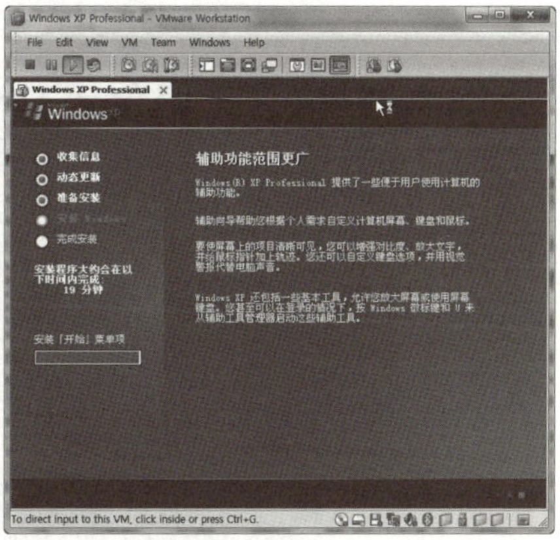

14) 가상 PC 설정 시 이미 제품번호를 입력했기 때문에 입력과정 없이 윈도우 설치가 진행됩니다.

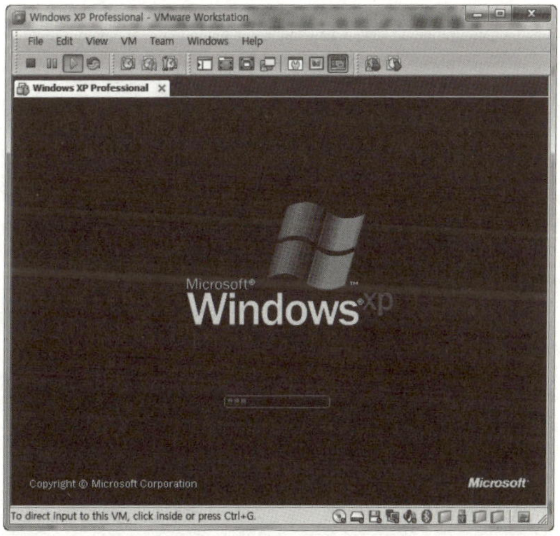

15) 윈도우 설치가 완료된 후 재부팅되면 "VMware Tools"가 자동으로 설치됩니다. 설치된 후 다시 한번 부팅됩니다.

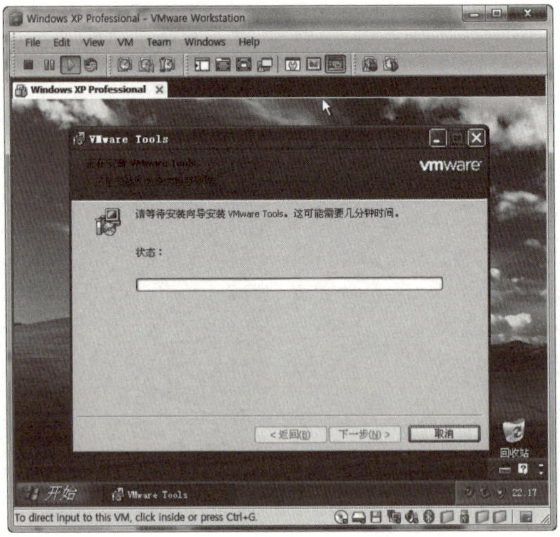

16) 모든 가상 PC 설치 과정이 완료되었습니다. 일반적으로 하는 입력기 설치, 자료 공유, 소프트웨어 설치를 합니다.

17) 메인 윈도우에서 VMware Workstation를 실행하고자 할 경우, 상단의 멀티미디어 플레이어 버튼을 클릭하면 가상 PC가 시동됩니다.

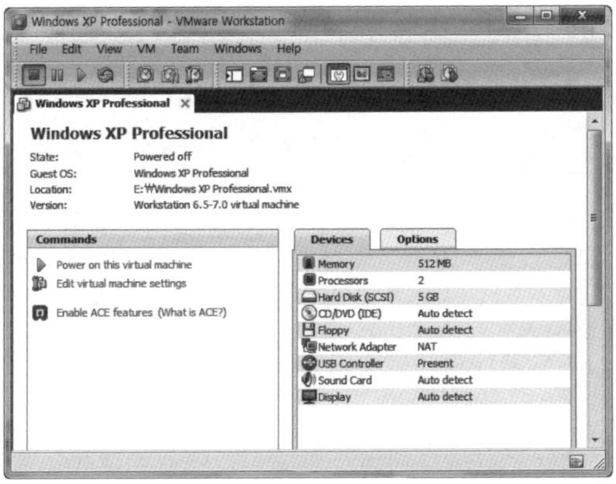

18) 가상 PC의 자원은 일반 윈도우와 동일하게 나타납니다. 컴퓨터에 USB 드라이브를 삽입할 경우 가상 PC 탐색기에도 USB 자원이 나타납니다.

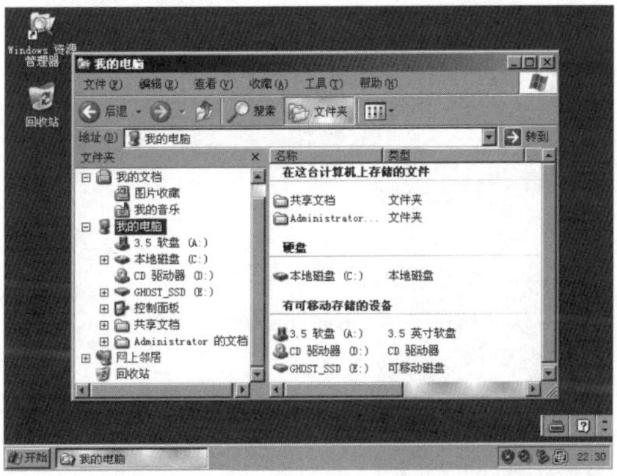

19) USB 드라이브나 외장 하드디스크 이외에 메인 윈도우의 자원을 공유하고자 할 경우 VMware Workstation의 [VM] → [Settings]를 클릭합니다. [Options] → [Shared Folders] 메뉴를 클릭한 후 우측의 [Always enabled]에 체크를 하고, 하단의 [Add] 버튼을 클릭합니다.

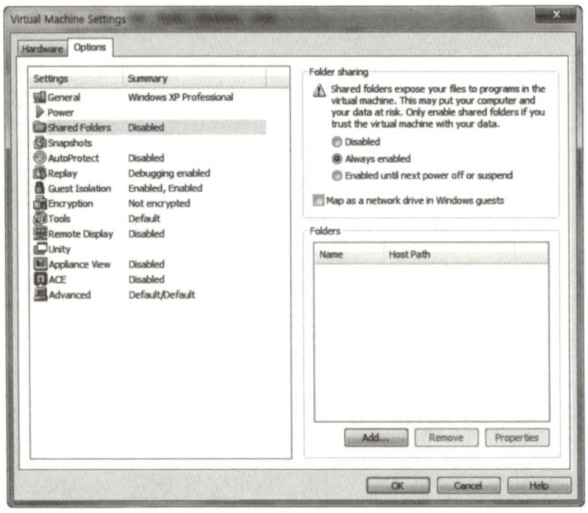

20) [Add Shared Folder Wizard] 창이 나타나면 [Next] 버튼을 클릭합니다.

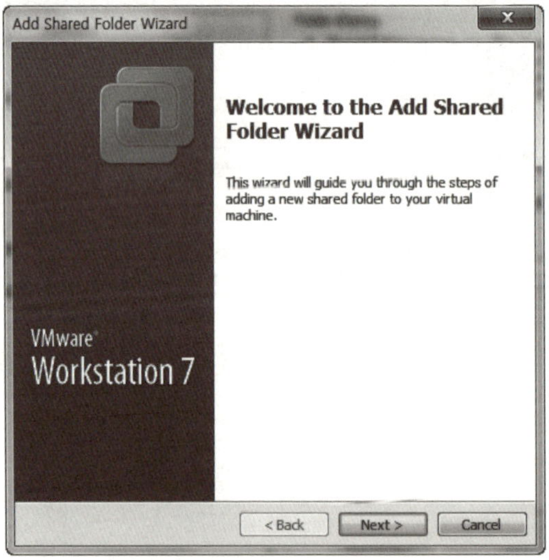

21) 공유폴더 선택창에서 공유하고자 하는 드라이브나 폴더를 선택합니다.

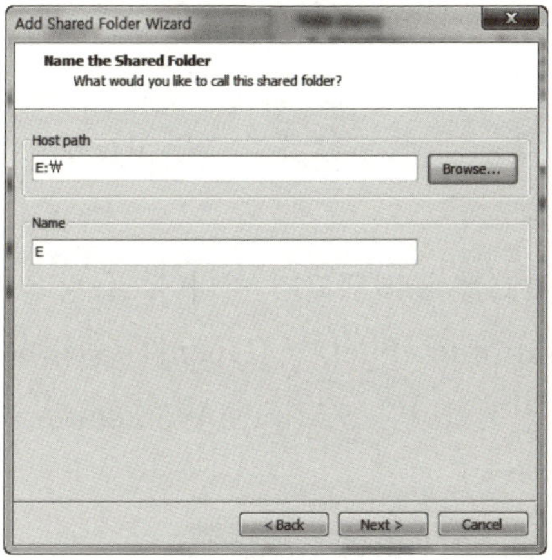

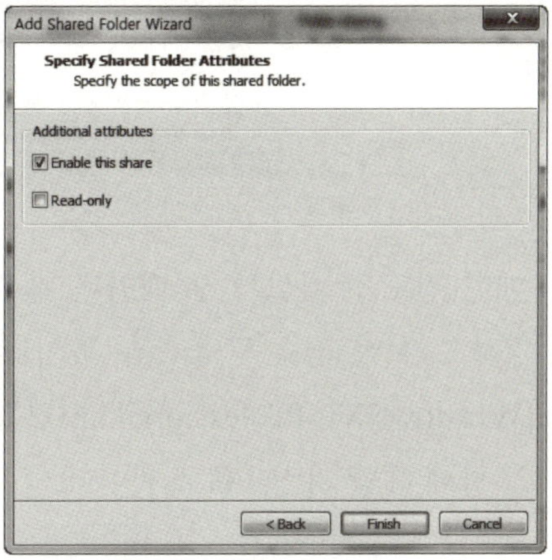

22) 모든 설정이 완료되면 [OK] 버튼을 클릭합니다. 가상 PC에는 네트워크 공유 형식으로 공유 드라이브가 설정됩니다. 위치는 [网上邻居[→ [VMware 共享文件夹] → [VMware-Host] → [Shared Folders] → [공유 폴더]로 설정됩니다.

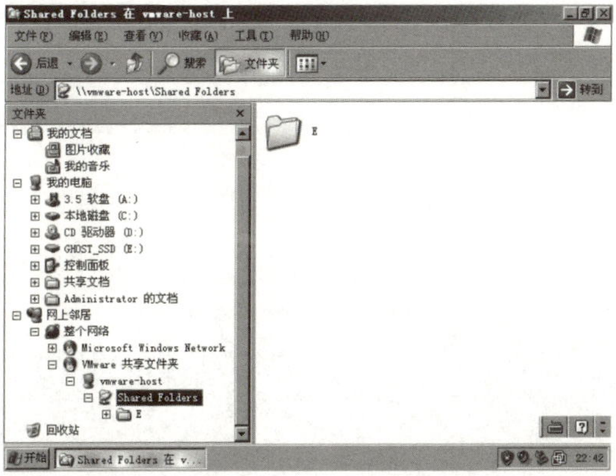

23) 가상 PC는 VMware Workstation 설정 시 설치 위치에 저장됩니다. 윈도우 XP만 설치했을 경우 약 1.68GB 용량을 차지합니다. 메인 윈도우를 재설치할 경우 가상 PC 파일을 백업하여 윈도우 설치 후 곧바로 활용할 수 있습니다. 원활한 백업을 위해 가상 PC는 메인 윈도우 드라이브와 다른 드라이브를 선택하는 것이 편리합니다.

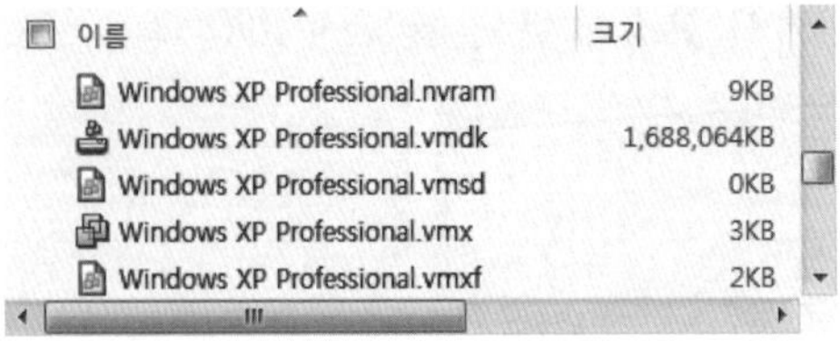

24) 메인 윈도우 재설치 후 백업된 가상 PC를 불러오고자 하거나, 용량을 변경하고자 할 경우 VMware Workstation의 [File] → [Open]를 클릭하여 [Windows XP Professional.vmx]를 선택합니다. VMware Workstation 메인 창에 해당 가상 PC 자원이 로딩됩니다.

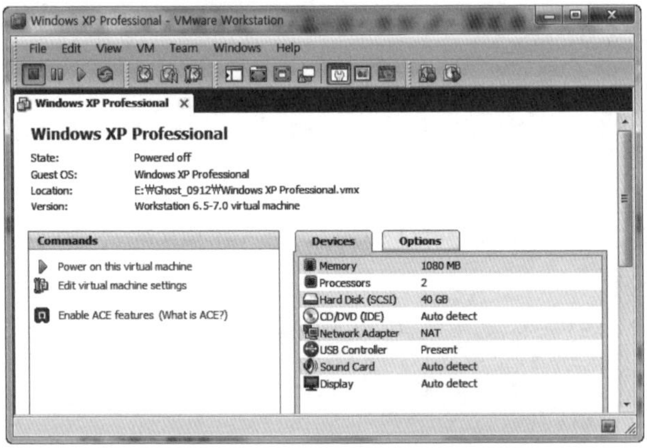

25) 가상 PC에 각종 소프트웨어를 설치하여 사용합니다. 인터넷은 메인 윈도의 자원을 자동으로 사용하기 때문에 별도의 설정이 필요치 않습니다.

26) VMware Workstation 상단의 [Full Screen]을 사용하면 마치 가상 PC가 메인 윈도우인 것처럼 사용할 수 있습니다. 메인 윈도우로 이동할 경우 가상 PC를 최소화하면 됩니다.

27) 가상 PC를 운용하다가 설정된 용량이 부족할 경우 용량을 재설정 할 수 있습니다. VMware Workstation의 [VM] → [Settings] → [Hard Disk]를 선택 한 후 하단의 [Add] 버튼을 클릭합니다.

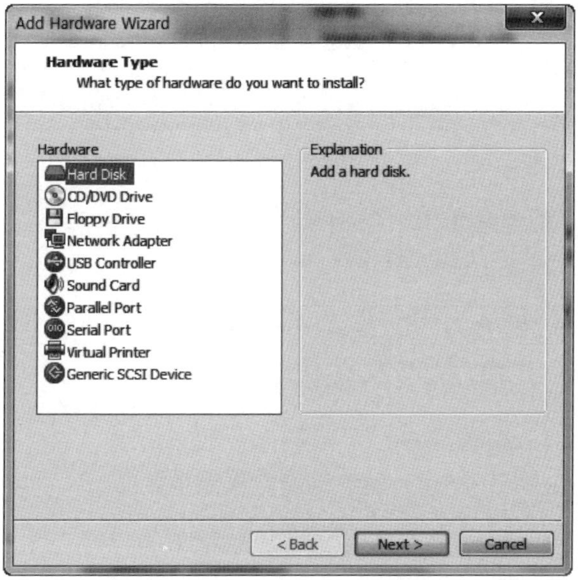

28) [Add Hardware Wizard] 창에서 [Create a new virtual disk]에 체크한 후 [Next] 버튼을 클릭합니다.

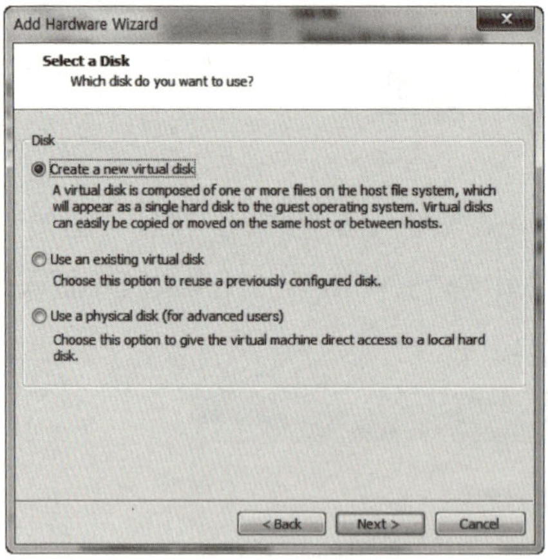

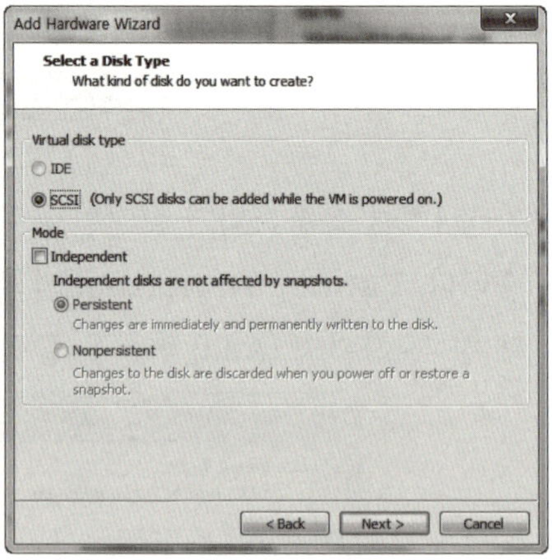

29) 임의의 용량을 입력한 후 [Next] 버튼을 클릭하면 최종적으로 용량이 재설정됩니다.

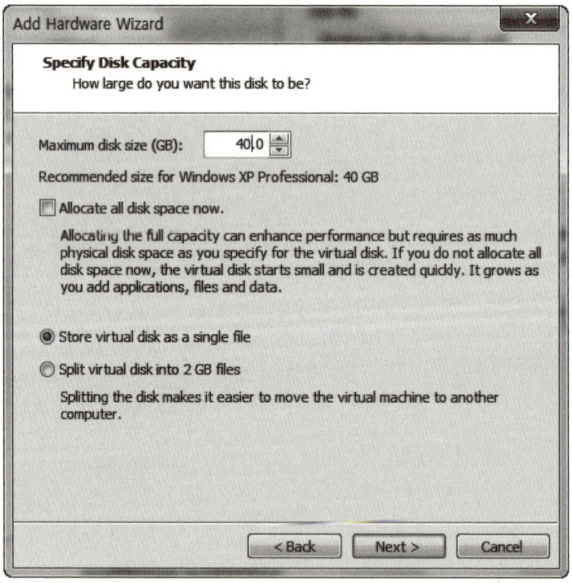

중국어 문서 인식 2

LESSON 02 중국어 문서 인식

READRIS

READRIS

- 제작사: I.R.I.S. s.a
- 웹페이지: http://www.irislink.com
- 버전: 12 (Corporate, Asian)
- 용도: 다국어 문자인식(OCR)
- 설치환경: 다국어 윈도우 XP, 7, 8, 10
- 가격: 220,000원(Pro)

왜 필요한가?

콘텐츠 제작 작업에서 가장 번거로운 것은 텍스트 입력이라 할 수 있습니다. 특히 이미 출판된 종이책을 입력하는 작업은 기계적일 뿐만 아니라 상당한 노력이 필요한 작업이기도 합니다.

이러한 텍스트의 단순입력을 보완하는 작업으로 음성인식과 문서인식 기술이 개발되어 사용되고 있습니다. 그중 문자인식(OCR, Optical Character Reader)은 음성인 아닌 문자를 변환할 수 있습니다. 문자인식은 이미 PDF와 같이 디지털화되어 있는 문서를 스캔하지 않고 직접 텍스트로 변환하는 방법과 종이로 출판이나 인쇄된 문서를 스캐너를 통해 텍스트로 변환하는 방법이 있습니다. 단 텍스트 기반에서 PDF로 전환된 문서의 경우 Adobe Acrobat를 통해 간단한 방법으로 텍스트로 변환할 수 있습니다.

문자인식 소프트웨어는 많이 개발되어 있으나 대표적으로 다국어를 지원하는 종류에는 ABBYY FineReader와 Readris이 있으며 한국어의 경우 아르미가 있습니다. 또한 스마트 디바이스의 발달과 함께 스마트용으로 출시된 Abbyy TextGrabber, Readiris 등이 있습니다.

Readiris는 잡지기사, 팩스, 신문, 칼럼 등의 인쇄된 문서들의 문자를 매우 정확하게 인식하여 수정 가능한 텍스트로 변환 시켜주는 문자인식 소프트웨어라고 할 수 있습니다. 주요 특징은 아래와 같습니다.

- 초보자도 쉽게 사용이 가능합니다.
- 뛰어난 인식률과 인식속도를 보여줍니다.
- 한국어, 중국어(간체자, 번체자), 일본어를 포함한 123개 언어를 인식합니다.

  Afaan Oromo, Afrikaans, Albanian, Arabic, Asturian, Aymara, Azeri (Latin), Balinese, Basque, Bemba, Bikol, Bislama, Bosnian (Cyrillic), Bosnian (Latin), Brazilian, Breton, Bulgarian, Bulgarian-English, Byelorussian, Byelorussian-English, Catalan, Cebuano, Chamorro, Chinese (Simplified), Chinese (Traditional), Corsican, Croatian, Czech, Danish, Dutch, English (UK), English (USA), Esperanto, Estonian, Faroese, Farsi, Fijian, Finnish, French, Frisian, Friulian, Galician, Ganda, German, German (Switzerland), Greek, Greek-English, Greenlandic, Haitian Creole, Hani, Hebrew, Hiligaynon, Hungarian, Icelandic, Ido, Ilocano, Indonesian, Interlingua, Irish (Gaelic), Italian, Japanese, Javanese, Kapampangan, Kazakh, Kicongo, Kinyarwanda, Korean, Kurdish, Latin, Latvian, Lithuanian, Luba, Luxemburg, Macedonian, Macedonian-English, Madurese, Malagasy, Malay, Manx (Gaelic), Maori, Mayan, Mexican, Minangkabau, Moldovan, Mongolian (Cyrillic), Nahuatl, Norwegian, Numeric, Nyanja, Nynorsk, Occitan, Papiamento, Pidgin English (Nigeria), Polish, Portuguese, Quechua, Rhaeto-Roman, Romanian, Run di, Russian, Russian-English, Samoan, Sardinian, Scottish (Gaelic), Serbian, Serbian (Latin), Serbian-English, Shona, Slovak, Slovenian, Somali, Sotho, Spanish, Sundanese, Swahili, Swedish, Tagalog, Tahitian, Tatar (Latin), Tetum, Tok Pisin, Tonga, Tswana, Turkish, Turkmen (Latin), Ukrainian, Ukrainian-English, Uzbek, Waray, Welsh, Wolof, Xhosa, Zapotec, Zulu.

- 다른 언어 혼용 문서도 인식할 수 있습니다.
- PDF 파일을 인식할 수 있습니다.
- 원본 문서의 텍스트 컬러와 배경 색상을 그대로 유지시켜 줍니다.
- 필기체 영문 대문자를 인식합니다.

이러한 편리한 기능에도 불구하고 한국어, 중국어(간체자, 번체자), 일본어 등 아시아 언어를 인식하기 위해서는 Asian 버전을 구매해야 합니다. 또한 문서 원본과 인식한 문서를 병렬로 배열하여 상호 대조하는 기능이 지원되지 않아 인식에 대한 정밀한 대조작업을 할 수 없습니다.

준비사항

1) 문서인식을 하기 위해서는 컴퓨터에 스캐너가 연결되어 있어야 합니다.
2) 스캔할 한국어 문서를 준비합니다.
3) 스캐너가 연결되지 않을 경우 스캔된 한글 문서 이미지를 준비합니다.

사용법

1) 구입하거나 다운로드한 소프트웨어를 설치합니다. 설치 시 본인이 원하는 언어에 체크를 합니다. 사용하지 않는 언어를 설치할 경우 용량을 차지하기 때문에 제외해도 됩니다.

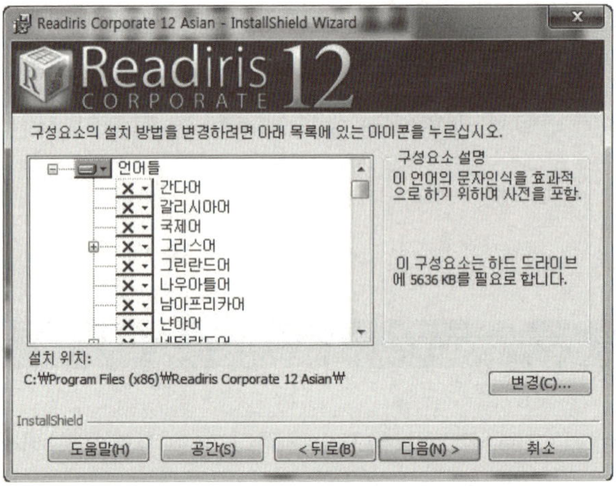

2) 설치가 완료되면 소프트웨어를 실행합니다. 처음 실행 시 [OCR 마법사]가 나타납니다.

3) 인식하고자 하는 문서의 종류를 선택합니다. 일반적으로 [텍스트 페이지]를 선택하도록 합니다.

4) 문서인식을 스캐너를 통해 할 것인지 파일로 할 것인지를 선택합니다. 문서 회전 여부도 체크합니다. 일반적인 상황은 회전이 없는 상태입니다.

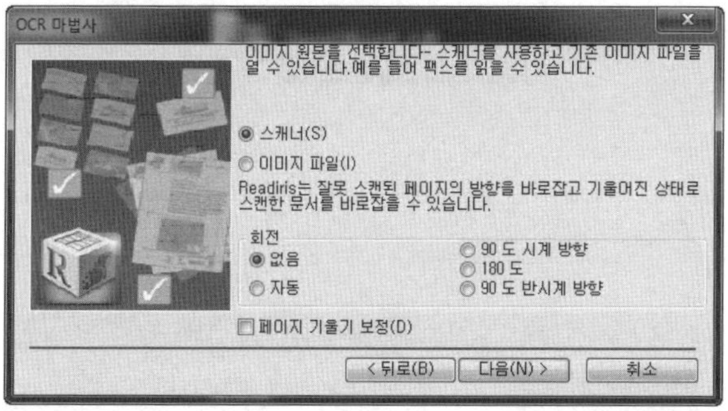

5) 인식할 문서의 언어를 선택합니다. 언어설정은 인식 주언어와 보조언어를 선택하는 방식으로 되어있습니다.

6) 주언어를 [한국어]로 보조언어를 [영어(미국)]로 설정합니다. 다른 언어로도 설정 가능합니다. 이때 언어는 소프트웨어 설치 시 선택한 언어 범위에서만 제시됩니다.

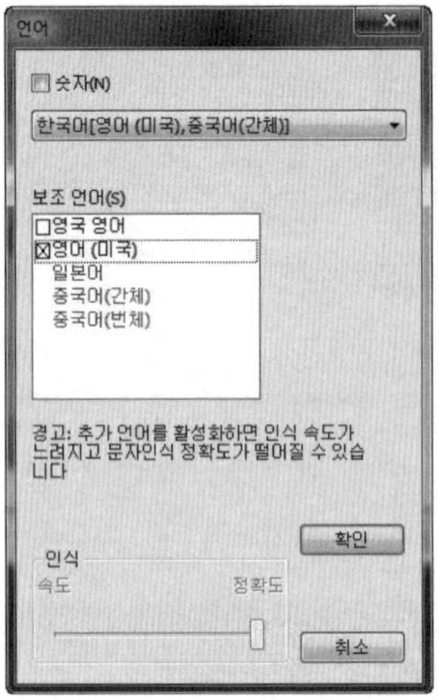

7) 문서인식 결과를 저장할 형식을 설정합니다. 기본 값을 변경하려면 [변경]을 클릭합니다.

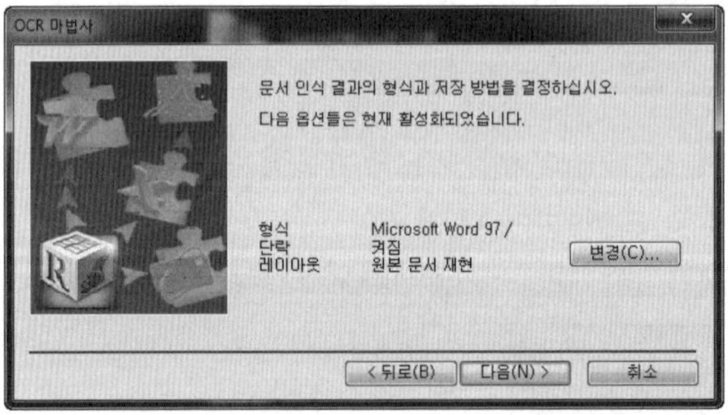

8) 문서를 보낼 형식은 Microsoft Word(doc), Adobe Acrobat(pdf), HTML 등이 있으며, [레이아웃]은 텍스트 내용위주로 인식하는 [본문 텍스트 생성], 어휘와 문단틀의 형식을 유지하는 [단어와 문단 형식 유지], [원본 문서 재현]으로 설정할 수 있습니다.

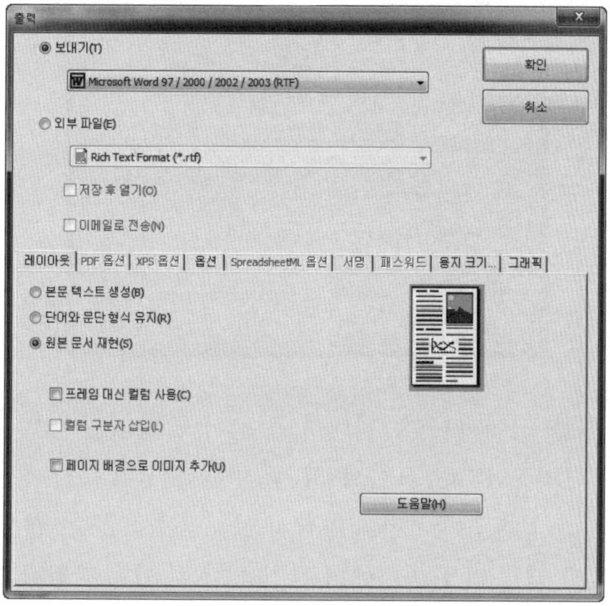

9) 모든 설정이 완료되면 [실행] 버튼을 클릭합니다. 마법사 과정은 소프트웨어 실행 시 우선적으로 설정하지 않고 메인창에서도 세부설정이 가능합니다.

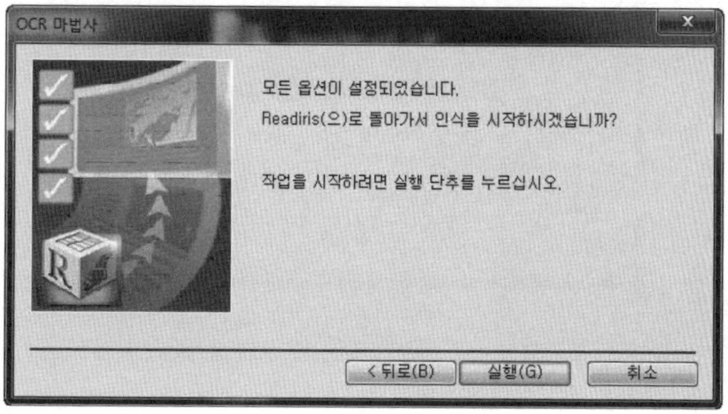

10) 인식할 문서 파일을 선택합니다. 인식은 스캐너와 파일을 사용하는 방법이 있습니다. 스캐너를 사용할 경우 스캐너를 컴퓨터와 연결하고 인식할 문서를 위치시켜야 합니다. 인식효과는 두가지 모두 동일합니다.

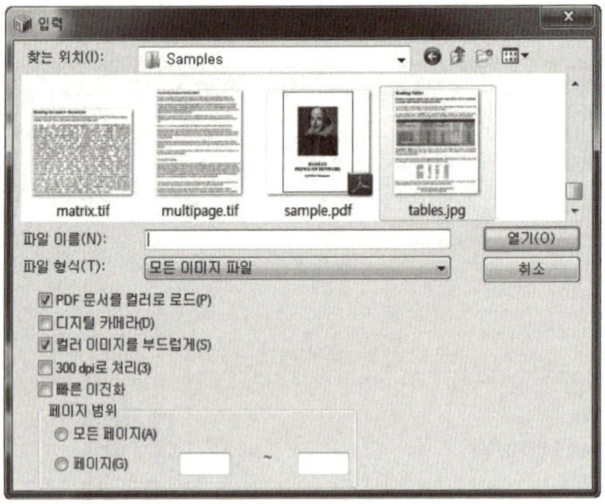

11) 임의의 문서를 선택합니다. 지원하는 문서의 형식은 이미지 파일, FIT, BMP, PCX, DCX, PNG, JPG, PDF 등이 있습니다. 특히 최근 버전에서는 PDF를 지원하기 때문에 이전에 PDF 파일을 출력한 후 스캔하여 문서를 인식시키지 않고 직접 PDF 파일에서 작업을 할 수 있는 장점이 있습니다.

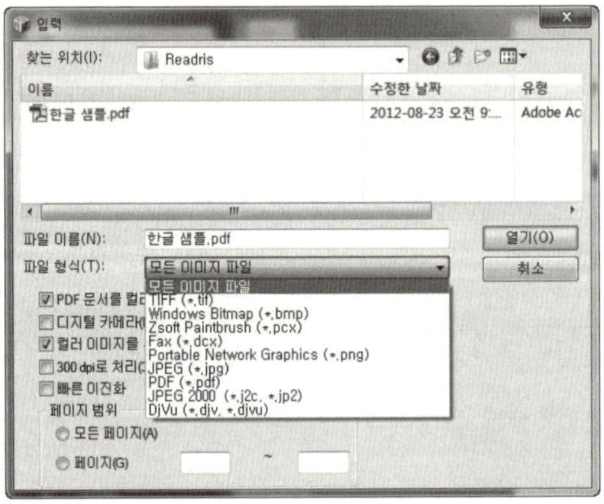

12) 해당 문서가 열리면서 분석과 인식이 진행됩니다. 분석과 인식 시간은 문서의 분량에 따라 달라집니다. 인식할 영역은 소프트웨어가 자동으로 분석합니다. 최종 인식 전에 불필요한 인식영역은 마우스로 선택한 다음 [Delete] 버튼으로 삭제할 수 있습니다. 인식할 영역은 황색 사각형으로 표시됩니다.

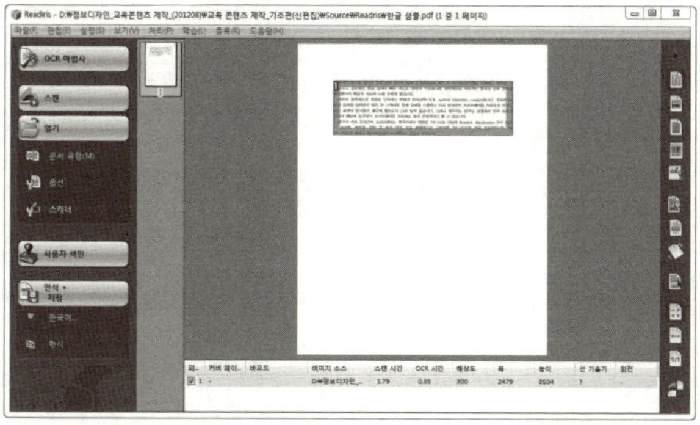

13) 인식영역이 설정되었으면 [인식+저장] 버튼을 클릭하여 작업을 진행합니다.

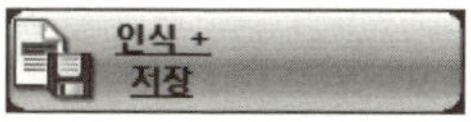

14) 인식된 문서가 저장될 위치를 설정합니다. 문서형식의 기본값은 RTF입니다.

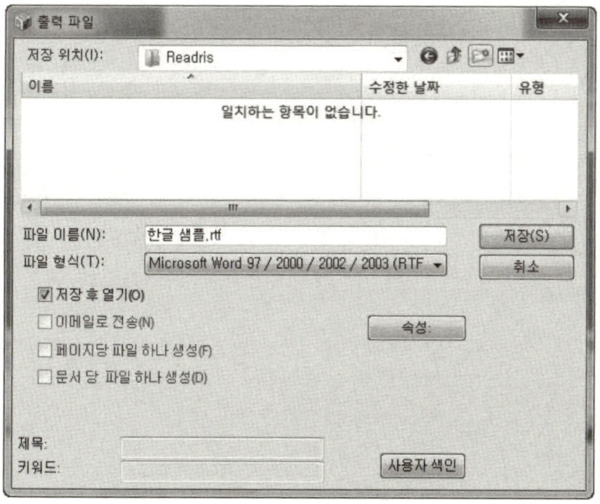

15) 저장과 동시에 MS-Word가 실행되면서 편집 가능한 문서가 열립니다.

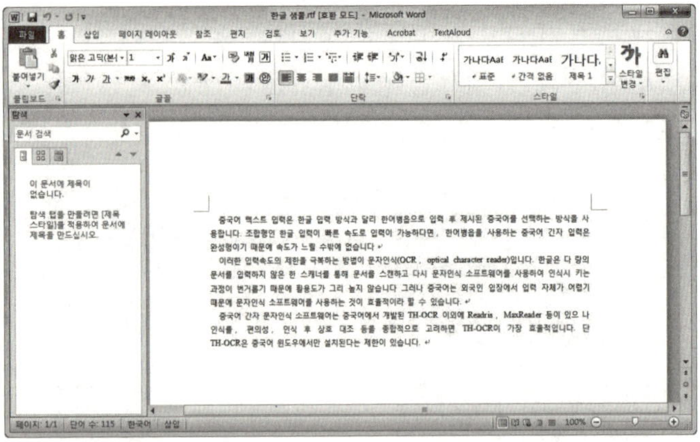

16) 인식 정확도는 원본 문서의 품질에 따라 달라지며, 상태가 양호할 경우 인식율은 거의 100%에 가깝습니다. 그러나 다국어가 혼용되어 있거나, 특정한 워드프로세서에서만 사용되는 특수문자가 있다면 인식률에 영향을 미칠 수 있습니다.

Tip

스캐너를 통한 문서인식

1) 스캐너를 통해 문서를 인식하고자 할 경우 컴퓨터와 스캐너를 연결 전원을 켠 후 [스캐너] 버튼을 클릭합니다.

2) [스캐너] 창이 나타납니다. 스캐너는 컴퓨터와 연결되고 전원이 켜져 있어야 선택할 수 있습니다. 이 창에서는 보유하고 있는 스캐너 기종, 해상도, 대비, 밝기, 반전, ADF(자동급지여부) 등을 설정할 수 있습니다.

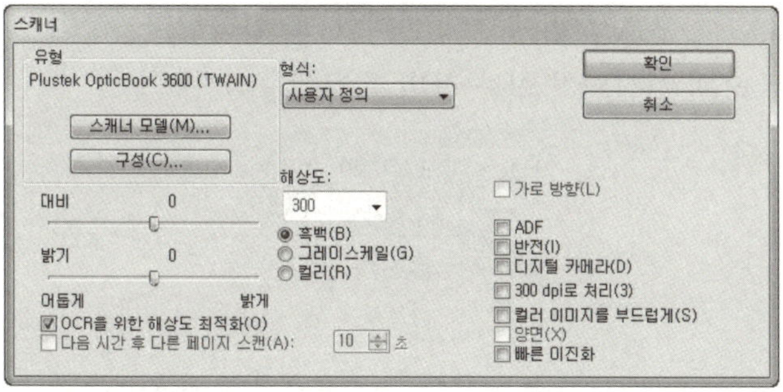

3) [ADF]는 일반적인 스캐너가 낱장을 지원한 반면 HP ScanJet N6350처럼 다중 급지가 가능한 기종에서 선택하면 여러장의 문서를 일괄 스캔하여 한번에 문서를 인식시킬 수 있습니다. 단 ADF 지원 스캐너는 일반 스캐너 보다 가격이 고가입니다.

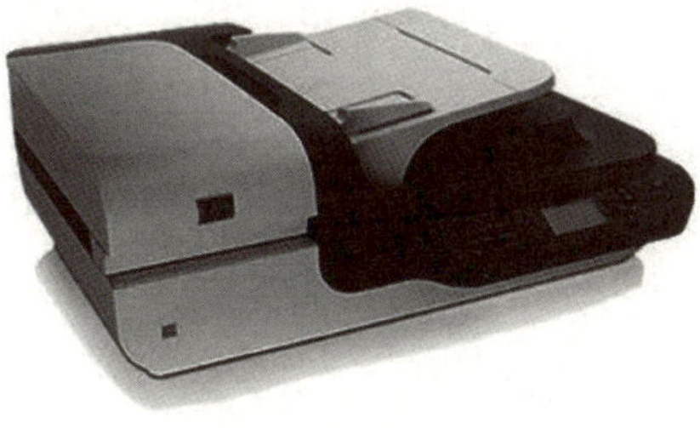

4) 스캐너 뿐만 아니라 요즘 출시되고 있는 복합기 HP 오피스젯 8500A과 같은 제품은 ADF와 출력 기능을 지원하기 때문에 고가의 스캐너를 확보할 수 없을 경우 대체용으로 선택할 수 있습니다.

5) [유형] → [구성]을 클릭하여 보유하고 있는 스캐너 기종을 선택합니다. 일반적인 기종은 [스캐너 모델]에서도 선택할 수 있습니다. [구성]에서는 현재 사용자의 컴퓨터에 인식되어 있는 장비를 보여줍니다.

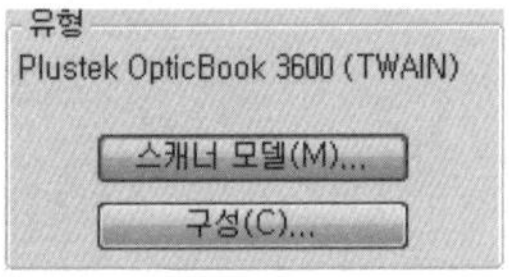

6) 여기서는 북스캐너 Plustek Opticbook 4800을 선택합니다. 스캐너 기종은 사용자마다 다르게 나타납니다.

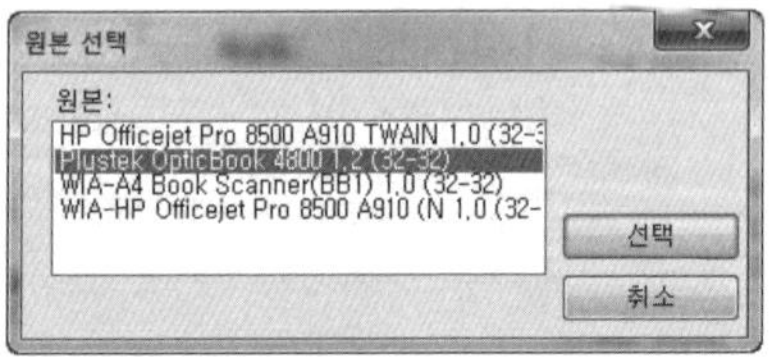

7) 스캐너 설정이 완료되면 [스캔] 버튼을 클릭합니다.

8) 스캔창이 나타나면서 스캔이 시작됩니다. [자동 기울기], [자동 자르기]에 체크를 하면 자동으로 문서의 기울기를 보정하고 불필요한 여백을 제거해 줍니다. 물론 체크를 하지 않아도 됩니다. 스캔창은 스캐너의 기종에 따라 모양이 다를 수 있습니다.

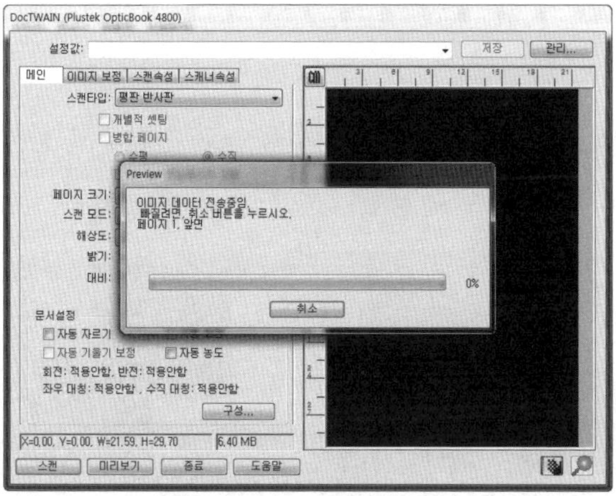

9) 스캔이 완료되어 미리보기 창에 나타납니다. 이때의 스캔 이미지는 정식 스캔이 아니라 미리보기입니다.

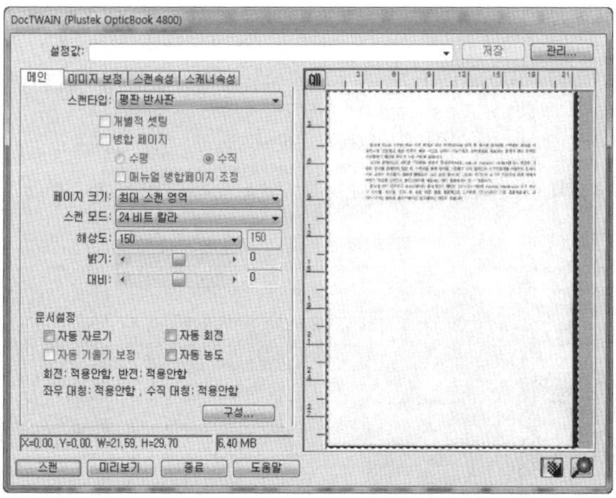

10) 미리보기 창이 정상적으로 나타나면 하단의 [스캔] 버튼을 클릭하여 정상 스캔합니다.

11) 스캔이 진행됩니다. 스캔 속도는 설정한 해상도에 따라 달라집니다.

12) Readiris 메인창으로 스캔자료가 자동으로 전송되고 문서인식을 위한 분석, 변환작업을 합니다.

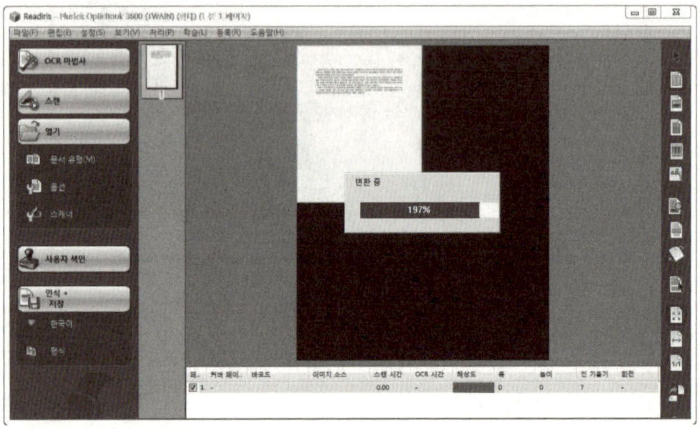

13) 변환이 완료되면 파일인식 방식과 동일하게 인식할 영역이 황색 사각형으로 표시됩니다. 황색 사각형이 여러 개일 경우 일련번호가 부여되며, 인식을 원하지 않는 영역은 클릭 후 [Delete]키를 눌러 제거할 수 있습니다.

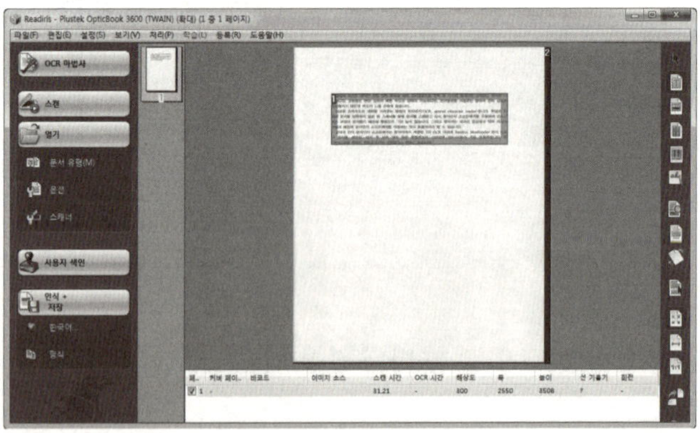

14) 인식한 문서를 저장하기 위해 [인식+저장] 버튼을 클릭합니다.

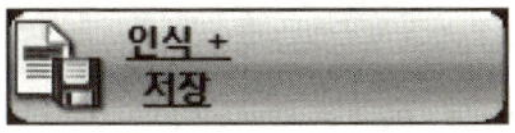

15) 출력파일 저장창에 위치와 파일명을 설정합니다. 인식된 파일은 MS-Word 형식으로 저장됩니다.

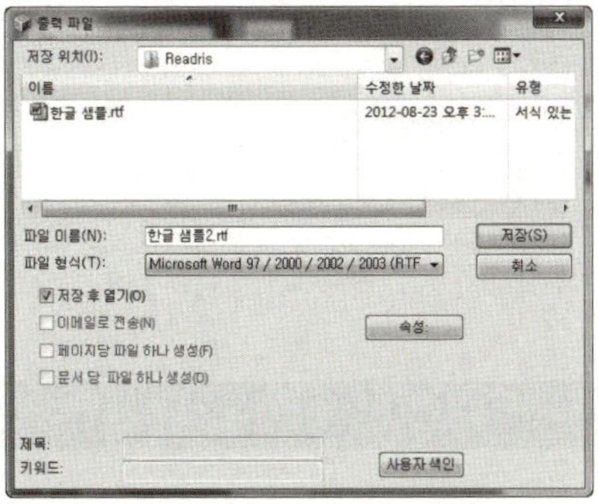

TH-OCR 2000

TH-OCR 2000

- 제작사: 清华紫光
- 웹페이지: http://www.tusc.com.cn
- 버전: 2000
- 용도: 중국어 문자인식(OCR)
- 설치환경: 중국어 윈도우 XP, 7, 8, 10
- 가격: 무료(번들)

왜 필요한가?

중국어 텍스트 입력은 한글 입력 방식과 달리 한어병음으로 입력 후 제시된 중국어를 선택하는 방식을 사용합니다. 조합형인 한글 입력이 빠른 속도로 입력이 가능하다면, 한어병음을 사용하는 중국어 간자 입력은 완성형이기 때문에 속도가 느릴 수밖에 없습니다.

이러한 입력속도의 제한을 극복하는 방법이 문자인식(OCR, optical character reader)입니다. 한글은 다량의 문서를 입력하지 않은 한 스캐너를 통해 문서를 스캔하고 다시 문자인식 소프트웨어를 사용하여 인식시키는 과정이 번거롭기 때문에 활용도가 그리 높지 않습니다. 그러나 중국어는 외국인 입장에서 입력 자체가 어렵기 때문에 문자인식 소프트웨어를 사용하는 것이 효율적이라 할 수 있습니다.

중국어 간자 문자인식 소프트웨어는 중국어에서 개발된 TH-OCR 이외에 Readris, MaxReader 등이 있으나 인식률, 편의성, 인식 후 상호 대조 등을 종합적으로 고려하면 TH-OCR이 가장 효율적입니다. 단 TH-OCR은 중국어 윈도우에서만 설치된다는 제한이 있습니다.

준비사항

1) TH-OCR 2000에서 문서인식을 하기 위해서는 컴퓨터에 스캐너가 연결되어 있어야 합니다.
2) 스캔할 중국어 간자 문서를 준비합니다.
3) 스캐너가 연결되지 않을 경우 스캔된 문서 이미지를 준비합니다.

사용법

1) [TH-OCR 2000 code set] 창에서 GB code(중국어 간자)를 선택하고 OK를 클릭하면 모든 설치가 완료됩니다.

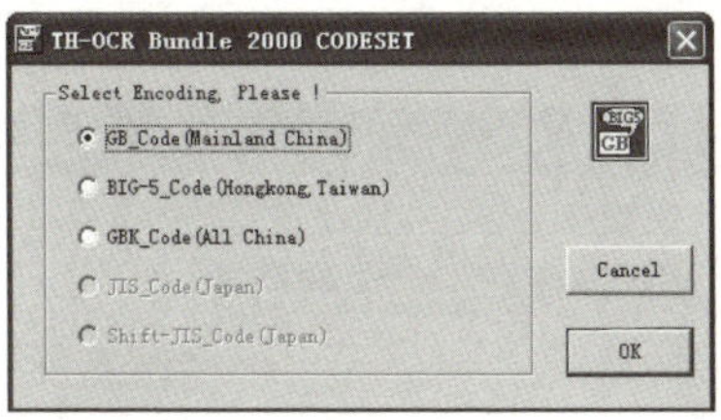

2) TH-OCR 2000을 실행 시킵니다.

3) 스캔방식을 설정하기 위해 [文件] → [扫描设置]을 선택합니다. 스캔 설정창이 나타나면 [直接終扫]를 선택합니다. [直接終扫] 모드는 다른 스캔 소프트웨어를 사용하지 않고 직접 TH-OCR을 통해 스캔되는 것을 의미합니다. 이 옵션을 선택하면 직접 스캔을 할 수 있어 매우 편리합니다.

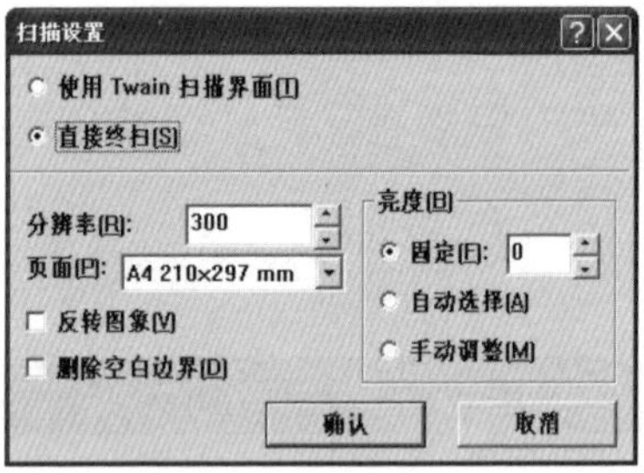

4) 보유하고 있는 스캐너를 설정하기 위해 [文件] → [选择扫描设备] 메뉴를 선택합니다. 설치되어 있는 스캐너 드라이브를 선택하여 OCR 소프트웨어에서 스캐너를 인식시킵니다.

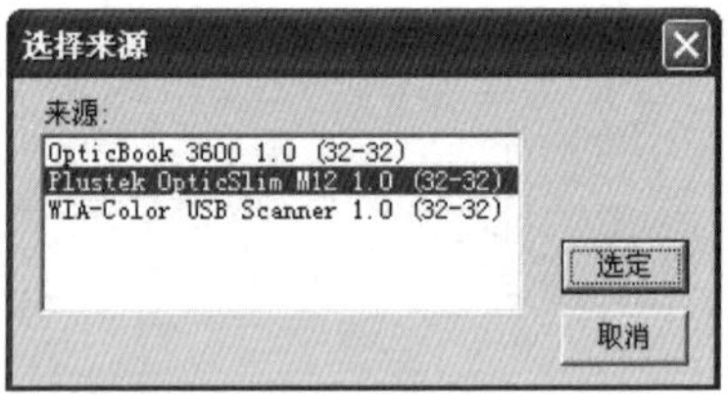

5) 설정이 완료되면 인식할 문서를 스캐너에 올려 놓고 상단의 스캐너 모양의 버튼을 클릭하여 스캔합니다.

6) 스캔이 완료되면 왼쪽 마우스 버튼을 클릭하고 드래그 하여 인식할 영역을 설정합니다. 이때 여러 번 설정하면 좌측 상단에 일련번호(1, 2)가 나타납니다. 안경 모양의 아이콘을 클릭하면 인식이 시작됩니다.

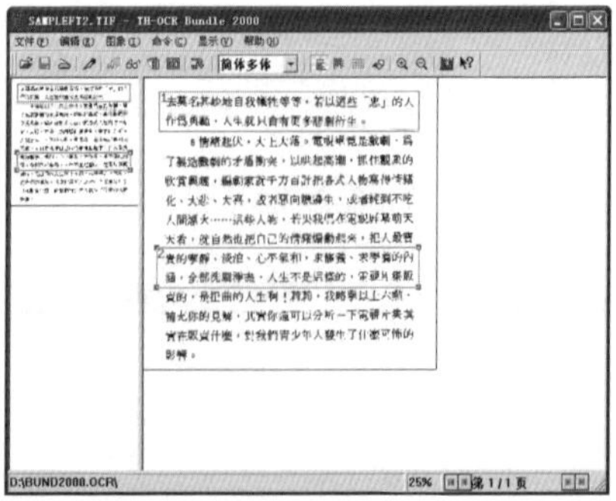

7) 화면이 상하로 분리되면서 위쪽은 인식된 결과(텍스트)가 나타나고 아래쪽은 스캔된 이미지가 나타납니다. 이때 인식된 글자를 따라 커서를 이동하면 하단의 이미지 글자도 연동되어 이동합니다. 즉 문서 원본과 인식된 텍스트를 상호 대조하면서 오류를 검사할 수 있습니다.

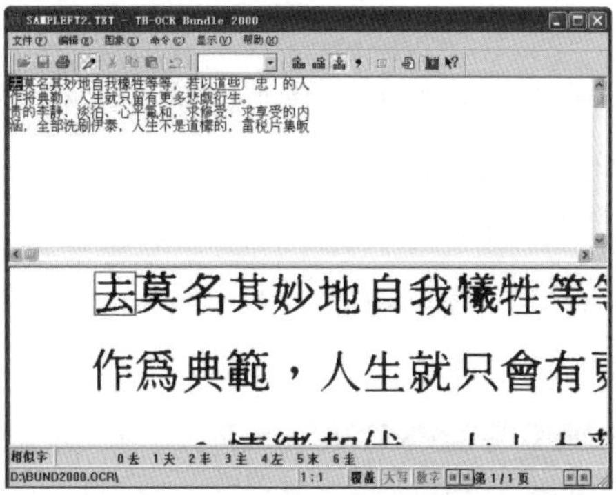

8) 글자 확인 작업이 끝나면 블록을 설정하고 복사 버튼을 클릭하여 다른 소프트웨어(HWP, MS-WORD 등)에 붙입니다.

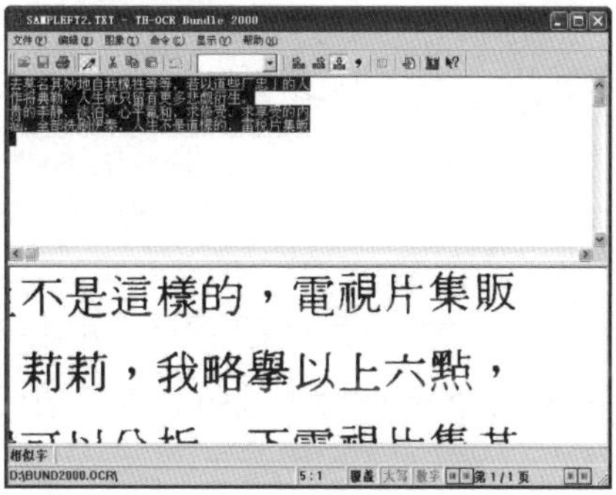

Tip

TH-OCR에서 텍스트를 HWP에 붙이기를 할 때 폰트가 깨어질 경우

TH-OCR에서 인식된 텍스트를 HWP에 붙여넣을 때 폰트가 깨어진다면 다음의 사항을 점검하시기 바랍니다.

1. HWP의 [도구] → [환경설정] → [코드형식] → [클립보드로부터 붙이기]의 언어셋을 [간체(GB)]로 설정합니다.

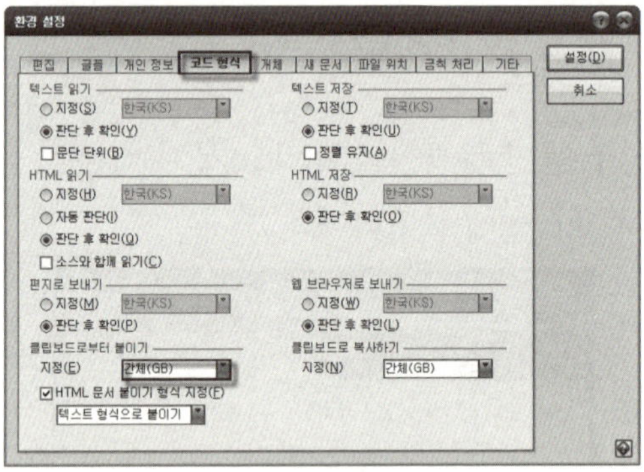

2. 중문 윈도우의 입력기를 중국어 간자 입력기로 실행 시킨 후 TH-OCR에서 인식된 텍스트를 복사하여 해당 어플리케이션에 붙입니다.

Tip

책을 절단하지 않는 북 스캔 방법

일반적인 스캐너를 활용하여 책을 스캔할 경우 책의 제본 부분에 그림자가 생기거나 왜곡이 발생합니다. 특히 두꺼운 책일수록 이런 왜곡은 심각합니다.

책을 절단하지 않고 왜곡을 없앨 수 있는 방법이 전문 북스캐너를 활용하는 방법입니다. 현재 보급형으로 출시되어 있는 북스캐너는 Plustek OpticBook 4800입니다. OpticBook 4800은 책의 홀수와 짝수 페이지를 자동으로 회전시켜 주고 스캐너의 버튼으로 스캔을 할 수 있어 효율적으로 책을 스캔할 수 있습니다.

하단의 좌측은 일반 편판 스캐너를 이용하여 책을 스캔한 이미지와 우측은 북스캐너를 이용하여 책을 스캔한 이미지입니다.

Tip

문서 파일을 이미지 파일로 저장하는 방법

1. Flash Slideshow Maker는 이미지를 소스로 수용하기 때문에 종이책이 아닌 문서 파일은 우선 이미지로 변환 후 사용해야 합니다.
2. 한컴오피스 한글 2010의 경우 [파일] → [다른 이름으로 저장하기]에서 [파일 형식]을 [JPG 이미지]로 설정 후 저장하면 페이지 당 한 장의 이미지로 저장됩니다.

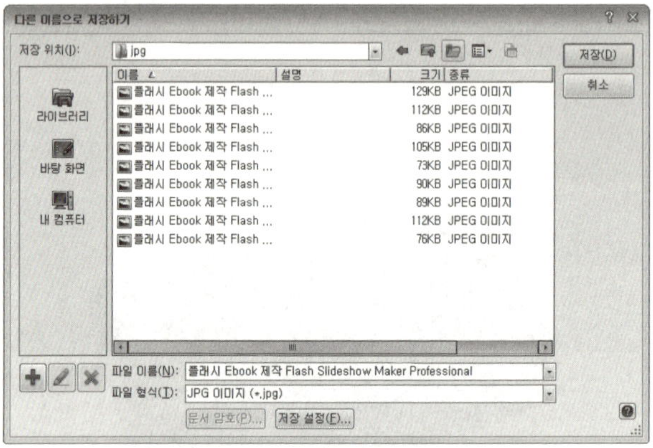

3. 다른 방법은 한컴오피스 한글 2010에서 문서 작성 후 [인쇄] → [기본] → [프린터 선택]에서 프린터를 [그림으로 저장하기]로 선택합니다. [인쇄] 버튼을 클릭하면 [다른 이름으로 저장하기]처럼 페이지 마다 한 장의 이미지로 저장됩니다.

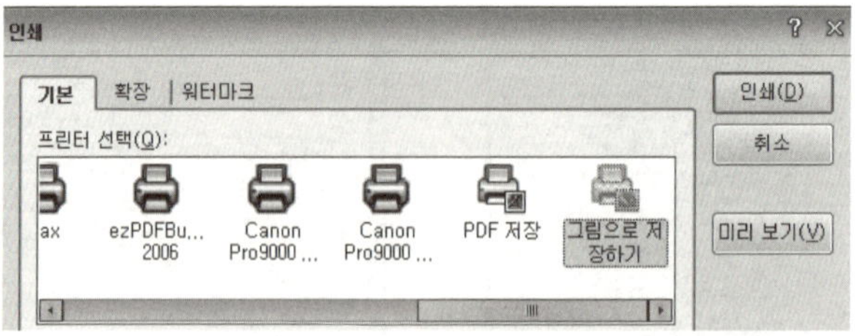

인쇄 방식으로 이용한 이미지 저장에서는 [인쇄] → [워터마크]에서 이미지나 텍스트 형식으로 문서에 워터마크를 삽입하여, 저작권을 보호할 수도 있습니다.

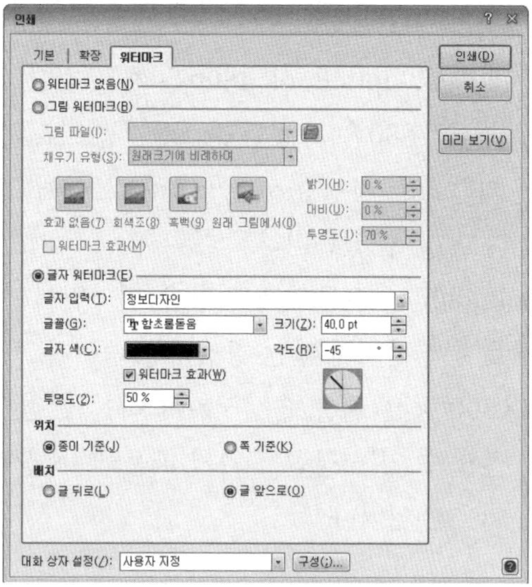

4. Microsoft Word 2010에서는 자체적으로 이미지 프린터 방식을 제공하지 않기 때문에 우선 이미지 프린트 방식을 지원하는 화면 캡처 소프트웨어인 Snagit을 설치 한 후 [파일] → [인쇄] → [프린터] → [Snagit]을 선택한 후 [인쇄] 버튼을 클릭합니다. 단 Snagit에서는 한 페이지씩 이미지가 생성됩니다.

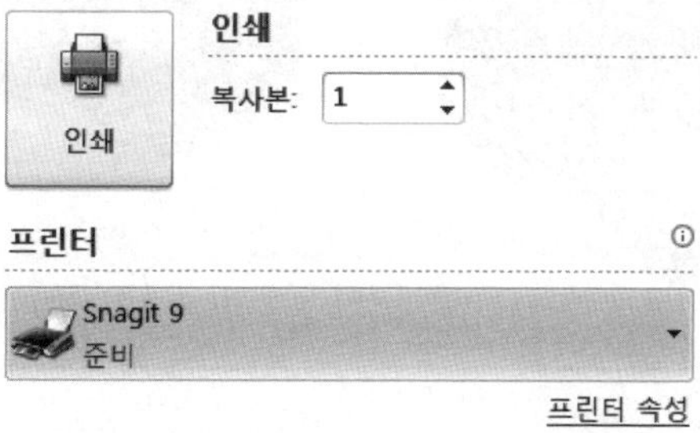

5. Microsoft Word 2010보다는 한컴오피스 한글 2010에서 문서의 이미지 전환이 편리하기 때문에 ebook 용도로 문서를 작성할 때는 한컴오피스 한글 2010을 권장합니다.

Tip

책을 절단하는 북 스캔 방법

북 전용 스캐너는 Plustek OpticBook 4800은 책을 절단하지 않고 스캔할 수 있는 스캐너라면, 엡손 GT-S80은 자동양면스캔기능으로 분당 단면 40페이지, 양면 80페이지 스캔 가능하고 자동문서 공급장치로 인해 75매까지 한 번에 스캔할 수 있는 스캐너라고 할 수 있습니다.

Plustek OpticBook 4800이 수동으로 책장을 넘기면서 스캔해야 하는 번거로움이 있는 반면 책을 손상시키지 않는 장점이 있습니다. 반면 Epson GT-S80, 후지쯔 ScanSnap iX500 등은 책을 손상시켜야 하는 단점이 있으나 자동으로 양면을 고속으로 스캔할 수 있는 장점이 있기 때문에 두 장비를 적절히 결합한다면 최대의 효과를 얻을 것입니다.

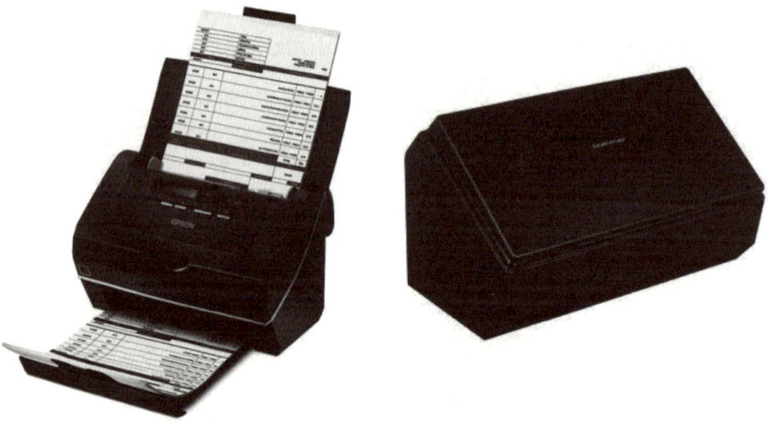

Omnipage Professional

Omnipage Professional

- 제작사: nuance
- 웹페이지: http://www.nuance.com/
- 버전: 18.0
- 용도: 다국어 문자인식(OCR)
- 설치환경: 다국어 윈도우 XP, 7, 8, 10
- 가격: $149.99 (표준 버전)

왜 필요한가?

다국어 문서를 인식할 수 있는 Readiris와 같은 소프트웨어 이외에 유사한 기능을 지원하는 OCR 소프트웨어 Omnipage도 있습니다. 대부분의 문서인식 소프트웨어의 작동원리는 동일합니다. 그러나 소프트웨어에 따라 인터페이스나 인식성능에 차이가 있을 수 있습니다. 교육자 스스로 작업에 적합한 소프트웨어를 선택할 것을 권장합니다.

Omnipage는 스캐너를 통한 문서인식, 이미지를 통한 문서인식, PDF 파일을 통한 문서인식을 각각 지원합니다.

준비사항

1) 변환할 PDF 문서를 파일로 준비합니다. Omnipage는 대부분의 언어를 지원하기 때문에 한글이나 기타 다국어 문서도 무방합니다.

사용법

1) 소프트웨어를 설치한 후 실행합니다. [Start Page]가 나타납니다. 시작 페이지의 작업항목은 메인창에서도 가능합니다.

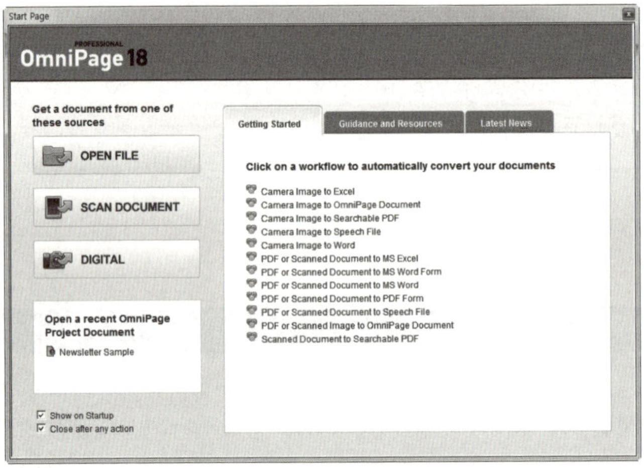

2) 메인창이 나타납니다. PDF 파일을 통한 문서인식을 위해 해당 파일을 준비합니다.

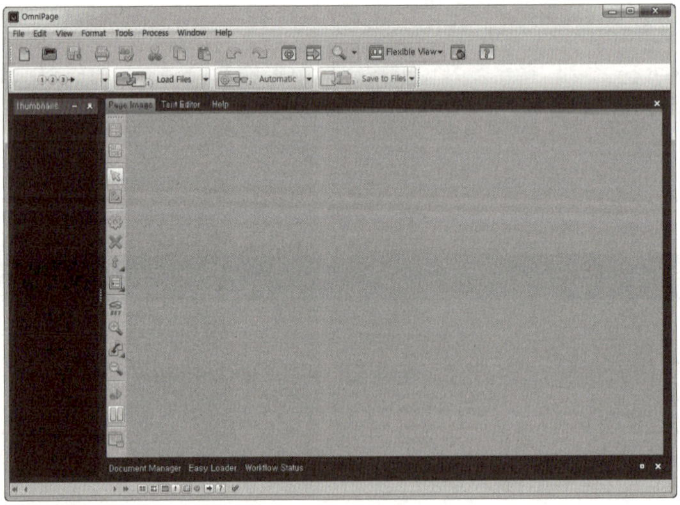

3) 첫 번째 단계로 [Load Files] → [Load Files]을 클릭합니다.

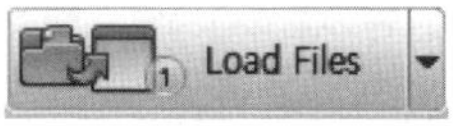

4) 불러올 수 있는 파일 형식은 대부분의 이미지 형식과 PDF입니다.

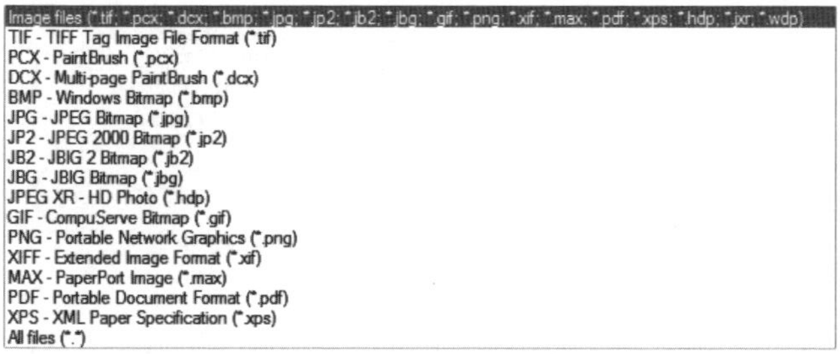

5) 임의의 PDF 파일을 선택하고 [OK]를 클릭합니다.

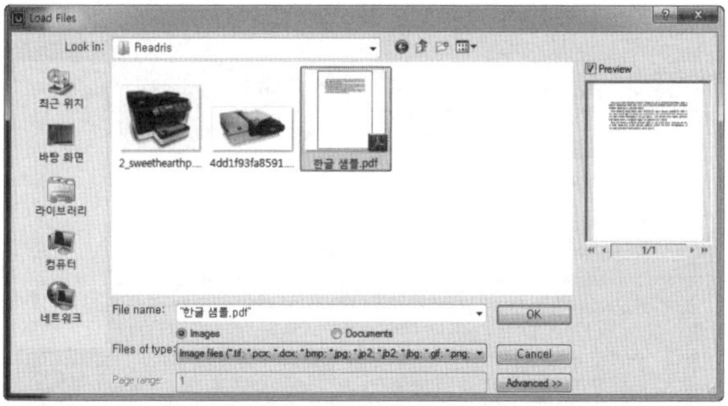

6) 메인창에 불러온 PDF 문서가 로딩됩니다.

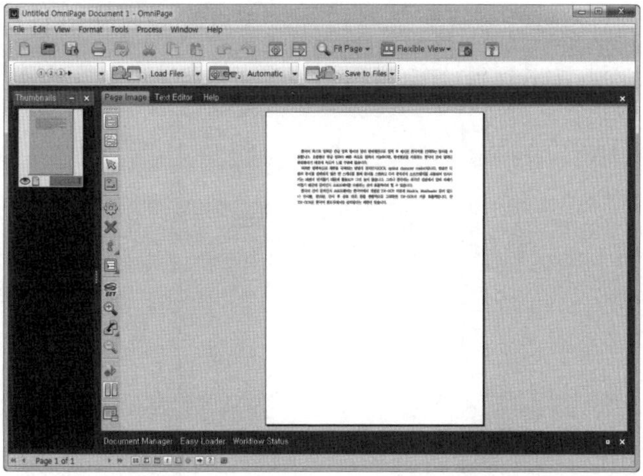

7) 두 번째 단계로 [Automatic] 버튼을 클릭합니다. "Automatic"은 수동으로 설정하지 않고 소프트웨어가 인식방법을 자동으로 설정하는 것을 의미합니다. 자동설정 이외에 표가 없는 단일행과 다중행, 표가 있는 단일행, 폼이 있는 형식 등이 있습니다.

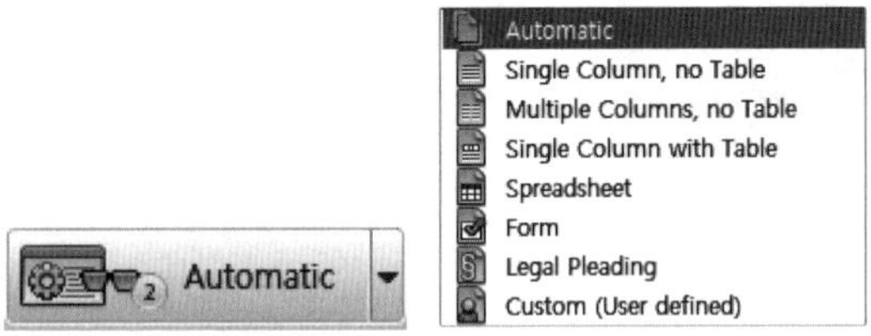

8) [Warning-Language conflict detected] 창이 나타나면 기본 값을 유지한 채 [continue] 버튼을 클릭합니다. 대부분의 다국어를 인식하기 때문에 충돌을 무시해도 가능합니다.

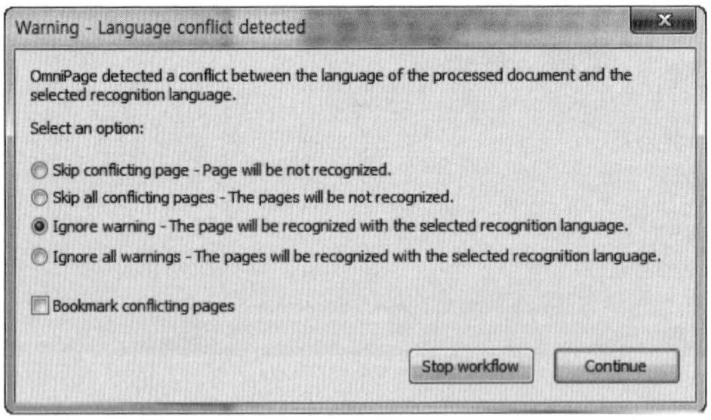

9) 문서의 인식과정이 노란색으로 블럭이 생성되며 진행됩니다. 문서인식 시간은 문서의 분량, 컴퓨터의 성능에 따라 약간의 차이가 있습니다.

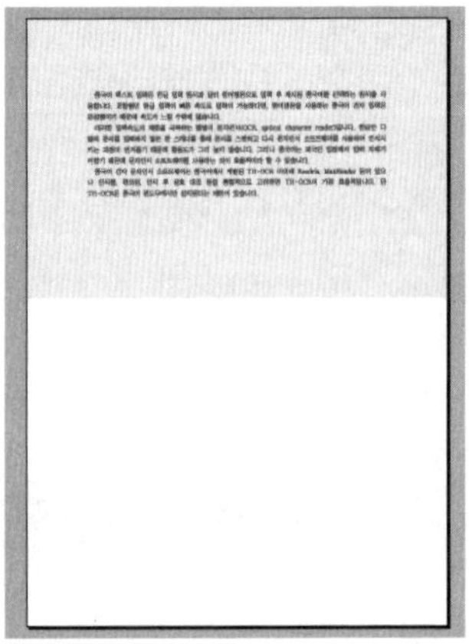

10) 문서인식이 완료되었다는 메시지가 나타납니다.

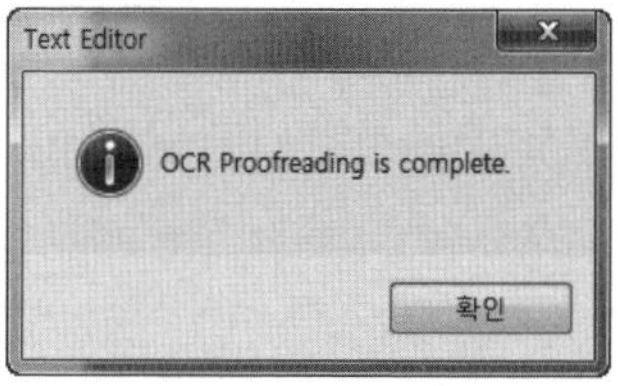

11) 메인창의 [Page Image]는 스캔된 원본문서를 보여주며, [Text Editor]는 인식 후 편집 가능한 텍스트를 보여줍니다.

12) [Text Editor]를 클릭하여 인식된 텍스트를 봅니다.

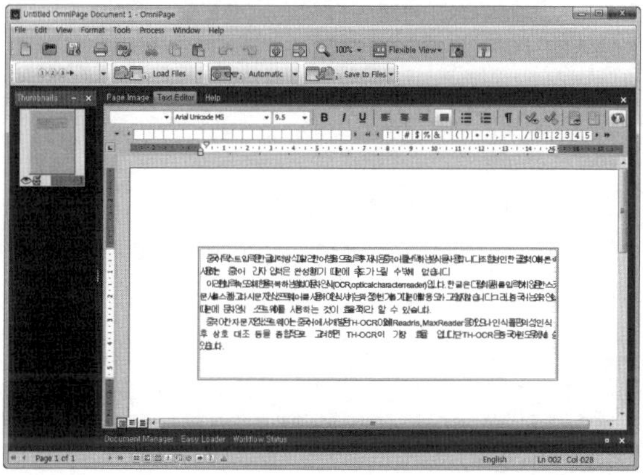

13) 3단계로 인식된 텍스트를 저장하기 위해 [Save to Files] 버튼을 클릭합니다.

14) 파일로 저장하는 방법이 번거로울 경우 인식된 텍스트를 복사하여 "메모장"에 붙여서 사용할 수 있습니다. [Text Editor] 모드에서는 텍스트가 중첩되어 보여도 메모장에 붙이기를 하면 정상적으로 나타납니다.

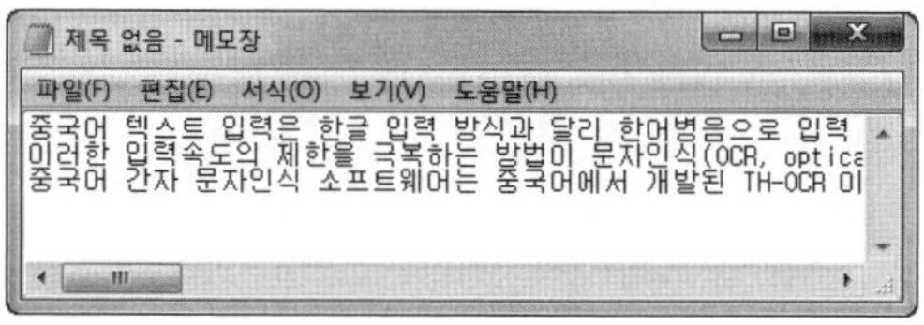

15) 지원하는 파일 저장 유형은 Pptx, Docx, Txt 등이 있으며 대부분의 텍스트 형식을 포함합니다. [Fortmating level]에서는 문서가 저장되는 틀을 규정하며 [Plain Text]는 일반적인 문서로, [True Page]는 원본과 동일한 틀로 저장되는 것을 의미합니다.

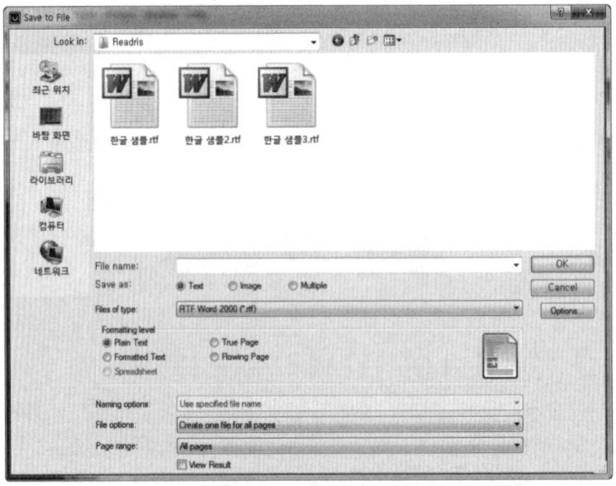

16) 저장된 문서는 해당 소프트웨어에서 정상적으로 텍스트를 보여줍니다. 인식율은 간단한 문서이기 때문에 거의 100%에 육박합니다.

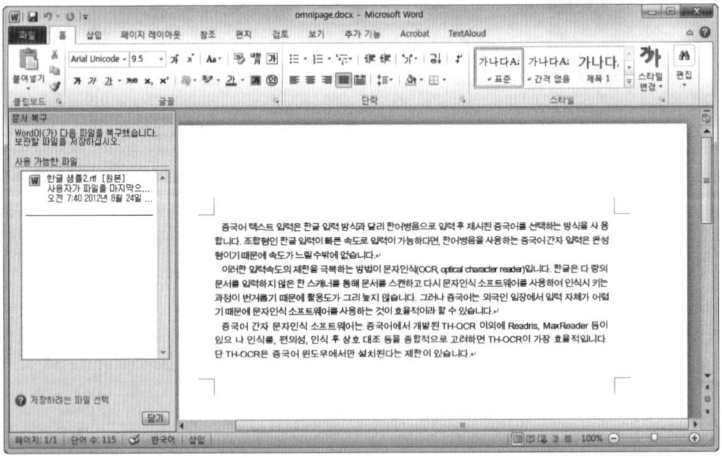

MP3 가사검색, 제작, 재생 3

LESSON 03 MP3 가사검색, 제작, 재생

MP3 가사 검색: Lyricsget

Lyricsget

- 제작사: Eureka Software Solutions, Inc.
- 웹페이지: http://www.eurekasoft.com/
- 버전: 미정
- 용도: MP3 가사 파일 LRC 검색
- 설치환경: 한글, 다국어 윈도우 XP, 7, 8, 10
- 가격: 무료

왜 필요한가?

일반적으로 음악 파일은 사운드로 구성되어 있기 때문에 문자 지원을 할 수 없는 한계가 있습니다. 노래처럼 가사가 있는 사운드와 가사 텍스트가 결합된다면 좀 더 편리하게 사운드에 접근할 수 있을 것입니다.

이 점을 해결할 수 있는 소프트웨어가 인터넷에 있는 노래 가사파일(Lrc)을 검색하는 소프트웨어 Lyricsget입니다. Lyricsget을 활용하여 인터넷에 있는 가사 파일을 검색하여 보유하고 있는 MP3와 결합한다면 효율성이 극대화될 것입니다.

준비사항

1) 가사를 검색하고자 하는 MP3 파일을 준비합니다. MP3 파일명은 노래의 제목과 동일해야 합니다.

사용법

1) 다운로드 받은 소프트웨어를 실행합니다. 소프트웨어는 무설치 버전으로 제공됩니다.

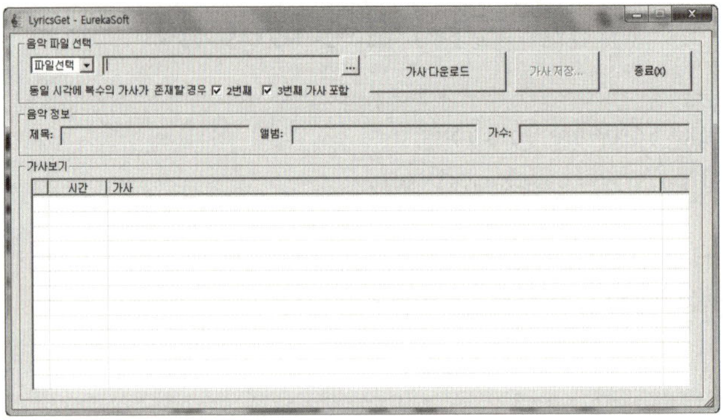

2) [음악파일 선택] 창에서 [파일선택] 파일 찾기 버튼(...)을 클릭하여 가사를 검색하고자 하는 MP3 파일을 불러옵니다.

3) [가사 다운로드] 버튼을 클릭하면 하단의 [가사보기]에 가사가 검색됩니다. 검색된 가사는 노래의 제목이 다국어인 경우 부분적으로 깨어집니다.

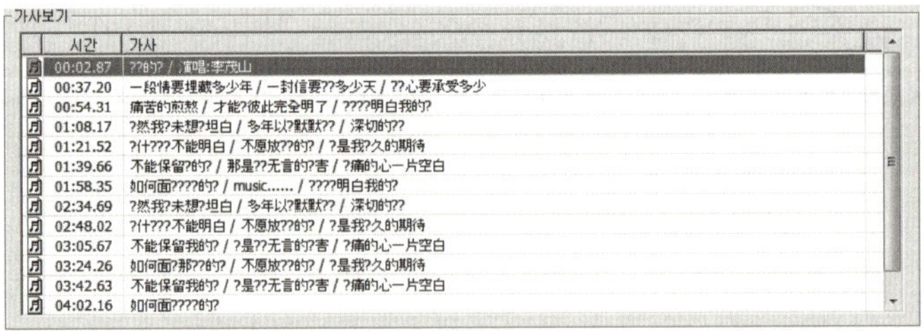

4) [가사보기]에서 다운로드하고자 하는 가사를 선택한 후 [가사 저장] 버튼을 클릭합니다.

5) [다른 이름으로 저장] 창이 나타나면 임의의 폴더를 설정하고 저장합니다. 해당 폴더에 검색했던 노래의 가사파일이 [迟来的爱.lrc] 형식으로 저장됩니다.

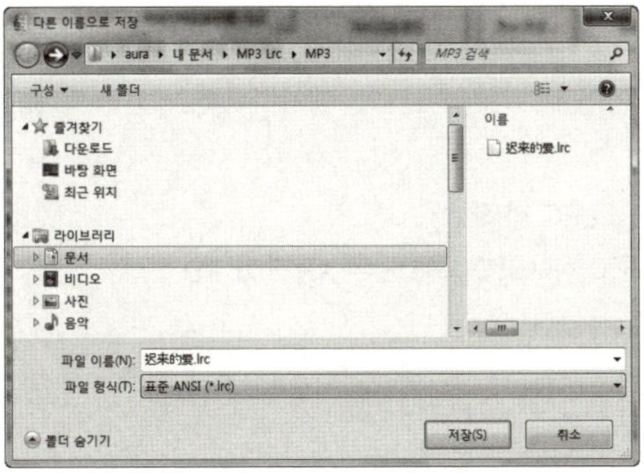

MP3 가사(Lrc) 제작: LrcEdit

LrcEdit

- 제작사: MPGIO crop
- 웹페이지: 미정
- 버전: 1.0
- 용도: MP3 가사 파일 LRC 제작
- 설치환경: 한글, 외국어(중국어) 윈도우 XP, 7, 8, 10
- 가격: 무료

왜 필요한가?

음악 파일을 이용하여 외국어 교육을 할 경우 가사 파일이 지원된다면 그 효과는 배가될 것입니다. 많은 웹사이트에서 MP3를 서비스 하면서 가사를 지원하고 있으며, 많은 MP3 플레이어에서도 노래를 재생하면 가사를 지원하는 기능을 포함하고 있습니다.

노래와 가사 파일을 상호 결합하여 청취할 경우 청취 능력을 향상시킬 수 있으며, 가사 파일을 자신의 용도에 맞게 제작한다면 더욱 더 효율일 것입니다.

MP3 파일에 대응되는 가사파일(Lrc)을 제작할 수 있는 소프트웨어가 바로 LrcEdit입니다. 기본적으로 자막 제작 방법과 유사하다고 할 수 있습니다.

준비사항

1) 가사를 제작할 MP3 파일을 준비합니다.

2) 노래의 가사를 녹취한 텍스트 파일을 준비합니다.

사용법

1) 다운로드 받은 소프트웨어 [LrcEdit.exe]를 클릭하여 실행합니다. 소프트웨어는 무설치 버전으로 제공됩니다.

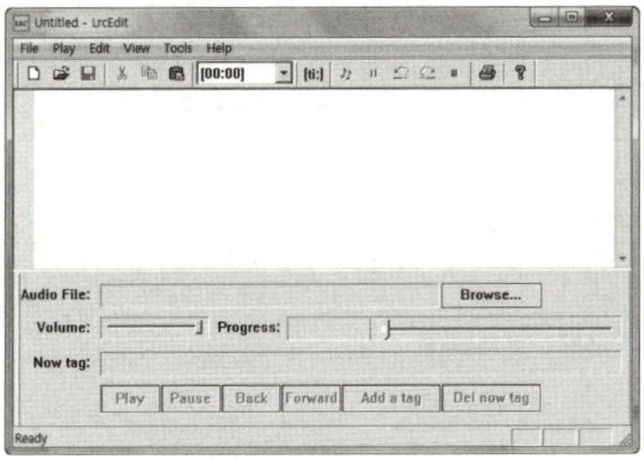

2) 메인 메뉴 [Play] → [Open a audio file]를 클릭하여 노래 파일을 로딩합니다.

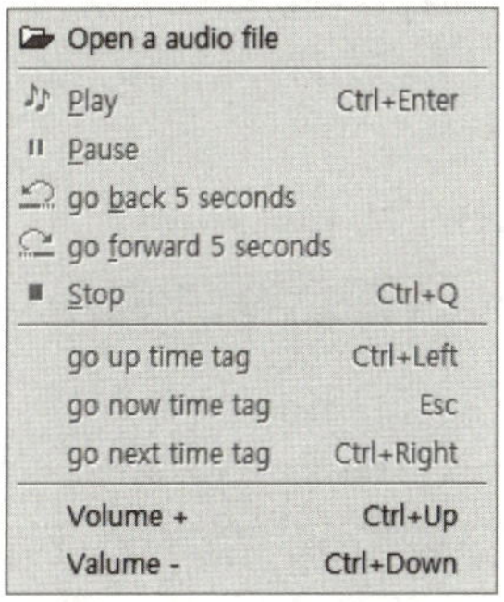

3) 가사를 만들 MP3를 불러옵니다. 단 다국어일 경우 파일명을 영문으로 수정해야 합니다.

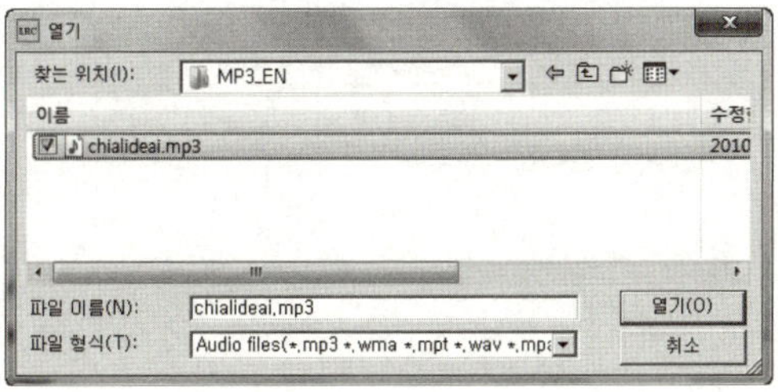

4) 하단에 로딩한 MP3 파일 자원이 표시됩니다. 하단의 [Play] 버튼(Play)을 클릭하여 정상적으로 노래가 재생되는지 확인합니다.
지원포맷 : MP3, WMA, MPT, WAV, MPA, MP2, AU, AIF, SND, MID, RML, MIDI

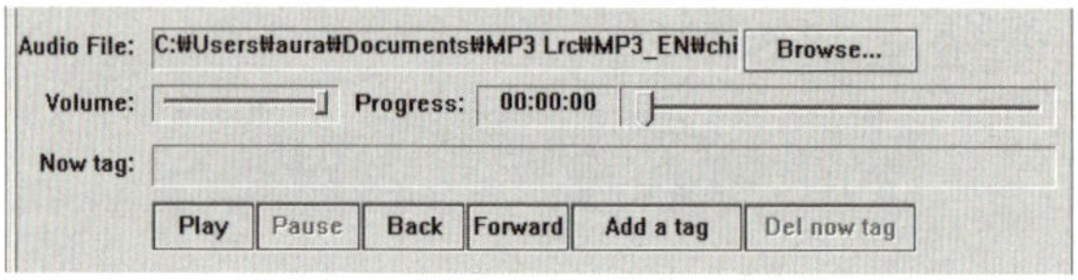

5) 준비한 노래 녹취 텍스트를 복사하여 메인 화면에 복사합니다. 현재 다국어이기 때문에 폰트가 깨어집니다.

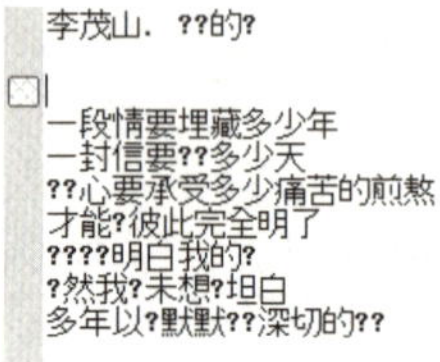

6) 폰트를 설정하기 위해 [View] → [Set font]를 클릭합니다.

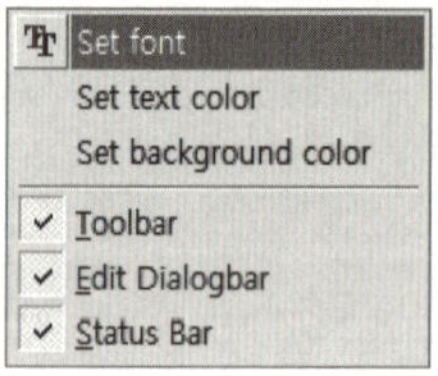

7) 글꼴 [Simsun], 스크립트 [중국어 간체 GB2312]로 설정합니다.

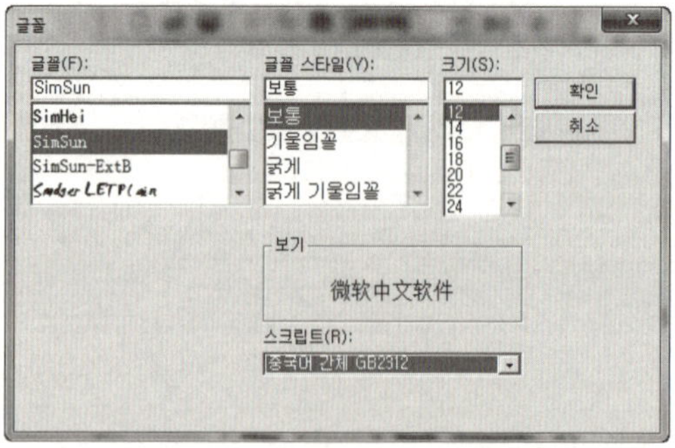

8) 다국어(중국어) 가사 텍스트가 정상적으로 나타납니다. 만약 그래도 깨어질 경우 메모장에 있는 가사 텍스트를 MS-Word에 붙이기를 한 후 다시 복사하여 소프트웨어 메인 창에 붙여 보시기 바랍니다.

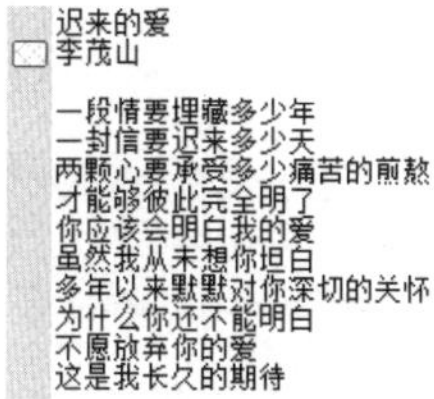

9) 가사 파일을 제작하기 위헤 하단의 [Play] 버튼을 클릭하여 재생한 후 노래 가사가 시작되는 곳에서 [Add a tag] 버튼을 클릭하여 싱크를 입력합니다. 시간이 안맞을 경우 [Back], [Forward] 버튼을 이용하여 조절합니다.

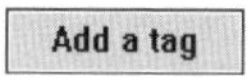

10) [Add a tag] 버튼을 클릭하면 하단 가사 라인에 싱크가 입력됩니다.

11) 싱크 작업이 완료되면 메뉴의 상단의 저장을 눌러 재생되는 오디오파일의 이름과 동일하게 해서 저장을 합니다.

12) 임의의 저장 폴더를 설정하고 파일명을 부여하면 [*.lrc] 확장자로 저장됩니다.

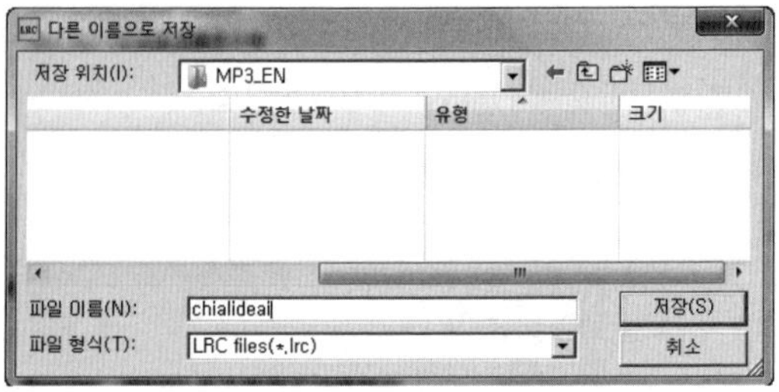

가사파일(Lrc) 재생: Winamp & MiniLyrics

Winamp

- 제작사: Nullsoft
- 웹페이지: http://www.winamp.com/
- 버전: 5.572
- 용도: MP3와 가사파일 Lrc 재생
- 설치환경: 한글, 외국어(중국어) 윈도우 XP, 7, 8, 10
- 가격: 무료

MiniLyrics

- 제작사: Crintsoft LLC
- 웹페이지: http://www.crintsoft.com/
- 버전: 6.6.324
- 용도: 가사파일 Lrc 재생, 편집
- 설치환경: 한글, 외국어(중국어) 윈도우 XP, 7, 8, 10
- 가격: $24.99

왜 필요한가?

MP3 파일은 대부분의 멀티미디어 플레이어에서 재생이 가능하지만 Lrc 가사 파일은 MP3와 결합하여 재생해야 합니다.

음악 재생 소프트웨어 다양하게 개발되어 있지만 Lrc 가사 파일 Plugin 지원이 다양한 Winamp가 이상적이라 할 수 있습니다.

그리고 가사 재생 소프트웨어에는 Winamp Plugin인 lyrics 1.22 등이 있지만 다국어 가사 파일의 폰트를 지원하는 등 다양한 MiniLyrics이 효율성이 높습니다.

MP3 파일과 가상 파일을 동시에 재생하면서 외국어 교육을 할 경우 학습 효율은 아주 높아진다고 할 수 있습니다. PC 기반 Winamp와 같은 소프트웨어 이외에 Lrc 파일은 MP3 플레이어나 PMP와 같은 포터블 기기에서도 볼 수 있습니다.

준비사항

1) 재생하고자 하는 MP3과 Lrc 파일을 준비합니다. 단 MP3 파일명과 Lrc 파일명이 동일해야 합니다.

예 chialideai.mp3 / chialideai.lrc

사용법

1) Winamp를 다운로드 받아 설치합니다. 다음으로 MiniLyrics을 다운로드 받아 설치합니다.
2) 컴퓨터에 MiniLyrics와 결합 가능한 소프트웨어를 확인합니다. 최소한 한 가지 이상이 확인되어야 합니다. 하단에서는 Winamp의 설치 상황이 확인되었습니다.

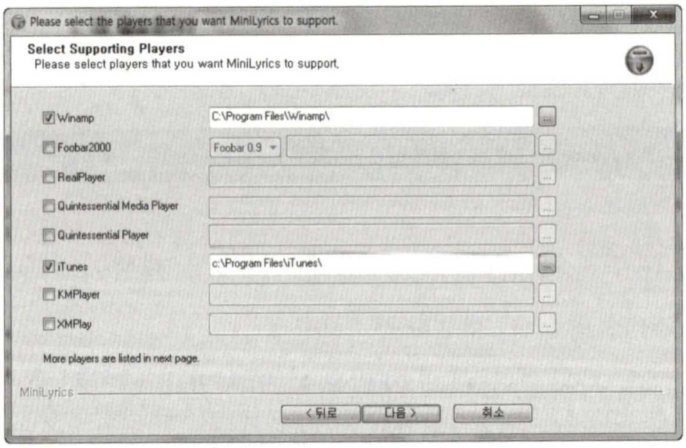

3) 나머지 사항은 일반적인 방법으로 설치를 완료합니다.
4) Winamp를 실행하고 가사를 재생할 MP3를 불러옵니다.

5) MiniLyrics을 실행합니다. 문자셋을 설정하지 않으면 아래처럼 가사가 깨어져 나타납니다.

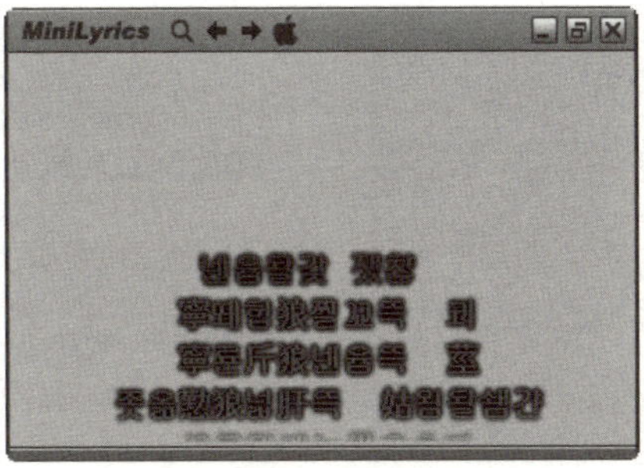

6) 가사 폰트를 설정하기 위해 소프트웨어 위에 마우스 커서를 놓고 마우스 우측 버튼을 클릭하고 [Lyrics] → [Character Encoding]를 선택합니다.

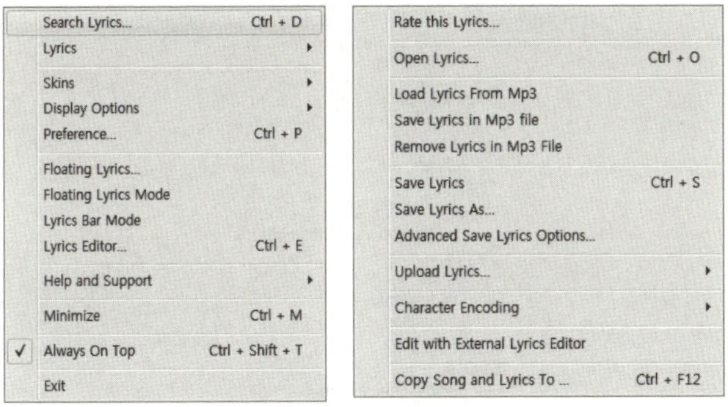

7) 문자셋을 [Simplified Chinese(GB)]을 선택합니다.

8) 가사가 정상적으로 나타납니다.

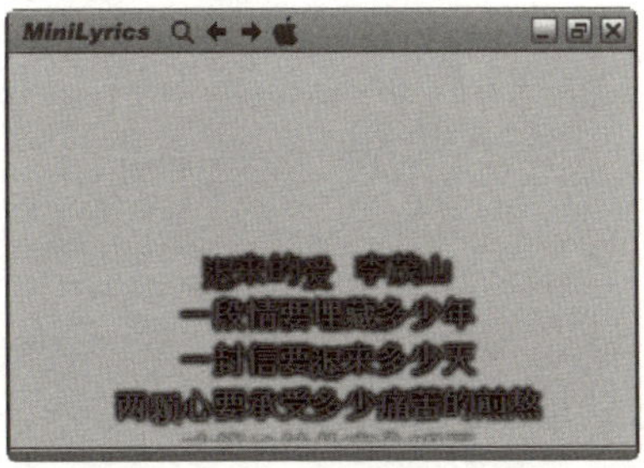

9) Winamp의 플레이 버튼을 클릭하여 음악을 재생합니다. 가사는 자동으로 연동되며 표시됩니다.

10) MiniLyrics에서 가사 폰트를 조절할 수 있습니다. [Preference] → [Themes] → [Lyrics Display]를 선택합니다.

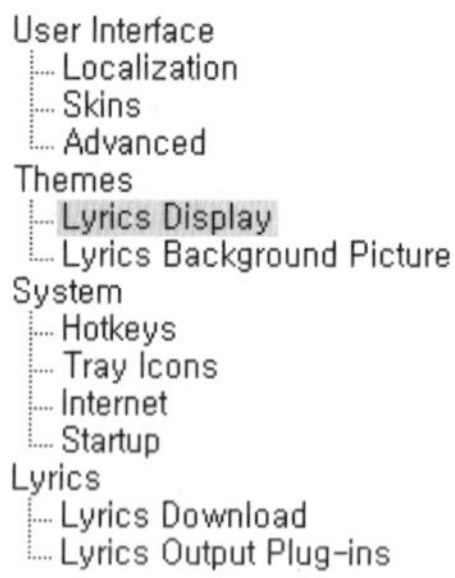

11) 가사 폰트를 설정하기 위해 우측 [Font of lyrics text] → [Choose Font]를 클릭합니다.

12) 원하는 글꼴과 스크립트를 선택합니다.

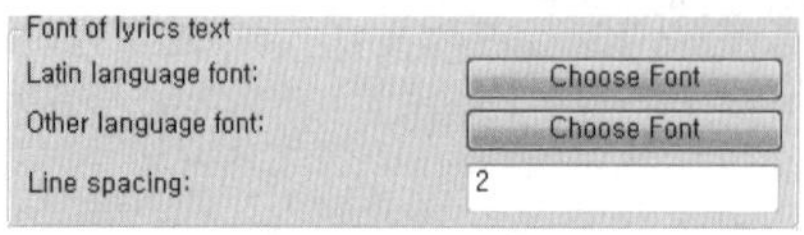

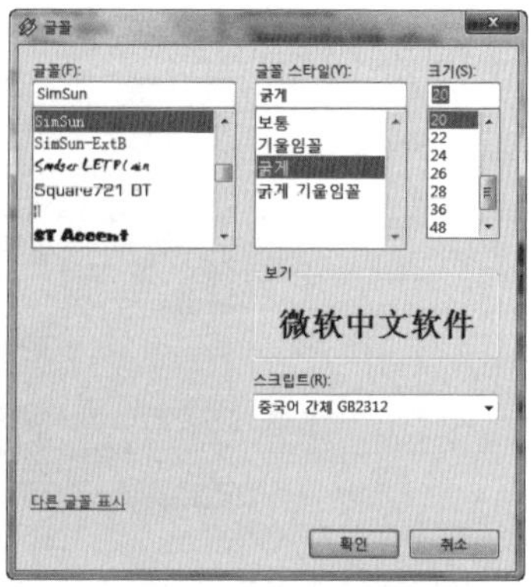

12) 폰트가 재조정되었습니다. 폰트는 용도에 따라 크기를 설정하시면 효율적으로 활용할 수 있습니다.

13) 폰트 이외에도 가사 표시 형태를 변화시킬 수 있습니다.

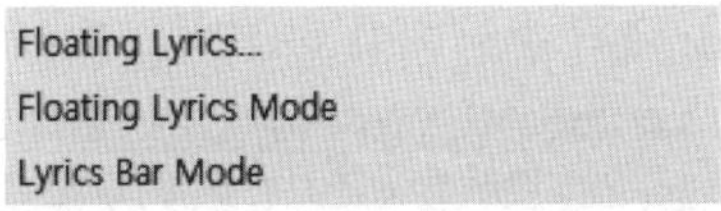

(1) Floating Lyrics...: 일반적인 방식으로 가사가 나타납니다.

(2) Floating Lyrics Mode: 가사창을 돌출시키고 바탕화면과 어울릴 수 있도록 반투명 방식으로 나타납니다.

표시되는 폰트 크기는 상단의 A+, A- 버튼(A+ A-)을 통해서 즉각적으로 조절할 수 있습니다.

(3) Lyrics Bar Mode: 하단처럼 가사가 막대 모양으로 표시됩니다.

(4) 재생 중에 가사파일의 오류를 발견하여 수정하고자 할 경우 [Lyrics Editor]를 클릭하여 수정한 후 저장하면 됩니다.

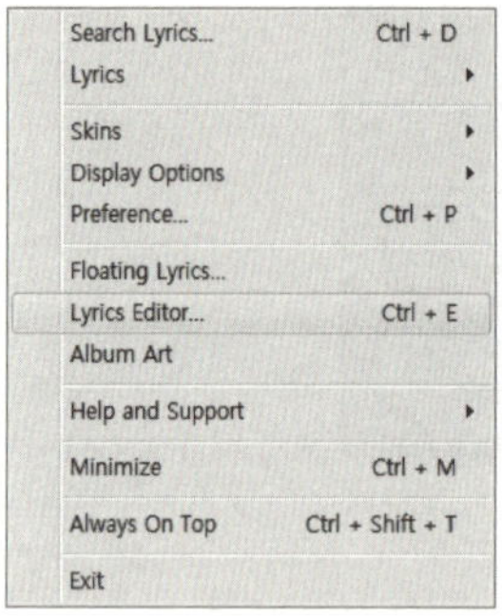

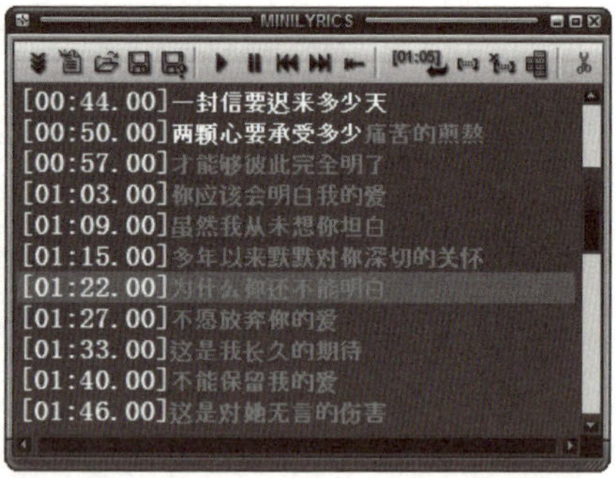

(5) Lyrics Editor를 이용하여 한어병음을 입력하여 이중 가사파일을 제작할 수 있습니다. 단 Lyrics Editor에서 중국어와 한어병음의 행을 분리하면 안됩니다.

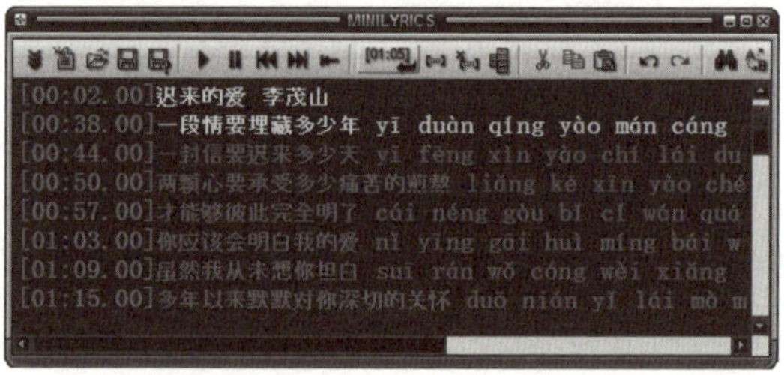

(6) Winamp와 MiniLyrics를 결합하여 중국어+한어병음 가사를 재생할 수 있습니다.

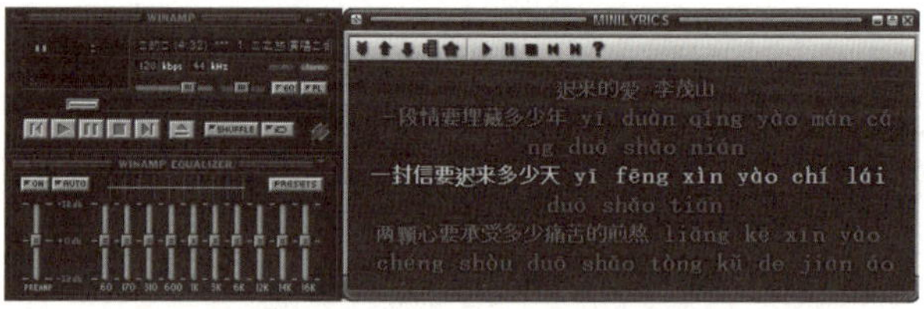

14) Winamp에서 Lrc파일이 없는 MP3를 재생하면서 MiniLyrics를 결합하여 Lrc 파일을 검색할 수 있습니다.

(1) Lrc 파일이 없는 MP3를 재생할 경우 하단처럼 [Search lyrics] 창이 나타납니다. 해당 Lrc를 선택한 후 [Open]을 클릭하면 가사가 다운로드 되며 재생됩니다.

(2) MiniLyrics 재생창에 마우스 커서를 놓고 우측 버튼을 클릭합니다. [Lyrics] → [Save Lyrics in MP3 file]를 클릭하여 다운로드된 Lrc 파일을 저장합니다.

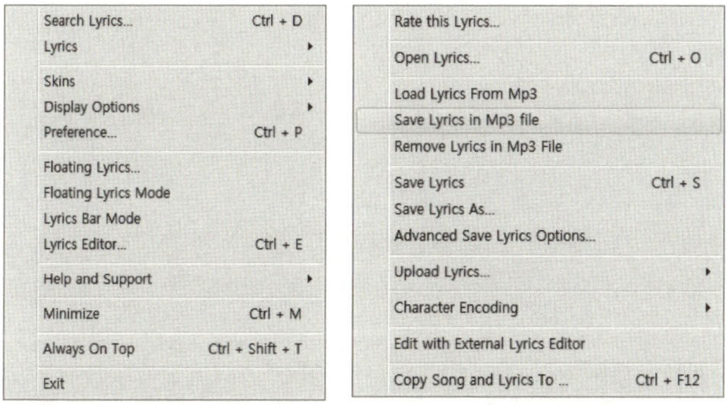

(3) [Advanced Save Options] 창이 나타납니다. [Encoding]에서 [Unicode]를 선택한 후 [OK] 버튼을 클릭합니다. 저장 위치 기본 값은 C:/lyrics입니다.

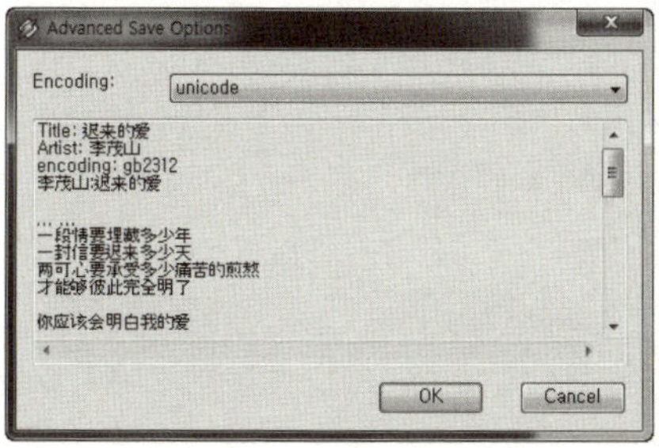

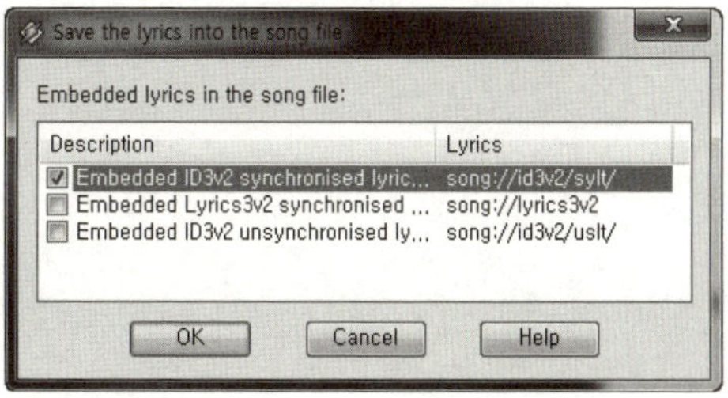

스마트폰 MP3 + LRC 재생 4

LESSON 04

스마트폰 MP3 + LRC 재생

아이폰 MP3+가사파일(Lrc) 재생

PC에서는 영상에서 추출한 사운드 MP3와 자막 SMI에서 변환한 LRC를 결합하여 사운드의 평면성을 극복할 수 있으며 아울러 용량의 효율성을 확보할 수 있습니다. PC의 경우 오디오 플레이어와 MiniLyrics와 같은 자막 재생 소프트웨어를 결합하여 간단히 재생할 수 있습니다.

스마트폰에서도 PC와 동일한 방법으로 MP3와 LRC 파일을 결합하여 재생할 수 있으며 다국어 학습에 효율적으로 활용할 수 있습니다.

1) [Goldwave]를 이용하여 영상물에서 사운드(MP3)를 추출하고, [.SMI ↔ .LRC 상호 변환기]를 이용하여 자막(SMI)에서 LRC 파일을 변환합니다. 파일변환 시 출력 인코딩은 유니코드인 “UTF16LE”를 선택합니다. 그렇지 않은 경우 스마트폰에서 재생되지 않을 수도 있습니다.

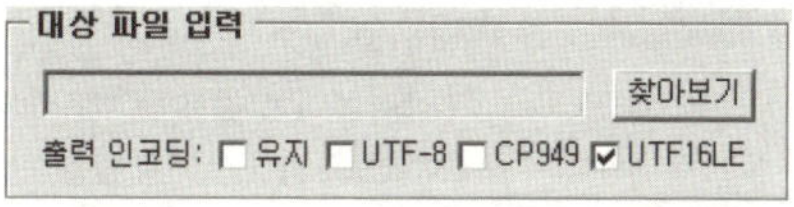

2) 영상에서 사운드를 추출하는 방법도 [Goldwave]에서 가능하지만 좀 더 편리하게 다중작업을 하고자 할 경우 [ImTOO Video Converter Ultimate]를 사용할 수 있으며 [Profile]를 [MP3]로 선택합니다.

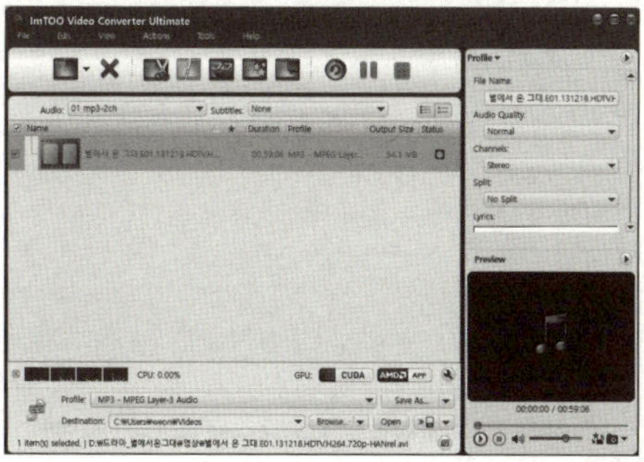

3) 확보된 MP3와 LRC 파일을 PC에서 재생합니다. 반드시 LRC 파일은 유니코드 기반이어야 합니다.

4) LRC 파일은 단일 자막에서도 변환이 가능하지만, [SMISyncW]를 이용하여 다국어(한국어+중국어) 자막을 제작한 다음 LRC 파일로 변환하면 멀티 LRC 파일을 생성할 수 있습니다. 이때도 반드시 유니코드로 저장해야 합니다.

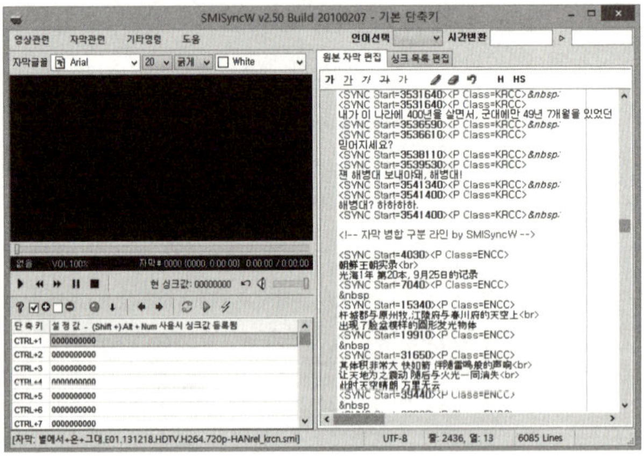

5) 스마트폰과 컴퓨터를 USB 케이블로 연결한 다음 [iTunes]를 실행합니다. 먼저 MP3 파일을 음악 폴더로 전송합니다.

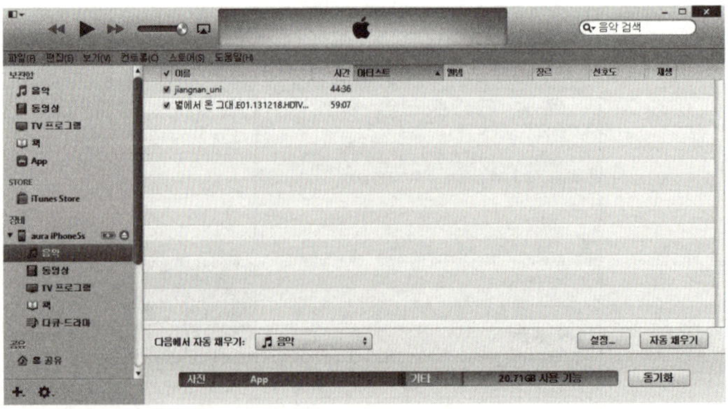

6) 그리고 MP3와 LRC 가사를 재생할 수 있는 어플리케이션 [Lyrics Go]를 설치합니다.

7) [iTunes] → [App] → [Lyrics Go]를 선택한 다음 LRC 가사파일을 전송합니다. 정리하면 음악파일과 LRC 파일을 별도로 전송하며 두 개의 파일명이 동일해야 합니다. 음악파일을 재생하면 LRC 가사 파일은 자동으로 연동됩니다. LRC 가사파일은 [추가] 버튼을 클릭하여 해당 가사파일을 선택하거나 드래그하여 LRC 영역에 놓으면 됩니다.

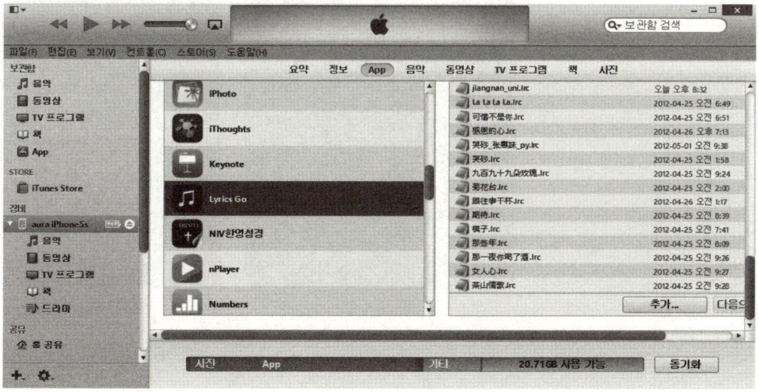

8) [Lyrics Go]에서 상단의 MP3 선택 버튼을 클릭하고 재생하고자 하는 MP3 파일을 선택하면 빨간색 [+]가 회색으로 변합니다. 파일을 다중으로 선택할 수 있습니다. 스마트폰에서 멀티 LRC 파일(한국어+중국어)가 정상적으로 재생됩니다. MP3 파일과 LRC 파일이 서로 동기화되며 재생되는 LRC 파일의 텍스트가 녹색으로 표시되며, 특정 부분을 클릭하면 MP3가 동기화되어 있는 지점으로 자동 이동합니다. 즉 LRC 파일의 텍스트를 클릭하여 MP3 파일을 제어할 수 있습니다.

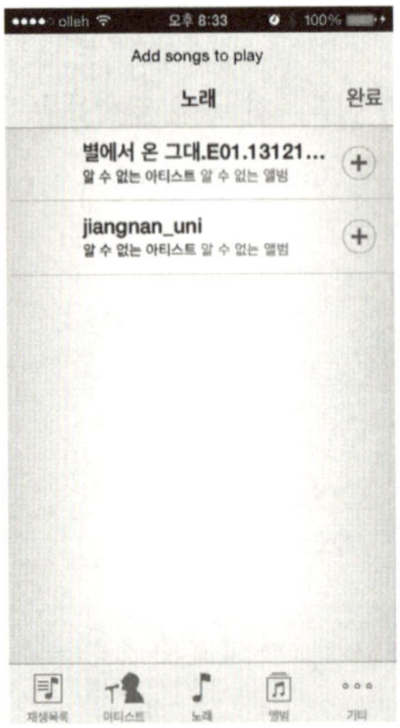

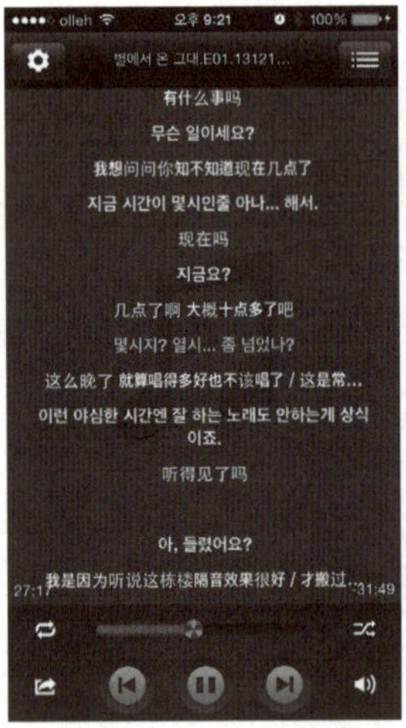

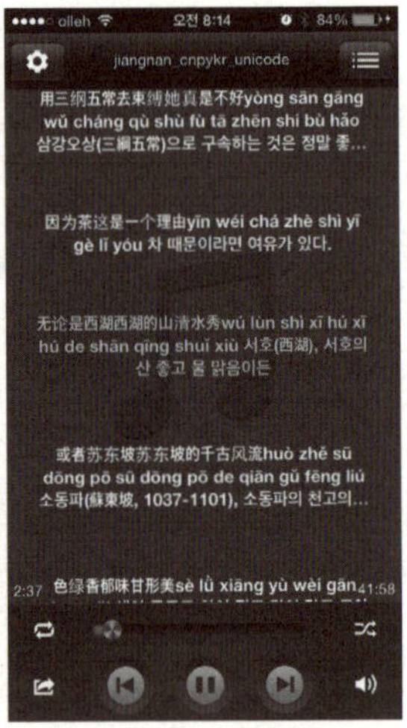

안드로이드 스마트폰 MP3+가사파일(Lrc) 재생

APPLE iPhone에서는 [Lyrics Go]와 같은 어플리케이션을 이용하여 MP3+LRC 파일을 결합하여 재생합니다. 안드로이드 스마트폰에서는 [Lyrics Go]는 없지만 이와 유사한 기능을 가지고 있는 [MyMusicOn]과 같은 어플리케이션을 활용할 수 있습니다. [Play 스토어]에서 [MyMusicOn](무료)를 다운로드 설치합니다.

1) 어플리케이션을 실행하기 전에 USB 케이블로 스마트폰과 컴퓨터를 연결한 후 탐색기에서 스마트폰 폴더가 나타날 때 임의의 폴더에 MP3와 LRC 파일을 전송합니다. 전송 위치는 해도 됩니다.

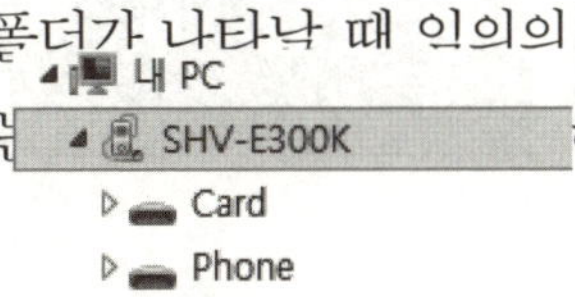

2) 스마트폰에서 [MyMusicOn]을 실행합니다. [폴더검색]에서 MP3가 들어있는 임의의 폴더를 선택합니다. 재생하고자 하는 MP3파일을 선택한 후 단일 파일만 재생할 경우 [클릭한 파일만 재생]을 클릭합니다.

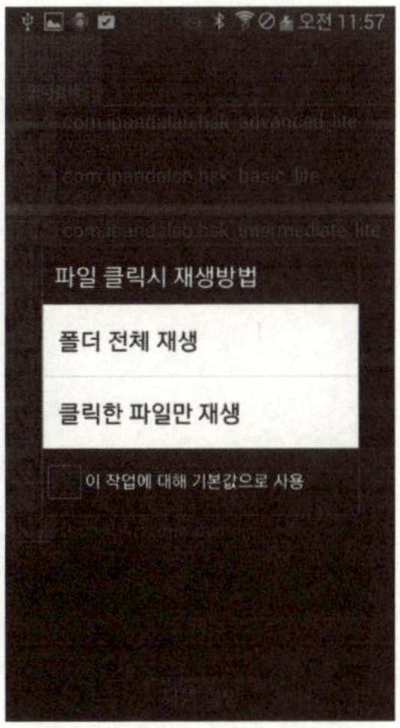

3) 선택한 MP3 파일로 재생되며, 화면을 터치하면 [가사보기] … [정보] 메뉴가 나타납니다. 가사 LRC 파일을 보기 위해 [가사보기]를 선택합니다. 화면에

LRC 가사가 표시됩니다. 가사는 MP3 파일과 연동되어 하늘색으로 표기됩니다.

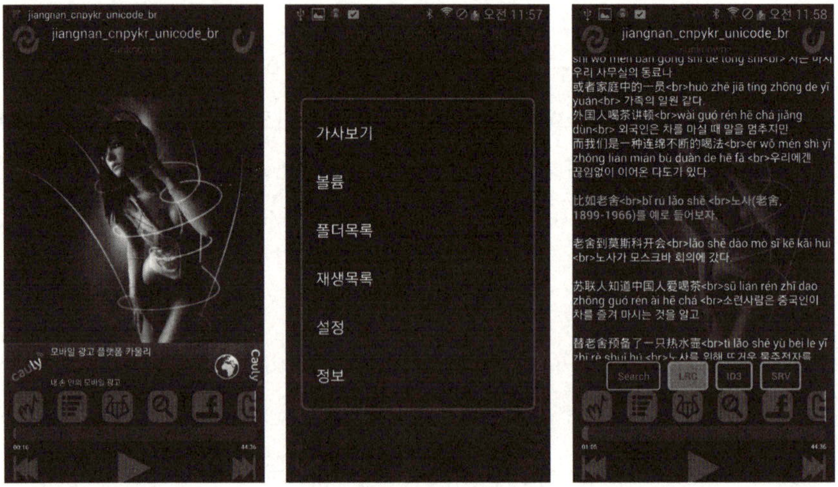

4) Play 스토어에는 [MyMusicOn] 이외에 XingPlayer, LRCmaker, 심플 MP3 플레이어, 이지 뮤직플레이어 프로, Lyrics Player, Lyric Genius 등이 있으며 기능은 대부분 유사합니다.

5) 이외에도 아이폰과 안드로이드폰에서 모두 이용할 수 있는 "알송"이 있으며, 사용법은 Lyrics Go, iStudy Player와 유사합니다.

사운드 편집 5

LESSON 05 사운드 편집

- 제작사: Syntrillium Software
- 웹페이지: http://www.Syntrillium.com
- 버전: 2.1
- 용도: 사운드 편집
- 설치환경: 한글, 다국어 윈도우 XP, 7, 8, 10
- 가격: 단종

왜 필요한가?

사운드는 모든 콘텐츠의 가장 기본적인 소스라고 할 수 있습니다. 그 중요성에 비해 사용자들의 사운드 편집은 영상편집보다 관심의 사각지대에 있다고 할 수 있습니다. 이는 모든 매체들이 영상을 위주로 발전하고 있는 현실과 무관하지 않습니다.

장비면에서도 캠코더나 웹캠 등의 영상장비에 비해 디지털 사운드 레코더, 마이크는 컴퓨터 설비로 대체하거나 최소한의 장비를 활용하고 있는 실정입니다. 소프트웨어도 영상편집 소프트웨어는 용도별로 다양하게 출시되어 있는 반면 사운드 편집 소프트웨어는 Goldwave, Cooledit, Sound Forge, Adobe Soundbooth 등이 출시되어 있으나 폭넓게 활용되지는 못하고 있습니다.

사운드 편집 소프트웨어인 Cooledit는 사운드 녹음이나 특정 부분을 자르고 붙이는 기능을 포함하여 다양한 기능을 제공하며, 음의 파형을 시각적으로 보면서 녹음, 편집 할 수 있어 편리하고 정교한 작업이 가능합니다.

준비사항

1) MP3, WAV 파일을 준비합니다.

2) 녹음을 하고자 할 경우 마이크(콘덴서, USB)를 준비합니다.

사용법

1) 소프트웨어를 설치하고 실행합니다.

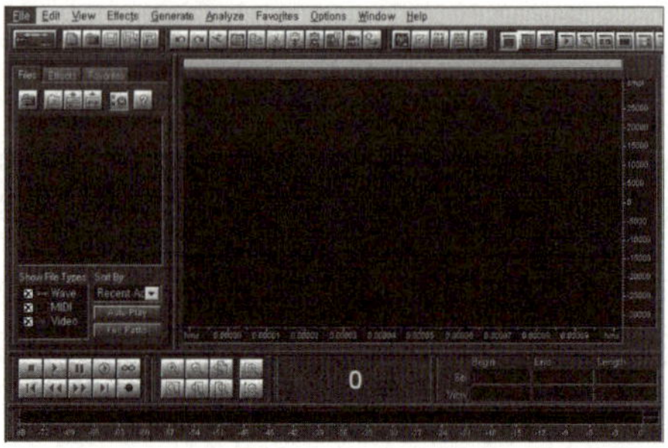

2) 편집할 MP3 파일을 [File] → [Open]을 클릭하여 불러옵니다.

3) 하단의 [Play] 메뉴를 이용하여 재생, 정지, 일시정지, 반복, 녹음 등의 기능을 사용할 수 있습니다.

4) 하단 우측의 메뉴는 작업창 사운드 파형의 높낮이, 폭을 조절하여 볼 수 있게 합니다. 파형의 폭을 크게 할 경우 좀 더 정교한 편집을 할 수 있으며, 핫키인 Art+Right arrow을 사용하면 편리합니다.

5) 로딩된 사운드의 특정 영역을 자르고자 할 경우 영역을 지정(흰색 부분)하고 마우스 우측 버튼을 눌러 [Cut]을 클릭합니다. 지정된 부분이 삭제되면서 뒷부분이 자동으로 따라 붙습니다.

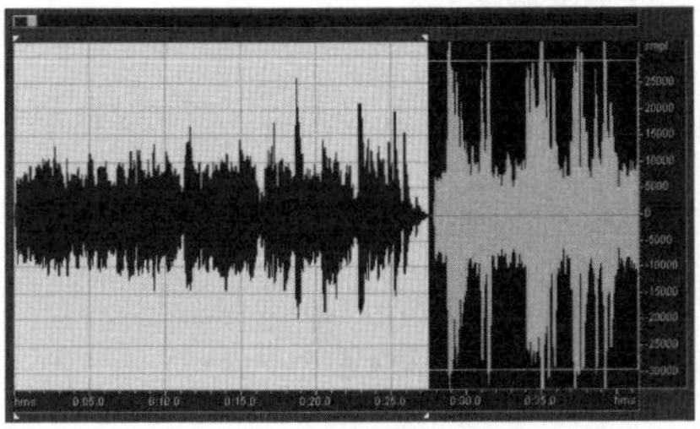

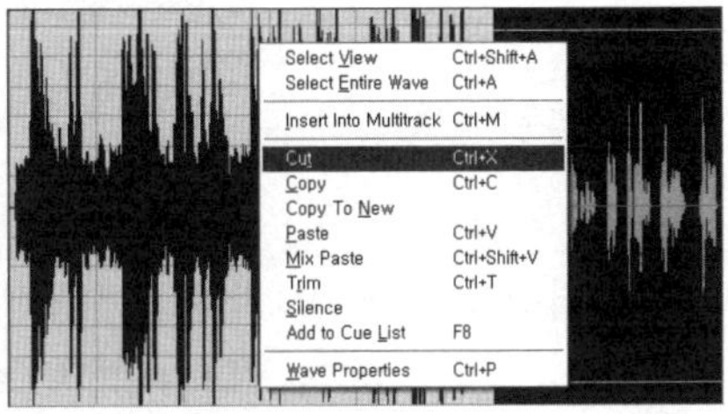

6) 자른 부분을 새로운 창에 붙이기를 원할 경우 [Edit] → [Paste to New]을 클릭합니다.

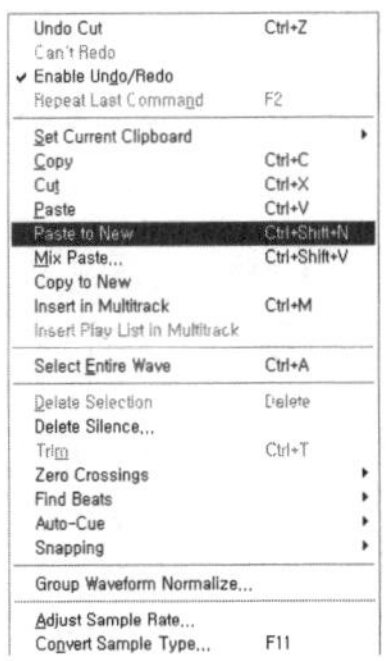

7) 사운드에서 원하는 문장 단위로 자르는 작업을 (6)처럼 반복할 경우 File 작업 영역에 원래 사운드 파일과 함께 붙이기를 사운드가 [Untitled*, Untitled(2)...] 형식으로 파일명이 부여됩니다.

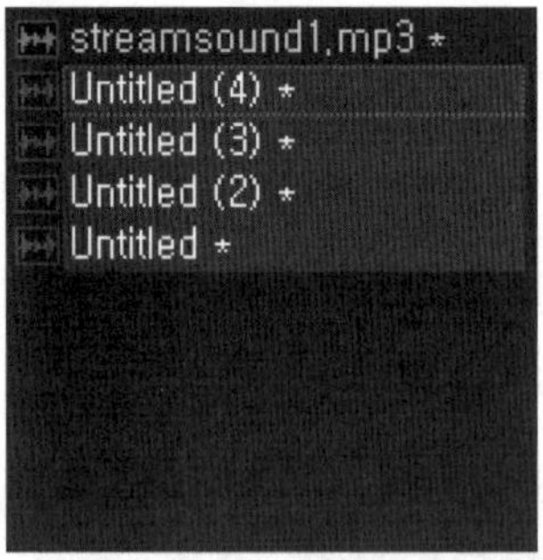

8) 작업 결과를 일괄적으로 저장하기 위해 [File] → [Save All]을 클릭합니다.

9) 설정된 저장 폴더에 한 개씩 저장됩니다.

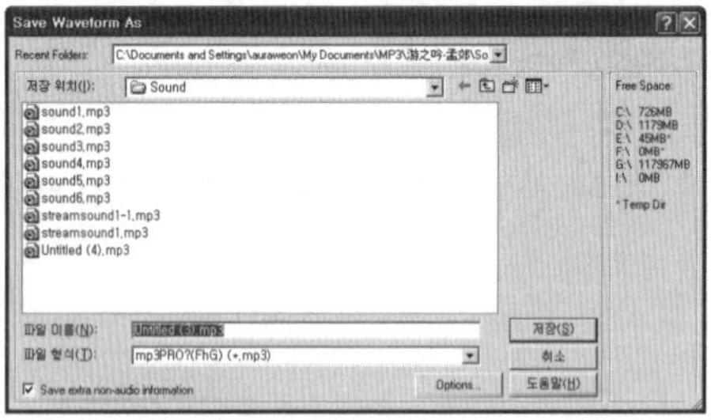

10) 마이크를 설치하여 녹음하고자 할 경우 새 작업창을 연 후 녹음을 합니다. 일시정시, 잘못된 부분 삭제 등을 운용하면 손쉽게 녹음을 할 수 있습니다. 특히 삭제할 경우 파형을 보면서 삭제할 수 있기 때문에 효율적으로 작업을 할 수 있습니다.

Tip

다음팟인코더에서 오디오 추출

ImTOO Video To Audio Converter, Goldwave에서도 오디오를 추출할 수 있지만 유료이기 때문에 접근이 어려울 수 있습니다. 무료로 제공되는 다음팟인코더는 영상변환, 영상과 자막 합성 용도로 많이 사용하지만 영상파일로부터 오디오를 추출하는 기능을 제공합니다.

1) 다음팟인코더를 실행한 후 오디오를 추출하고자 하는 영상파일을 작업창에 위치시킵니다. [인코더 옵션] → [오디오 추출용]을 선택한 후 [파일형식]을 "MP3"로 설정한 후 저장위치를 설정하고 [인코딩 시작]을 클릭합니다.

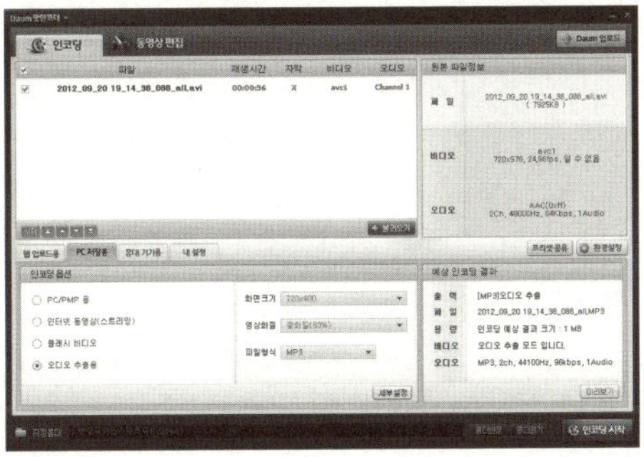

2) Goldwave가 단일파일에서만 오디오를 추출할 수 있는 반면 다음팟인코더는 다중 파일을 로딩하여 한번에 추출작업을 할 수 있습니다. 파일은 영상파일명과 동일하게 추출됩니다.

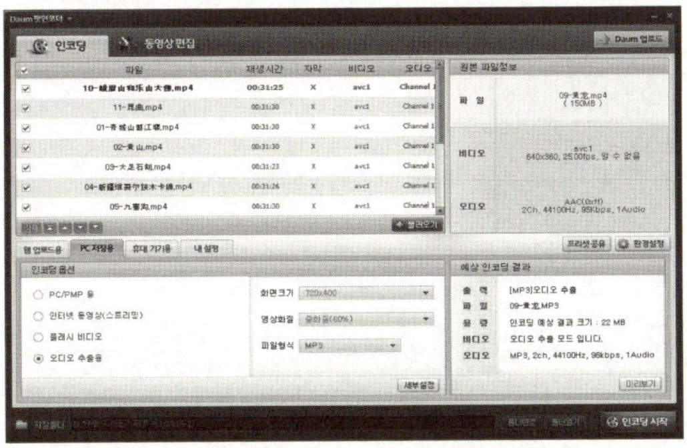

6 가사파일(Lrc) 자막파일(Smi) 변환

LESSON 06 가사파일(Lrc) 자막파일(Smi) 변환

- 제작사: Owl-Networks
- 웹페이지: http://www.nightowl.pe.kr/software/lrcsmiconv
- 버전: 1.2.0
- 용도: 가사 파일(Lrc) <-> 자막 파일(Smi) 변환
- 설치환경: 한글, 외국어(중국어) 윈도우 XP, 7, 8, 10
- 가격: 무료

자막파일을 노래 가사 파일인 LRC로 전환하는 소프트웨어인 "Lyric & Subtitle File Convertor"도 있지만 자막에 따라서 변환 시 오류가 발생하기도 합니다. "SMI ↔ .LRC 상호 변환기"는 위의 소프트웨어를 보완할 수 있는 소프트웨어라 할 수 있습니다,

1) 제작사 Owl-Networks 웹페이지에서 소프트웨어를 다운로드 받아 설치합니다. 소프트웨어는 무료로 제공되며 Windows xp-8.1에서 모두 설치 가능합니다.

   http://www.nightowl.pe.kr/software/lrcsmiconv

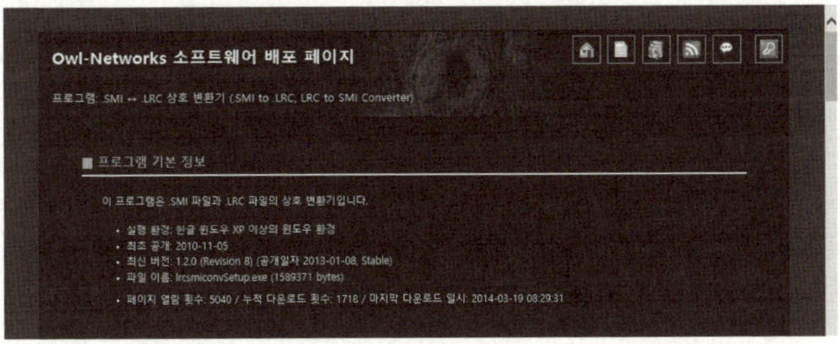

2) LRC로 변환할 SMI 자막을 준비한 후 소프트웨어를 실행합니다. 소프트웨어 프로그램 항목이 나타나지 않을 경우 탐색기에서 소프트웨어 설치 위치

에 가서 "lrcsmiconv.exe"을 실행합니다.

C:\Program Files (x86)\Owl-Networks\lrcsmiconv

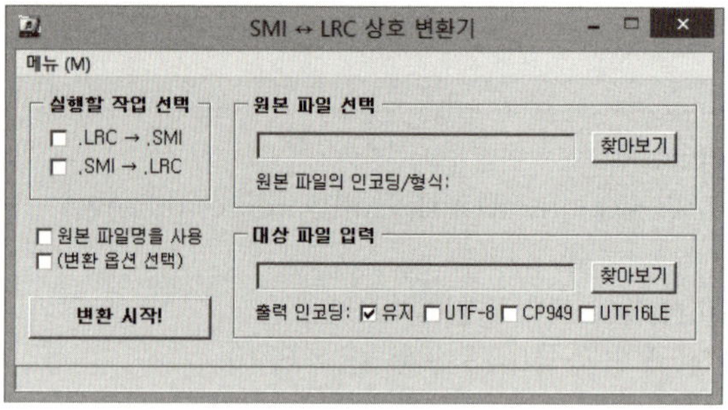

3) 먼저 변환할 원본 SMI 파일을 불러오기 위해 [원본 파일 선택] 창에서 [찾아보기] 버튼을 클릭합니다.

4) SMI 자막은 변환 시 오류를 최소화하고 폰트 깨어짐을 방지하기 위해 Unicode 방식을 사용합니다. 파일유형을 [자막파일(*.smi)]로 선택하고 변환하려는 자막을 선택합니다. 파일유형은 사용자가 [자막파일(*.smi)], [가사파일(*.lrc)] 중 하나를 선택하는 방식으로 되어 있습니다.

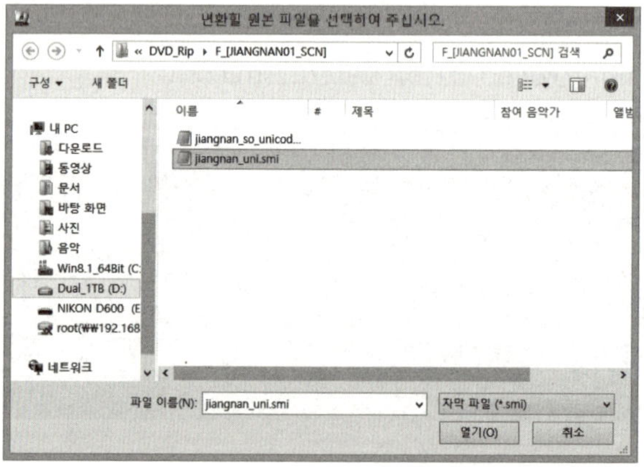

5) [열기] 버튼을 클릭하면 아래처럼 파일이 로딩됩니다. [원본파일의 인코딩/형식]이 [UTF-16LE]로 표기되며 유니코드 형식임을 알 수 있습니다.

6) 자막파일을 로딩하면 [실행할 작업 선택]창에 자동으로 [.SMI->.LRC]에 체크가 됩니다. 반대의 경우도 가능합니다.

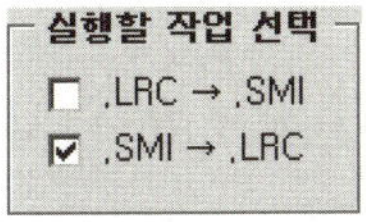

7) 자막파일의 변환저장을 위해 [대상 파일 입력] 창에서 [찾아보기]를 클릭하여 변환될 LRC 파일의 저장위치와 파일명을 설정합니다. [출력 인코딩]은 [유지]에 체크를 합니다.

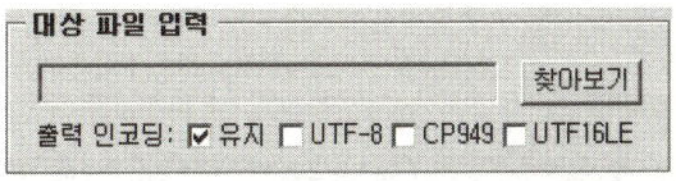

8) 모든 설정이 완료되면 [변환 시작!] 버튼을 클릭합니다.

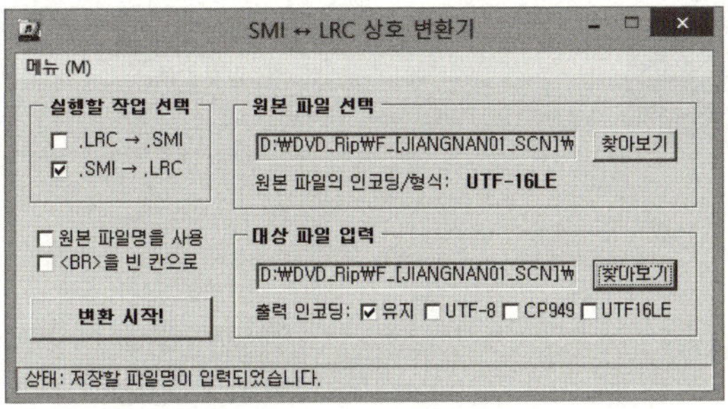

9) 소프트웨어는 특별한 변화없이 하단의 [작업이 끝났습니다]라는 메시지가 출력되며 작업이 완료됩니다.

8 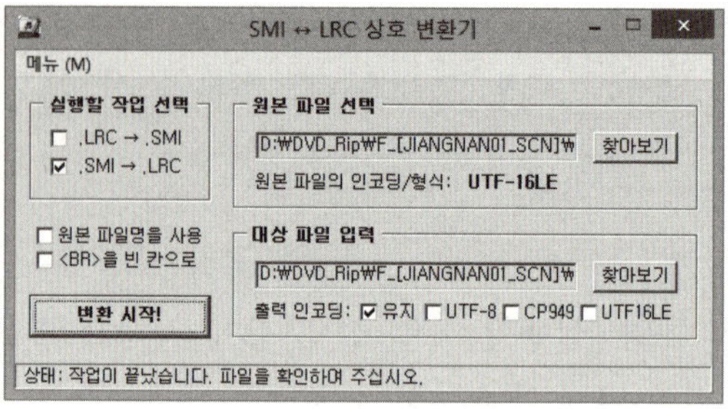 9

10) 저장위치에는 설정한 파일명으로 LRC 가사 파일이 생성됩니다.

jiangnan_uni.lrc

11) 준비한 음성 MP3파일과 LRC 파일명을 동일하게 유지한 채 재생합니다.

jiangnan_uni.mp3
jiangnan_uni.smi

12) MP3 플레이어와 가사재생 소프트웨어 MiniLyrics를 결합하여 재생합니다. 음성과 가사파일이 정상적으로 재생됩니다.

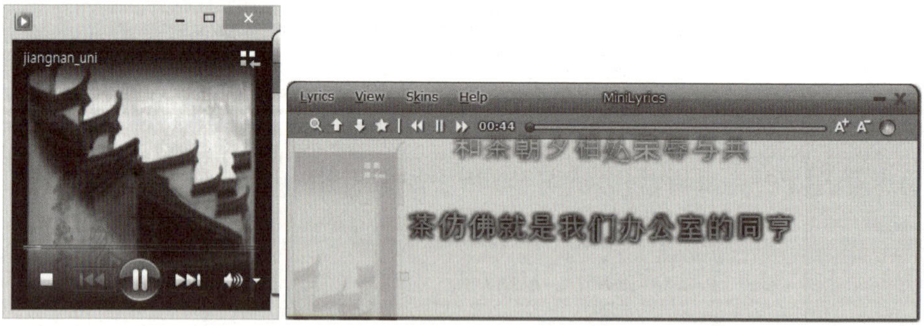

인터넷 영상 다운로드 7

LESSON 07 인터넷 영상 다운로드

- 제작사: xmlbar.net
- 웹페이지: http://www.xmlbar.net
- 버전: 8.3
- 용도: 인터넷 스트리밍 영상 저장
- 설치환경: 한글, 다국어 윈도우 XP, 7, 8, 10
- 가격: 무료

왜 필요한가?

인터넷 스트리밍 영상 자료를 다운로드 할 수 있는 소프트웨에는 Sothink Web Video Downloader, Mozilla Firefox, Wondershare Streaming Video Recorder, Freemake Video Download 등이 있습니다. 그러나 중국의 CNTV는 이들 소프트웨어를 사용해도 불가능할 때가 있습니다. CNTV가 Youtube에 비해 다운로드가 제한이 있다고 할 수 있습니다.

xmlbar은 중국에서 서비스되고 있는 스트리밍 영상 다운로드를 지원합니다. 예를 들면, CNTV,奇艺(Qiyi) ,百度贴吧(tieba.baidu) ,优酷(Youku) ,土豆(Tudou) ,酷6(Ku6) ,56 등을 모두 다운로드 할 수 있습니다. 이 소프트웨어는 사용법도 간단하기 때문에 손쉽게 사용할 수 있습니다.

준비사항

1) 다운로드 받고자 하는 영상의 주소를 준비합니다. 그날의 뉴스 서비스를 제공하고 있는 아래의 사이트에 가서 하단의 "新闻联播"를 클릭합니다.
   http://news.cntv.cn/

2) 아래의 링크를 클릭하면 그날의 뉴스로 직접 이동합니다.

http://cctv.cntv.cn/lm/xinwenlianbo/

사용법

1) xmlbar를 다운로드 설치한 후 실행합니다.

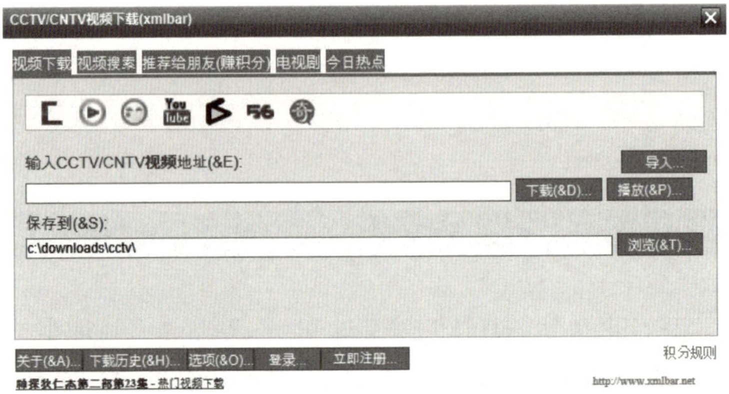

2) "新闻联播"에서 다운로드하고자 하는 뉴스를 클릭합니다.

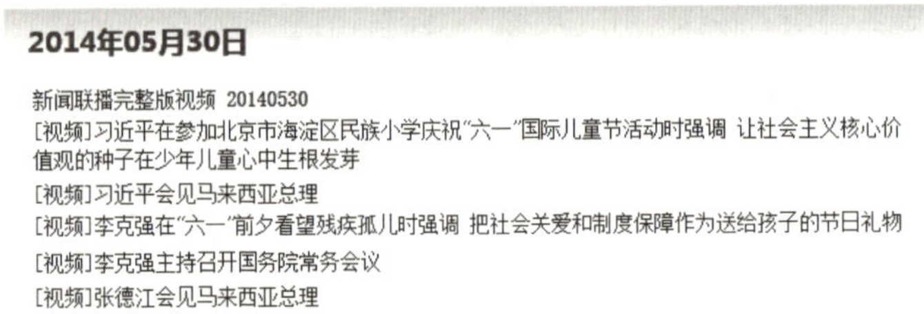

3) 익스플로러 주소창에서 아래와 같은 뉴스주소를 복사합니다.

http://news.cntv.cn/2014/05/30/VIDE1401458653759769.shtml

4) xmlbar → [输入CCTV/CNTV视频地址]에 복사한 주소를 붙입니다. 영상으로 다운로드 하기 위해 [下载]를 클릭합니다.

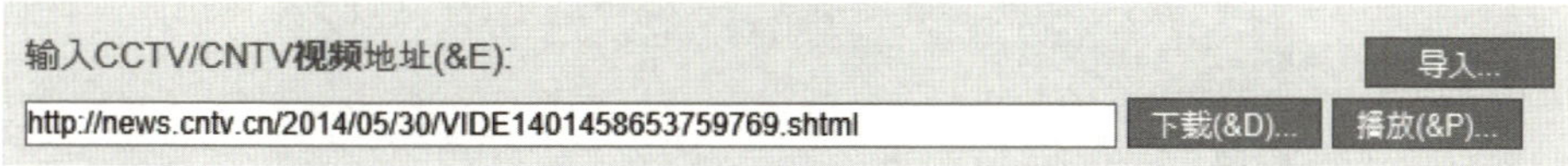

5) 다운로드 영상 해상도를 묻는 창에서 고화질인 [高清格式]를 선택합니다. 최고 화질은 회원가입을 하고 결재를 해야합니다. (RMB 1원= 5000점, VIP는 월 5원 결재)

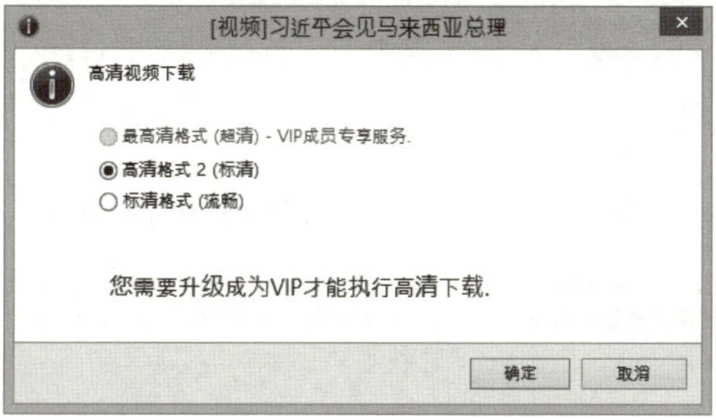

6) [확인]을 클릭하면 다운로드가 시작됩니다. 다운로드 창에는 영상명, 크기, 진행상황, 속도 등이 표기됩니다.

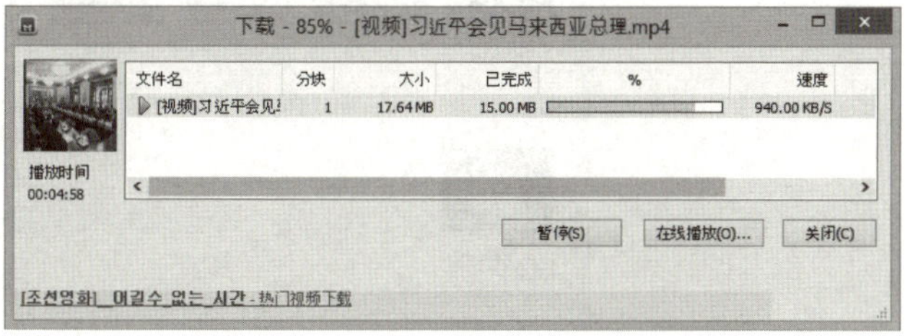

7) 다운로드가 완료되면 완료 메시지가 나타납니다. 이 창에서는 영상재생, 변환 등을 할 수 있습니다.

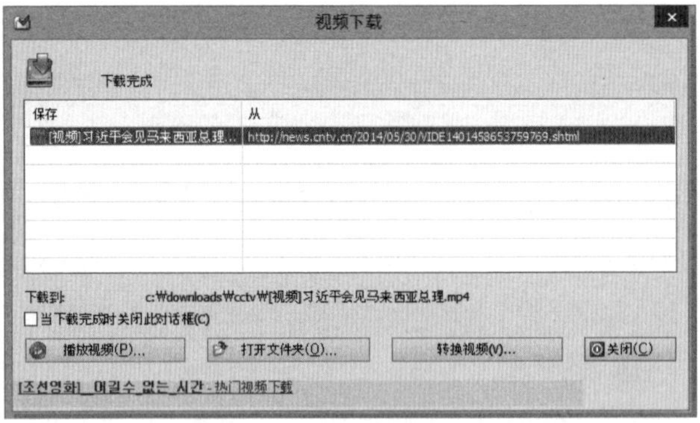

8) 설정된 폴더에는 영상과 캡처 이미지가 동시에 저장됩니다.

9) 소프트웨어 메인창 [下载历史]를 클릭하면 다운로드한 영상들을 한꺼번에 볼 수 있고 재생할 수도 있습니다. 해당 영상을 클릭하면 영상이 재생됩니다.

FreeMake Video Downloader

FreeMake Video Downloader

- 제작사: Ellora Assets Corporation
- 웹페이지: http://www.freemake.com/
- 버전: 3.6.4.3
- 용도: 인터넷 웹브라우저, 스트리밍 영상 다운로드
- 설치환경: 한글, 다국어 윈도우 XP, 7, 8, 10
- 가격: 무료

왜 필요한가?

Sothink Web Video Downloader, Wondershare Streaming Video Recorder처럼 인터넷 스트리밍(streaming) 영상을 다운로드할 수 있는 또 다른 소프트웨어가 바로 FreeMake Video Downloader입니다. 웹페이지마다 다운로드 제한이 있을 수 있기 때문에 두 소프트웨어를 번갈아 가면서 시도할 수 있습니다.

이 소프트웨어는 다운로드 화질, 영상변환 등을 자체적으로 설정할 수 있기 때문에 편리하게 활용할 수 있습니다.

준비사항

1) 다운로드 받고자 하는 영상의 인터넷 주소를 준비합니다.

사용법

1) 소프트웨어를 다운로드하여 설치하고 실행합니다.

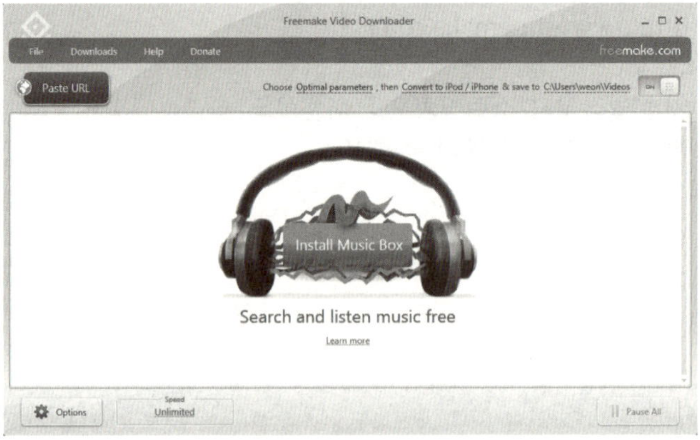

2) 영상을 다운로드 하기 전에 [Optimal parameters]에서 다운로드받을 영상의 품질을 선택합니다. 품질은 Best, Optimal, Minimal 3가지를 지원합니다.

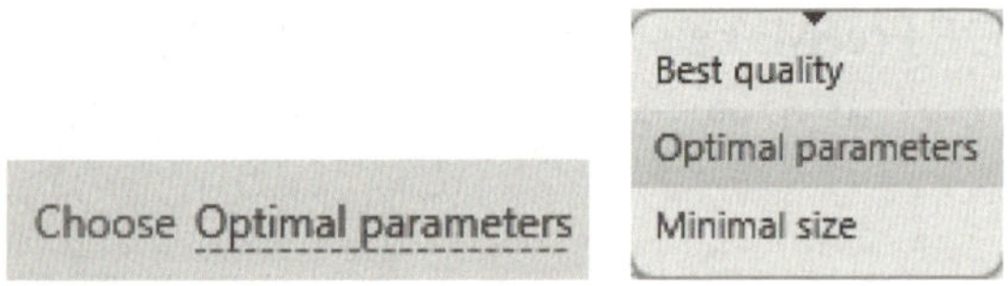

3) 이 소프트웨어는 영상을 다운로드하면서 한번에 다른 유형으로 변환할 수 있습니다. [Download]를 선택하면 원래 유형으로 다운로드되고 "AVI, MKV… 3GP"를 선택하여 다른 유형으로 변환합니다. 다운로드가 완료된 후 변환 과정이 자동으로 진행됩니다.

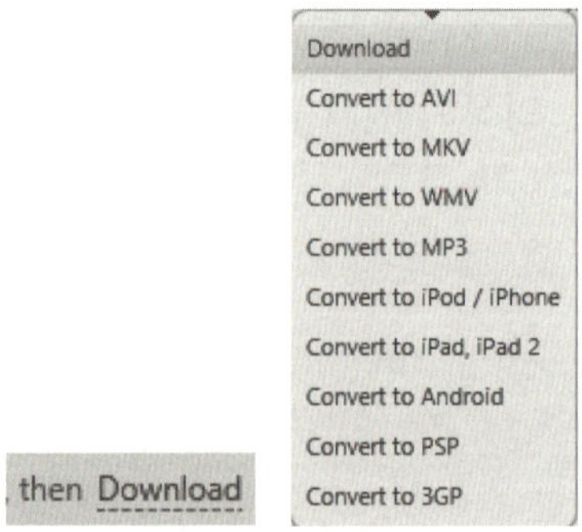

4) [save to]에서는 다운로드되는 영상의 저장 위치를 설정할 수 있습니다.

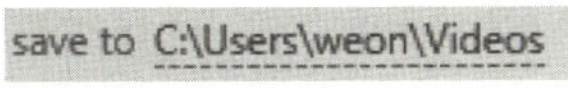

5) 설정을 완료한 후 영상을 다운로드 받을 주소를 준비합니다. 예를 들어, Youtube에서 검색하려는 영상을 검색한 후 주소를 복사합니다. 영상 주소를 붙이기 위해 [Paste URL] 버튼을 클릭합니다.

예 世界遗产在中国-黄山 http://www.youtube.com/watch?v=-fF2zutsZGU

6) 소프트웨어는 주소를 인식하고 해당 영상을 다운로드 합니다. 영상정보에는 재생시간, 용량, 유형이 표시됩니다.

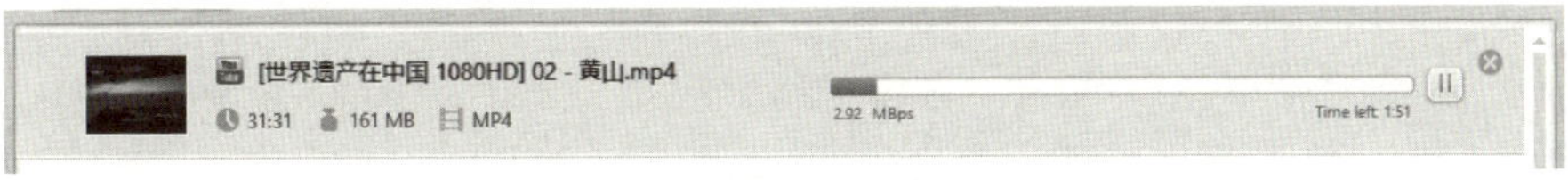

7) 영상 주소를 확보한 후 [Paste URL]를 클릭하면 다중으로 다운로드가 가능합니다.

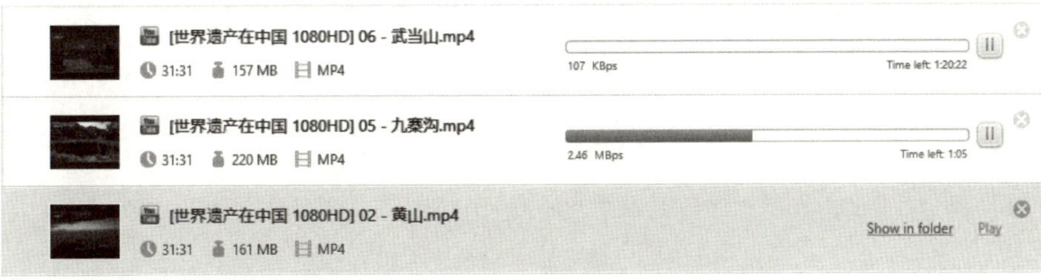

8) 다운로드된 영상은 [Show in folder]를 클릭하여 저장 위치를 확인할 수 있고, [Play]를 클릭하면 동영상 재생 소프트웨어와 연동되어 영상이 재생됩니다.

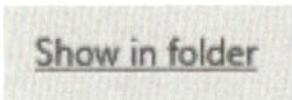

Tip

Youtube 영상 다운로드

Youtube에는 다양한 영상자료가 방대하게 서비스되고 있습니다. 업로드된 영상자료를 상업적으로 활용할 수는 없지만 다운로드하여 교육용으로 활용할 수는 있습니다. 예를 들어 영상에 자막작업을 하고자 할 경우 스트리밍 서비스되고 있는 영상에서는 불가능합니다. 영상을 사용자의 컴퓨터로 다운로드해야만 자막작업을 할 수 있습니다.

Youtube의 영상 다운로드를 지원하는 다양한 소프트웨어와 어플리케이션이 개발되어 있지만 설치를 해야 하는 번거로움이 있습니다. Youtube가 링크방식으로 영상을 공유할 수 있지만 간단한 조작으로 비록 합법은 아니지만 다운로드 할 수 있습니다.

1) Youtube에 접속하여 다운로드하고자 하는 영상을 검색합니다. 웹브라우저 주소를 복사합니다.
   http://www.youtube.com/watch?v=-vdL_3DJneE

2) 웹브라우저 새창을 열어서 주소의 Youtube 앞에 [ss]를 삽입한 후 진입합니다. 웹브라우저 하단의 [MP4 720P]나 [MP4 360P] 버튼을 클릭하면 영상파

일을 다운로드 할 수 있습니다.

http://www.ssyoutube.com/watch?v=-vdL_3DJneE

8

“중국어 + 한어병음 + 한국어” 멀티자막 제작

LESSON 08 "중국어 + 한어병음 + 한국어" 멀티자막 제작

- 제작사: 심심주식회사
- 웹페이지: http://simiy.cafe24.com/
- 버전: 2.50
- 용도: 자막 병합, 분할, 멀티자막 제작
- 설치환경: 한글, 다국어 윈도우 XP, 7, 8, 10
- 가격: 무료

왜 필요한가?

일반적으로 단일 언어 자막은 한 가지 언어로 구성되어 있으나, 외국어 교육을 목적으로 이중언어 자막을 제작하고자 할 경우 1차 자막을 먼저 작성하고 각각의 자막 라인에 다른 언어로 자막을 입력합니다. 이 작업은 자막 라인만큼 하나하나 수작업으로 입력을 해야 합니다.

예를 들어 중국어로 된 1차 자막에 한어병음 자막을 생성하고자 할 경우, 1차 자막 라인 하단에 한어병음을 생성하는 방법을 일반적으로 사용하나 상당한 시간이 소요됩니다. 가장 편리한 방법은 중국어 1차 자막 파일을 한어병음 변환툴을 활용하여 자막정보가 유지된 상태로 변환한 다음 한어병음 자막을 생성하고 다시 1차 중국어 자막과 2차 한어병음 자막을 병합하는 것입니다. 이때 사용하는 가장 유용한 툴이 두 자막의 싱크를 유지한 채로 병합이 가능한 SMISyncW입니다.

SMISyncW는 유니코드를 지원하기 때문에 한국어+다국어를 결합하는 멀티자막을 제한없이 제작할 수 있습니다.

준비사항

1) 싱크가 유지되는 두 자막의 병합을 위해 한국어, 중국어(다국어) smi 자막을 준비합니다. 두 자막은 시간정보인 싱크가 동일해야 합니다.

2) 자막에 대응되는 영상을 준비합니다.

사용법

1) 새자막 생성하기

(1) 자막 제작하기 위해 영상과 영상 스크립트 텍스트 파일을 준비합니다. 스크립트는 자막을 제작하기 용이하게 적절한 길이로 행 구분을 합니다.

(2) [영상관련] → [영상열기](단축키: Alt+O)를 클릭하여 영상을 로딩합니다.

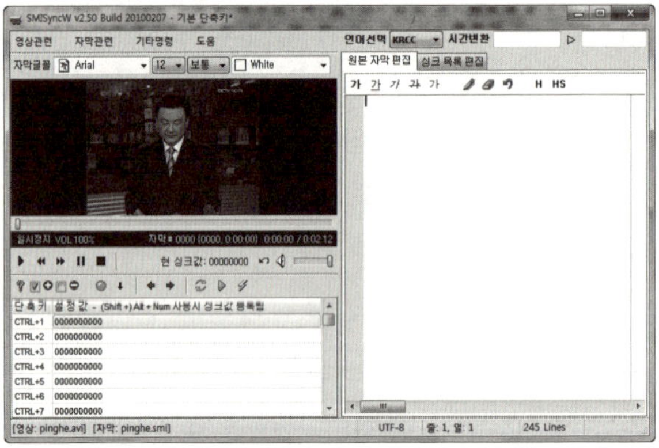

(3) 영상에 대응되는 자막을 제작하기 위해 영상 스크립트 텍스트 파일을 불러옵니다. [자막관련] → [자막열기](단축키: Ctrl+O)를 클릭합니다. 파일 열기를 할 때 파일유형을 [텍스트 파일]로 설정합니다.

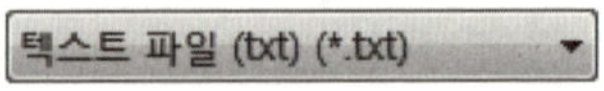

(4) 자막의 기본 형태를 만들기 위해 해더를 삽입하기 위해 [자막관련] → [해더 넣기](단축키: F9)를 클릭합니다. 해더는 미리 [도움] → [해더/클래스설정하기] 메뉴를 통해 자주 사용하는 형식을 저장한 후 불러오는 방식을 사용합니다. 해더의 언어 정보는 아래와 같은 형식으로 수정 후 사용할 수 있습니다.

한글: KRCC {Name:Korean; lang:kr-KR; SAMIType:CC;}
중국어: CNCC {Name:Chinese; lang:zh-CN; SAMIType:CC;}
영문: EGCC {Name:English; lang:en-EN; SAMIType:CC;}

(5) [변환 작업 선택 옵션] 창에서 언어 Class 선택을 미리 작성해 놓은 [중국어 간자]로 선택합니다.

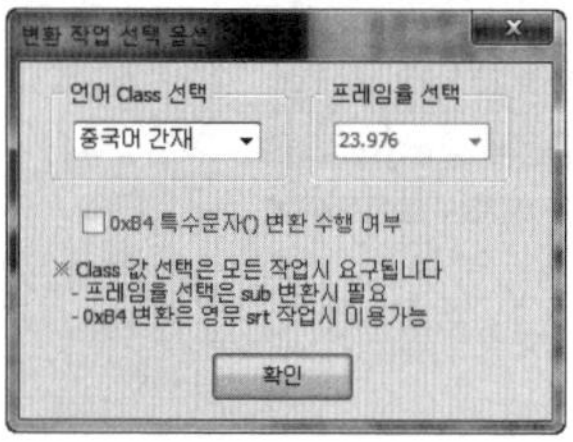

(6) 중국어 간자 기반의 해더가 삽입되었습니다.

(7) 해더 삽입 후 영상을 재생하여 자막이 제시될 시간에 싱크태그를 삽입하는 작업을 합니다. 각 메뉴의 기능은 다음과 같습니다.

· [일시성지/재생]: 난축키 F6, 영상을 일시성지 재생합니다.

· [이전으로/앞으로 이동]: 단축키 F4/F5, 영상의 전후로 이동합니다. 영상의 싱크태그 삽입을 놓쳤을 경우 사용하면 편리합니다.

· [자막 관련] → [싱크 넣기](단축키: F2): 자막 싱크태그를 삽입합니다.

(8) 커서는 <BODY> 바로 밑에 두고 첫 대사가 시작될 때 F2를 누릅니다. 이 작업은 한 번만 하면 됩니다. 커서는 첫 자막대사 마지막 칸에서 깜박이며 첫대사가 끝날 때 다시 한번 F2를 클릭합니다. 이후부터는 커서는 자막대사의 마지막 칸에서 깜박이며 대사가 끝날 때 F2를 클릭합니다. F2 키를 누르면 커서가 위치한 곳에 자막 싱크태그(<SYNC Start=2625> <P Class=KRCC>)가 삽입되며, 커서는 다음 싱크태그 삽입을 위한 자막대사 마지막 칸으로 자동으로 이

동됩니다.

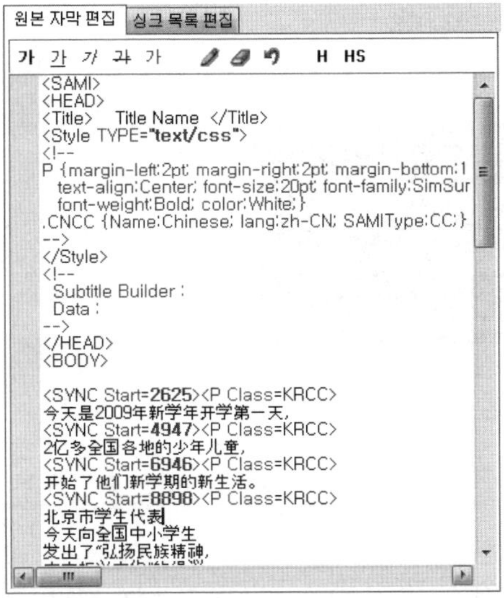

(9) 싱크태그가 잘못 입력되었을 경우 지우기 싱크태그(<SYNC Start=15688><P Class=CNCC>)를 삽입한 후 다시 입력합니다. 태그줄이 커서가 위치한 다음 줄에 삽입되며, 커서는 다음 자막의 시작부로 이동합니다.

· [자막관련] → [지우기 싱크넣기](단축키: F3): 지우기 싱크 태그를 삽입합니다.

(10) 나머지 자막 작업은 [싱크태그(지우기)삽입](F2/F3) → [영상위치 이동](F4/F5)을 반복하면서 수행합니다. 새로 싱크태그가 삽입된 자막은 저장이나 재생창에 반영(F8) 메뉴를 통해서 영상과 결합되어 나타납니다.

2) 자막 병합-싱크정렬

(1) SMISyncW을 실행합니다.

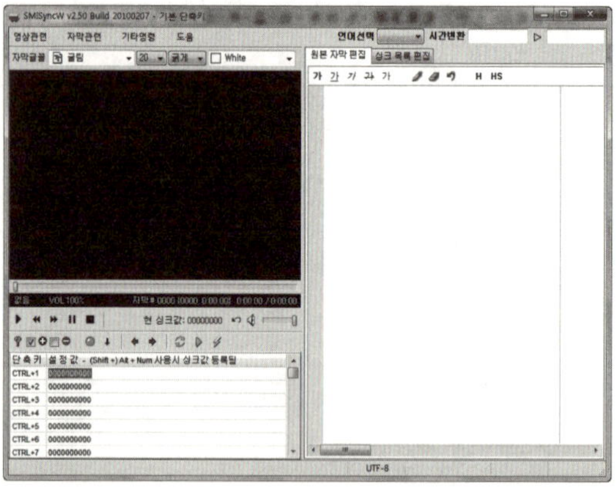

(2) 자막병합을 할 자막에 대응되는 영상을 불러옵니다. [영상관련] → [동영상 열기]를 클릭합니다.

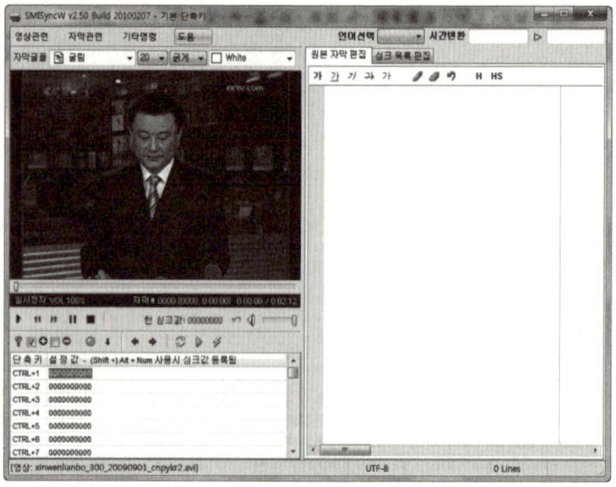

(3) 자막 병합을 하기 위해 기본 자막을 불러옵니다. [자막관련] → [자막열기]를 클릭합니다. 기본자막이 로딩됩니다.

(4) 기본 자막위에 병합할 자막을 불러옵니다. [기타명령] → [자막 병합-싱크정렬]을 클릭합니다.

(5) 기본 자막 아래 병합된 자막이 위치합니다. 제1자막이 상단에 위치하고 제2, 3자막은 클래스(<P Class=KRCC>)가 삽입된 바로 하단에 위치합니다. 클래스는 자막의 언어를 지정하는 역할을 합니다.

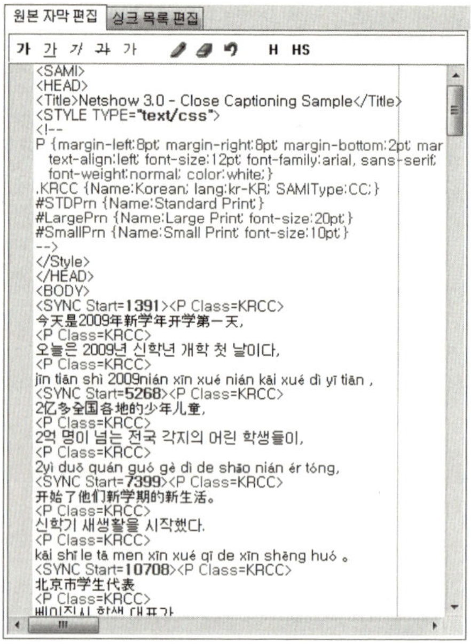

(6) 만약 자막을 더 병합하고자 한다면 [기타명령] → [자막 병합-싱크정렬]을 클릭하여 자막을 불러옵니다. 병합된 자막의 구조는 아래와 같습니다.

```
<SAMI>
<HEAD>
<Title>Netshow 3.0 - Close Captioning Sample</Title>
<STYLE TYPE="text/css">
<!--
P {margin-left:8pt; margin-right:8pt; margin-bottom:2pt; margin-top:2pt;
  text-align:left; font-size:12pt; font-family:arial, sans-serif;
  font-weight:normal; color:white;}
.KRCC {Name:Korean; lang:kr-KR; SAMIType:CC;}
#STDPrn {Name:Standard Print;}
#LargePrn {Name:Large Print; font-size:20pt;}
#SmallPrn {Name:Small Print; font-size:10pt;}
-->
</Style>
</HEAD>
<BODY>
<SYNC Start=1391><P Class=KRCC>
```

```
今天是2009年新学年开学第一天， [제1자막]
<P Class=KRCC>
오늘은 2009년 신학년 개학 첫 날이다, [제2자막]
<P Class=KRCC>
jīn tiān shì 2009nián xīn xué nián kāi xué dì yī tiān [제3자막]
<SYNC Start=5268><P Class=KRCC>
2亿多全国各地的少年儿童，
<P Class=KRCC>
2억 명이 넘는 전국 각지의 어린 학생들이,
<P Class=KRCC>
2yì duō quán guó gè dì de shǎo nián ér tóng
<SYNC Start=7399><P Class=KRCC>
开始了他们新学期的新生活。
<P Class=KRCC>
신학기 새생활을 시작했다.
<P Class=KRCC>
kāi shǐ le tā men xīn xué qī de xīn shēng huó
<SYNC Start=10708><P Class=KRCC>
중략
</BODY>
</SAMI>
```

(7) 병합된 자막을 저장하기 위해 [자막관련] → [다른 이름으로 저장]을 클릭하여 임의의 이름으로 저장합니다.

(8) 자막 병합이 정상적으로 이루어졌는지를 확인하기 위해 동영상 재생 소프트웨어에서 확인합니다.

3) 자막 나누기

(1) smi 형식으로 제작된 자막을 특정 부분에서 나누고자 할 경우 [자막열기]를 통해 자막을 불러온 후 [기타 명령] → [자막 나누기-싱크 기준]를 실행합니다.

(2) [자막을 나눌 싱크값 입력] 창이 나타나면 싱크값을 입력하고 확인 버튼을 클릭합니다.

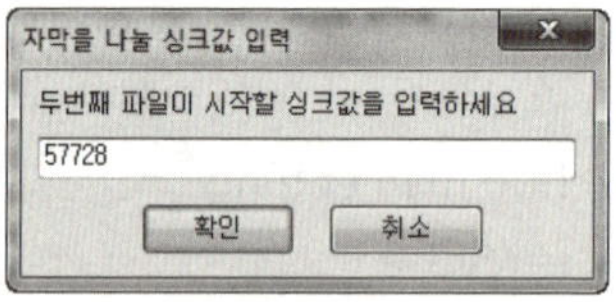

(3) 자막은 입력한 싱크값을 기준으로 전후 파일로 아래와 같이 분리됩니다. 자막 파일에는 해더가 각각 생성됩니다.

xinwenlianbo_300_20090901_cn.57728-A.smi
xinwenlianbo_300_20090901_cn.57728-B.smi

(4) 만약 분리된 자막을 합치고자 할 경우 첫 번째 자막을 불러온 후 [기타 명령] → [자막 병합] 버튼을 클릭하여 병합하고자 하는 두 번째 자막을 불러옵니다. 합치고자 하는 첫 번째 자막과 두 번째 자막의 싱크는 연속되어야 합니다.

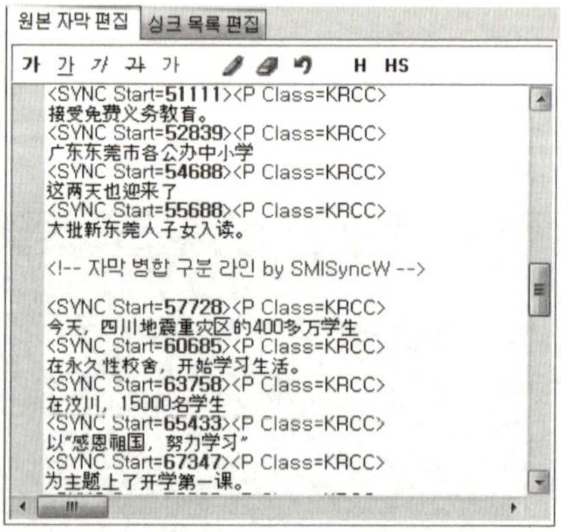

4) 자막 병합

(1) SMISyncW을 활용하여 자막을 병합 할 경우 싱크유지를 위해 [기타 명령] → [자막 병합-싱크정렬]을 사용하면 제1자막 하단 라인에 제2자막이 만들어 집니다. 이 방법을 사용하지 않고 [기타 명령] → [자막 병합]을 사용할 경우 하단의 이미지처럼 제1자막이 끝나는 부분에 제2자막이 따라 붙습니다.

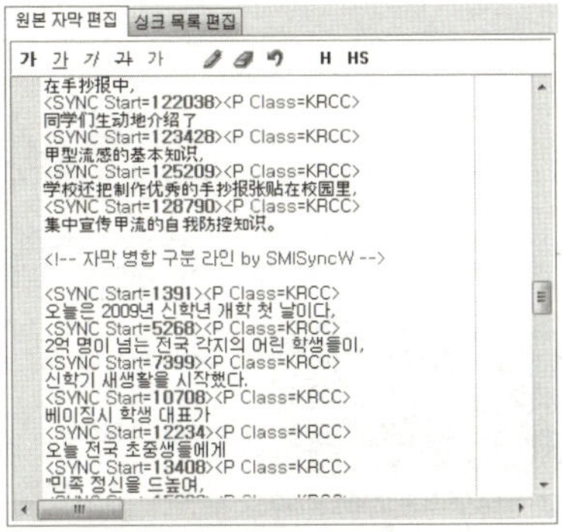

(2) 병합된 자막과 영상을 대응하여 재생하면 [자막 병합-싱크정렬] 방법을 사용한 것과 동일하게 멀티 자막이 재생됩니다.

(3) Daum 팟인코더와 같은 인코딩 툴로 영상과 자막을 합성할 경우 [자막 병합-싱크정렬] 방법으로 생성된 자막과 달리 [자막 병합] 방법으로 생성된 자막은 제1자막만 합성됩니다. 영상과 자막을 합성하고자 할 경우 [자막 병합-싱크정렬]으로 자막을 병합해야 합니다.

5) 자막 효과 설정

외국어 교육용도로 자막을 활용하고자 할 경우, 자막의 어휘를 선별적으로 구분하여 다양한 태그를 설정하면 시각적인 효과를 얻을 수 있습니다. 일반적으로 태그를 이용하여 자막 폰트의 굵기, 밑줄, 기울기, 취소선, 색깔 등의 효과를 줄 수 있습니다. 번거롭지만 메모장에서 직접 태그를 삽입하여 해당 효과를 줄 수 있습니다.

(1) SMISyncW에서 자막 효과를 주고자 하는 영상과 자막을 로딩합니다.

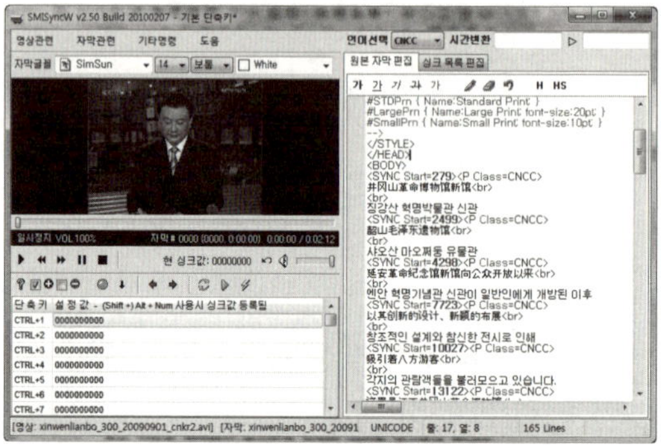

(2) 자막 작업창의 [원본 자막 편집] 메뉴를 선택합니다. 효과를 주고자 하는 부분에 마우스 커서를 놓고 해당 효과 버튼을 클릭하면 그 지점부터 자막 행 끝까지 효과가 적용됩니다. 특정 어휘에만 효과를 주고자 할 경우 블록을 설정한 후 효과 버튼을 클릭합니다.

기능	설명	태그	예문
굵게 표시	해당 자막을 굵게 표시	<B> </B>	井冈山<B>革命</B>博物馆新馆
밑줄 효과	해당 자막에 밑줄을 표시	<U> </U>	韶山毛泽东<U>遗物</U>馆
기울임꼴	해당 자막에 기울기 효과를 표시	<I> </I>	延安革命纪念馆新馆向公众<I>开放</I>以来
취소선	해당 자막에 취소선 효과를 표시	<S> </S>	以其<S>创新</S>的设计、新颖的布展
글꼴 색깔	해당 자막에 색깔 효과를 표시	<font color="Red"> </font>	这里是江西井冈山<font color="Red">革命</font>博物馆

(3) 글꼴 색깔 설정은 색상창에서 원하는 색을 선택합니다. 색상값은 "Red"나 [#FF0000]으로 표기될 수도 있습니다.

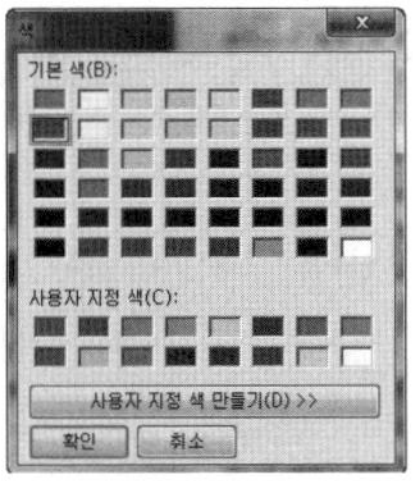

• 자막 색상값

#FF0000 빨강	#FF7F00 주황	#0080FF 바다색
#FFFF00 노랑	#80FF00 연두	#0000FF 파랑
#00FF80 백록	#00FFFF 시안	#8000FF 보라
#FF00FF 마젠타	#FF007F 자주	#FFFFFF 흰색

Tip

SAMI 자막의 구조

SAMI(Synchronized Accessible Media Interchange; 접근성 미디어 동기화 교환)는 마이크로소프트사에서 1998년에 발표한 미디어 접근에 대한 제안입니다. 마크업 언어로 구조화되어 있으며 개인용 컴퓨터에서의 미디어 재생용 자막을 간단히 만들 수 있도록 하는 데 중점을 두고 설계되어 있기 때문에 방송 송출용 자막으로는 부적절하다고 할 수 있습니다.

SAMI 문서를 제작할 수 있는 소프트웨어도 있지만, SAMI 문서는 문자열로 되어 있기 때문에 어떤 문서 편집기로도 제작할 수 있습니다. 파일 확장자로 일반적으로 .smi를 사용하며, SAMI 문서는 마크업 언어이기 때문에 문자열을 작성하기 위해 HTML과 CSS를 사용할 수 있습니다. SAMI에서 작동하는 HTML 태그는 아래와 같습니다.

B 굵은 글씨
BASEFONT 기본 글꼴 크기
BDO 글 방향 설정
BIG 큰 글자 스타일
BLOCKQUOTE 긴 인용
BR 강제 개행
CAPTION 표 자막
CENTER DIV align=center의 줄임
COL 표 열(列)
COLGROUP 표 열 그룹
DD 정의 설명
DIV 영역내 언어/스타일 지정
DL 정의 목록
DT 정의 용어
FONT 특정 영역의 글꼴 지정
H1 제목
H2 제목
H3 제목
H4 제목

H5 제목
H6 제목
HR 가로선
I 글자 기울임
IMG 그림 삽입
LI 항목 나열
OL 순서 있는 목록
P 문단
PRE 기서식된 문자열
Q 짧은 인라인 인용
S 글자에 삭선
SMALL 작은 글자 스타일
SPAN 영역내 언어/스타일 지정
STRIKE 글자에 삭선
SUB 아래첨자
SUP 위첨자
TABLE N/A
TBODY 표
TD 표 자료 칸
TFOOT 표 바닥
TH 표 머리 칸
THEAD 표 머리
TR 표 행(行)
TT 타자기 스타일
U 글자 밑줄
UL 순서 없는 목록

SAMI의 기본 구조는 HTML과 유사하며 다음과 같은 형식을 지니고 있으며, 기본 구조를 정확히 이해한다면 보다 다채로운 자막을 제작할 수 있습니다.

```
<SAMI>
<HEAD>
<TITLE>朝花夕拾</TITLE>
<STYLE TYPE="text/css">
<!--
P { margin-left:29pt; margin-right:29pt; font-size:24pt;text-align:center; font-family:Tahoma; font-weight:bold;  color:#FFFFFF; background-color:#000000; }
.CNCC {Name:Chinese; lang:zh-ZH; SAMIType:CC;}
```

```
-->
</STYLE>
</HEAD>
<BODY>
<SYNC Start=36200><P Class=CNCC>
平常的生活
<SYNC Start=38400><P Class=CNCC>
和茶朝夕相处荣辱与共
<SYNC Start=42791><P Class=CNCC> 
<SYNC Start=42960><P Class=CNCC>
茶仿佛就是我们办公室的同事
<SYNC Start=46111><P Class=CNCC> 
</BODY>
</SAMI>
```

위의 SAMI 자막에서 사용된 태그는 다음과 같은 가능을 합니다.

- <SAMI>는 자막의 시작을 </SAMI>는 자막의 끝을 의미합니다.
- 자막의 전체적인 형식지정은 <HEAD> .. </HEAD> 사이에 위치합니다.
- 영상에서 재생되는 자막의 내용은 <BODY> .. </BODY> 사이에 위치합니다.
- 자막의 해더부는 Title 과 Style을 지정하며, Title은 생략가능하며 영상의 제목을 기재합니다.
- Style에는 자막의 진체적인 텍스트 형태 및 언어글래스별 형태를 지정할 수 있습니다.
- Style의 전체적인 텍스트 형태는 P 태그에 대한 스타일로 지정하며, 언어별 형태는 클래스를 지정하여 클래스별로 다른 스타일을 지정할 수 있으며, 통합 자막을 제작할 수 있는 기반이 됩니다,
- 언어 클래스는 ".영문식별자 {... lang: ...; ... } 형태로 표기되며, 위의 .CNCC {Name:Chinese; lang:zh-ZH; SAMIType:CC;}에 해당된다. .KRCC {Name:Korean; lang:ko-KR; SAMIType:CC;}처럼 다른 클래스를 추가할 수 있습니다.
- SYNC Start는 속성값(ms)을 통해서 자막이 표시되는 시작위치를 지정하고, P 태그의 Class 속성값을 통해서 자막의 언어를 지정합니다. 단일 언어 자막의 경우 Class 속성은 생략 가능합니다.

SAMI 자막의 태그를 적절히 활용할 경우 자막의 오류를 줄이는 동시에 자막 수정 소프트웨어가 아닌 문서 편집기에서도 손쉽게 자막 내용을 수정하여 활용할 수 있는 장점이 있습니다.

한어병음 자막 제작 9

LESSON 09 한어병음 자막 제작

- 제작사: 实用汉字转拼音
- 웹페이지:
- 버전: 4.8
- 용도: 중국어 자막 한어병음 변환
- 설치환경: 중국어 윈도우 XP, 7, 8, 10
- 가격: 무료

왜 필요한가?

중국어 자막은 영상의 불완전한 내용을 보완하는 역할을 합니다. 그러나 중국어 자막은 중국어 능력의 수준이 되는 사람은 이해에 문제가 없으나 초보자는 이해하는 데에 한계가 있습니다. 중국어 자막에 대응되는 한어병음 자막을 제작한다면 중국어와 한어병음을 결합하여 활용할 수 있습니다.

중국어 자막의 중국어를 한 행씩 한어병음으로 변환하여 교체하는 고전적인 방식으로 한어병음 자막을 작성할 수 있으나, [实用汉字转拼音]을 활용하면 자막의 태그 정보를 유지한 채 한어병음으로 간편하게 전환할 수 있습니다. 이렇게 제작한 한어병음은 SmisyncW를 이용하여 중국어 + 한어병음이 동시에 결합되는 멀티자막으로 제작할 수 있습니다.

준비사항

1) 중국어 간자 자막(smi)을 준비합니다.
2) 자막에 대응되는 영상을 준비합니다.

사용법

1. 중국 윈도우에서 한어병음을 입력할 수 있는 소프트웨어인 [实用汉字转拼音]를 실행합니다.

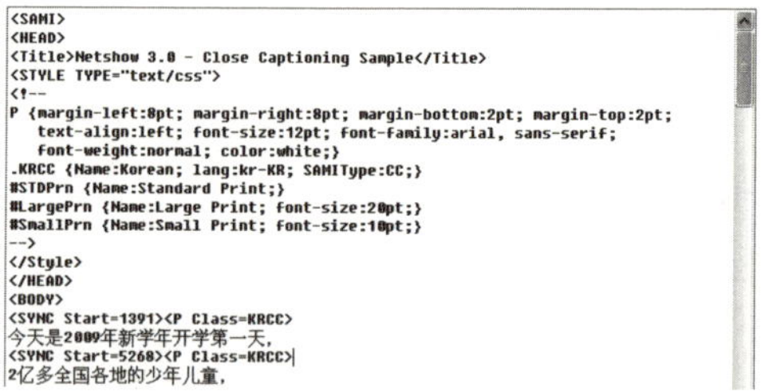

2. 중국어 간자 자막을 메모장에서 연 다음 전체 내용을 복사합니다.

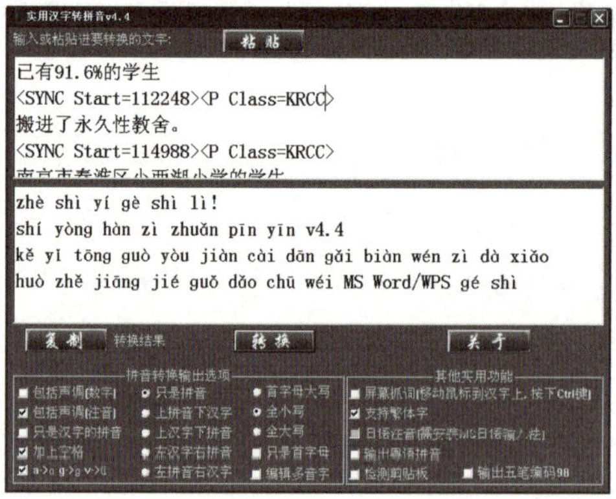

3. 복사한 자막을 [实用汉字转拼音]에 붙이기를 합니다.

4. 한어병음으로 전환하기 위해 [转换] 버튼을 클릭합니다.

5. 자막의 속성을 유지한 채 한어병음을 전환됩니다. 메모판에 열어 놓은 자막을 삭제한 후 [实用汉字转拼音]의 한어병음 자막을 복사하여 붙입니다.

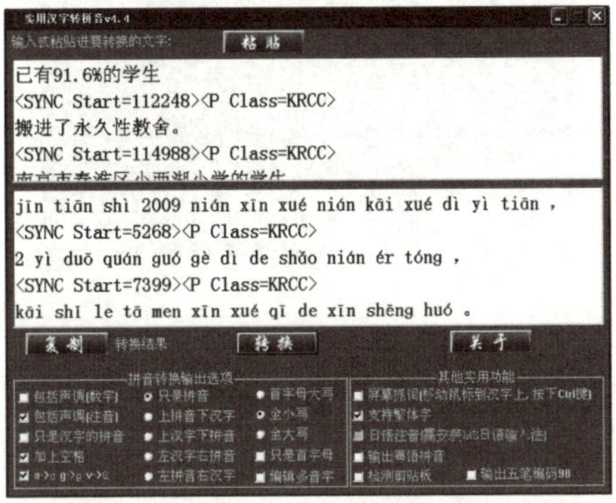

6. 메모장에 자막을 붙인 후, 다른 이름으로 저장합니다.

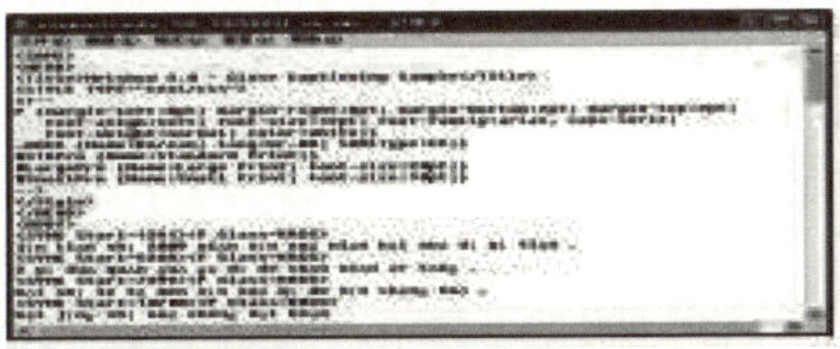

7. 저장할 때는 인코딩을 [유니코드], [UTF-8]로 설정합니다.

8. 영상 재생 소프트웨어에서 영상과 제작된 한어병음 자막이 정상적으로 재생되는지 확인합니다.

길이가 긴 자막을 한어병음 자막으로 전환하는 방법

1. [实用汉字转拼音]은 자막의 길이가 길 경우 중간까지만 변환을 할 수 있습니다. 이럴 경우 2-3회로 자막을 나누어 작업을 한 후 메모장에서 합쳐 작업을 완성할 수 있습니다.

2. 중문 윈도우 XP에서만 설치, 작동되지만 [拼音大师]를 사용할 경우 한 번에 한어병음으로 전환이 가능합니다.

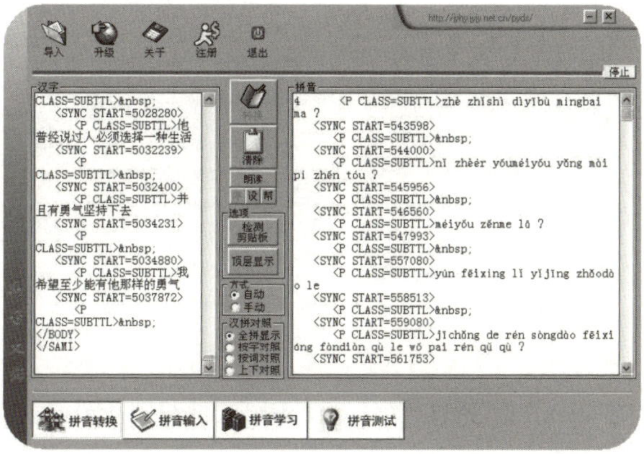

3. [拼音大师]는 중문 윈도우에서만 작동되며 OS도 Windows XP에서만 설치되기 때문에 성능이 뛰어남에도 불구하고 사용환경과 구매가 원활하지 않은 단점이 있습니다.

4. [拼音大师]는 현재 2.2 버전까지 개발되어 있습니다. 구매는 중국 이외에 국가에서는 번거롭습니다. 제작사 웹페이지는 아래와 같습니다.
http://www.yxsofts.com/

웹페이지에서 한어병음 자막으로 전환하는 방법

1. 별도의 설치가 필요없이 웹페이지에서 한어병음을 변환할 수 있습니다. [中文转拼音 v2.0]는 아래의 웹주소를 입력하면 아래처럼 변환화면이 나타납니다.
http://xh.5156edu.com/conversion.php

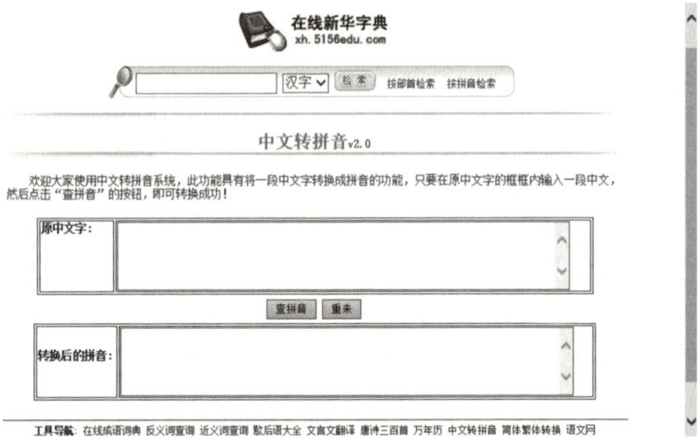

2. 중국어 간자로 된 SRT, SMI 형식의 자막을 복사하여 [原中文字] 창에 붙인 후 [查拼音] 버튼을 클릭합니다. 영화 1편 길이의 자막도 자막의 태그를 유지하면서 한어병음으로 변환할 수 있습니다. 모바일에서도 PC와 동일하게 사용할 수 있습니다.

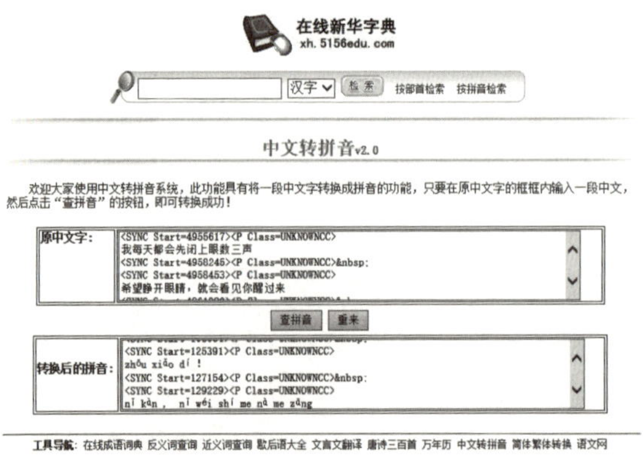

3. [转换后的拼音]창에서 한어병음을 복사하여 원래 중국어 자막 파일에 덮어쓰기를 한 후 저장하거나 다른 이름으로 저장하면 원자막과 동일한 형식의 한어병음 자막을 생성할 수 있습니다.

4. [中文转拼音 v2.0]는 무료로 제공하기 때문에 편리하게 사용할 수 있습니다.

5. 이외에도 http://hanyu.iciba.com/pinyin, http://www.aies.cn/pinyin.htm에서 웹기반 무료 한어병음 변환 서비스를 제공하고 있습니다.

Tip

Google 번역 서비스에서 한어병음 자막으로 전환하는 방법

1. Google에서 서비스하고 있는 [번역] 기능을 활용하면 간편하게 중국어 자막을 한어병음으로 변환할 수 있습니다. Google 번역 서비스에서는 자막 태그를 수용하면서 한어병음으로 전환하기 때문에 자막의 속성을 유지할 수 있습니다.

   http://translate.google.com

2. Google 번역 서비스에 접속하여 출발어를 [중국어]로 도착어를 [한국어]로 설정합니다.

3. 출발어 입력창 하단에는 한어병음을 표기하는 옵션이 있습니다. [拼]을 선택합니다.

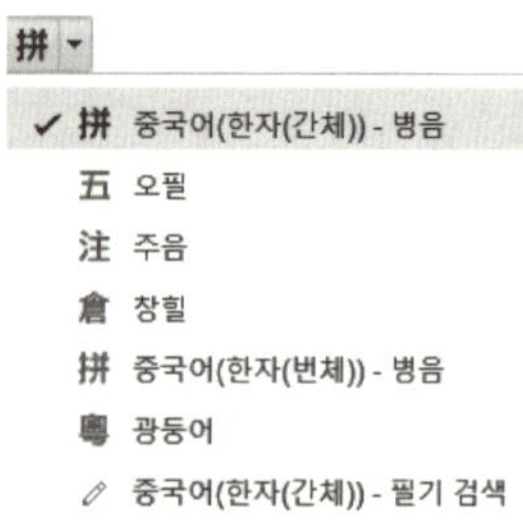

4. 준비한 중국어 자막을 출발어 입력창에 복사합니다. 번역이 자동으로 진행됩니다. 이때 출발어 하단을 복사하여 붙입니다. 출발어 하단에 한어병음이 동시에 표시됩니다. [转换后的拼音]이 한글자씩 한어병음이 생성되는 반면

Google 번역에서는 어휘를 인식하여 한어병음을 생성하기 때문에 가독력이 뛰어납니다.

```
<BODY>
<SYNC Start=30440><P Class=UNKNOWNCC>
Ràng nàxiē zài huānlè zhōng fā chāng de rénmen xùnsù sǐwáng
<SYNC Start=33352><P Class=UNKNOWNCC> 
<SYNC Start=34400><P Class=UNKNOWNCC>
Hǎo ràng yīnggāi chéngzhǎng de háizimen nénggòu chéngzhǎng
<SYNC Start=36789><P Class=UNKNOWNCC> 
<SYNC Start=37840><P Class=UNKNOWNCC>
Zhè yītiān jiāng huì dàolái
```

5. 한어병음은 처음부터 마지막까지 복사하여 원래 중국어 자막 텍스트에 대체시키고 다른 이름으로 저장합니다. 저장 시에는 반드시 [유니코드]로 설정해야 합니다. 만약 자막길이가 길 경우에는 적절하게 두부분으로 나누어서 작업을 해도 됩니다. 이때 자막의 분할 위치에 세심한 주의를 해야 합니다.

```
<SAMI>
<HEAD>
<STYLE TYPE="text/css">
...

</BODY>
```

6. Google 번역은 주 기능이 번역이기 때문에 한어병음 전환은 부가기능이라 할 수 있습니다. 한글역도 자막의 태그가 유지되면서 아래처럼 번역됩니다. 한어병음과 동일하게 한국어 번역을 저장하여 한글자막을 생성할 수도 있습니다. 물론 자막의 완성도는 한계가 있습니다. Google에서 제공하고 있는 [Subtitle Edit]와 동일한 결과물을 제공합니다.

```
<BODY>
<SYNC Start=30440><P Class=UNKNOWNCC>
让那些在欢乐中发昌的人们迅速死亡
<SYNC Start=33352><P Class=UNKNOWNCC> 
<SYNC Start=34400><P Class=UNKNOWNCC>
好让应该成长的孩子们能够成长
<SYNC Start=36789><P Class=UNKNOWNCC> 
<SYNC Start=37840><P Class=UNKNOWNCC>
这一天将会到来
<SYNC Start=39068><P Class=UNKNOWNCC> 
<SYNC Start=40000><P Class=UNKNOWNCC>
```

```
<BODY>
<SYNC Start=30440> <P Class=UNKNOWNCC>
급속한 죽음 Fachang 의 기쁨 에있는 사람들을 보자
<SYNC Start=33352> <P Class=UNKNOWNCC>
<SYNC Start=34400> <P Class=UNKNOWNCC>
아이들은 성장을 성장 한다 있도록
<SYNC Start=36789> <P Class=UNKNOWNCC>
<SYNC Start=37840> <P Class=UNKNOWNCC>
그 날 이 올 것이다
<SYNC Start=39068> <P Class=UNKNOWNCC>
<SYNC Start=40000> <P Class=UNKNOWNCC>
```

Tip

Unicode가 아닌 깨어지는 자막 수정

[한방에] 등과 같은 자막 제작 소프트웨어에서 [유니코드]로 설정하여 저장할 경우 다국어 자막도 한국어 윈도우 메모장에서 깨지지 않게 읽을 수가 있습니다. 단 영상 재생 소프트웨어에서 영상과 자막을 결합하여 읽을 경우 영상 재생 소프트웨어에서 자막의 문자셋을 설정할 수 있기 때문에 정상적으로 읽을 수는 있습니다.

1. 유니코드로 저장되지 않은 자막을 준비합니다.

```
<SAMI>
<HEAD>
<STYLE TYPE="text/css">
<!--
P {margin-left: 16pt; margin-right: 16pt; margin-bottom: 16pt; margin-top: 16pt;
   text-align: center; font-size: 18pt; font-family: arial; font-weight: bold; color: #f0f0f0;}
.UNKNOWNCC {Name:Unknown; lang:en-US; SAMIType:CC;}
-->
</STYLE>
</HEAD>

<BODY>
<SYNC Start=6000><P Class=UNKNOWNCC> 
<SYNC Start=52252><P Class=UNKNOWNCC>
큽鱗소깔麨
<SYNC Start=53082><P Class=UNKNOWNCC> 
<SYNC Start=53219><P Class=UNKNOWNCC>
緣쐤씽枷짐멕쥑
<SYNC Start=54914><P Class=UNKNOWNCC> 
<SYNC Start=55655><P Class=UNKNOWNCC>
鰍긴  畇鱗될羹곪
```

2. [Vobsub] → [Subresync]를 실행합니다.

3. [Open] 버튼을 클릭하여 수정하고자 하는 자막을 로딩합니다. 유니코드가 아니기 때문에 깨어집니다.

4. 문자셋을 변경하기 위해 [Edit] 버튼을 클릭합니다. [Style] → [Font]에서 문자셋을 [GB2312]로 변경합니다. 다른 언어인 경우 해당 문자셋을 지정합니다. 문자셋은 한글, 중국어 간자, 번자 등을 제공합니다.

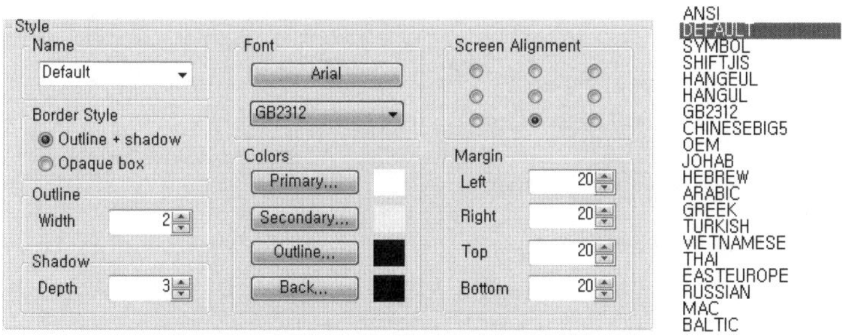

5. 문자셋이 중국어 간자체로 적용되어 폰트가 정상적으로 나타납니다.

6. 최종적으로 저장을 하기 위해 [Save As...] 버튼을 클릭합니다. 임의의 저장위치와 파일명을 지정하고 유니코드로 저장하기 위해 반드시 [Unicode output]에 체크를 하고 저장합니다.

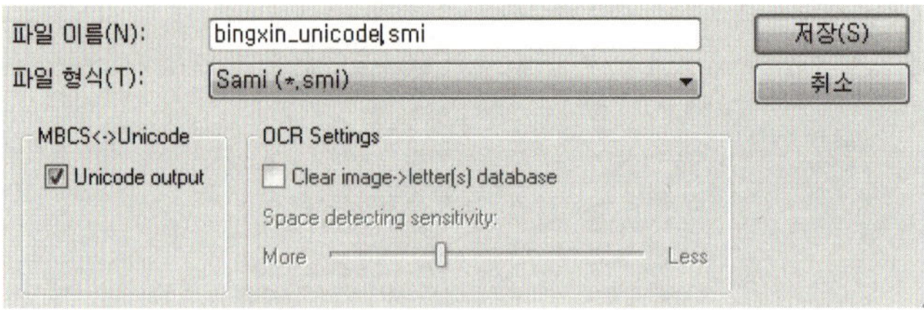

7. 한글 윈도우 메모장에서 열어도 중국어 간자가 정상적으로 나타납니다.

```
<SAMI>
<HEAD>
<STYLE TYPE="text/css">
<!--
P {margin-left: 16pt; margin-right: 16pt; margin-bottom: 16pt; margin-top: 16pt;
   text-align: center; font-size: 18pt; font-family: arial; font-weight: bold; color: #f0f0f0;}
.UNKNOWNCC {Name:Unknown; lang:en-US; SAMIType:CC;}
-->
</STYLE>
</HEAD>

<BODY>
<SYNC Start=52252><P Class=UNKNOWNCC>
女作家冰心
<SYNC Start=53082><P Class=UNKNOWNCC> 
<SYNC Start=53219><P Class=UNKNOWNCC>
已经九十六高龄
<SYNC Start=54914><P Class=UNKNOWNCC> 
<SYNC Start=55655><P Class=UNKNOWNCC>
她毕生写作的素材
<SYNC Start=57213><P Class=UNKNOWNCC> 
```

10 DVD 영상 추출

LESSON 10

DVD 영상 추출

Xilisoft DVD Ripper

Xilisoft DVD Ripper

- 제작사: Xilisoft Corporation
- 웹페이지: http://www.xilisoft.com
- 버전: 7.81
- 용도: DVD 영상파일 추출
- 설치환경: 한글, 다국어 윈도우 XP, 7, 8, 10
- 가격: $41.97

왜 필요한가?

중국영화 DVD를 DVD 재생 소프트웨어로 자막을 선택하여 교육 현장에서 활용할 수도 있지만 한어병음 자막이나 한국어 자막 지원이나 임의의 시간 단위로 영상을 잘라서 재생한다든지 통합 콘텐츠에 삽입하여 활용할 때는 제한이 따르게 됩니다. 또한 요즘 컴퓨터는 DVD롬을 옵션으로 제공하기 때문에 DVD 미디어 사용이 용의치 않고 휴대성에도 제한이 있습니다.

이러한 제한을 극복하는 방법이 DVD 미디어로부터 영상을 추출하여 활용하는 것입니다. 현재 인터넷을 통해 다양한 영상 자원들을 확보할 수 있지만, 영상과 자막을 동시에 확보할 수 있는 방법은 많지 않습니다. 중국의 경우 대부분의 영상이 자막과 합성되어 있어 자막을 별도로 활용할 수 없습니다. 사용자가 자막을 직접 추출하면 자막을 확보할 수 있고, 또한 자막이 합성되어 있지 않은 영상과 자막을 각각 확보하면 DVD에서 추출하지 않고 활용할 수 있습니다. 그러나 확보된 영상과 자막의 싱크정보가 동일해야 합니다. 번거롭지만 영상에 대응되는 자막의 싱크는 영상재생 소프트웨어(곰플레이어)에서 수정할 수 있습니다.

현재 DVD 미디어로부터 영상을 추출할 수 있는 소프트웨어에는 "Xilisoft DVD Ripper Ultimate", "WinX DVD Ripper", "AoA DVD Ripper", "ImTOO DVD Ripper", "Aimersoft DVD Ripper", "Ultra DVD Ripper", "Magic DVD Ripper", "Amadis DVD Ripper" 등이 있습니다. 대부분의 소프트웨어 사용법이나 성능은 유사합니다.

준비사항

1) 영상을 추출한 DVD를 준비합니다. 자막도 동시에 추출해야 하기 때문에 자막이 지원되는 DVD를 선택하는 것이 편리합니다.
2) DVD로부터 영상을 추출하기 위해서는 코덱이 필요합니다. 일반적으로 Divx 코덱이 가장 많이 사용됩니다.

사용법

1) DVD롬에 영화 DVD를 삽입하고 소프트웨어를 실행합니다.

2) 메인메뉴 [File] → [Open DVD]에 DVD 드라이브를 선택합니다. 소프트웨어에서 DVD의 정보를 가지고 옵니다.

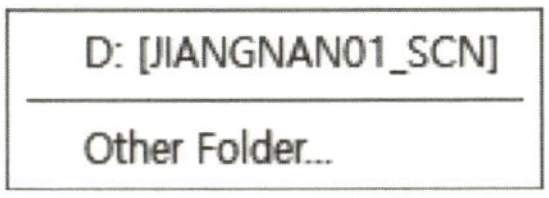

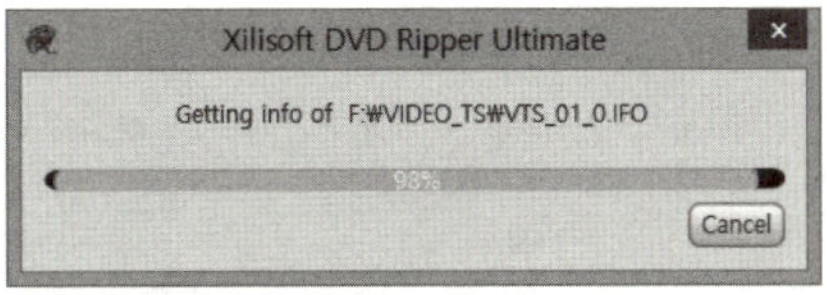

3) DVD의 정보가 정상적으로 로딩되면 화면에 DVD의 길이, 챕터 등의 상황이 나타납니다. 이후 오디오, 자막, 프로파일 등을 설정하여 추출할 수 있습니다. 상단의 오디오, 자막은 DVD 자원 중 시간이 표시되는 영역을 선택해야 활성화됩니다.

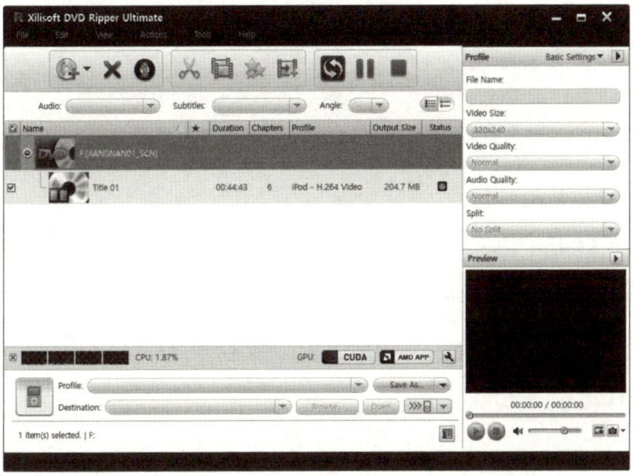

4) 사운드는 DVD의 기본 오디오(중국어)로 합니다. DVD에 따라 다국어를 지원하며 원하는 언어를 선택하면 그 언어로 추출할 수 있습니다. 자막을 선택하면 영상에 자막이 합성되어 추출됩니다. 영상에 자막이 합성될 경우 다른 자막을 활용할 수 없기 때문에 중국어, 병음, 한국어 자막을 별도로 활용할 때는 자막을 선택하지 않고 추출합니다.

5) 자막은 무자막으로 설정하고 프로파일은 사용자의 목적에 맞게 설정합니다. 일반적으로 [General Video Format]에서 [Divx-Movie]를 선택합니다. 이 외에도 PC, 모바일 등 디바이스에 따라 적정한 프로파일을 설정할 수 있습니다.

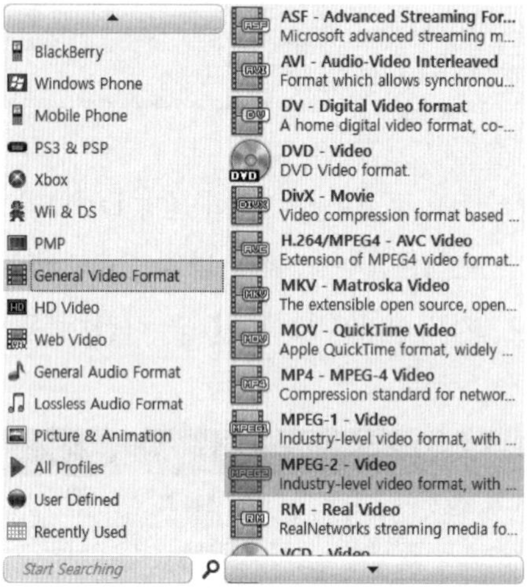

6) "Xilisoft DVD Ripper Ultimate"는 DVD의 영상뿐만 아니라 오디오만을 추출할 수 있습니다. [General Audio Format]에서 [MP3]를 선택합니다. 사운드 추출은 영상이 추출한 다음에도 [다음팟인코더] 등을 이용하여 추출할 수 있습니다.

7) 원하는 유형(DIVX 권장)으로 각각 설정한 다음 강단의 [RIP] 버튼을 클릭합니다. 영상은 가능하면 최고 품질로 추출해야 다양한 용도로 활용할 수 있습니다. 영상 추출시간은 영화의 길이, 프로파일에 따라 약 30여분 정도 소요됩니다.

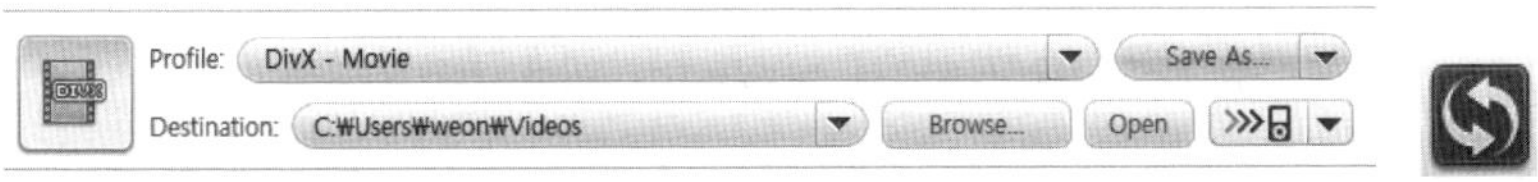

8) 우측의 프로파일 창에서는 추출된 영상의 파일명, 비디오 크기, 비디오 품질, 오디오 품질은 사용자 목적에 따라 설정하고 [Split]는 [No Split]로 설정합니다. 분할 추출은 CD, DVD로 제작할 때 용량에 따라 분할해 줍니다. 일반적으로 자막과 같이 영상을 운영할 경우 분할하지 않는 것을 권장합니다. 우측 하단에는 [Preview]에서 DVD의 영상을 미리보기도 할 수 있습니다.

9) 모든 설정이 완료되면 저장 위치를 설정하고 상단의 [Rip] 버튼을 클릭합니다.

10) 영상 추출이 시작되면 [Output Size], [Status]가 표시되고, 하단에 진행 상태를 나타내는 녹색바와 함께 예상 추출시간이 표시됩니다.

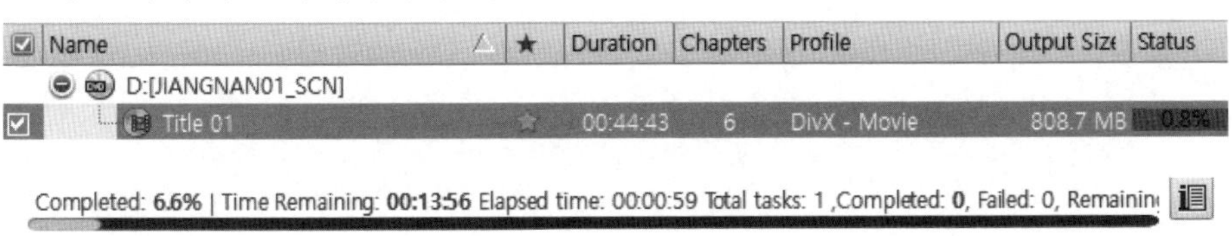

11) 최종적으로 추출이 완료되면 설정한 저장폴더의 하위에 [DVD롬 드라이브_[영화명]] 형식의 폴더가 자동생성되고 그 위치에 파일이 위치합니다. 추출된 영상은 Vobsub, Vsrip로 추출된 idx, sub 이미지와 결합하여 재생할 수 있습니다.

Tip

DVD의 특정 부분의 영상만 추출하기

전체 영상에서 부분 영상만을 활용할 때는 일반적으로 영상편집소프트웨어나 Boilsoft Video Splitter와 같은 영상 자르기 소프트웨어를 이용합니다. 그러나 Xilisoft DVD Ripper Ultimate와 같은 영상추출 소프트웨어로 DVD에서 영상을 추출할 때는 처음부터 특정 부분만 추출하여 활용할 수 있습니다.

1) Xilisoft DVD Ripper Ultimate의 빠른 메뉴에서 [Clip]을 선택합니다.

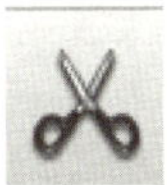

2) [Clip] 창이 나타납니다. 미리보기 창으로 영상을 확인하면서 자르기 시작[Mark in]과 자르기 끝[Mark out]을 마우스 드래그나 직접 시간을 입력하여 설정합니다. 여러 개의 클립을 자를 때는 하단의 [New Clip]()을 클릭하여 자를 부분을 설정합니다. 모든 설정이 완료되면 [Apply]를 클릭합니다.

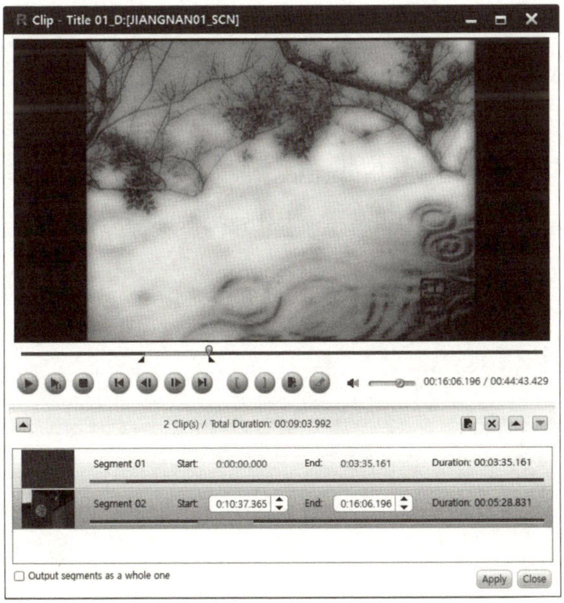

Tip

DVD 영상 추출시 효과 주기

Xilisoft DVD Ripper Ultimate에서는 영상을 부분만 추출할 수도 있지만 영상을 추출하면서 다양한 효과를 설정하여 추출할 수도 있습니다. Crop, Image, Watermark, Effect, Audio, Subtitles 기능을 지원합니다.

1) 상단 메뉴에서 [Effect]를 클릭합니다.

2) [Crop]에서는 영상의 특정 영역을 자를 수 있습니다. 사용자가 원하는 사이즈로 변환할 수 있으며 사용자가 직접 영역을 설정할 수 있고 16:9, 4:3으로도 설정할 수 있습니다. [Image]에서는 특정 장면을 이미지로 캡처합니다. [Watermark]에서는 영상의 특정 위치에 텍스트와 이미지 워터마크를 삽입하여 영상을 추출합니다. [Effect]에서는 Black and White, Oil painting, Line Drawing, Woodcarving, Negative, Embossment, Carving, Old Film, Shadow, Haze, Mosaic, Vertical Blind, Sand 등과 같은 영상 왜곡 효과를 설정합니다. [Audio]에서는 DVD의 사운드 이외에 다른 사운드를 추가하여 영상을 추출합니다. [Subtitles]에서는 DVD에 포함되어 있는 자막의 크기, 폰트컬러, 투명도, 위치 등을 설정하여 영상을 추출합니다. 설정이 완료되면 [Apply]를 클릭합니다.

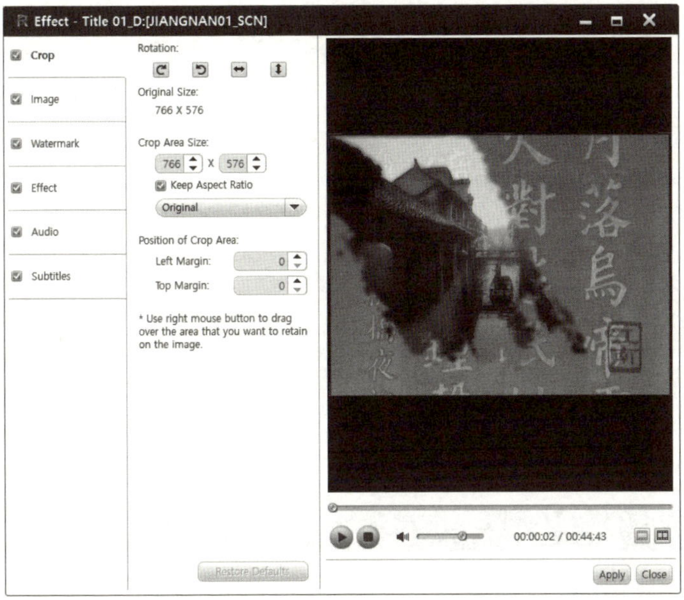
Effect - Title 01_D:[JIANGNAN01_SCN]
Crop
Image
Watermark
Effect
Audio
Subtitles
Rotation:
Original Size:
766 X 576
Crop Area Size:
766 X 576
Keep Aspect Ratio
Original
Position of Crop Area:
Left Margin: 0
Top Margin: 0
* Use right mouse button to drag over the area that you want to retain on the image.
Restore Defaults
00:00:02 / 00:44:43
Apply
Close

ImTOO DVD Ripper

ImTOO DVD Ripper

- 제작사: Imtoo
- 웹페이지: http://www.imtoo.com
- 버전: 6.0
- 용도: DVD 영상파일 추출
- 설치환경: 한글, 다국어 윈도우 XP, 7, 8, 10
- 가격: $59.95(Ultimate)

왜 필요한가?

ImTOO DVD Ripper는 기본적인 기능은 Amadis DVD Ripper와 유사하지만, [Crop](영역 추출), [Image](장면 캡처 설정), [Watermark](워터마크 삽입), [Effect](영상 효과), [Audio](사운드 설정과 삽입), [Subtitles](자막 설정) 등의 기능을 차별적으로 제공합니다.

준비사항

1) 영상을 추출할 DVD를 준비합니다. 자막도 동시에 추출해야 하기 때문에 자막이 지원되는 DVD를 선택하는 것이 편리합니다.
2) DVD로부터 영상을 추출하기 위해서는 코덱이 필요합니다. 일반적으로 Divx 코덱이 가장 많이 사용됩니다.

사용법

1) DVD-ROM에 영상을 추출하고자 할 DVD 미디어를 삽입합니다.

2) 소프트웨어를 실행 시킵니다.

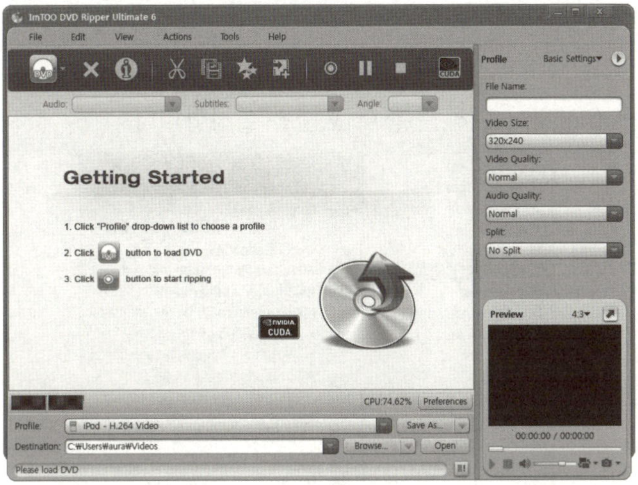

3) DVD 자원을 로딩하기 위해 상단의 [DVD] 아이콘을 클릭합니다.

4) DVD-ROM의 위치를 지정합니다.

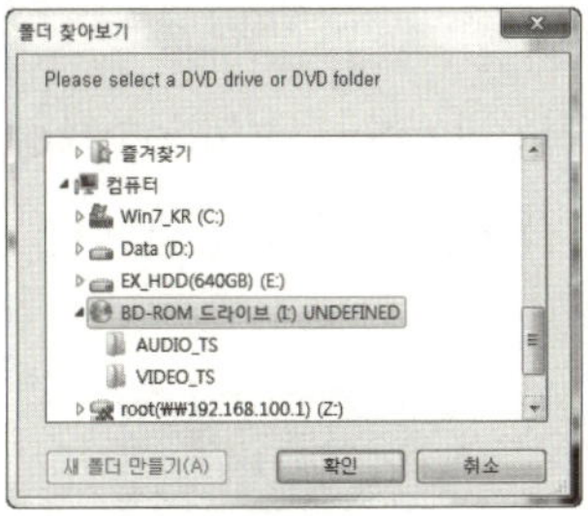

5) 작업창에 DVD 자원들이 나타납니다. 메인 영화는 시간을 감안할 때 [Title 01_01]임을 알 수 있습니다.

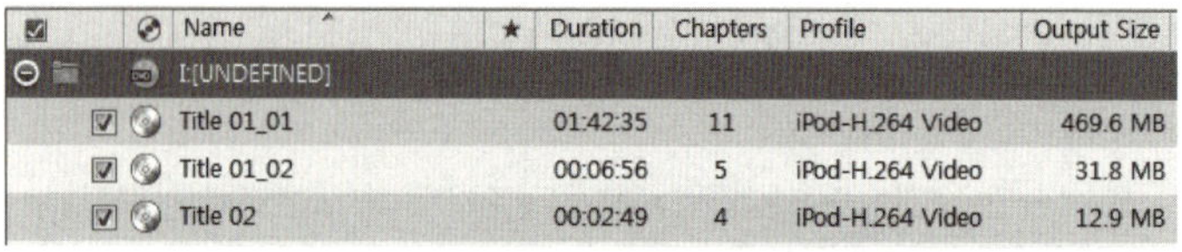

6) 하단의 [Profile]에서 원하는 출력 포맷을 설정합니다.

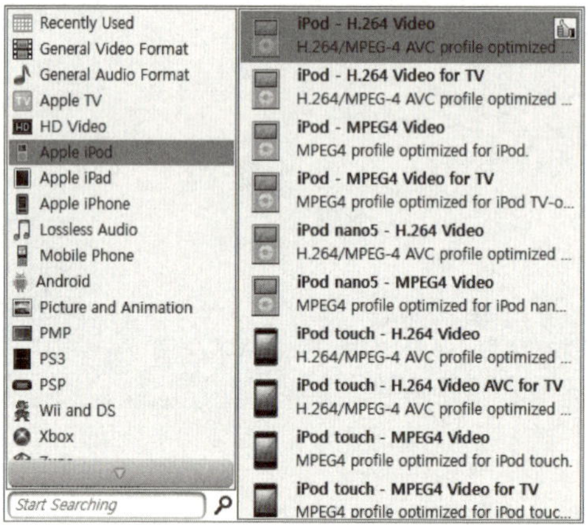

7) 추출한 영상이 저장되는 위치를 [Destination]에서 설정합니다.

8) 우측의 [Profile]에서 [File Name], [Video Size], [Video Quality], [Audio Quality], [Split]를 각각 기본값으로 설정합니다. [Video Size]는 [Profile] 설정시 자동으로 설정됩니다.

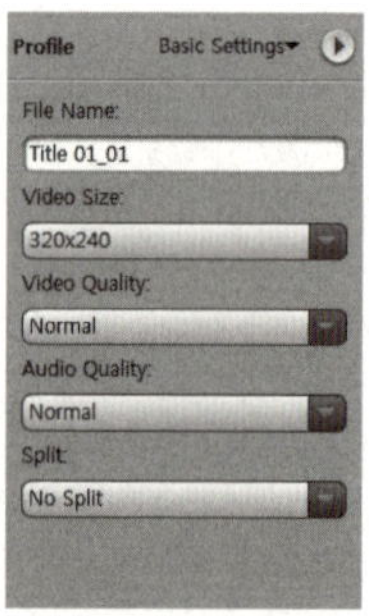

9) 우측 하단의 [Preview]를 통해 미리보기를 할 수 있습니다. 영상의 특정 지점을 선택하여 자를 수 있는 기능은 지원하지 않습니다. 영상 추출의 효과는 상단의 [Effect]에서 제공합니다.

10) 상단의 [Audio]에서는 중국어인 [Chinese AC3 2ch]를 선택하고, [Subtitles]에서는 [None]를 선택합니다.

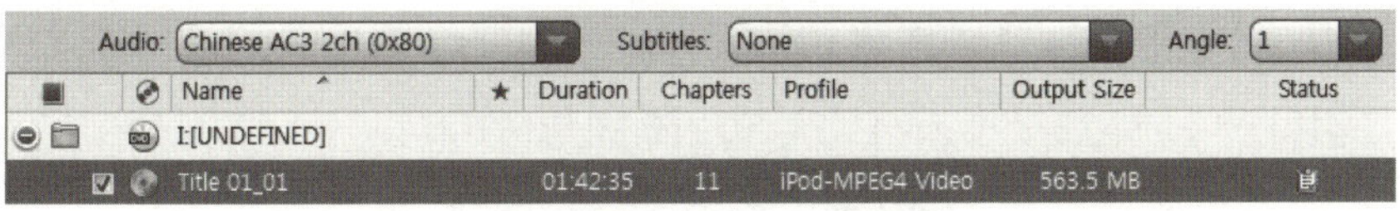

11) 만약 [Subtitles]에서 특정 자막을 선택할 경우 영상에 자막이 합성되어 추출됩니다. 자막과 영상이 합성될 경우 별도로 자막을 추출하여 활용하는데 제약이 따르기 때문에 자막을 합성하지 않는 것을 권장합니다. 그러나 단순한 목적으로 영상을 활용하고자 할 경우에는 자막을 합성해도 무방합니다.

12) 추출할 영상에 효과를 설정하기 위해 상단의 [Effect] 아이콘을 클릭합니다.

13) [Effect] 창이 나타납니다. 효과에는 [Crop](영역 추출), [Image](장면 캡처 설정), [Watermark](워터마크 삽입), [Effect](영상 효과), [Audio](사운드 설정과 삽입), [Subtitles](자막 설정) 등의 기능을 제공합니다.

14) [Crop]은 영상의 특정 영역만을 추출합니다.

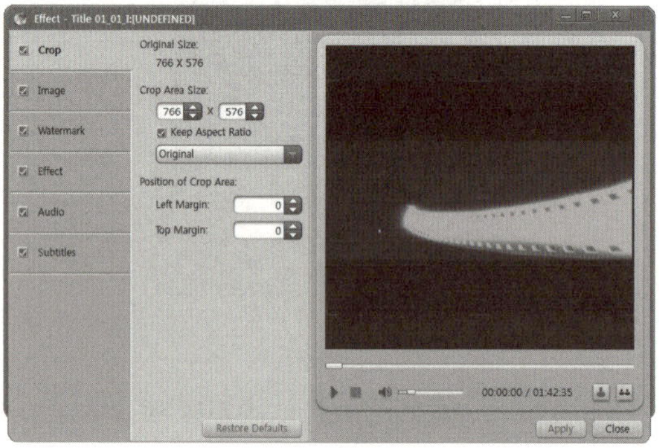

15) 추출하는 방법은 영상 위에 8개의 빨간색 핸들이 생기면 마우스로 드래그 조절하거나 [+] 표시에 커서를 놓고 이동하면 됩니다.

16) [Watermark]는 추출되는 영상에 텍스트와 이미지를 워터마크로 설정할 수 있습니다. 텍스트 워터마크는 투명도, 위치, 글씨 크기, 글씨 색깔 등을 사용자 임의로 설정할 수 있습니다.

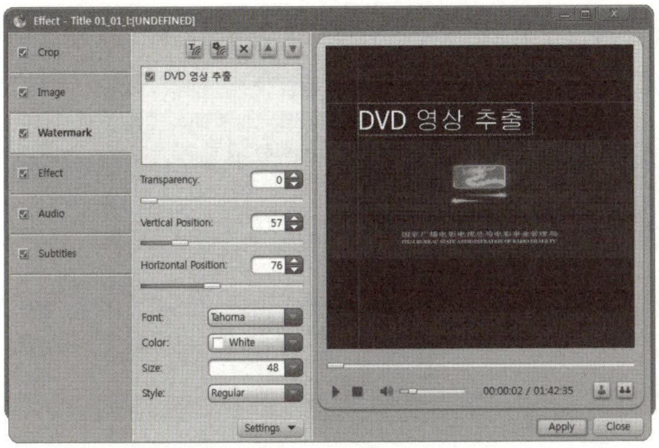

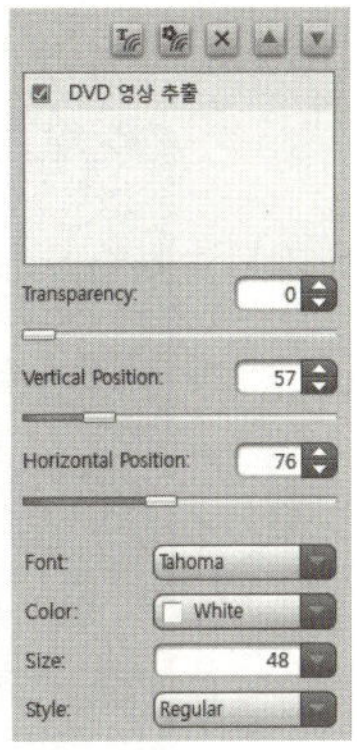

17) [Effect]는 영상 추출시 영상에 대한 효과를 설정할 수 있으며, 영상 편집 소프트웨어의 필터와 유사한 기능을 지니고 있습니다.

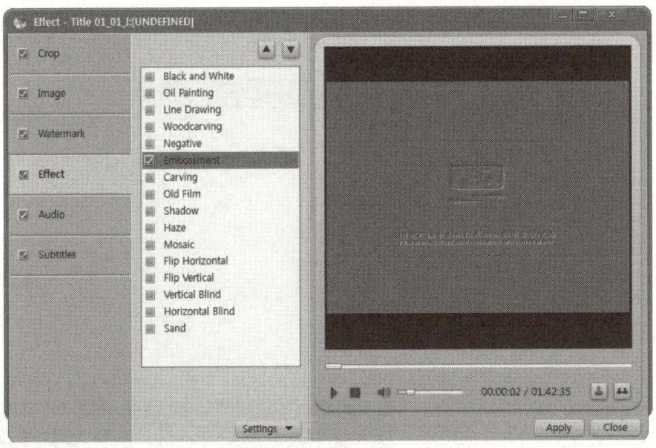

18) [Audio]는 DVD의 오디오 추출 설정과 추출되는 영상에 외부 오디오 파일을 불러와서 결합할 수 있습니다.

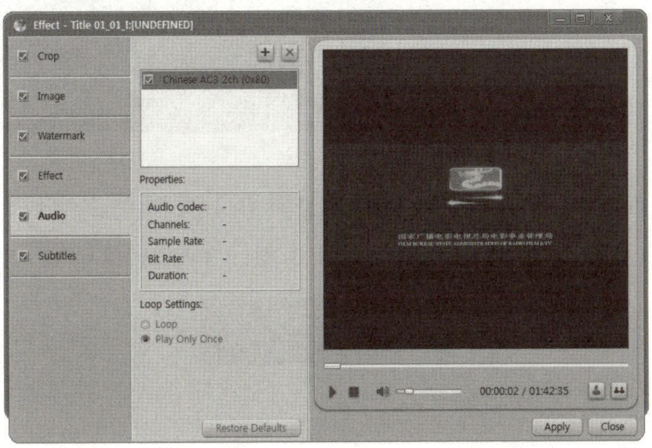

19) [Subtitles]에서는 영상과 자막 합성의 구체적인 설정을 할 수 있습니다.

20) 자막설정에서는 상단의 [+]를 통해 srt, ssa, ass 형식의 자막을 외부에서 불러와 영상과 합성할 수 있습니다.

21) 자막의 투명도(Transparency)와 위치(Vertical Position), 자막 폰트 색깔(Font Style)을 사용자자 설정할 수 있습니다.

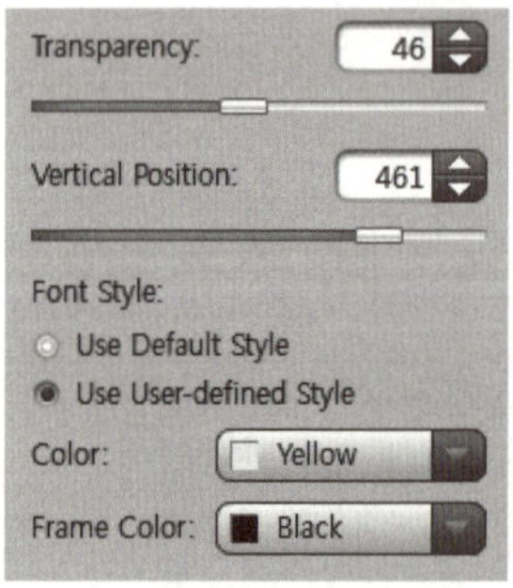

22) 모든 효과 설정이 완료되면 가위 모양의 [Clip] 버튼을 클릭합니다. 일반적으로 추출시간은 컴퓨터의 성능에 좌우되나 DVD 재생 시간과 비슷합니다.

11

DVD 이미지 자막(idx, sub) 추출

LESSON 11 DVD 이미지 자막(idx, sub) 추출

DVD 이미지 자막(idx, sub)

Vobsub, VSRip

- 제작사: Terrashare.com
- 웹페이지: http://gabest.terrashare.com/
- 버전: 2.23
- 용도: DVD 이미지 자막 추출(*. IDX, *.SUB)
- 설치환경: 한글, 다국어 윈도우 XP, 7, 8, 10
- 가격: 무료

왜 필요한가?

DVD 미디어의 특징은 자막과 사운드를 임의로 선택하면서 감상할 수 있다는 점이라 할 수 있습니다. 대사의 스크립트인 자막은 음성 위주의 영상에서 텍스트 정보를 제공하며, DVD 미디어에 따라 다양한 언어별로 자막을 제공하고 있어 외국어 학습용으로도 적절하다고 할 수 있습니다.

그러나 DVD 미디어는 컴퓨터나 DVD 플레이어에서만 재생할 수 있기 때문에 포터블 기기에서는 재생에 제한이 생깁니다. 특히 자막을 활용하기 위해서는 우선적으로 영상추출이 전제되어야 합니다. 영상+자막이 결합된 방식으로 추출할 수 있지만, 자막만을 독립적으로 추출하는 이유는 자막을 텍스트로 전환하여 편집 활용하거나 자막의 특정 부분을 잘라 활용하는 필요성이 발생하기 때문입니다.

DVD 미디어에서 자막은 추출할 수 있는 가장 권위있는 소프트웨어는 Vobsub이며, 마지막 2.23 버전도 윈도우 7에서 원활하게 작동합니다.

준비사항

1) 자막이 포함되어 있는 DVD 미디어를 준비합니다.
2) DVD 재생 소프트웨어에서 자막 기능이 활성화되어야만 자막이 제공되는 DVD라 할 수 있습니다. 영상에 자막에 합성되어 있을 경우 자막은 화면에 보이나 자막 가능은 활성화되지 않으며, 자막을 추출할 수 없습니다.

사용법

1) 자막을 추출하고자 하는 DVD를 DVD-ROM에 삽입한 후, 설치한 Vobsub를 실행합니다.

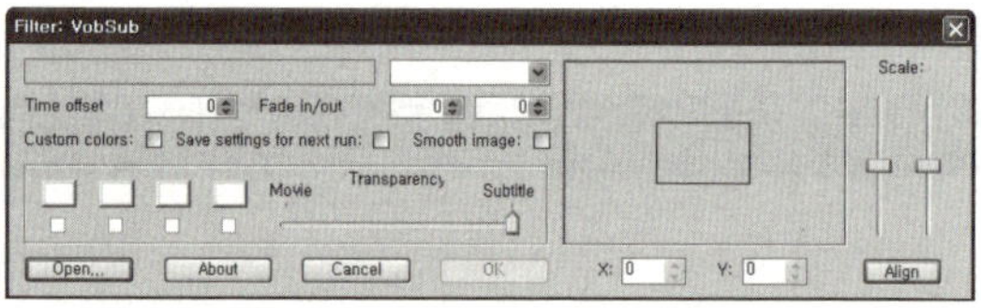

2) [Open] 버튼을 클릭하여 DVD를 로딩합니다. DVD의 VIDEO_TS 폴더를 선택하고 파일형식을 반드시 [Ifo and Vobs, for creating idx/sub (*.ifo)]로 설정합니다. 임의의 VTS_01_0.IFO를 선택하고 열기 버튼을 클릭합니다.

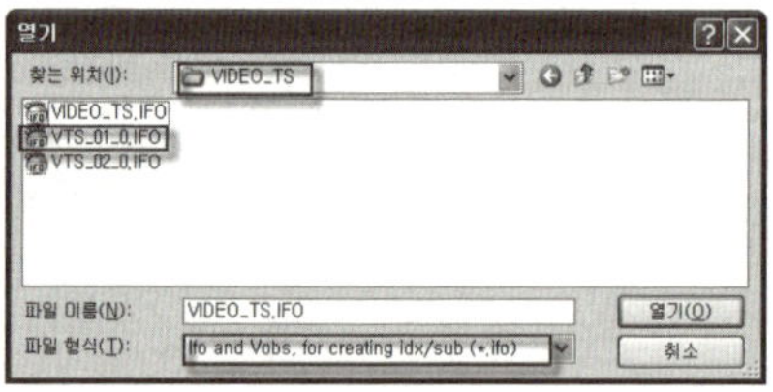

3) 추출될 자막이 저장될 장소를 설정합니다.

4) [Select PGC] 창이 나타납니다. 우측은 추출할 내용이 좌측은 배제될 내용이 표시됩니다. [00-Chinese]는 현재 DVD에 중국어 자막만 1개가 있다는 의미이며, 하단의 Vob 01 Cell 01은 챕터를 의미합니다.

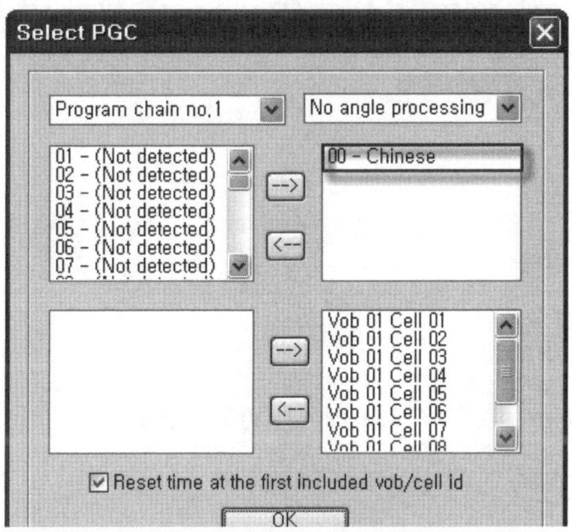

5) [OK] 버튼을 클릭하면 추출 작업이 진행되면 소요되는 시간은 약 20분입니다.

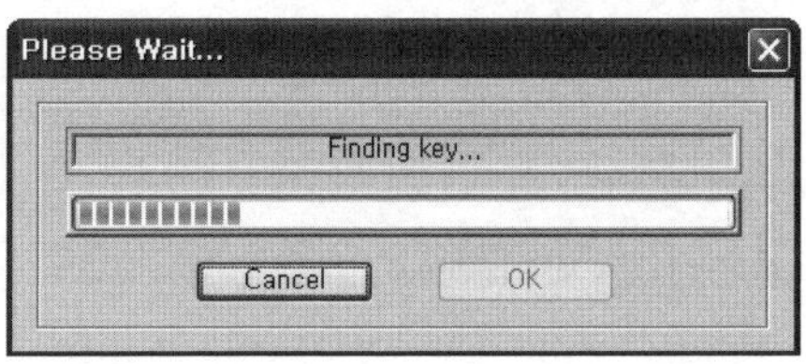

6) 추출되는 자막의 형식은 *.IDX, *.SUB로 영상의 파일명과 같을 경우 자막이 재생됩니다. 그러나 자막의 속성은 이미지입니다.

7) 이미지 자막을 자르고자 할 경우 Vobsub Cutter를 실행합니다.

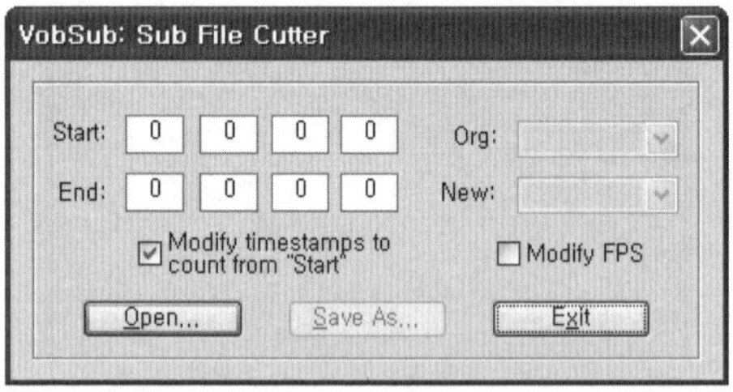

8) [Open] 버튼을 클릭합니다. Vobsub를 이용해 추출한 IDX, SUB을 선택합니다.

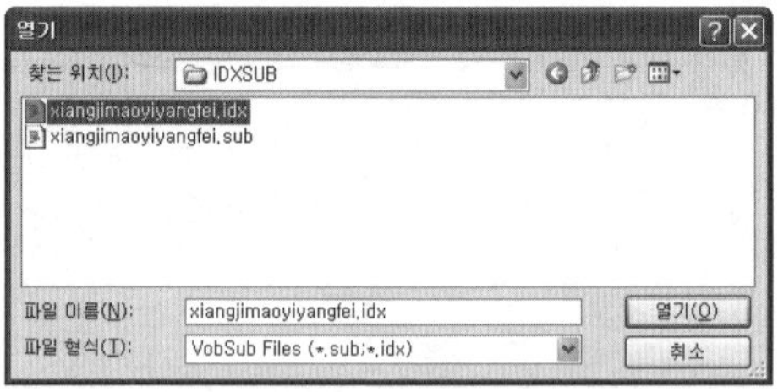

9) 자막이 로딩됩니다. 자르고자 하는 Start와 End 시간을 설정합니다. Boilsoft AVIMPEGASFWMV Splitter의 3자리수 프레임 형식과 동일한 시간형식을 사용합니다.

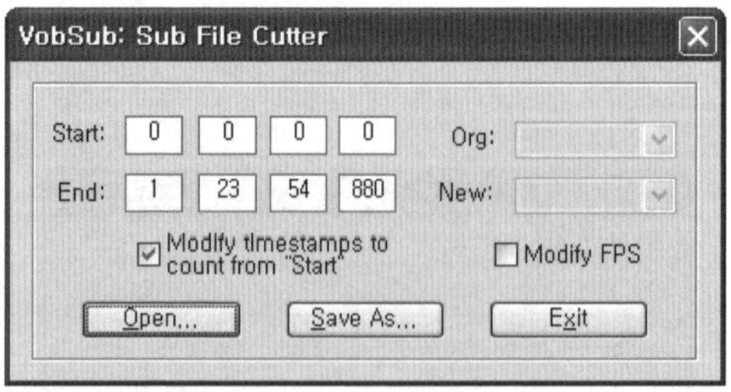

10) 시간 설정이 완료되면 [Save As...] 버튼을 클릭합니다. 추출되는 형식은 output.idx와 output.sub입니다.

이미지 자막 추출 VSRip

VSRip

- 제작사: VSRip
- 웹페이지: http://www.videohelp.com/tools/VSRip
- 버전: 1.0.0.6
- 용도: DVD 이미지 자막 추출(*. IDX, *.SUB)
- 설치환경: 한글, 다국어 윈도우 XP, 7(64bit)
- 가격: 무료

왜 필요한가?

DVD로부터 이미지 자막인 IDX, SUB 자막을 추출할 수 있는 소프트웨어는 Vobsub, ImTOO DVD Subtitle Ripper가 있습니다. 가장 일반적으로 사용되는 소프트웨어는 Vobsub이라 할 수 있습니다.

그러나 Windows 7 64bit에서는 Vobsub의 실행이 제한을 받으며, 32bit에서도 에러가 발생하는 경우도 있습니다. 이러한 Vobsub의 제한을 극복하는 대안으로서 VSRip이 있습니다.

VSRip는 Vobsub와 유사한 성능을 발휘하며 간편한 방법으로 이미지 자막을 추출할 수 있습니다.

준비사항

1) 자막이 지원되는 DVD 미디어를 준비합니다.
2) 컴퓨터에 DVD 롬이나 DVD 원본 파일을 준비합니다.

사용법

1) VSRip.exe 파일을 클릭하여 소프트웨어를 실행합니다.

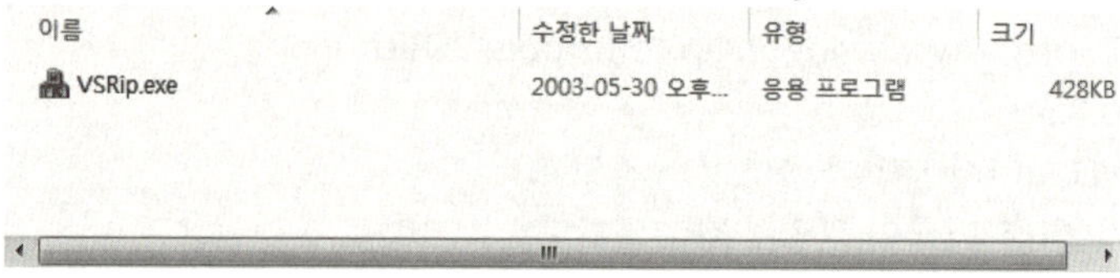

2) DVD 드라이브에 DVD 미디어를 삽입합니다.

3) 소프트웨어가 실행된 모습입니다.

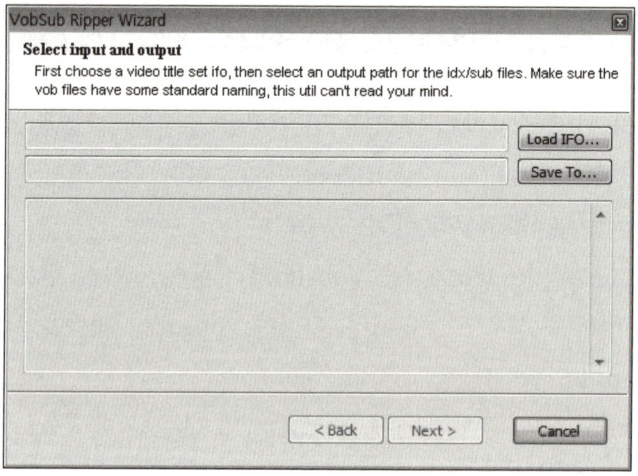

4) SUB, IDX 파일을 추출하기 위해 [Load IFO...] 메뉴를 클릭합니다.

5) 원본 DVD 폴더 중 VIDEO_TS를 클릭합니다.

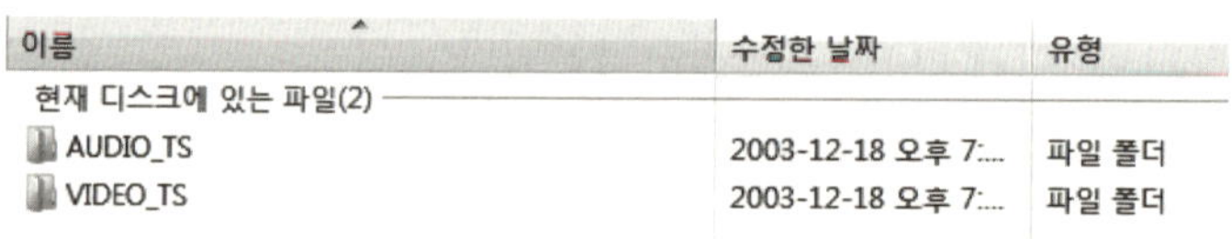

6) 메인 비디오 트랙의 IFO 파일을 선택한 후 [열기] 버튼을 클릭합니다.

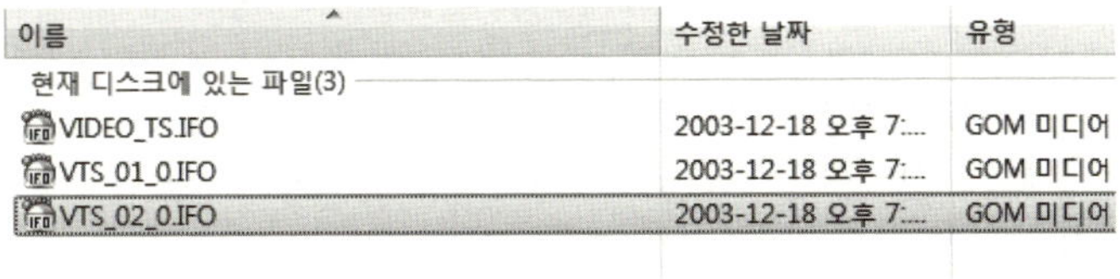

7) DVD 자원들이 로딩됩니다.

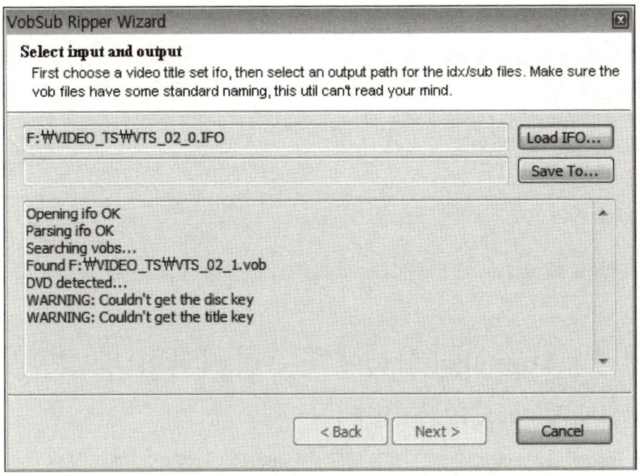

8) 추출되는 IDX, SUB 자막을 저장하는 폴더를 설정하기 위해 [Save To...]버튼을 클릭하여 임의의 위치를 설정합니다.

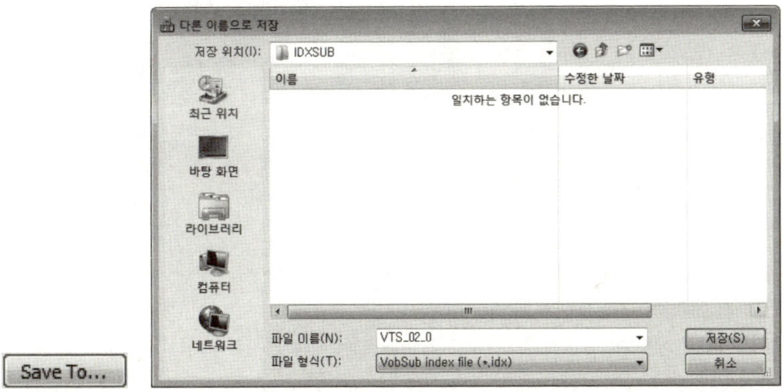

9) DVD 로딩과 추출자막 저장폴더 설정이 완료됩니다. [NEXT] 버튼을 클릭합니다.

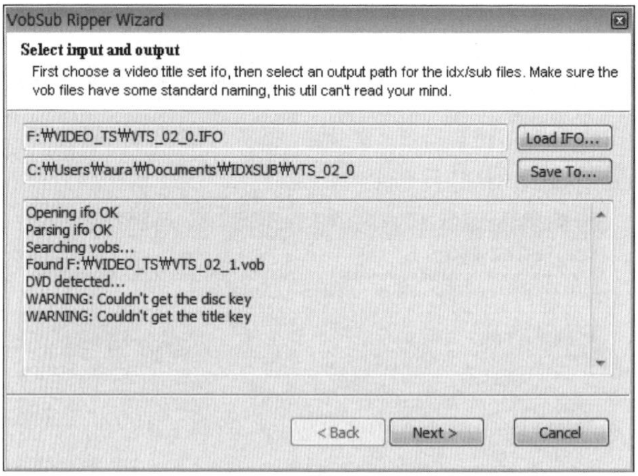

10) 만약 하단처럼 [Language] 항목에 아무런 자막이 표시되지 않을 경우 다른 IFO 파일을 선택하여 불러옵니다.

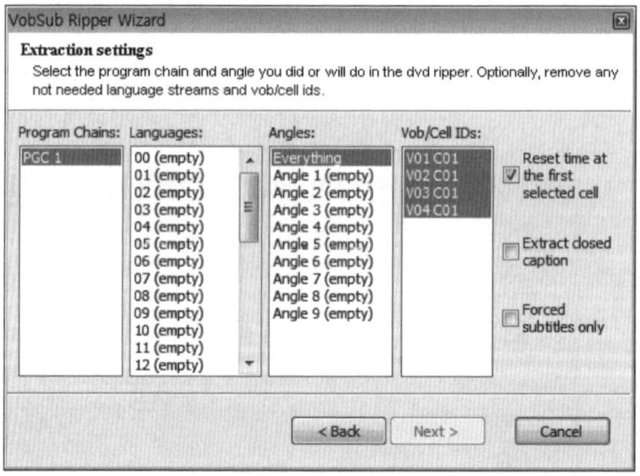

11) IFO 파일을 교체하여 선택하여 교체할 경우 [Language]에 [00 Chinese (zh)]가 타나납니다. [Vob/Cell IDs]의 챕터는 자동으로 전체 선택이 됩니다. 기본설정을 유지한 채 [NEXT]를 클릭합니다.

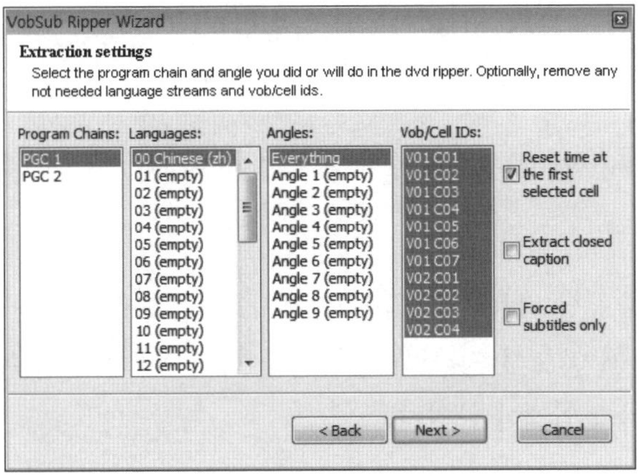

12) DVD의 자막이 추출됩니다. 추출 시간은 DVD의 길이, DVD롬의 속도, 컴퓨터의 속도에 따라 차이가 있으나 대략 5분 정도가 소요됩니다.

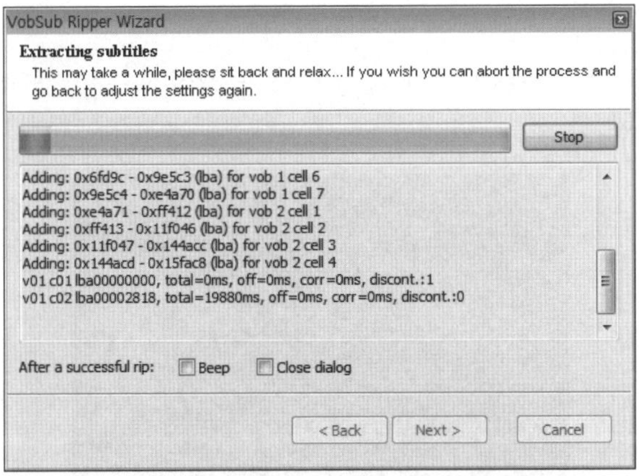

13) 추출이 완료되면 [Close] 버튼을 클릭하여 소프트웨어를 닫습니다.

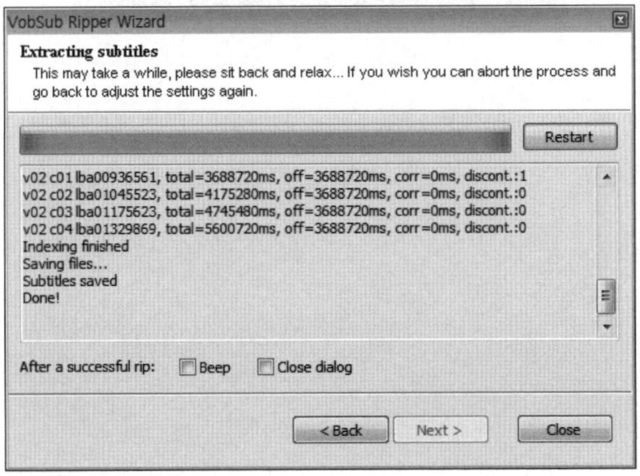

14) 저장폴더에 가서 IDX, SUB 파일을 확인합니다.

이름	수정한 날짜	유형	크기
VTS_02_0.idx	2011-03-26 오전...	Subtitle File	73KB
VTS_02_0.sub	2011-03-26 오전...	Subtitle File	5,372KB

15) 자막 파일의 정상 작동 여부를 확인하기 위해 추출된 영상과 결합하여 재생합니다. 이 때 반드시 영상 파일과 자막 파일 2개가 동일 폴더에 위치해야 하며 파일명이 동일해야 합니다.

이름	수정한 날짜	유형	크기
VTS_02_0.avi	2010-09-09 오후...	GOM 미디어 파일...	799,801KB
VTS_02_0.idx	2011-03-26 오전...	Subtitle File	73KB
VTS_02_0.sub	2011-03-26 오전...	Subtitle File	5,372KB

16) 동영상 재생 소프트웨어에서 재생합니다. 정상적으로 자막이 재생되는 것을 확인합니다.

PDF 자막 추출 ImTOO DVD Subtitle Ripper

ImTOO DVD Subtitle Ripper

- 제작사: ImTOO
- 웹페이지: http://www.imtoo.com/
- 버전: 1.1.18
- 용도: IDX/SUB. PDF 자막 추출
- 설치환경: 한글, 다국어 윈도우 XP, 7, 8, 10
- 가격: $29.95

왜 필요한가?

DVD 미디어에서 자막을 추출하는 목적은 영상과 자막을 결합하여 재생하기 위한 것입니다. 이때 자막에는 시간정보가 기록되어 있어 영상 재생시간과 연동됩니다.

자막을 단순한 텍스트 형식으로 참고하고자 할 경우 IDX/SUB 자막과 같이 많은 시간을 들여 텍스트로 변환작업을 해야 합니다. 단순히 자막을 텍스트로만 활용하고자 할 경우 ImTOO DVD Subtitle Ripper에서 PDF 형식으로 신속히 추출하여 활용할 수 있습니다. 그러나 IDX/SUB는 달리 자막 시간 정보가 삭제됩니다. PDF 자막은 신속하게 추출되고 문서처럼 출력하여 활용할 수는 있지만 기본적으로 이미지 기반이기 때문에 Readris와 같은 소프트웨어를 활용하여 텍스트로 변환해야 합니다.

준비사항

1) 자막이 포함되어 있는 DVD 미디어를 준비합니다.

사용법

1) 중국어 자막이 제공되는 DVD 미디어를 DVD-ROM에 삽입한 후 소프트웨어를 실행합니다.

2) DVD를 불러오기 위해 하단의 [Open DVD]를 클릭합니다.

3) DVD 드라이브를 선택한 후 확인 버튼을 클릭합니다.

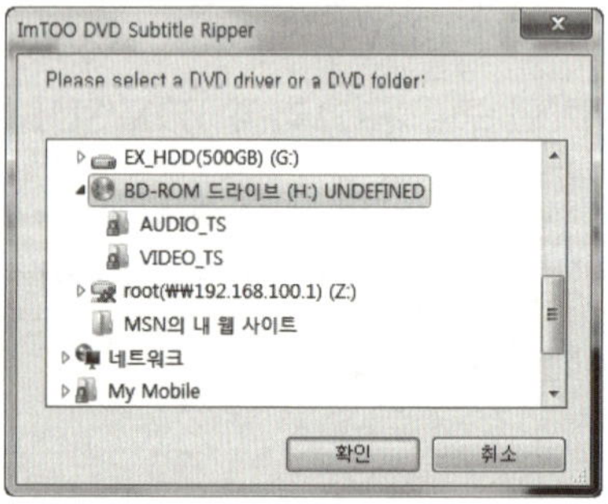

4) DVD가 로딩됩니다. DVD는 Title 01, Title 02, Title 03으로 구성되어 있으며, 메인 영화는 Title 01인 것을 알 수 있습니다.

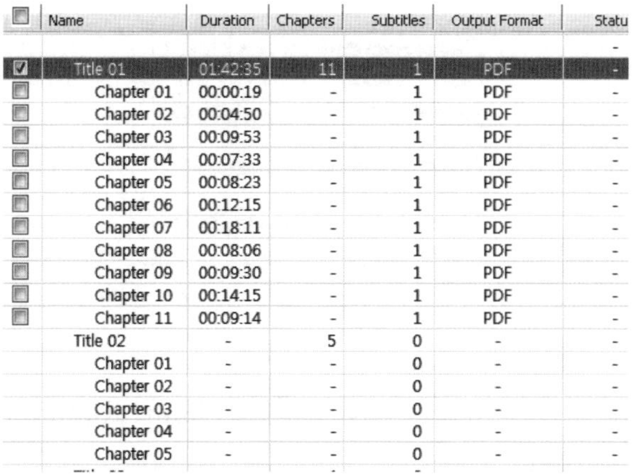

Name	Duration	Chapters	Subtitles	Output Format	Statu
					-
Title 01	01:42:35	11	1	PDF	-
Chapter 01	00:00:19	-	1	PDF	-
Chapter 02	00:04:50	-	1	PDF	-
Chapter 03	00:09:53	-	1	PDF	-
Chapter 04	00:07:33	-	1	PDF	-
Chapter 05	00:08:23	-	1	PDF	-
Chapter 06	00:12:15	-	1	PDF	-
Chapter 07	00:18:11	-	1	PDF	-
Chapter 08	00:08:06	-	1	PDF	-
Chapter 09	00:09:30	-	1	PDF	-
Chapter 10	00:14:15	-	1	PDF	-
Chapter 11	00:09:14	-	1	PDF	-
Title 02	-	5	0	-	-
Chapter 01	-	-	0	-	-
Chapter 02	-	-	0	-	-
Chapter 03	-	-	0	-	-
Chapter 04	-	-	0	-	-
Chapter 05	-	-	0	-	-

5) Title 01 하위에는 Chapter 01-11까지 총 11개의 챕터가 있습니다. 특정 챕터의 자막을 추출할 수도 있으나 활용도를 높이기 위해 Title 01 전체를 추출합니다.

6) 우측 자막 출력 포맷을 [PDF Document(*.pdf)]로 선택합니다. 만약 [SUB Pictures Subtitle(*.sub+*.idx)]를 선택하면, Vobsub에서 추출한 것처럼 SUB/IDX 자막이 추출됩니다.

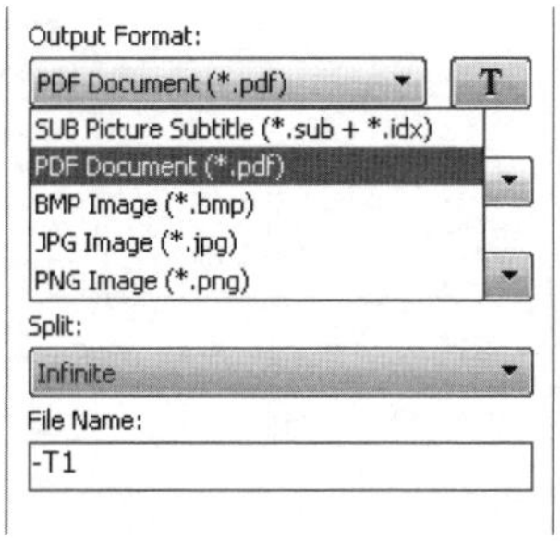

7) 추출할 언어를 설정합니다. 언어는 DVD 미디어에서 제공되는 자막의 종류와 동일하게 나타납니다.

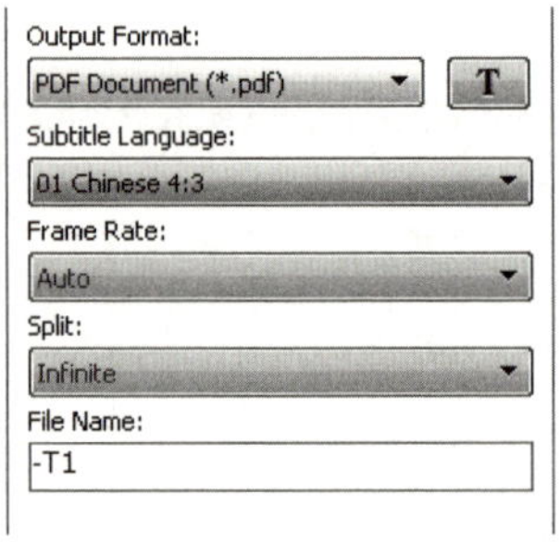

8) 추출된 PDF 파일이 저장될 폴더를 설정하고 [Start Ripping] 버튼을 클릭하여 추출을 시작합니다.

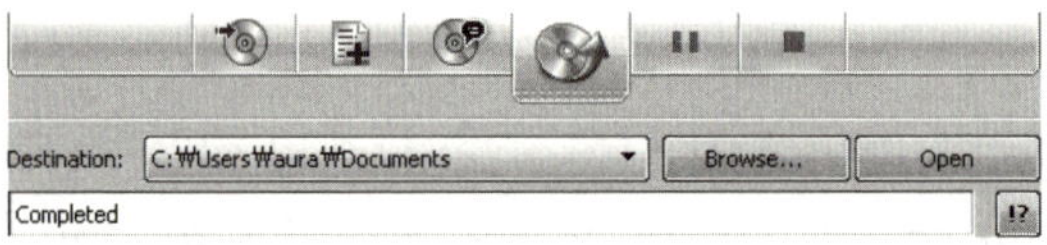

9) 최종 결과물은 챕터별로 PDF 파일로 추출됩니다. 추출된 자막은 PDF 리더에서 아래와 같은 형식으로 출력됩니다.

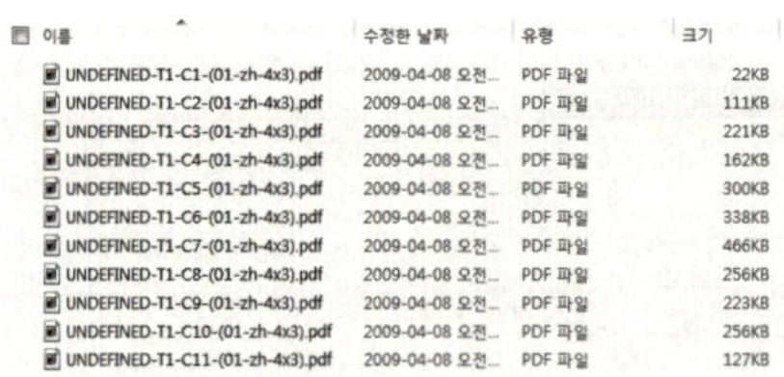

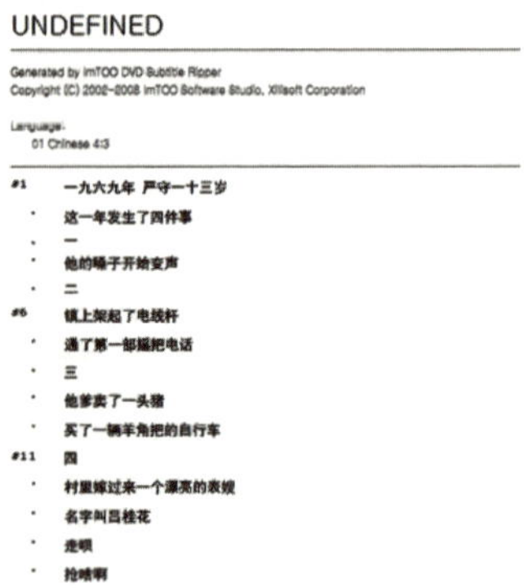

12 이미지 자막 텍스트 자막 (srt, smi) 변환

LESSON 12 이미지 자막 텍스트 자막(srt, smi) 변환

- 제작사: SMTH
- 웹페이지: http://www.smth.org
- 버전: 0.98
- 용도: 이미지 자막 텍스트 전환
- 설치환경: 중국어 윈도우 XP, 7, 8, 10
- 가격: 무료

왜 필요한가?

DVD로부터 추출된 자막은 이미지 기반 자막으로 영상과 결합하면 자막을 재생할 수 있으나, 편집을 할 수 없는 한계가 있습니다. 또한 자막의 내용을 HWP, MS-WORD 등에서도 사용할 수 없게 됩니다.

영상과 결합되는 자막을 텍스트로 전환할 수 있다면 아주 효율적으로 교육, 학습 현장에서 활용할 수 있을 것입니다. 한국어나 영어의 경우 Subrip과 같은 소프트웨어를 통해 간단히 전환이 가능하나 중국어의 경우 인식, 전환 시간이 훨씬 많이 소요됩니다. 이는 한 글자 한 글자 인식작업을 통해 텍스트 전환이 이루어지는 특성 때문입니다. 영어의 경우 알파벳, 숫자의 경우의 수만 인식하면 되는데 반해 중국어는 완성형이기 때문에 아주 많은 한자를 인식해야 합니다. 한글은 중국어에 비해 인식이 수월한 편이라 할 수 있습니다.

현재 사용가능한 중국어 자막 텍스트 전환은 Subocr이 독보적이라 할 수 있습니다. 문자인식의 원리를 차용하여 자동으로 인식을 진행하기 때문에 기존의 Subtoocr 보다 소요시간이 대폭적으로 감소 되었습니다.

그러나 이미지 자막은 한국어, 중국어 폰트와 관계없이 즉 한글, 중문 윈도우 환경과 관계없이 추출이 가능하나, 이미지 자막으로부터 텍스트 자막을 추출하는 작업은 반드시 중국어 윈도우 환경에서 작업을 해야 합니다.

준비사항

1) 텍스트 자막으로 전환하고자 하는 이미지 자막(idx, sub) 자막을 준비합니다.
2) 자막 작업 후 테스트 할 자막에 대응되는 영상을 준비합니다.

사용법

1) 소프트웨어의 실행 파일인 subocr.exe를 클릭하여 실행합니다. 설치방식이 아닙니다.

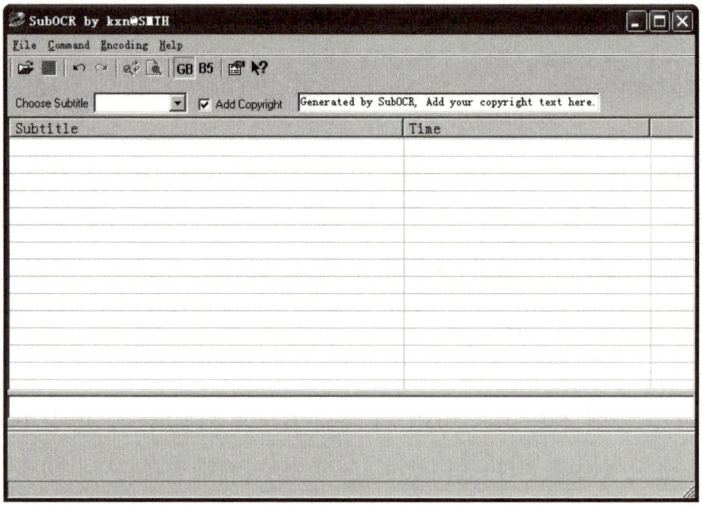

2) Vobsub를 통해 추출한 *.sub 자막을 로딩하기 위해 [File] → [Open Subtitle file] 메뉴를 선택합니다.

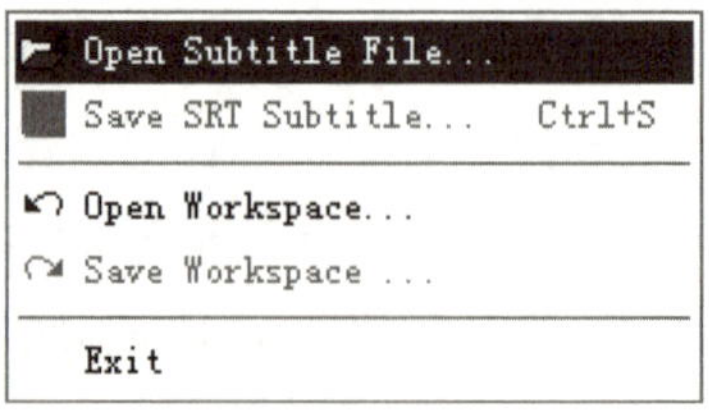

3) sub, idx 파일을 선택하고 [열기] 버튼을 클릭합니다. 작업창에는 아무런 변화가 나타나지 않습니다.

4) [Command] → [Ocr Subtitle] 메뉴를 선택합니다.

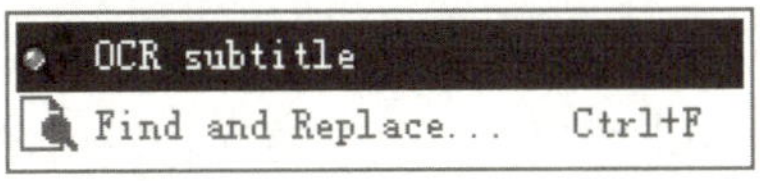

5) [Select Subtitle color for OCR] 창이 나타납니다.

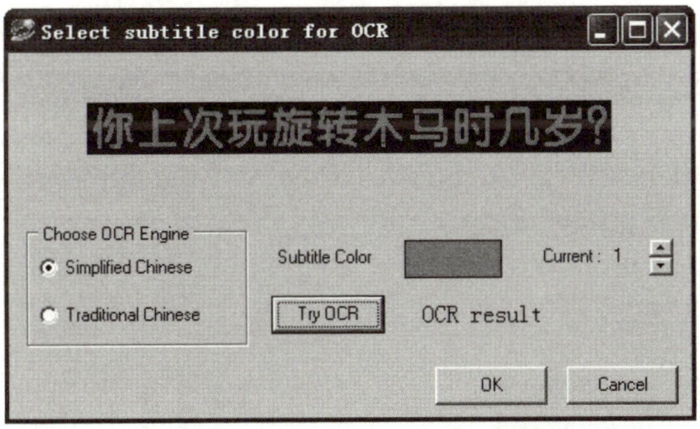

구체적인 설정방법은 아래와 같습니다.

[Choose OCR Engine](인식하고자하는 자막의 언어): Simplified Chinese

[Subtitle Color](인식하고자 하는 문자의 색): 회색 마우스를 글자의 회색부분에 대고 클릭하면 subtitle color가 바뀝니다.

6) [Try OCR] 버튼을 클릭하여 텍스트 전환이 정상적으로 되는지 확인합니다. 정상적으로 변환되면 하단의 OK 버튼을 클릭합니다.

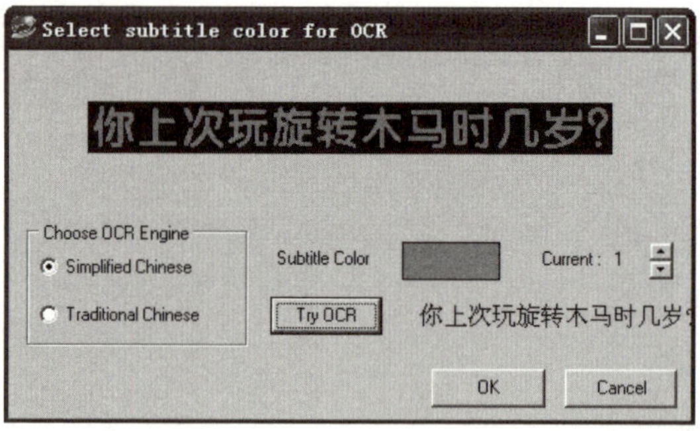

7) 이미지 자막의 텍스트 인식이 진행됩니다. 진행되는 시간은 자막의 길이와 컴퓨터의 성능에 따라 차이가 있지만 대부분 5분 이내에 완료됩니다. 이미지 자막을 텍스트 자막으로 전환하는 시간은 자막의 폰트, 음영, 테두리 형태에 영향을 받습니다.

8) 인식이 완료된 후, 본문의 자막, 수정 영역, 이미지 자막이 각각 나타나며, 텍스트 자막의 이동에 따라 수정 영역과 이미지 자막이 연동되며 이동합니다. 인식 오류가 있는 자막은 수정 영역에서 중국어 입력기를 이용하여 직접 수정할 수 있습니다.

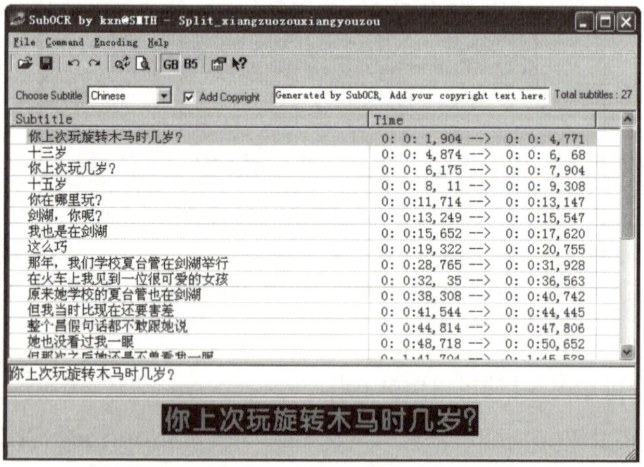

9) 수정이 된 자막은 스마일 아이콘으로 표시됩니다.

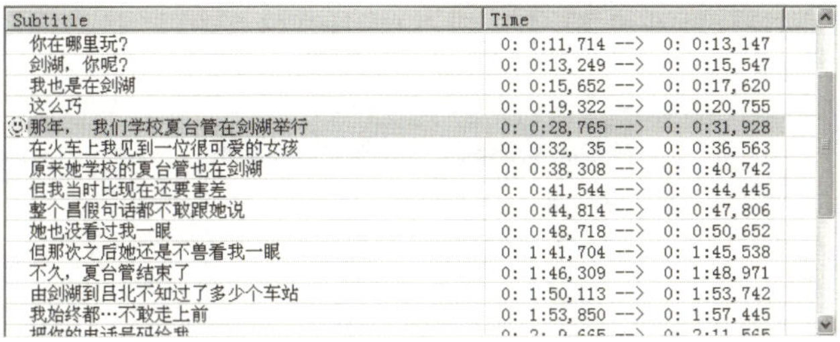

10) 특정 문자열을 찾거나 바꾸기 위해 [Command] → [Find and Replace] 메뉴를 선택합니다. 일반적으로 인식 오류 문자는 전체 자막에서 동일한 결과를 보여주기 때문에 일괄 바꾸기로 수정하면 편리합니다.

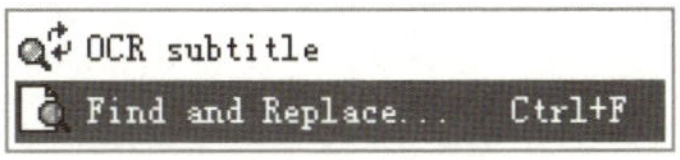

11) 바꿀 문자열과 바꿀 내용을 입력한 후 [Go!] 버튼을 클릭합니다.

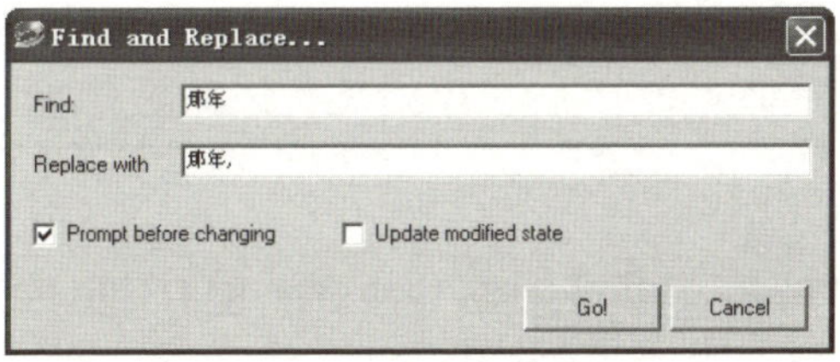

12) 수정 작업 도중에 작업 내용을 저장하고자 할 때는 [File] → [Save Workspace]를 클릭하여 [*.soj]로 저장하며, 다시 작업을 하고자 할 때 [Open Workspace]를 클릭하여 저장한 [*.soj] 파일을 불러옵니다.

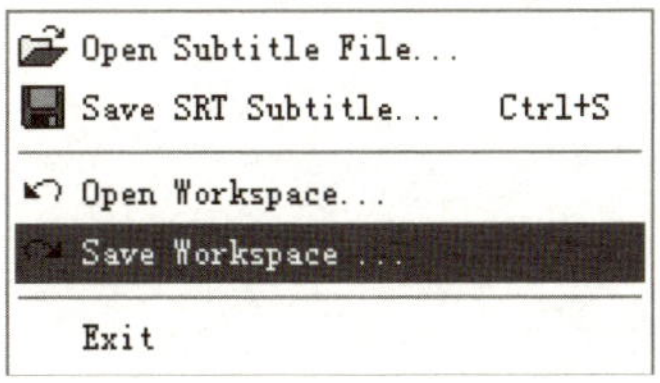

13) 자막 수정과 확인이 끝난 후, [File] → [Save SRT subtitle]를 클릭하여 저장합니다. 저장되는 자막의 형식은 텍스트 기반의 자막인 [*.SRT]입니다.

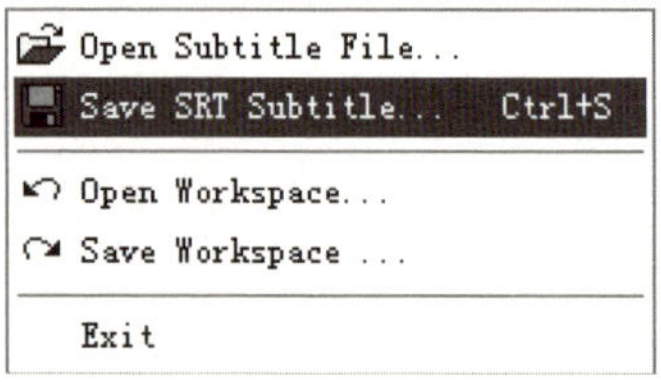

14) 저장된 SRT 자막은 이미지 자막과 달리 노트패드를 이용해 볼 수 있습니다.

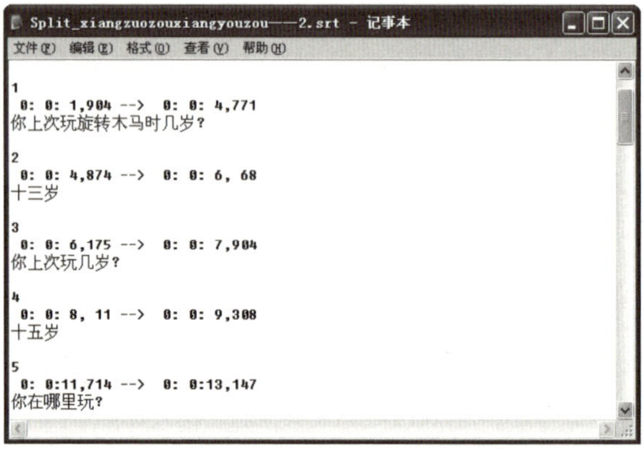

15) SRT 형식의 자막을 일반적으로 사용되는 SMI 형식으로 전환하기 위해 Vobsub의 Subresync를 실행합니다.

16) [Open] 버튼을 클릭하여 SRT 자막을 불러옵니다.

17) 자막 폰트가 깨어질 경우 [Edit] 버튼을 클릭합니다.

18) [Font]의 문자 코드를 [GB2312]로 설정합니다.

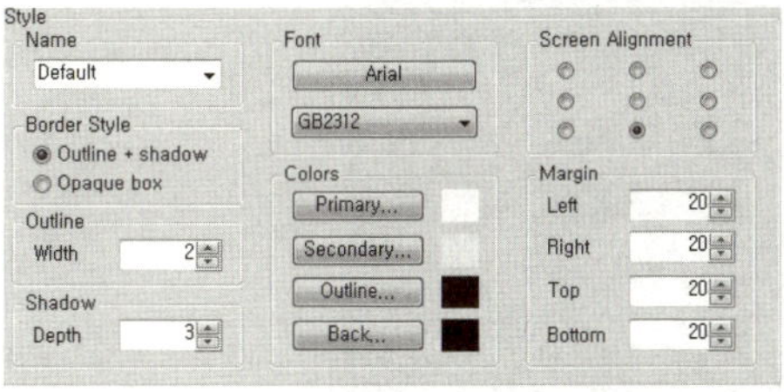

19) 자막의 폰트가 정상적으로 나타납니다.

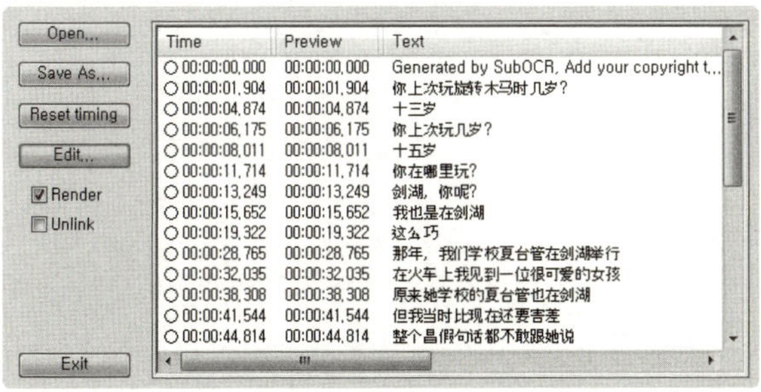

20) 저장을 위해 [Save As...] 버튼을 클릭합니다.

21) 임의로 파일명을 부여하고, 파일 형식은 [Sami(*.smi)]로 설정합니다. 윈도우 언어(중국어, 한글)의 영향을 받지 않기 위해 [Unicode output]에 반드시 체크를 합니다. 설정이 완료되면 [저장] 버튼을 클릭하여 자막을 저장합니다.

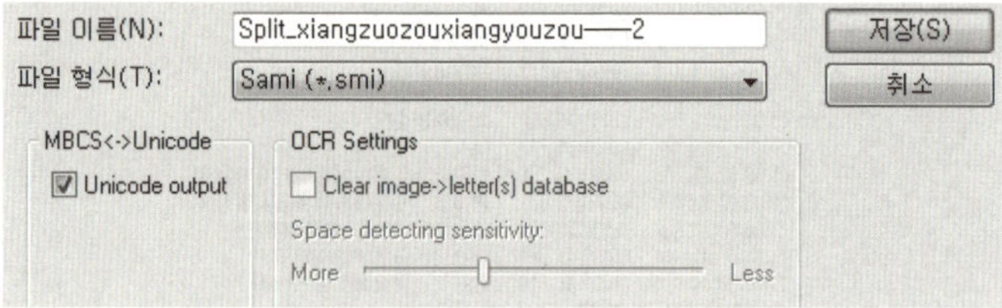

22) 변환된 자막의 정상 작동 여부를 확인하기 위해 영상 재생 소프트웨어에서 재생합니다.

Tip

한글 윈도우에서 Subocr 사용하기

일반적으로 Subocr은 부분적으로 작업 과정 중에 폰트가 깨어지지만 중문 윈도우에서 정상 작동하고 한글 윈도우에서도 이미지 자막을 텍스트 자막으로 변환할 수 있습니다. 중문윈도우를 추가 설치할 필요 없이 자막 변환을 할 수 있습니다.

1. 한글 윈도우에서 Subocr을 실행합니다. 비중국어 환경에서 오류가 일어날 수 있다는 경고가 나타나지만 무시하고 [확인]을 클릭합니다.

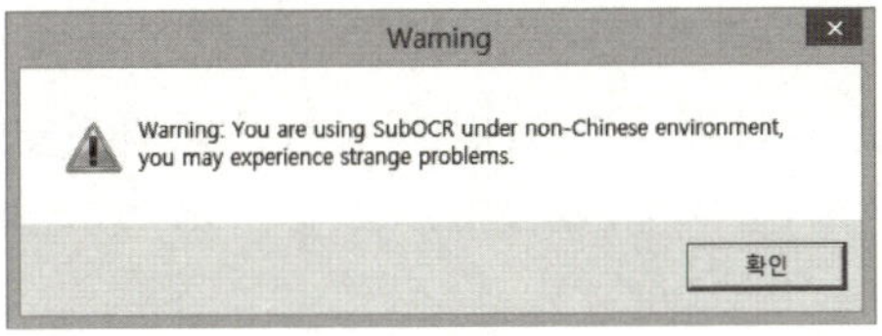

2. 소프트웨어가 한글 윈도우(windows xp, 7, 8.1)에서 정상적으로 영문모드로 실행됩니다.

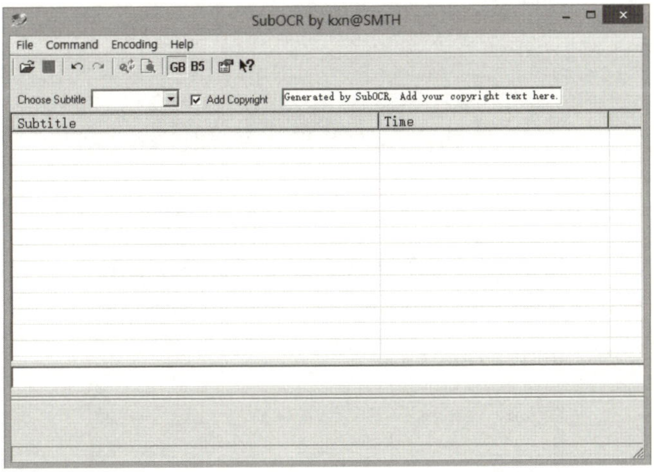

3. 이미지 자막인 IDX, SUB를 불러들인 후 메인 메뉴의 [Command] [OCR Subtitle]를 클릭합니다.

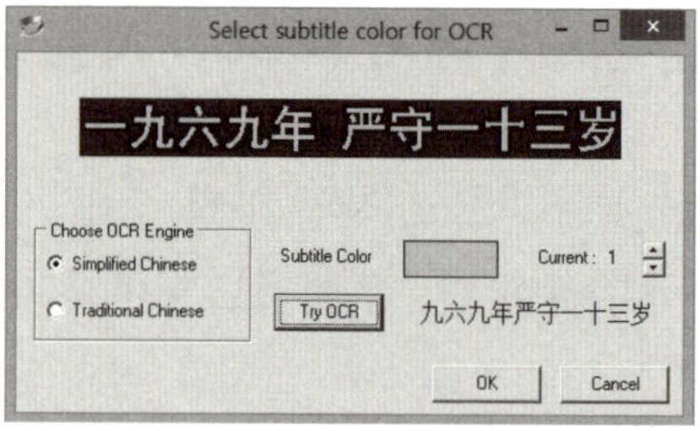

4. [Select subtitle color for OCR]에서 정상적으로 자막 텍스트가 변화되는 것을 확인 한 후 [OK] 버튼을 클릭합니다. 중문 윈도우와 동일하게 OCR 작업이 진행되며 폰트가 깨어지지 않습니다. 현재 윈도우 8.1 기준이며, 윈도우 XP에서는 변환되는 아래의 과정에서 폰트가 깨어질 수 있습니다. 그러나 폰트가 깨어지더라도 결과를 저장하면 정상적인 자막으로 저장됩니다.

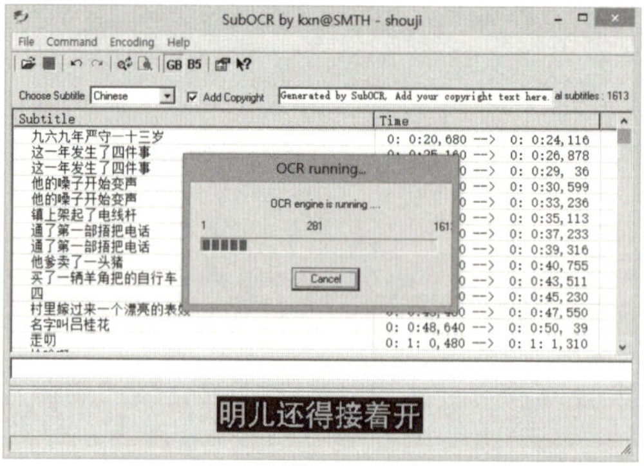

5. SRT 자막으로 변환하여 저장하면 아래처럼 깨어지게 됩니다.

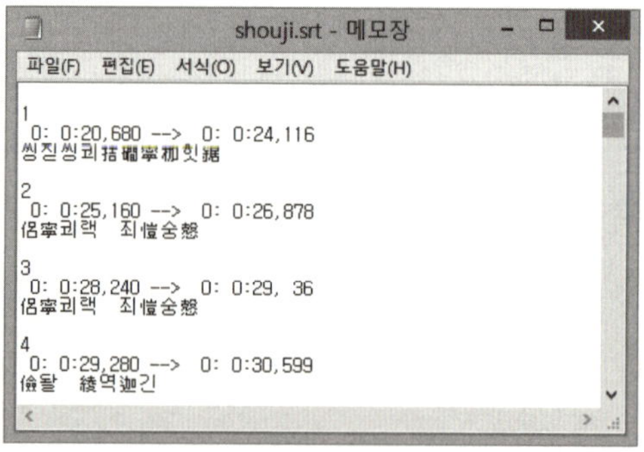

6. Vobsub의 [SubResync]를 클릭하여 [Open] 버튼을 클릭하여 SRT 자막을 불러옵니다. 불러온 자막은 아래처럼 역시 깨어져 보입니다. 변환 과정에서 중국어 간자 문자셋으로 설정되어 있기 때문에 나타나는 현상입니다.

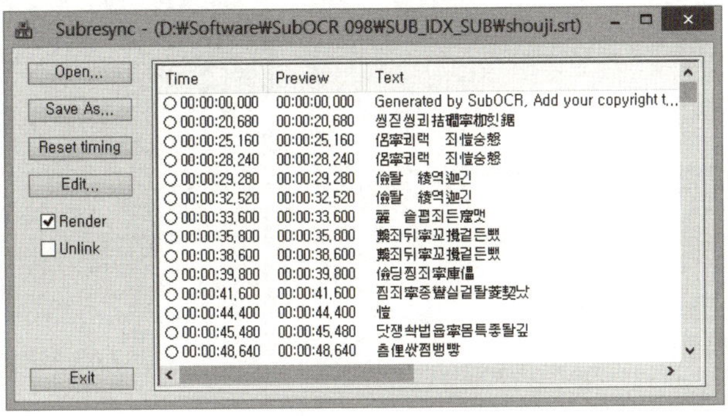

7. 깨어지는 폰트를 정상적으로 회복시키기 위해 [Edit]를 클릭하여 [Font]를 선택하여 문자셋을 “GB2312”으로 선택합니다. [OK]를 선택하면 하단처럼 자막 폰트가 정상적으로 나타납니다.

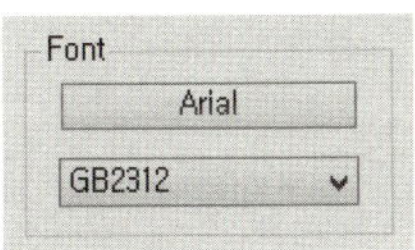

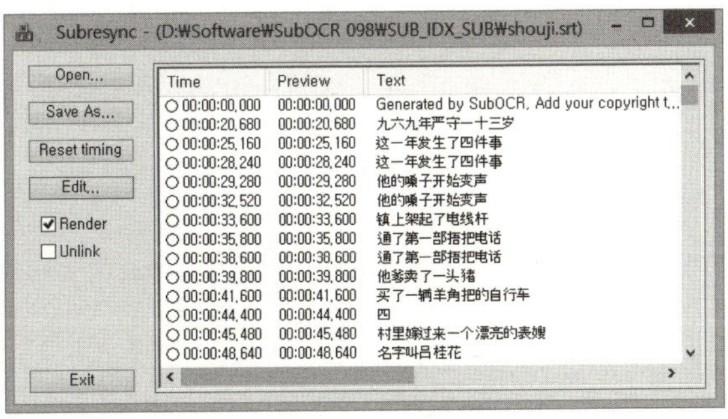

8. [Save As]에서 [Unicode]에 체크를 한 후 [Smi] 유형으로 저장합니다. 이 과정을 거치면 정상적으로 중국어 간자 폰트가 회복됩니다.

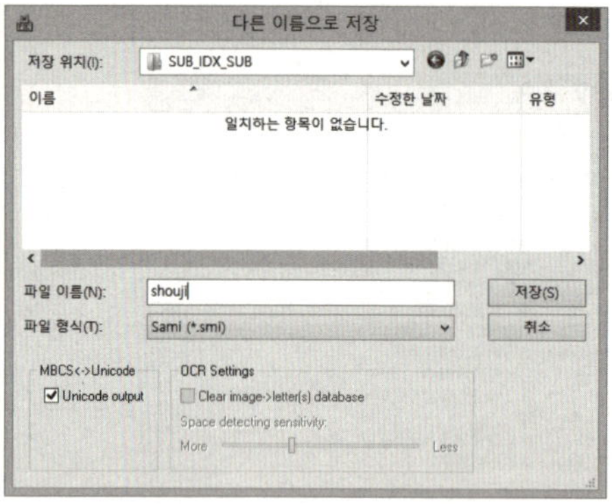

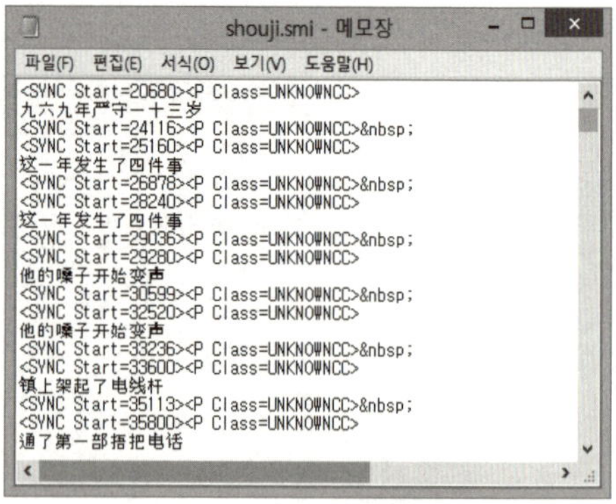

13 중국어 자막 한글 자동번역

LESSON 13 중국어 자막 한글 자동번역

- 제 작 사: Google
- 웹페이지: http://code.google.com/p/subtitleedit/
- 버전: 3.0
- 용도: 자막 수정
- 설치환경: 한글, 다국어 윈도우 XP, 7, 8, 10
- 가격: 무료

왜 필요한가?

일반적으로 자막은 MakeSami, 한방에, SMISyncW 등을 이용하거나 DVD에서 Vobsub과 Subocr을 활용하여 추출, 텍스트 기반 자막으로 변환하는 과정을 통해 생성됩니다. 그러나 생성된 자막을 영상재생 소프트웨어와 결합하여 오류를 검토하는 데는 여러 불편함이 따릅니다. 자막과 영상을 결합하여 자막의 오류를 검토하고 수정하는 용도로 특화되어 있는 소프트웨어가 바로 Subtitle Edit입니다. 이와 유사한 기능을 가지고 있는 소프트웨어인 Subtitle Workshop이 있는데 Windows 10에서는 영상 로딩 시 부분적으로 오류가 발생하기 때문에 Windows 10에서도 정상 작동되는 Subtitle Edit를 권장합니다.

Subtitle Edit는 Unicode를 지원하기 때문에 한글 윈도우에서 중국어 간자 자막의 오류를 검사할 수 있으며, Google과 연동하여 자막을 다른 언어로 자동, 일괄 번역할 수 있습니다.

준비사항

1) 이미 생성되었거나 추출된 smi, srt 자막을 준비합니다.

2) 자막에 대응되는 영상을 준비합니다.

사용법

1) 소프트웨어를 다운로드 받아 설치하고 실행합니다.

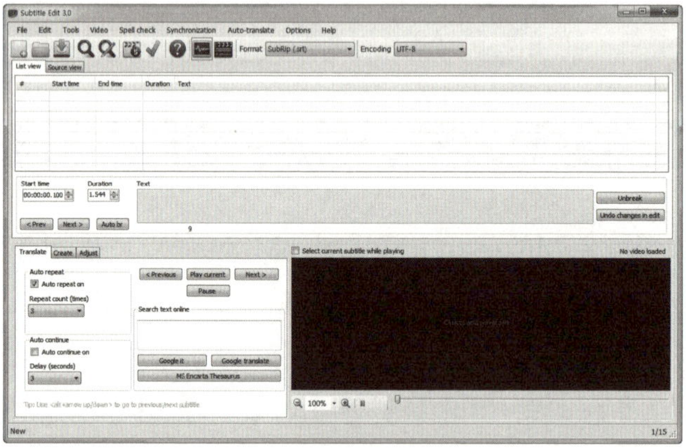

2) [Open] 버튼을 클릭하여 자막을 불러 옵니다.

3) 자막의 Format은 [SAMI(.smi)], Encoding은 [Unicode]로 각각 설정합니다.

4) Format과 Encoding의 유형은 아래와 같습니다. 가장 일반적으로 사용하는 자막의 유형은 smi, srt라고 할 수 있습니다.

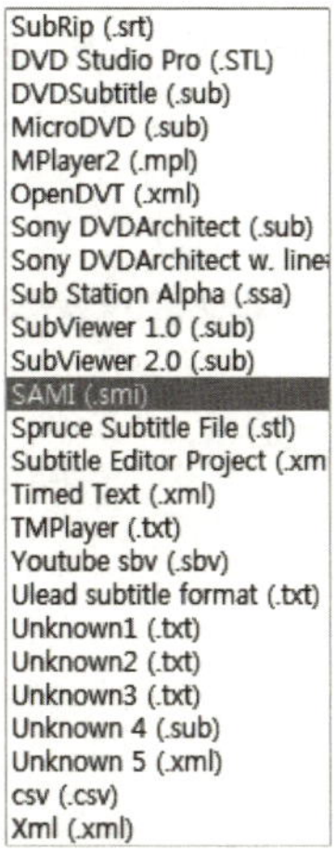

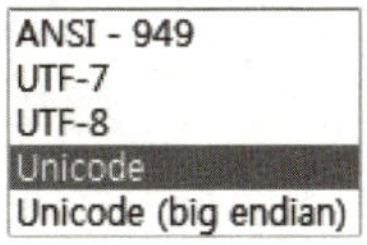

5) 불러온 자막이 작업창에 로딩됩니다. 작업창에는 [List view]모드와 [Source view]모드로 구성되어 있습니다. [Source view]는 자막의 구조를 보여줍니다.

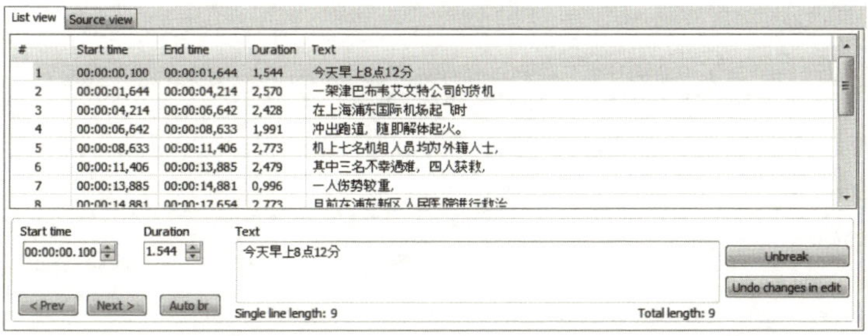

6) 아래처럼 [Source view] 모드로 자막의 구조를 볼 수 있습니다.

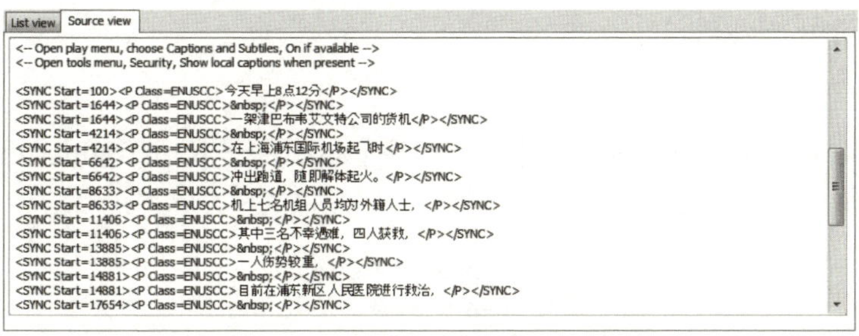

7) [List view] 모드에서는 영상과 대응해서 자막을 직접 수정할 수 있는 기능을 제공합니다. 하단의 [Text]에서 해당 행의 자막을 직접 수정할 수 있습니다. 자막의 내용뿐만 아니라 [Start time], [Duration](자막 지속시간)도 수정할 수 있습니다.

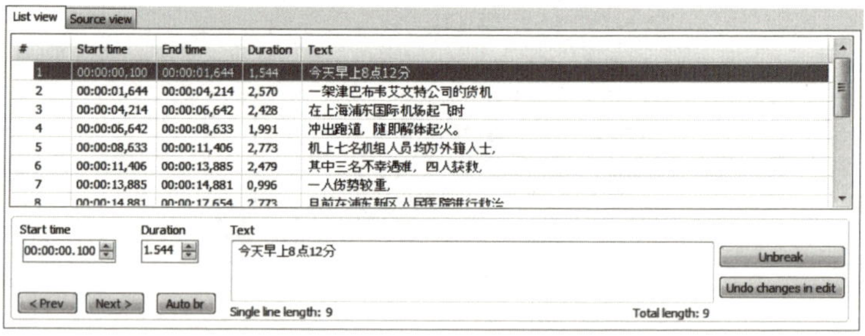

8) [Prev]와 [Next]는 현재 커서가 위치한 자막을 기준으로 전, 후로 이동합니다.

9) [Auto br]은 자막의 글자가 많을 경우 자동으로 행을 분리해 줍니다.

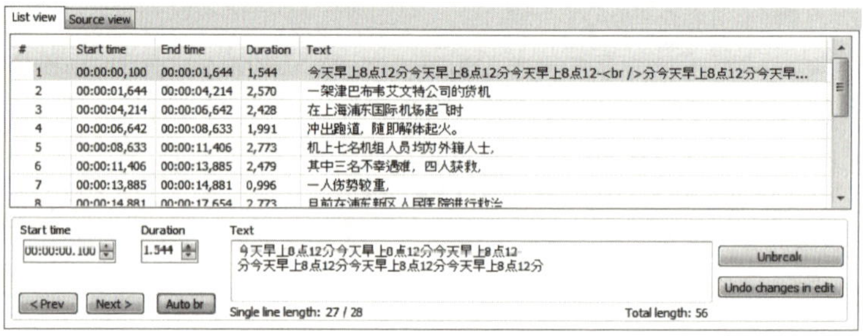

10) 하단의 [Text]에서 자막을 수정하면 [List view]의 [Text]에 자동으로 수정된 사항이 적용됩니다.

11) 자막과 대응되는 영상을 불러오기 위해 [Video] → [Open video file]을 클릭합니다.

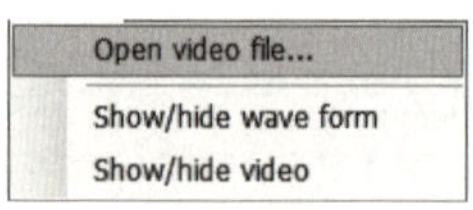

12) 메뉴바에서 [Show/Hide video] 버튼을 클릭하여 하단에 영상이 나타나게 설정합니다.

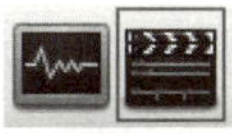

13) 하단의 영상창에 해당 영상이 나타납니다.

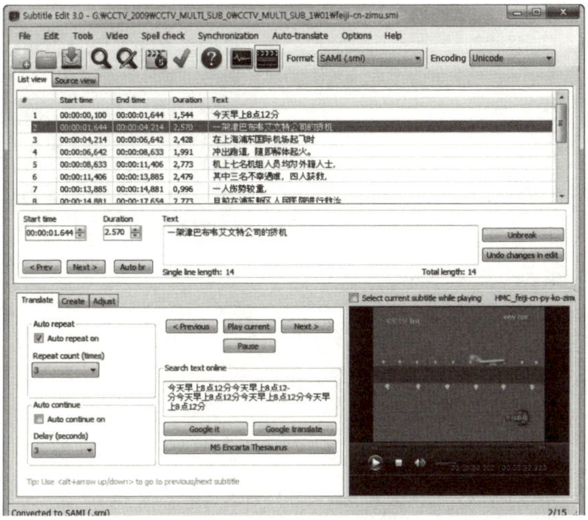

14) [Select current subtitle while playing]에 체크를 하여 영상과 자막이 상호 동기화되어 재생되게 합니다.

15) 영상 재생창에서 [Play]( )을 클릭하면, 상단 [List View]의 [Text](1번), 자막 수정창의 [Text](2번), 영상 재생창 하단(3번)에 자막이 상호 연동되어 나타납니다.

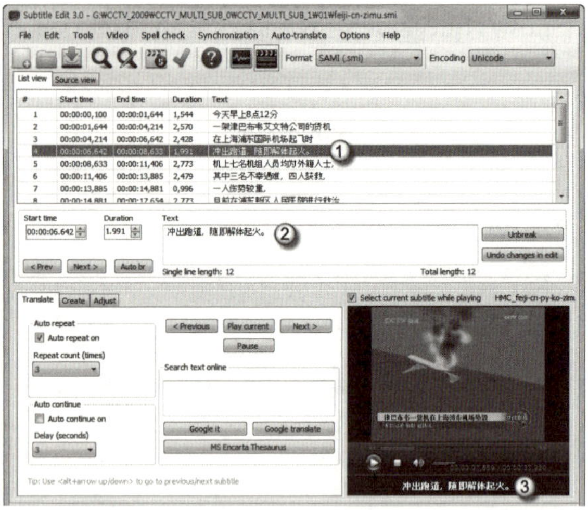

16) 자막 수정창의 [Text](2번)에서 자막을 수정하면 나머지 1, 3번에 자동으로 수정사항이 적용되어 나타납니다.

17) [Previous]를 클릭하면 3초 앞으로, [Next]를 클릭하면 3초 뒤로 이동합니다. [Play current]를 클릭하면 현재 행의 자막을 반복해서 재생합니다.

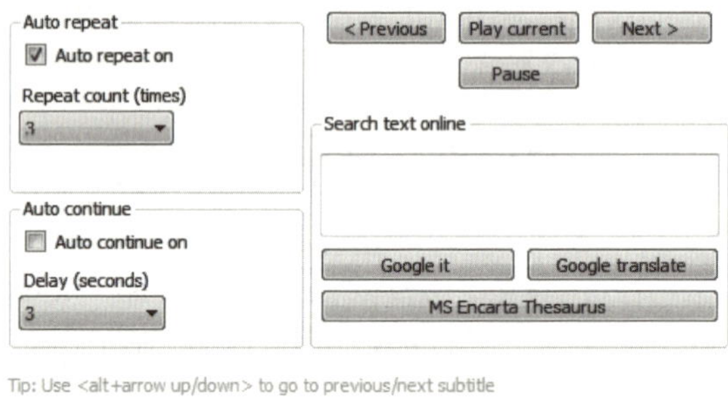

18) 특정 행의 자막을 번역하고자 할 경우, [Search text online] → [Google translate]를 클릭합니다.

19) 인터넷 Google 번역이 연동되면서 출발어, 도착어에 해당 자막의 번역이 나타납니다.

20) 특정 행의 자막을 삭제하고자 할 경우, 해당 행에 마우스 커서를 놓고 [Delete] 키보드를 클릭하거나 마우스 우클릭 한 후 [Delete] 메뉴를 선택합니다.

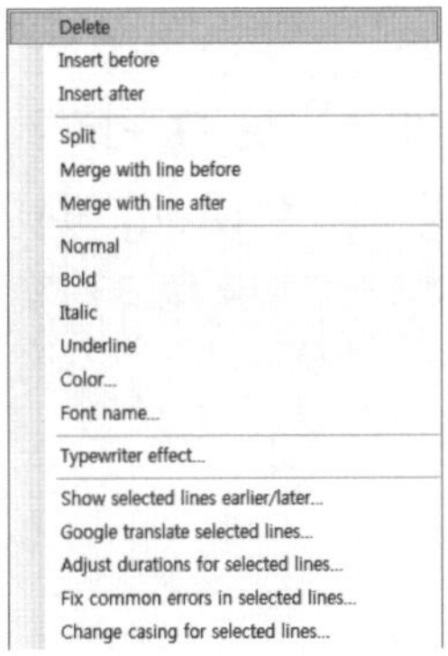

21) 자막 행을 삽입하고자 할 경우 마우스 우클릭 [Insert before], [Insert after]을 선택하여 커서가 위치한 행의 전, 후에 자막을 삽입합니다. 또한 키보드 [Insert]를 클릭하면 마우스가 위치한 다음 행에 빈 자막 행이 삽입됩니다.

22) 영상을 재생하면서 특정 위치에 자막 행을 삽입하고자 할 경우, [Create] → [Insert new subtitle at video pos]를 클릭합니다. 이 방법은 영상을 재생하면서 자막이 삽입될 정확한 시간을 설정할 수 있습니다.

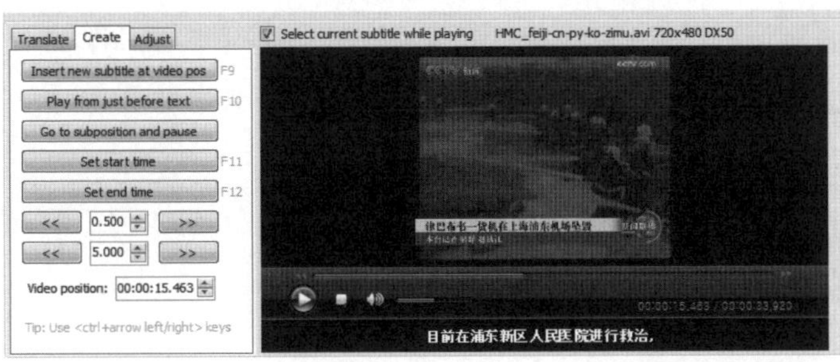

23) 자막에 [♥♪♫☺]과 같은 유니코드 심볼을 삽입할 때는 [Edit] → [Insert unicode symbol]를 클릭합니다. [Edit] → [Find]는 자막에서 특정 문자열을 찾고, [Edit] → [Replace]는 문자열을 찾아 바꿉니다.

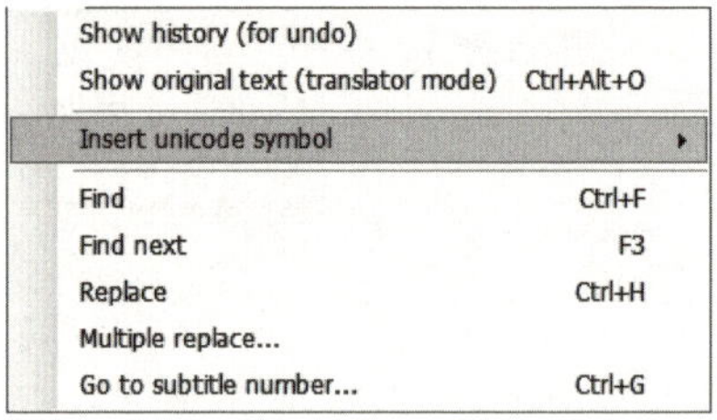

24) [Edit] → [Multiple replace]는 다중 바꾸기 기능을 제공합니다. 여러 개의 문자열을 등록하여 일괄 바꾸기 할 때 편리하게 사용할 수 있습니다. 찾는 문자열과 바꿀 문자열을 입력한 후 [Add] 버튼을 클릭하여 등록합니다.

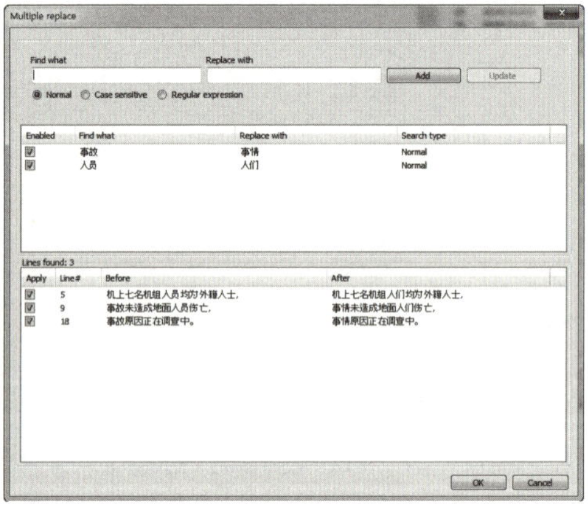

25) 특정 자막 행을 나누고자 할 경우 해당 자막 행을 선택한 다음 [Text] 창에서 엔터를 처서
을 삽입한 후, 마우스 우클릭을 하고 [Split] 메뉴를 선택합니다.

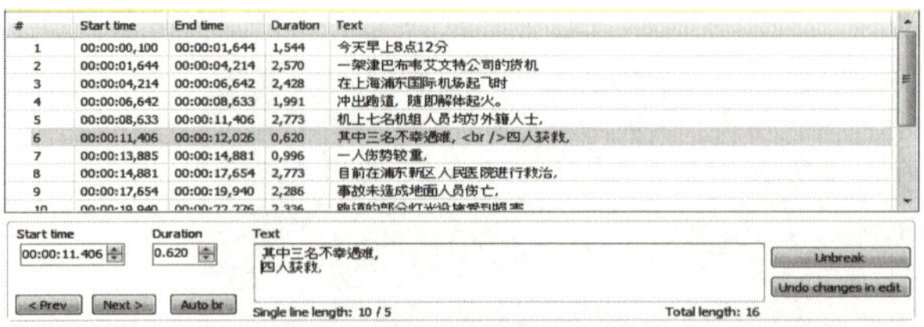
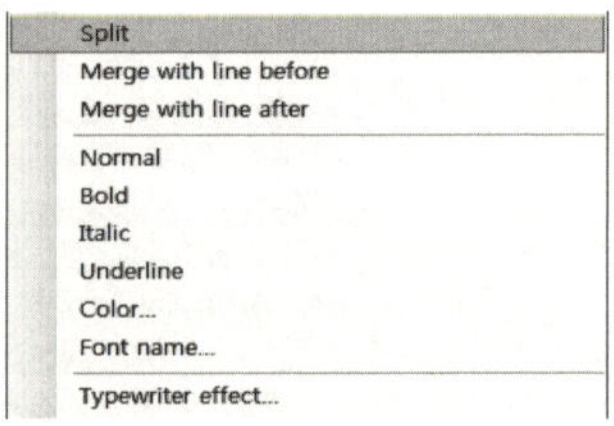

26) 선택한 자막행 중
 뒷 부분이 다음 행 자막으로 자동 삽입됩니다.

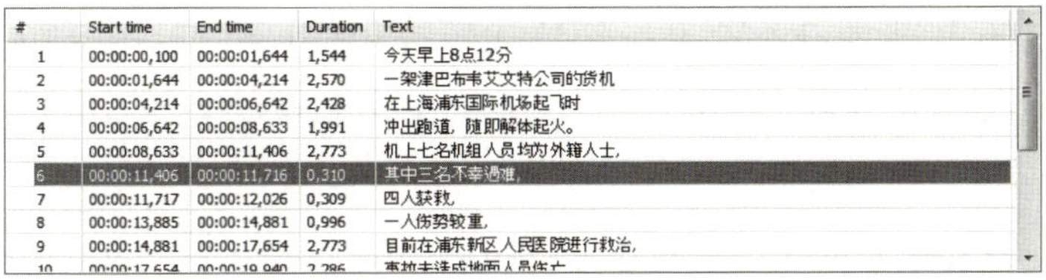

27) 두 행의 자막을 한 행으로 합치고자 할 경우 두 자막을 동시 선택한 후, [Merge selected lines]를 클릭합니다. 자막이 합쳐지며 시간은 첫 자막의 처음 시간과 두 번째 자막의 끝시간으로 자동 설정됩니다.

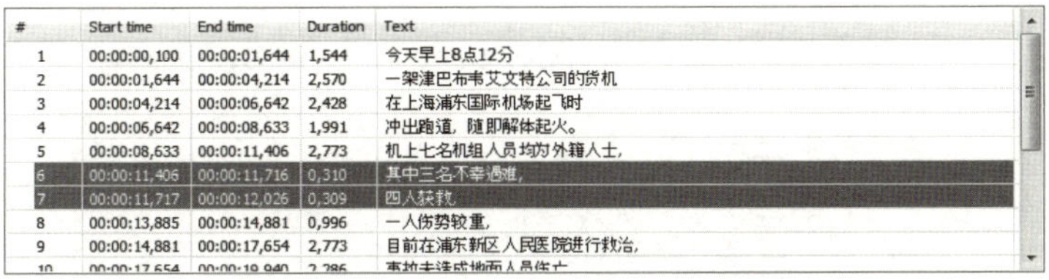

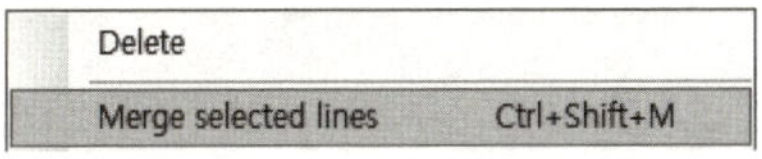

28) 위 방법 이외에도 합치고자 하는 자막행에 마우스 커서를 두고 앞 행 자막과 합치려면 마우스 우클릭 [Merge with line before], 뒷 행 자막과 합치려면 마우스 우클릭 [Merge with line after]을 각각 선택해도 됩니다.

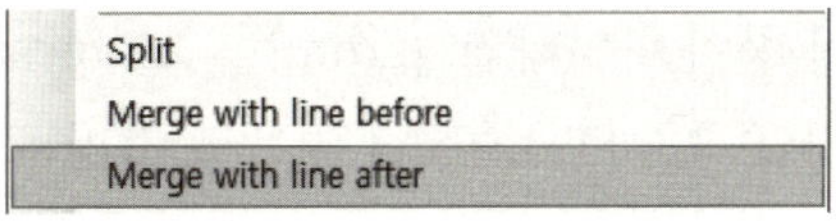

29) 자막의 폰트는 [Bold], [Italic], [Underline], [Color], [Font Name]에서 각각 굵기, 이탤릭, 밑줄, 색깔, 폰트 종류를 변경할 수 있습니다.

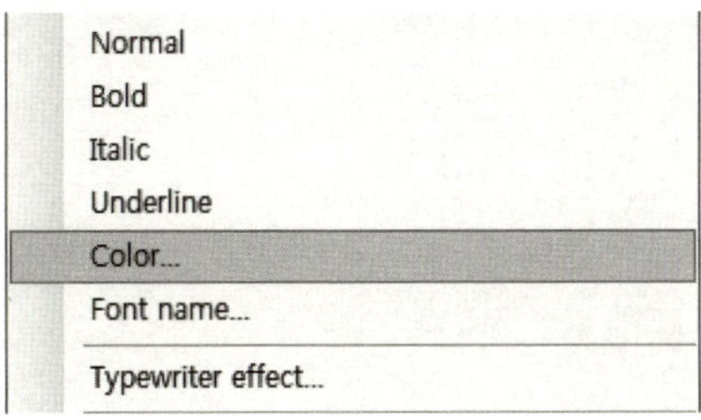

30) 자막 행의 색깔을 변경하고자 할 경우 [Color]를 선택한 후 임의의 색을 지정하면 자막 행에 다음과 같은 정보가 입력되면서 색깔이 변경됩니다.
<font color="#ff0000">目前在浦东新区人民医院进行救治，</font>

31) [Typewriter]를 선택하면 자막에 타이핑 효과를 줄 수 있습니다. 자막 한 글자씩 싱크정보를 삽입하여 타이핑 효과를 냅니다.

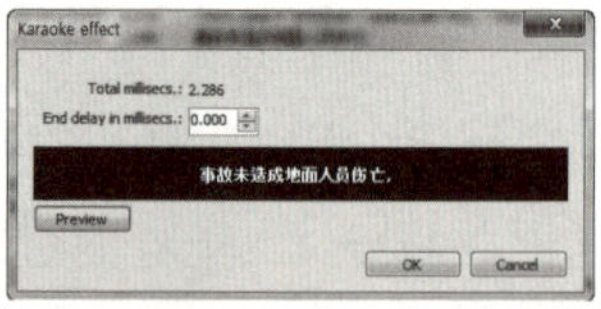

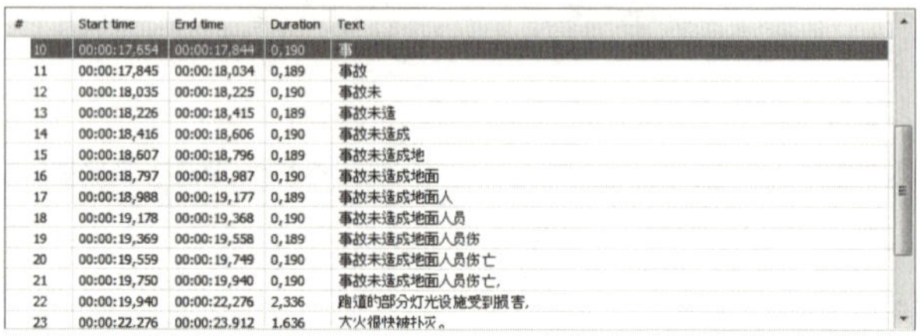

32) 로딩된 중국어 자막을 한글로 자동 번역하기 위해 [Auto Translate] → [Translate (powered by Google)] 메뉴를 선택합니다.

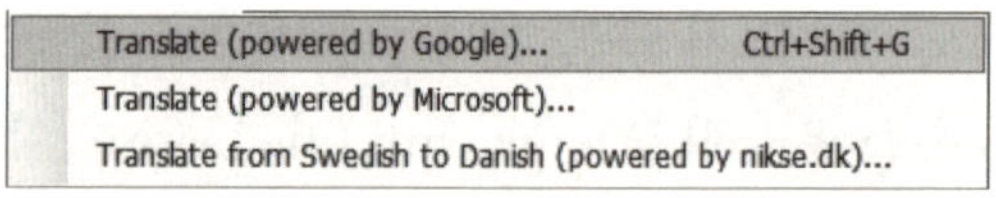

33) [Google Translate] 창이 나타나면, [From]을 [Chinese simplified]로 [To]를 [Korean]으로 설정합니다. [Translate] 버튼을 클릭하여 번역을 진행합니다. (한국어 자막을 중국어 자막으로 번역할 때는 "Chinese"를 선택해야 합니다. [Chinese simplified]을 선택하면 번역 도중 에러가 발생합니다.)

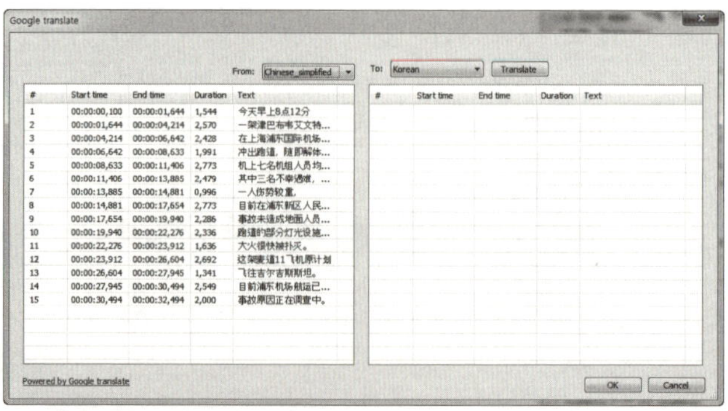

34) 인터넷과 연결된 Google 번역 엔진을 통해서 번역이 진행됩니다. [OK] 버튼을 클릭합니다.

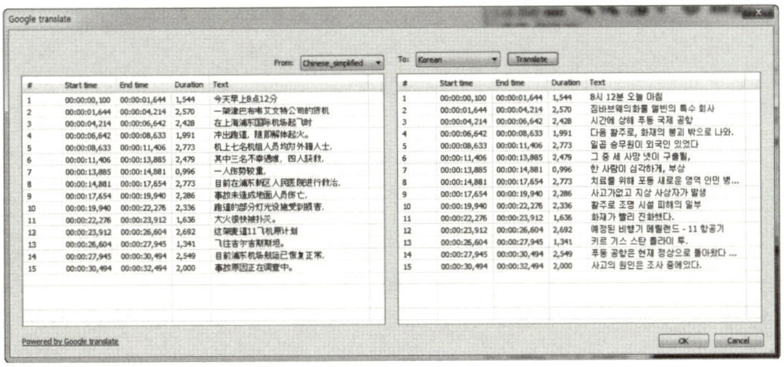

35) 작업창에 [Text]에 번역된 자막이, [Original Text]에는 원래 자막이 로딩됩니다.

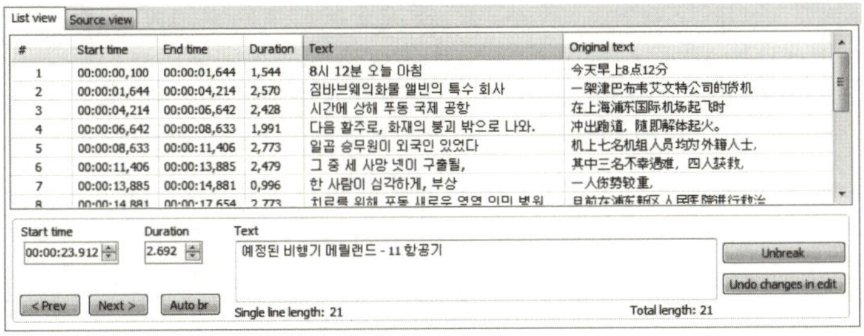

36) 번역 자막의 수정은 일반 자막 수정방법과 동일합니다.

37) 모든 수정작업이 완료되면 [File] → [Save subtitle as...]를 클릭하여 저장합니다.

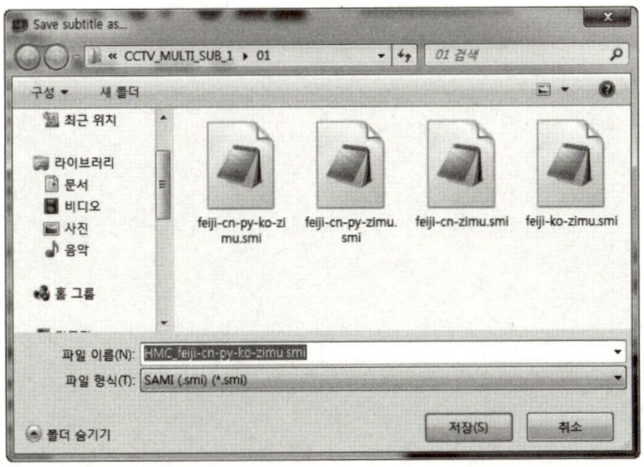

영상 자르기 14

LESSON 14

영상 자르기

Boilsoft AVIMPEGASFWMV Splitter

Boilsoft AVIMPEGASFWMV Splitter

- 제작사: Boilsoft
- 웹페이지: http://www.boilsoft.com/
- 버전: 7.0.2
- 용도: 영상 자르기
- 설치환경: 한글, 다국어 윈도우 XP, 7, 8, 10
- 가격: $34.95

왜 필요한가?

CyberLink PowerDirector나 Corel VideoStudio와 같은 전문 영상편집 소프트웨어를 이용하여 자르기나 합치기가 가능하지만, 간단한 작업을 할 경우 소모적이라 할 수 있습니다. 편집이 불필요한 단순한 영상 자르기와 합치기 소프트웨어 중 Boilsoft AVIMPEGASFWMV Splitter는 효율성이 높다고 할 수 있습니다.

특히 영상과 자막을 동시 관리해야 할 상황에서 자른 영상의 시간과 자막의 시간을 정교하게 일치시키고자 할 경우 시간, 분, 초, 프레임이 일치해야 합니다. 자막의 경우는 일반적으로 Vobsub Cutter가 사용되며 시간 설정이 시간, 분, 초, 프레임(3자리)로 구성됩니다. Boilsoft AVI Splitter(이하 약칭)는 Vobsub Cutter와 시간 설정이 동일한 형식으로 이루어지기 때문에 정교한 시간을 맞출 수가 있습니다.

준비사항

1) 자르고자 하는 영상 파일을 준비합니다.

2) 영상을 로딩할 때 적정한 코덱이 설치되지 않았을 경우 오류 메시지를 보여 줍니다. 이 경우에는 OKCodec과 같은 코덱을 설치하면 오류가 없어집니다.

사용법

1) 소프트웨어를 설치한 후 실행합니다.

2) 자르고자 하는 영상을 [Open] 버튼을 클릭하여 불러옵니다.

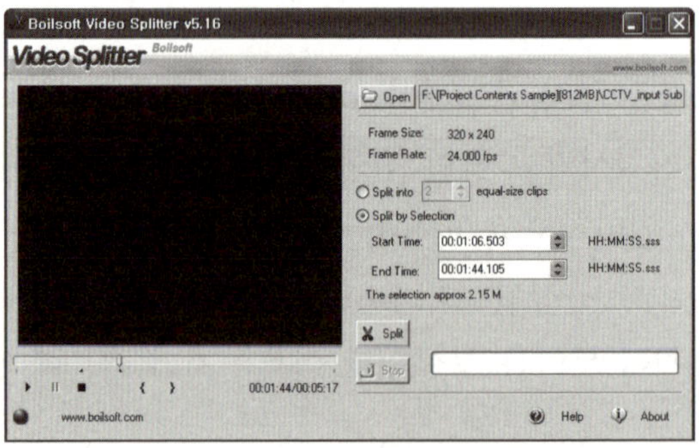

3) 재생 버튼을 클릭하거나 컨트롤바를 마우스로 드래그하여 자르고자 하는 시작에서 일시정시 버튼을 클릭한 다음 { 버튼을 클릭하고, 끝 시간에서

일시정지한 다음  버튼을 클릭합니다.

4) 컨트롤바에 삼각형 모양으로 자르고자 하는 영역이 표시됩니다.

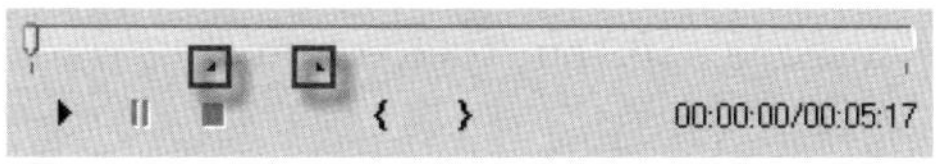

5) 자르고자 하는 시간을 좀 더 정교하게 수치를 조절할 수 있습니다. 시간, 분, 초, 프레임 단위를 직접 입력하가나 우측의 조절 버튼으로 조절할 수 있습니다.

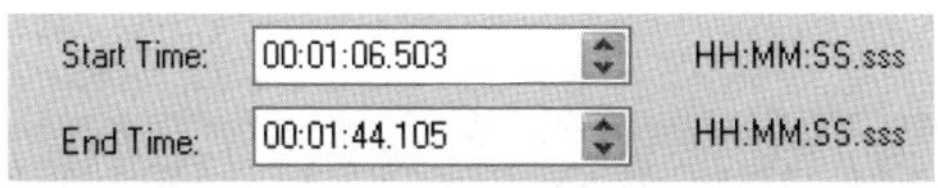

6) [Split] 버튼을 클릭하면 자르기가 진행됩니다. 저장 위치는 원본위치와 동일하며 파일명에 시작 시간과 끝 시간에 표기되어 관리에 편리합니다.

Ultra Video Splitter

Ultra Video Splitter

- 제작사: Aone Software
- 웹페이지: http://www.aone-soft.com/splitter.htm
- 버전: 6.0
- 용도: 영상 자르기
- 설치환경: 한글, 다국어 윈도우 XP, 7, 8, 10
- 가격: $25.00

왜 필요한가?

영상의 종류에 따라 Boilsoft AVI Splitter에서 영상 로딩 오류가 발생하기도 합니다. 이런 영상 로딩 오류 시 유사한 소프트웨어인 Ultra Video Splitter를 사용하면 문제가 해결될 가능성이 있습니다.

준비사항

1) 자르고자 하는 영상 파일을 준비합니다.

사용법

1) 해당 소프트웨어를 다운로드 받아 설치하고 실행합니다.

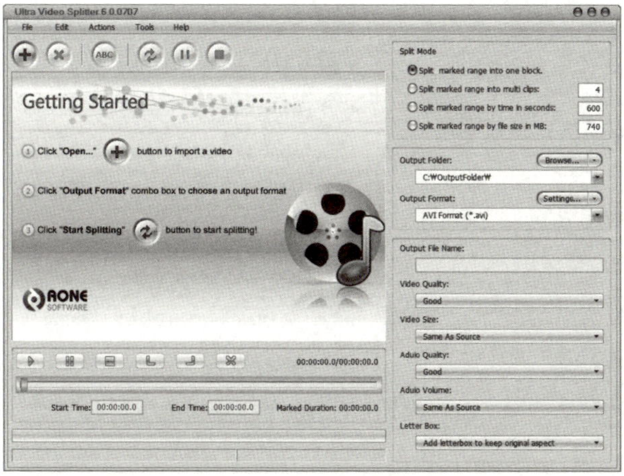

2) 플러스 모양의 아이콘()을 클릭하여 자르고자 하는 영상을 로딩합니다.

3) 자르고자 하는 영상의 시작점과 끝점을 [Mark Start Time] 아이콘과 [Mark End Time] 아이콘으로 설정합니다.

4) [Output Folder]에서 저장 위치를 설정하고, [Output Format]에서 저장 영상포맷을 설정합니다.

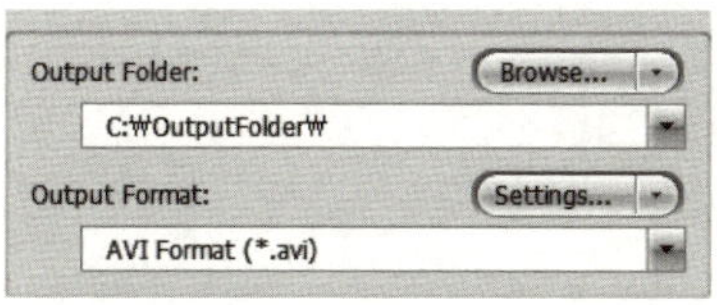

5) [Output Format]에는 영상 포맷 종류와 영상기기별로 다양한 포맷을 제공합니다.

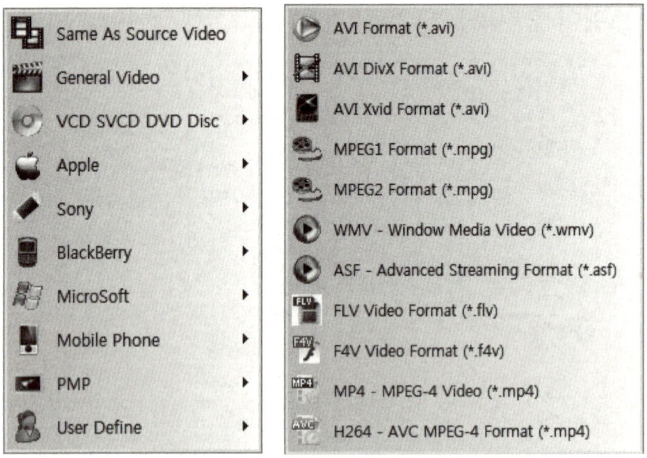

6) [Output File Name]에서 자른 영상의 파일명을 설정하고, [Video Quality]에서 영상의 화질 등급을 설정하며, [Video Size]에서 영상의 크기를 설정하고, [Audio Quality]와 [Audio Volume]에서 오디오의 품질과 소리 크기를 각각 설정합니다.

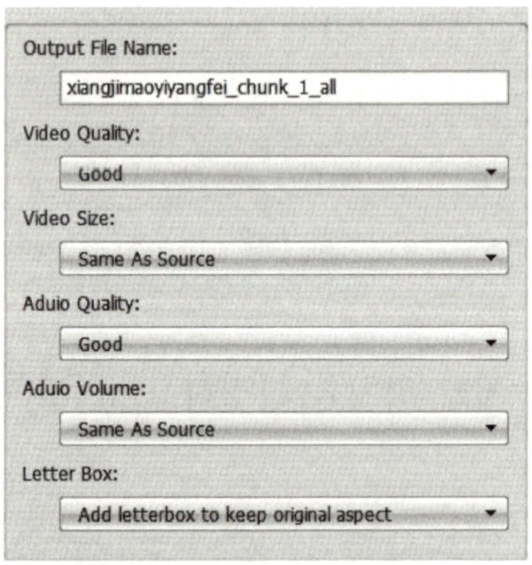

7) [Add Subtitle] 아이콘( )을 클릭하여 자막을 설정할 수 있습니다.

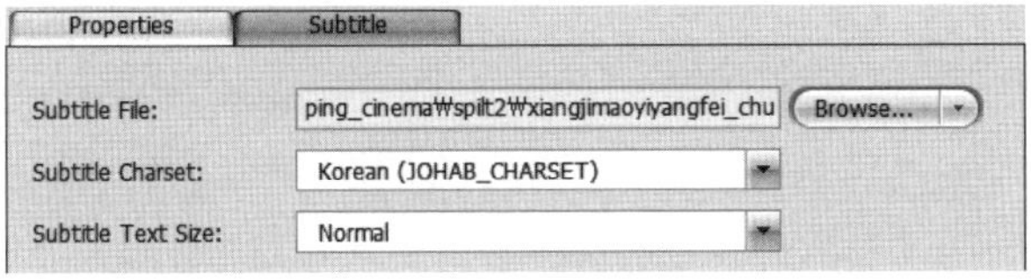

8) 지원 가능한 자막의 유형은 아래와 같습니다.

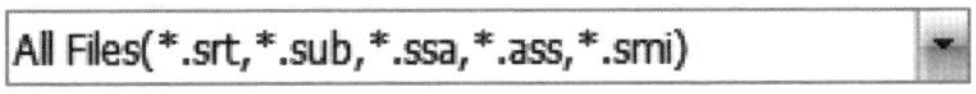

9) 자막을 설정할 경우 자른 영상과 자막이 합성됩니다.

10) [Start Spliting] 아이콘( )을 클릭하여 최종적으로 자릅니다.

11) 하단의 작업바에 진행 상황이 표시됩니다.

12) 저장 위치에 자른 영상이 저장됩니다. 영상 재생 소프트웨어를 이용하여 정상 작동 여부를 확인합니다.

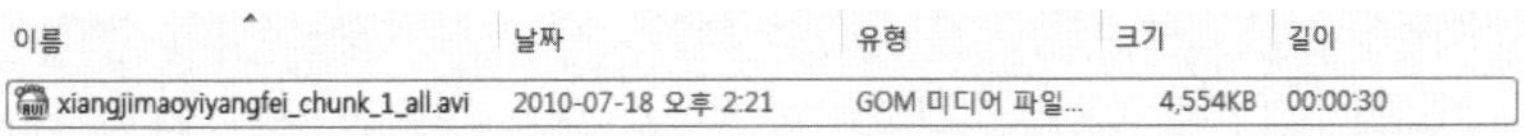

스마트폰 + 자막 재생 15

LESSON 15 스마트폰 + 자막 재생

Vobsub Cutter(Vobsub)

- 제작사: Video-Help
- 웹페이지: http://www.videohelp.com/tools/Subrip
- 버전: 2.23
- 용도: 이미지 자막 자르기
- 설치환경: 다국어 윈도우 XP, 7, 8, 10
- 가격: 무료

Daum 팟플레이어

- 제작사: Daum
- 웹페이지: http://potplayer.daum.net/
- 버전: 1.6
- 용도: 영상 재생, 자막 싱크 조정
- 설치환경: 다국어 윈도우 XP, 7, 8, 10
- 가격: 무료

왜 필요한가?

DVD로부터 추출된 영상과 자막을 서로 결합하여 재생할 수 있습니다. 그러나 DVD는 일반적으로 약 60분-120분 정도의 길이이기 때문에 교육 현장이나 다른 목적으로 일부분만 활용하기 위해서 영상과 자막도 이미 추출된 상태에서 잘라야 합니다. 즉 이미 추출된 영상의 일부분을 추출하고 이에 대응되는 자막을 잘라서 활용한다면 효율적이라 할 수 있습니다.

DVD로부터 Xilisoft DVD Ripper Ultimate를 이용하여 영상을 추출하고,

Vobsub을 이용하여 이미지 자막 IDX, SUB를 추출합니다. 단 IDX, SUB는 문자가 아니기 때문에 텍스트 기반 자막으로 전환해야 합니다.

전체 영상과 이미지 자막은 Boilsoft Video Splitter와 Vobsub Cutter를 이용하여 원하는 영역을 잘라 활용할 수 있습니다. 영상을 부분적으로 활용하기 위해서 DVD로부터 챕터별로 영상을 추출할 수 있으나 영상의 내용 단위로 정확히 분할되어 있는 것은 아니기 때문에 전체 영상으로부터 다시 잘라 사용하는 것을 권장합니다.

만약 이미 추출한 영상과 이미지 자막으로부터 변환한 SMI 자막이 확보된 상태에서 특정한 부분을 잘라 활용하고자 할 경우에는 Boilsoft Video Splitter로 영상을 자르고, SMISyncW을 이용하여 SMI 자막을 자를 수 있습니다. 그러나 Vobsub의 Vobsub Cutter가 자른 자막의 시간이 "00"부터 시작되는 것과는 달리 SMISyncW는 자른 자막이 원래 전체 자막의 시간이 그대로 적용됩니다. 때문에 자른 영상과 자막의 싱크가 당연히 맞지 않습니다. 원본 DVD나 IDX, SUB 자막이 없을 경우에는 어쩔 수 없이 SMISyncW을 이용해야 하지만, IDX, SUB가 있을 경우 Vobsub Cutter를 이용하는 것이 편리합니다.

준비사항

1) DVD로부터 Vobsub 소프트웨어를 이용하여 추출한 이미지 자막 [*.idx, *.sub]를 준비합니다.
2) DVD로부터 추출한 영상을 준비합니다.

사용법

1) DVD로부터 추출한 영상을 희망하는 내용별로 자르기 위해 Boilsoft Video Splitter을 실행한 후 영상을 불러옵니다. 자르고자하는 시간을 설정하고 영상을 자릅니다.

2) 자른 영상파일에는 "원본파일명(시작시간, 분, 초-끝시간, 분, 초)"로 표기됩니다. 자른 영상파일의 표기방식은 자막을 자를 때 시간정보를 유용하게 사용할 수 있습니다.

pororo(00h00m01s-00h05m10s).avi

3) 다음으로 자막을 자르기 위해 [Vobsub] → [Vobsub Cutter]를 실행합니다. Vobsub는 Windows 8을 지원하기 않기 때문에 Windows 7에서 사용하거나 VMware Workstation과 같은 가상 PC 소프트웨어에 Windows 7을 사용하여 설치하고 이용할 수 있습니다.

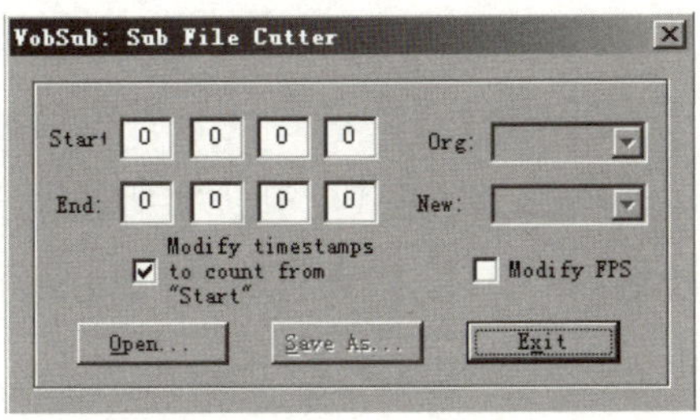

4) 이미 자른 영상파일의 시간정보와 같이 [Start]와 [End]의 시간을 입력합니다. 프레임 3단위는 임의의 숫자를 입력해도 됩니다.

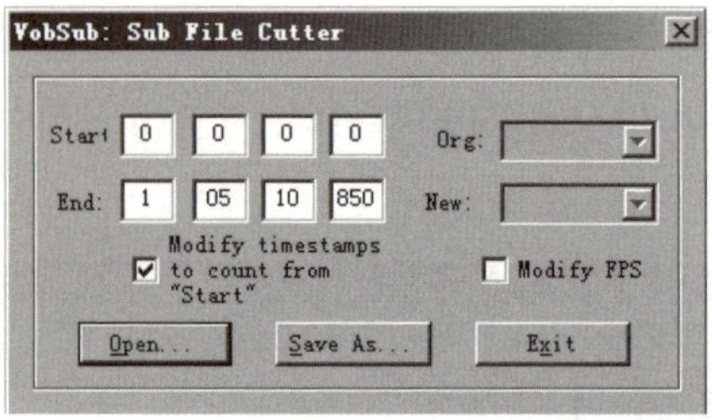

5) 자른 영상과 자막(idx, sub)의 파일명을 동일하게 수정합니다.

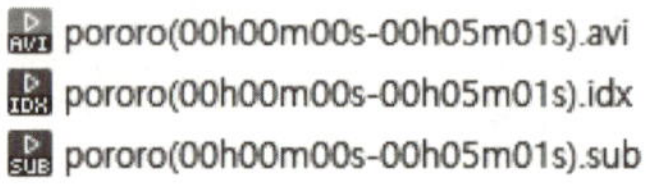

6) 추출한 영상과 자막에서 잘라낸 영상과 자막(idx, sub)을 영상 재생 소프트웨어(Daum 팟플레이어, 곰플레이어)에서 재생하면 아래처럼 자막이 표시됩니다.

7) 이미 추출된 전체 영상과 자막에서 자른 영상이기 때문에 영상과 자막의 싱크가 미세하게 안 맞을 수도 있습니다. 영상에 대응되는 자막의 싱크를 조절하기 위해 [Daum 팟플레이어]을 실행하고 자른 영상을 로딩합니다. [곰플레이어]에서도 자막의 싱크조절이 가능합니다.

8) 자막의 싱크를 조절하기 위해 마우스 우클릭하고 [자막] → [자막 싱크(동기화]에서 [0.5초 빠르게], [0.5초 느리게]를 클릭합니다. 핫키인 빠르게는 [>, .] 느리게는 [<, ,]을 클릭하면 편리합니다. 핫키를 여러번 클릭하면 클릭수 만큼 시간이 설정됩니다.

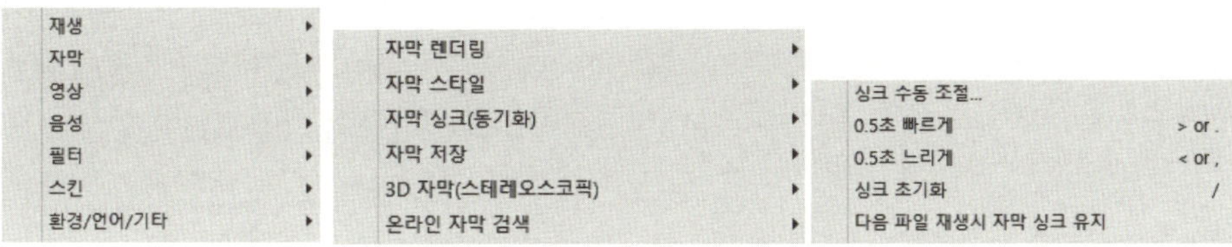

9) 싱크조절을 하면 플레이어 상단에 [자막 싱크: 0.5초 빠르게(-2초)]와 같이 표기됩니다. 자막싱크 [빠르게]를 클릭하다가 [느리게]를 클릭하면 시간은 [-]에서 [+]로 이동합니다. 반대의 경우도 동일합니다.

10) 영상과 자막의 싱크를 조정한 후 싱크를 저장하기 위해 [자막 저장] → [SMI 자막 싱크 반영]을 클릭합니다. 파일명은 변경되지 않고 내부적으로 싱크만 조정됩니다.

11) IDX, SUB자막의 싱크가 조정된 후 이미지 자막은 [SubOCR]을 이용하여 텍스트 자막(SRT)으로 변환합니다.

영상 + 자막 합성 16

LESSON 16 영상+자막 합성

- 제작사: Daum
- 웹페이지: http://tvpot.daum.net/encoder/PotEncoderSpec.do
- 버전: 2.1.3.1
- 용도: 영상+자막 합성
- 설치환경: 한글, 다국어 윈도우 XP, 7, 8, 10
- 가격: 무료

왜 필요한가?

일반적으로 컴퓨터에서는 영상과 자막이 분리되어 있어도 재생이 가능합니다. 일부 자막을 지원하는 PMP 등에서도 영상과 자막을 결합하여 재생하는 기능을 제공하고 있습니다. 그러나 국내에서 생산된 제품의 경우 대부분 한국어, 영어 이외의 다국어 자막을 지원하는 데는 제한을 가지고 있습니다. 특히 휴대폰의 경우 자막지원을 하지 않고 있는 실정입니다.

이런 한계를 극복하는 방법이 영상과 자막을 합성하는 것입니다. 이럴 경우 영상에 자막이 포함되기 때문에 자막 지원여부와 상관없이 재생이 가능합니다.

Daum 팟인코더는 자막의 언어에 영향을 받지 않고 대부분 언어환경에서 다양한 포맷으로 영상을 합성할 수 있고 무료로 제공되는 소프트웨어이기 때문에 경쟁력이 있다고 할 수 있습니다. 또한 합성 시 자막 폰트의 크기, 색깔, 위치 등을 사용자가 설정할 수 있습니다.

Daum 팟인코더는 영상과 자막을 합성하는 기능 이외에 영상 변환툴로도 유용하게 활용할 수 있습니다.

준비사항

1) 다국어(중국어 간자+한어병음)+한글번역이 통합된 유니코드 기반 멀티자막과 영상을 준비합니다. 단 자막과 영상을 합성하기 위해서는 파일명이 같아야 합니다.

2) 다국어(중국어), 한글 유니코드 멀티자막은 한글 윈도우 7 메모장에서 깨어지지 않고 정상적으로 열립니다.

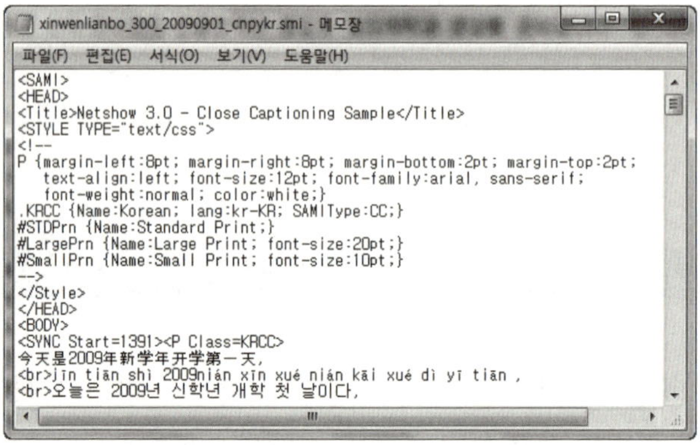

```
xinwenlianbo_300_20090901_cnpykr.smi - 메모장
파일(F) 편집(E) 서식(O) 보기(V) 도움말(H)
<SAMI>
<HEAD>
<Title>Netshow 3.0 - Close Captioning Sample</Title>
<STYLE TYPE="text/css">
<!--
P {margin-left:8pt; margin-right:8pt; margin-bottom:2pt; margin-top:2pt;
  text-align:left; font-size:12pt; font-family:arial, sans-serif;
  font-weight:normal; color:white;}
.KRCC {Name:Korean; lang:kr-KR; SAMIType:CC;}
#STDPrn {Name:Standard Print;}
#LargePrn {Name:Large Print; font-size:20pt;}
#SmallPrn {Name:Small Print; font-size:10pt;}
-->
</Style>
</HEAD>
<BODY>
<SYNC Start=1391><P Class=KRCC>
今天是2009年新学年开学第一天,
<br>jīn tiān shì 2009nián xīn xué nián kāi xué dì yī tiān ,
<br>오늘은 2009년 신학년 개학 첫 날이다,
```

3) 중국어, 병음, 한글 유니코드 멀티자막의 구조는 아래와 같습니다.

```
<SAMI>
<HEAD>
<Title>Netshow 3.0 - Close Captioning Sample</Title>
<STYLE TYPE="text/css">
<!--
P {margin-left:8pt; margin-right:8pt; margin-bottom:2pt; margin-top:2pt;
  text-align:left; font-size:12pt; font-family:arial, sans-serif;
  font-weight:normal; color:white;}
.KRCC {Name:Korean; lang:kr-KR; SAMIType:CC;}
#STDPrn {Name:Standard Print;}
#LargePrn {Name:Large Print; font-size:20pt;}
#SmallPrn {Name:Small Print; font-size:10pt;}
→
</Style>
</HEAD>
<BODY>
```

```
<SYNC Start=1391><P Class=KRCC>
今天是2009年新学年开学第一天，
<br>jīn tiān shì 2009nián xīn xué nián kāi xué dì yī tiān，
<br>오늘은 2009년 신학년 개학 첫 날이다,
<SYNC Start=5268><P Class=KRCC>
2亿多全国各地的少年儿童，
<br>2yì duō quán guó gè dì de shǎo nián ér tóng，
<br>2억 명이 넘는 전국 각지의 어린 학생들이,
[중략]
<SYNC Start=128790><P Class=KRCC>
集中宣传甲流的自我防控知识。
<br>jí zhōng xuān chuán jiǎ liú de zì wǒ fáng kòng zhī shí。
<br>신종플루 예방 지식을 집중적으로 홍보하였다.
</BODY>
</SAMI>
```

사용법

1) 소프트웨어를 설치하고 실행합니다. 합성하고자 하는 영상과 자막을 동일 폴더에 준비합니다.

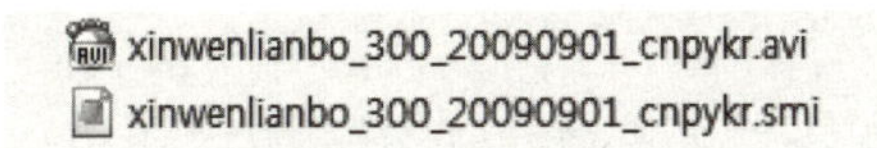

2) 소프트웨어 중간에 있는 [불러오기]버튼을 클릭합니다.

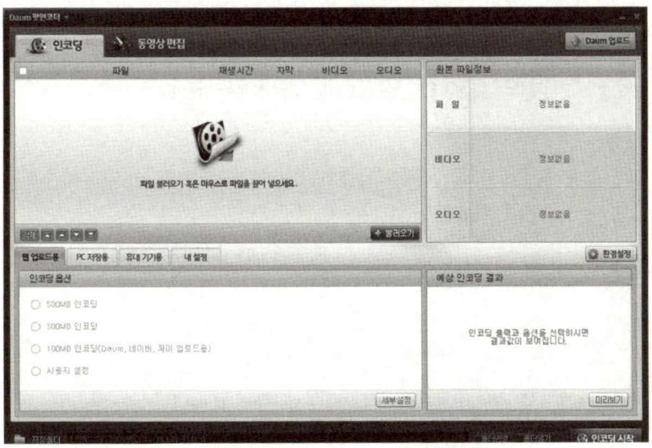

3) 불러오기는 영상 파일만을 불러 올 수 있습니다. 자막 파일을 자동으로 따라 오게 됩니다. 한 번에 여러 파일을 열어 동시에 작업을 할 수 있습니다.

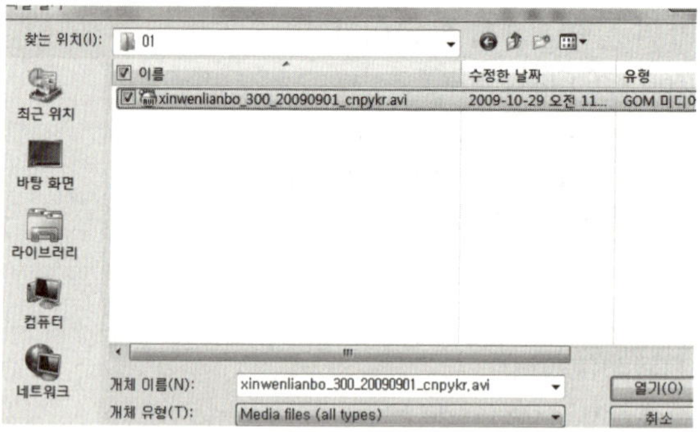

4) 인코딩 형식은 웹업로드용, PC저장용, 휴대기기용 등으로 설정할 수 있으며, 모바일 기반에서 활용하고자 할 경우 [휴대기기용]으로 설정합니다. 화질은 사용자 용도에 맞게 임의로 설정합니다.

5) 인코딩 환경설정을 위해 우측 중간에 있는 [환경설정]아이콘을 클릭합니다.

6) 환경설정에서 [영상에 자막 입히기] 체크를 하고, 글꼴은 굴림, 글자크기는 20-22, 문자셋은 기본값, 선호언어는 한글로 설정합니다.

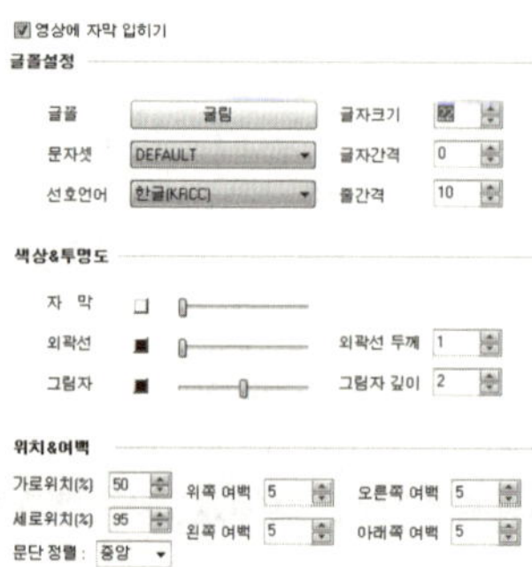

7) 모든 설정이 끝나면 하단의 [인코딩 시작] 버튼을 클릭합니다.

8) 인코딩 창이 나타나면서 작업 진행을 보여줍니다. 인코딩 과정 중 [인코딩 중 화면 미리보기]를 체크하여 멀티자막과 영상이 정상적으로 합성되는지 확인합니다.

9) 인코딩이 완료되면 PC와 모바일에서 정상적으로 재생되는지 확인합니다.

Tip

멀티자막을 합성하는 방법

[SMISyncW]를 이용하여 싱글자막을 멀티자막으로 제작하고 제작된 자막을 [Daum 팟인코더]를 이용하여 다시 영상과 자막을 합성할 경우 제1자막만 합성되게 됩니다.

이러한 문제를 해결하기 위해서는 아래와 같은 [자막병합-싱크정렬] 방식으로 병합된 자막을 수정해야 합니다.

```
<SAMI>
<HEAD>
<TITLE></TITLE>
<STYLE TYPE="text/css">
<!--
P { margin-left:16pt; margin-right:16pt; margin-bottom:16pt;
   margin-top:16pt; font-size:18pt; text-align:center;
   font-family:arial; font-weight:bold; color:#f0f0f0;
   }
.UNKNOWNCC { Name:Unknown; lang:en-US; SAMIType:CC; }
-->
</STYLE>
</HEAD>
```

```
<BODY>
<SYNC Start=0><P> 
<SYNC Start=1942><P Class=UNKNOWNCC>
没有
<P Class=UNKNOWNCC>
méi yǒu
<P Class=UNKNOWNCC>
없어요
<SYNC Start=2874><P> 
<SYNC Start=3444><P Class=UNKNOWNCC>
那边找找去
<P Class=UNKNOWNCC>
nà biān zhǎo zhǎo qù
<P Class=UNKNOWNCC>
그쪽 찾아봐
<SYNC Start=4843><P> 
<SYNC Start=17791><P Class=UNKNOWNCC>
脚，让你吹脚
<P Class=UNKNOWNCC>
jiǎo ，ràng nǐ chuī jiǎo
<P Class=UNKNOWNCC>
발가락, 발가락에 불어
<SYNC Start=19918><P> 
<SYNC Start=37978><P Class=UNKNOWNCC>
你怎么你
<P Class=UNKNOWNCC>
nǐ zěn me nǐ
<P Class=UNKNOWNCC>
너 뭐하는 거야
<SYNC Start=40003><P> 
<SYNC Start=44318><P Class=UNKNOWNCC>
```

위와 같은 자막의 구조는 병합된 자막이기 때문에 제1자막, 제2자막 아래 행에 있는 문자열 [<P Class=UNKNOWNCC>]을 인위적으로 제거하여 행은 3행이지만 싱글자막의 형식으로 전환해야 합니다.

[전환 전]
没有
<P Class=UNKNOWNCC>
méi yǒu
<P Class=UNKNOWNCC>
없어요

[전환 후]
没有
méi yǒu
없어요

특정 문자열을 인위적으로 제거하는 방법은 노트패드의 [바꾸기]를 이용하여 해당 문자열 [<P Class=UNKNOWNCC>]을 일괄 교체할 경우 의미있는 문자열까지 한번에 삭제되므로 불가능합니다.

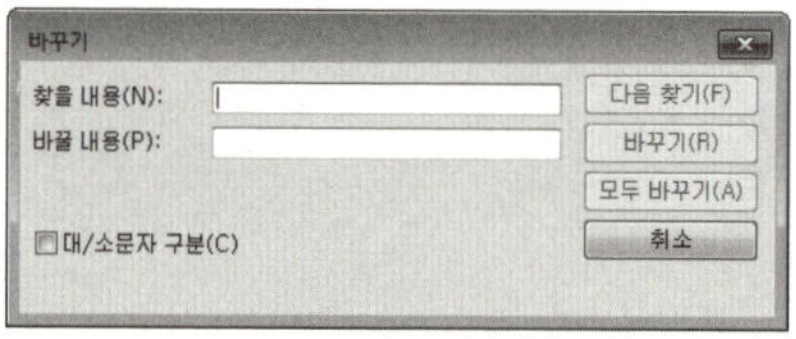

이러한 문제를 해결하는 방법이 [한컴오피스 한글 2010]과 같은 소프트웨어에 자막을 복사하여 붙인 후 매크로 설정으로 해당 문자열만을 자동으로 제거합니다. 제거한 내용을 복사여 노트패드에 붙인 후 다른 이름으로 저장하여 자막을 생성합니다. [Daum 팟인코더]를 이용하여 영상과 자막을 합성할 경우 정상적으로 멀티자막이 합성됩니다. 합성된 영상은 콘텐츠나 자막을 지원하지 않은 포터블 기기에서 활용할 수 있습니다.

영상편집 17

LESSON 17 영상편집

- 제작사: CyberLink
- 웹페이지: http://www.cyberlink.com/
- 버전: 12
- 용도: 영상편집
- 설치환경: 한글, 다국어 윈도우 XP, 7, 8, 10

왜 필요한가?

각종 영상장비와 스마트 디바이스의 발달로 인해 영상취득이 많이 용이해졌습니다. 취득한 영상은 그대로 사용하거나 스마트 디바이스에서 간단한 편집과정을 거쳐 사용해도 무관하지만, 좀 더 정교한 편집과정을 거친다면 뛰어난 품질의 영상을 구현할 수 있습니다. 현재 다양한 영상편집 소프트웨어가 개발되어 있지만 초중급 사용자들에게 적합한 CyberLink의 PowerDirector는 쉬운 인터페이스와 AVCHD, MPEG-2, WMV-HD와 HD 포맷을 지원하는 고해상도 영상 및 사진 편집 소프트웨어입니다. nVIDIA CUDA 기술을 지원하여 가우시안 블러, 래디알 블러, 라이트 레이, 펜 잉크 등의 비디오 효과가 적용된 HD 영상을 처리하는데 있어 향상된 렌더링 성능과 작업 환경을 제공하고, Magic 비디오 편집 도구로 흔들리는 영상을 안정감 있는 영상으로 만들 수 있습니다.

PowerDirector는 영상편집 전문 소프트웨어인 FinalCut, Adobe Premiere, Sony Vegas처럼 사용법이 어렵지 않고, 사용자가 모든 기능들을 쉽게 사용할 수 있게 직관적인 인터페이스를 가진 초급 사용자에게 적합한 뛰어난 소프트웨어라 할 수 있습니다.

PowerDirector 121 에서는[1] 11보다 40%정도의 속도향상과 MultiCam 디자이너, 테마 디자이너, 모션 흐림 효과, 각종 그래픽 효과 추가, 특수 효과 확장 등이 새롭게 추가되었습니다. 제작사에서 설명하고 있는 신기능은 아래와 같습니다.

• MultiCam 디자이너

4개의 서로 다른 각도에서 찍은 영상들을 혁신적으로 정렬, 편집

새롭게 추가된 MultiCam 디자이너는 캠코더, DSLR, 스마트 폰 등에서 동일한 장면을 서로 다른 각도에서 찍은 4개의 영상을 효율적으로 배치, 선택해 새로운 분위기의 영상을 만들어 줍니다. 4개의 영상에 포함된 오디오, 타임 코드 및 촬영 시간 등을 기준으로 정렬해 주며, 정렬된 영상들은 사용자가 임의로 장면을 전환/선택해가며 다시 레코딩 할 수 있습니다.

• 테마 디자이너

3D 애니메이션 템플레이트로 쉽고 빠른 영상 제작

역시 새롭게 추가된 테마 디자이너는 가지고 있는 사진과 비디오를 단순히 3D 애니메이션 템플레이트에 추가하기만 하면 멋진 영상을 자동으로 제작할 수 있는 기능입니다. 30 가지 이상의 내장된 3D 템플레이트 안에 사진과 비디오를 적재적소에 드래그해 넣기만 하면 알아서 수준급의 영상을 만들어 줍니다.

• 다양한 디자인 스튜디오

자유자재로 편집하는 각종 영상 효과

PowerDirector 12 의 디자인 스튜디오를 통해 각종 PiP, 입자, 타이틀, 메뉴 효과들을 자유자재로 편집해 할 수 있습니다. 정밀한 키프레임 편집 기능 및 풀스크린 편집 화면은 누구라도 쉽게 수준급의 효과를 만들 수 있도록 도와드립

1) 일부 설명과 이미지는 제작사에서 제공하는 도움말에서 활용하였습니다.

니다. 제작이 완료된 영상은 바로바로 Blu-ray, DVD, AVCHD 등의 디스크로 메뉴까지 추가해 구워내실 수 있습니다.

디자인 스튜디오에는 PiP 디자이너(편리한 타임라인 인터페이스에서 비디오 위에 또 다른 비디오들을 겹쳐 넣기), 타이틀 디자이너(다양한 글꼴, 컬러 그레디언트 및 애니메이션 효과 등을 추가한 멋진 텍스트 효과를 구현), 입자 디자이너(각종 화려한 입자 그래픽 효과들을 사용해 새로운 분위기의 영상제작), 메뉴 디자이너(각종 메뉴, 챕터, 템플레이트 등을 자유롭게 선택, 편집)가 있습니다.

- 모션 흐림 효과

더욱 더 사실감 넘치는 PiP 및 타이틀을 위한 효과

새롭게 추가된 모션 흐림 효과는 움직이고 있는 PiP 및 텍스트 효과에 흐림 효과를 적용해 더욱 더 사실감 넘치는 효과를 구현해 줍니다. 흐림 효과의 강도 및 밀도 등의 다양한 옵션으로 자유롭게 꾸며보십시오.

준비사항

1) 편집할 영상 클립과 이미지를 준비합니다.
2) 영상에 삽입할 타이틀 텍스트를 준비합니다.
3) 배경음악으로 사용할 MP3 파일을 준비합니다.
4) PowerDirector는 시험버전으로 1개월간 사용할 수 있지만 정품 구입일 할 경우 아래처럼 제품번호와 본 소프트웨어이외에 부가자료를 다운로드할 수 있는 링크가 제공되며, 메일서비스로도 공지됩니다.

5) 다운로드 받은 메일 설치파일을 클릭하여 설치합니다. 단일파일로 다운로드 되기 때문에 설치 시 압축이 자동으로 해제됩니다.

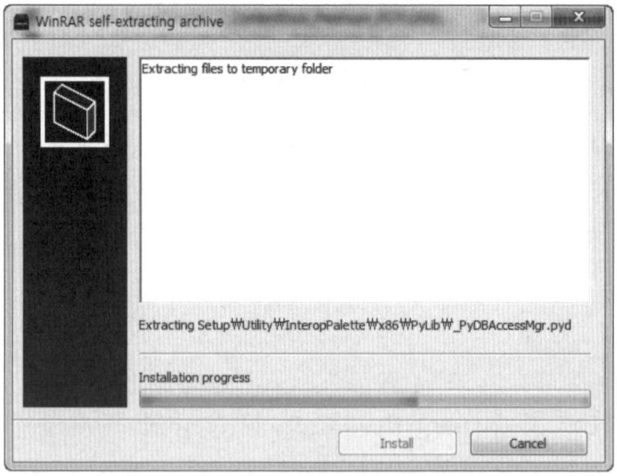

6) 만약 컴퓨터에 V3가 설치되었을 경우 소프트웨어 설치를 아래처럼 차단할 수가 있습니다. 이때는 시스템 트레이에 있는 V3 아이콘을 우클릭하여 [PC 실시간 검사]를 해제하시기 바랍니다.

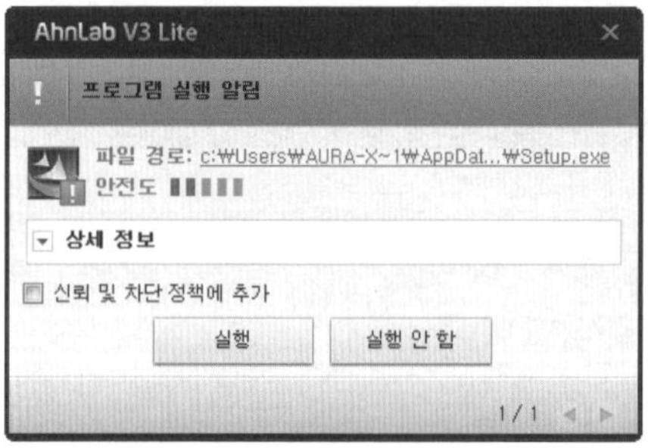

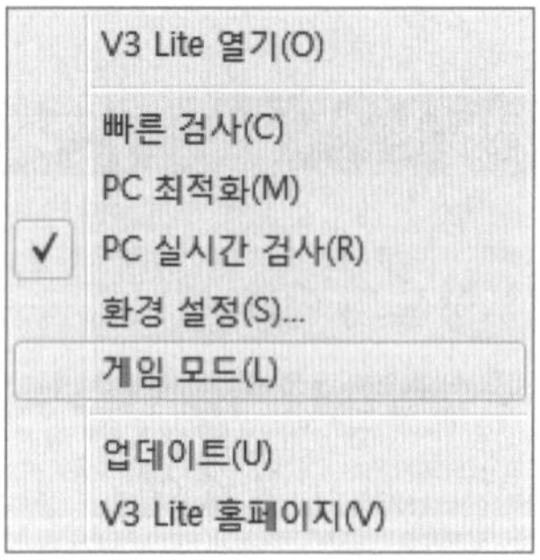

7) V3를 반드시 실행해야 한다면 설치과정 중에 [프로그램 실행 알림]창에서 해당 파일에 대한 알림공지를 할 때, [신뢰 및 차단 정책에 추가]를 체크한 후 [실행] 버튼을 클릭합니다. 다음에 [선택한 파일을 신뢰 파일로 추가하겠습니까]라는 질문의 [예]를 클릭합니다. 이 과정을 거칠 경우 백신 소프트웨어와 충돌없이 사용할 수 있습니다.

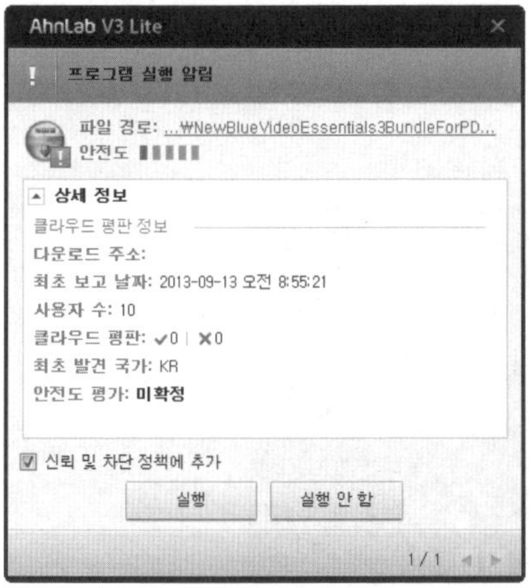

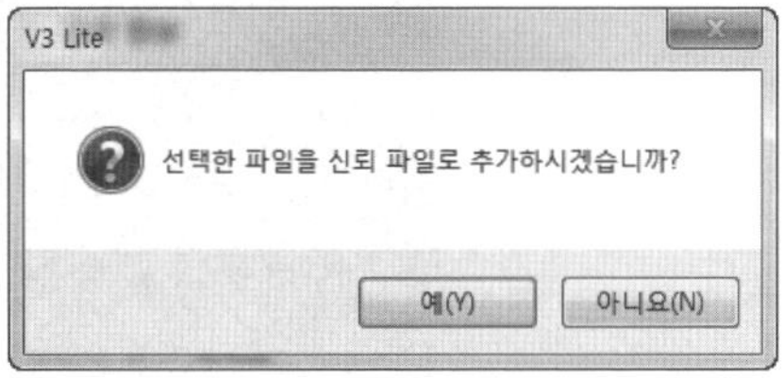

8) 정품 구매 시 제품 활성화창에 첨부된 제품번호를 입력하고 [다음]을 클릭합니다.

9) 제품 활성화 성공 메시지가 표시됩니다. 정품으로 등록되었으며 기간이나 기능 제한없이 사용할 수 있습니다.

10) 소프트웨어를 실행할 때 [프로젝트 화면 비율 설정]에서 와이드 화면인 16:9나 일반화면인 4:3으로 설정하고, [최대 기능 편집기], [간편 편집기], [슬라이드 쇼 작성자]중 하나를 선택할 수 있습니다.

• 최대 기능 편집기: 모든 기능을 자유롭게 수행하고 사용하고 있는 프로그램 버전의 모든 기능을 이용할 수 있습니다. 비디오 제작 경로는 마음대로 정할 수 있습니다. 이 기능에는 캡처, 편집, 제작, 디스크 만들기 4가지 기본 모듈이 있습니다. 최대 기능 편집기가 가장 일반적으로 사용할 수 있는 모드라 할 수 있습니다.

• 간편 편집기: 편집 절차를 처음 이용하고 시작 방법과 위치를 모를 경우, Magic Movie 마법사가 완성된 동영상의 가져오기, 스타일, 조절, 미리보기 등 간단한 몇 가지 단계별로 안내합니다. 그런 다음 제작한 작품을 편집하고 비디오 파일로 출력하거나 디스크에 구울 수 있습니다.

• 슬라이드 쇼 작성자: 슬라이드 쇼 작성자를 사용해서 간단하게 사진을 동적 슬라이드 쇼로 전환할 수 있습니다. 슬라이드 쇼 작성자의 단계를 따라하면 사진을 가져오기하고 배경 음악이 추가되고 멋진 슬라이드 쇼 템플릿이 만들어 집니다. 작성을 마치면 비디오 파일로 출력하거나 디스크로 굽기 전에 슬라이드 쇼를 미리보기 할 수 있습니다.

11) 소프트웨어가 실행되면서 자동으로 [미디어 가져오기]가 실행됩니다.

12) 소프트웨어가 실행되면 모든 사용준비가 완료됩니다.

13) 제작사에서 제공하는 콘텐츠 기본팩과 프리미엄팩을 설치하면 다양한 템플릿을 이용할 수 있습니다. 팩을 설치할 경우 설치용량을 차지하나 편리한 다양한 템플릿을 활용할 수 있는 장점이 있습니다.

CyberLink PowerDirector12 ContentPack Essential
CyberLink PowerDirector12 ContentPack Premium

사용법

1. 메뉴구성

가장 일반적인 "최대 기능 편집기" 모드에서 생성되는 메뉴구조를 살펴봅니다.

1) 캡처: 다양한 소스에서 여러 가지 형식의 미디어를 캡처합니다. 만약 Tape 형식의 캠코더가 아닌 메모리 방식의 캠코더일 경우 캡처하지 않고 직접 영상 소스를 가져올 수 있습니다.

2) 편집: 편집 모듈에서 가져오기한 미디어를 편집하고 다듬을 수 있고 비디오 작품을 정렬하고 효과, 타이틀, PiP 개체, 전환, 음악, 챕터, 자막 등을 추가할

수 있습니다.

3)제작: 제작 모듈에서 제작한 작품을 여러 형식(3D 형식 포함)으로 장치(캠코더, 휴대전화, 기타 휴대용 기기)에 출력하거나 YouTube, Facebook, DailyMotion, Vimeo에 업로드할 수 있습니다.

4) 디스크 만들기: 디스크 만들기 창의 기능과 메뉴를 이용해서 디스크를 디자인한 후에 2D 또는 3D의 다양한 형태로 비디오 작품을 제작합니다.

2. 작업영역 명칭

편집 모듈의 작업 영역은 CyberLink PowerDirector를 사용할 때 대부분의 시간을 사용하는 장소로, 제공되는 모든 기능에 익숙해지는 것이 좋습니다.

1) 전체명칭

• A: 룸, • B: 미디어 가져오기, • C: PowerDirector 플러그인, • D: 라이브러리 창, • E: 확장 가능한 작업 영역, • F: 미리보기 창, • G: 미리보기 창 연결해제, • H: 3D 디스플레이 구성, • I: 3D 모드 활성화/비활성화, • J: 확대/축소, • K: 미리보기 품질/디스플레이 옵션, • L: 스냅샷 촬영, • M: 플레이어 컨트롤 미리보기, • N: 편집 작업 영역, • O: 시간 표시 막대 눈금 표시, • P: 기능

단추, • Q: 범위 선택, • R: 전체 동영상 보기, • S: 트랙 관리자, • T: 시간 표시 막대/스토리보드 보기

2) 룸명칭

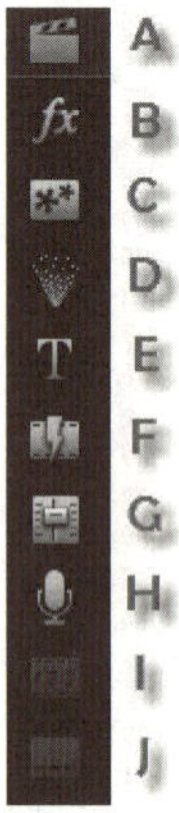

• A: 미디어룸, • B: 효과룸, • C: PiP 개체룸, • D: 입자룸, • E: 타이틀룸, • F: 전환룸, • G: 오디오 믹싱룸, • H: 음성해설 녹음룸, • I: 챕터룸, • J: 자막룸

3) 편집 작업 영역 명칭

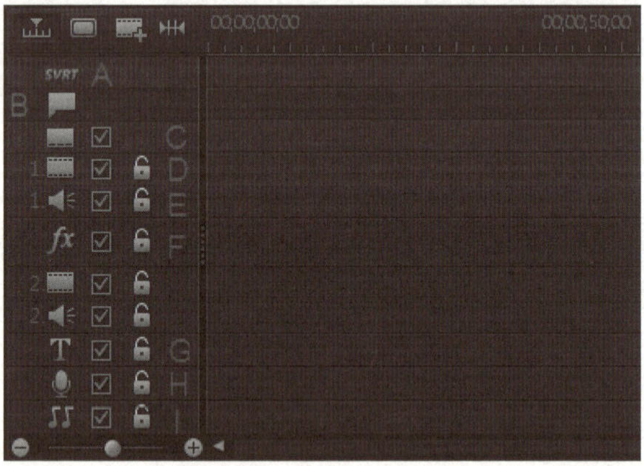

• A: 지능형 SVRT 트랙은 현재 프로젝트에 대한 SVRT 정보를 표시합니다.
• B: 챕터 트랙에는 현재 비디오 작품에 있는 모든 챕터 표시가 포함됩니다. 이 트랙은 챕터 룸에 있을 때 표시됩니다.

- C: 자막 트랙에는 현재 비디오 작품에 있는 모든 자막 표시가 포함됩니다. 이 트랙은 자막 룸에 있을 때 표시됩니다.
- D: 시간 표시 막대의 비디오 트랙에 프로젝트 미디어 클립(비디오 클립과 이미지)과 효과(PiP 개체, 입자 효과, 타이틀 효과 등)가 있습니다. 기본적으로 시간 표시 막대에는 두 개의 비디오 트랙이 있지만, 트랙 관리자에서 더 추가하여 최대 100개의 비디오 트랙을 포함시킬 수 있습니다. 시간 표시 막대의 각 비디오 트랙에는 비디오 클립의 오디오와 연결된 오디오 트랙이 있을 수 있습니다.
- E: 오디오 트랙에는 프로젝트의 오디오가 포함되어 있습니다. 이 오디오는 비디오 트랙에 있는 비디오 클립의 오디오 부분이거나 음악 클립 또는 다른 오디오의 별도 오디오 트랙일 수 있습니다. 기본적으로 시간 표시 막대에는 비디오 트랙에 연결된 두 개의 오디오 트랙과 음악의 별도 오디오 트랙이 있으며, 항상 시간 표시 막대에서 맨 아래 트랙에 해당합니다. 트랙 관리자에서 더 많은 트랙을 추가하여 최대 100개의 오디오 트랙을 포함시킬 수 있습니다.
- F: 효과 트랙에는 최종 비디오에 적용할 특수 효과가 포함됩니다. 효과 트랙의 비디오 효과는 시간 표시 막대 위에 있는 모든 비디오 트랙에 적용됩니다.
- G: 타이틀 트랙에는 프로젝트에 나타나는 텍스트 타이틀 효과가 포함됩니다. 이 트랙에 추가한 타이틀은 재생 시간 동안 표시되는 모든 비디오 트랙에 포함된 전체 콘텐츠에서 표시됩니다.
- H: 음성 트랙에는 음성 해설 또는 기타 오디오 클립이 포함됩니다.
- I: 음악 트랙에 비디오 사운드트랙이 포함됩니다.

3. 룸

CyberLink PowerDirector의 편집 모듈에 제공되는 다양한 룸은 비디오 작품을 편집할 때 모든 미디어, 효과, 타이틀 및 전환 효과를 이용할 수 있는 공간입니다. 또한 오디오 녹음 및 믹싱, 챕터 또는 자막 추가를 위한 컨트롤을 이용할 수도 있습니다. 라이브러리 창에는 기본적으로 미디어 룸이 표시됩니다.

1) 미디어룸

미디어 룸에서 미디어 라이브러리와 PowerDirector 플러그인에 접속할 수 있습니다. 미디어 라이브러리에는 비디오, 오디오 및 이미지 파일이 들어 있습니다. 또한 비디오 제작에 사용할 여러 개의 유용한 컬러 보드와 배경을 이용할 수 있습니다.

(1) 미디어 가져오기 위해 아이콘()을 클릭합니다.

(2) 미디어 가져오기 메뉴에서는 [미디어 파일 가져오기], [미디어 폴더 가져오기], [Flicker에서 가져오기], [Freesound에서 가져오기], [DirectZone에서 사운드 클립 다운로드] 등을 지원합니다.

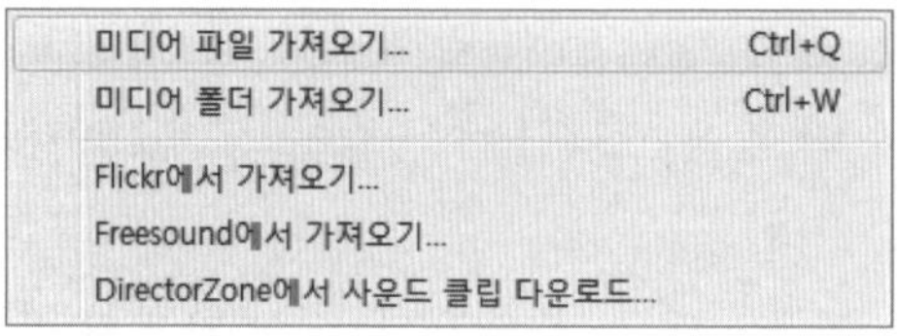

(3) [미디어 파일 가져오기]를 클릭하여 임의의 오디오, 비디오, 이미지, PPT 파일을 선택한 후 [열기] 버튼을 클릭하면 미디어룸에 로딩됩니다.

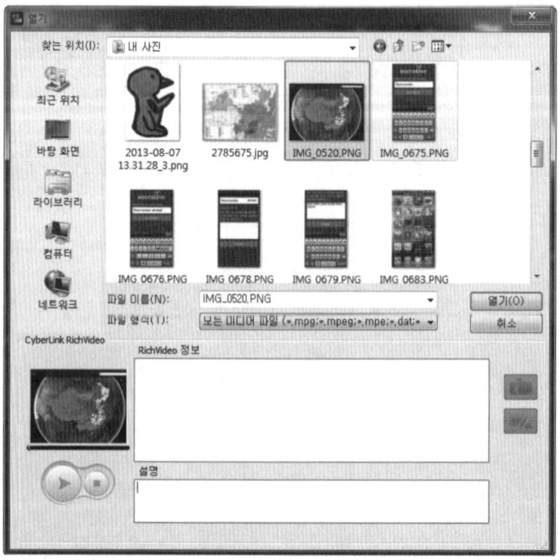

(4) [미디어 폴더 가져오기]를 선택하면 해당 폴더에 있는 모든 소스를 미디어룸에 일괄 로딩합니다.

(5) [Flicker에서 가져오기]에서 이미지를 검색하여 로딩할 수 있습니다. 비회원일 경우 [비 Flicker 사용자]를 선택합니다.

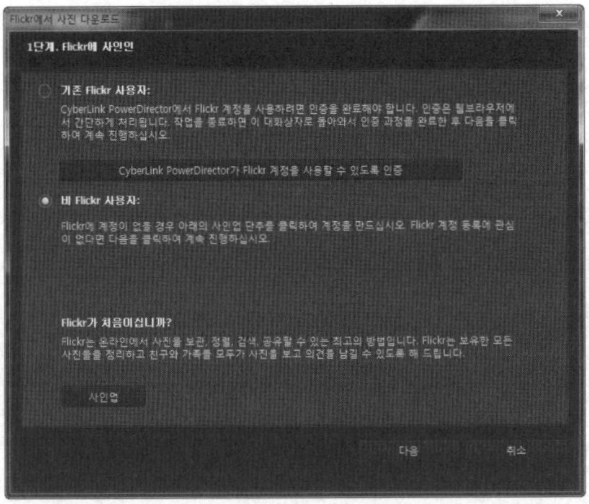

(6) 저작권 사용에 동의한 후 검색어를 입력한 후 검색을 합니다. 해당 이미지를 체크한 후 [다운로드]를 클릭하면 미디어룸으로 로딩됩니다.

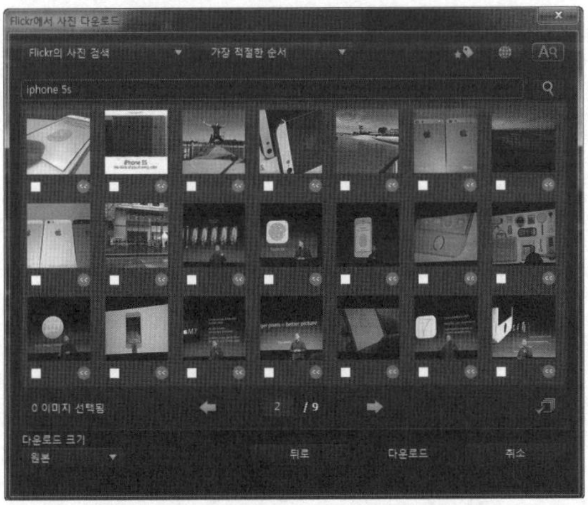

(7) 이미지 선택은 다중으로 할 수 있으며 일괄 다운로드 됩니다.

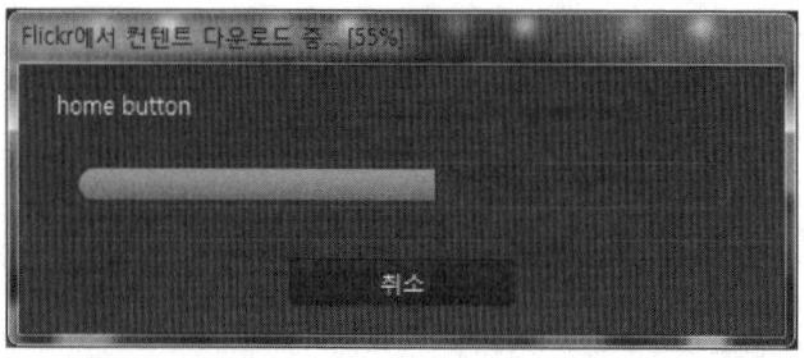

(8) 오디오 자원을 다운로드 하기 위해 [Freesound에서 가져오기]를 클릭합니다. 검색창에 임의의 검색어를 입력한 후 검색버튼을 클릭합니다.

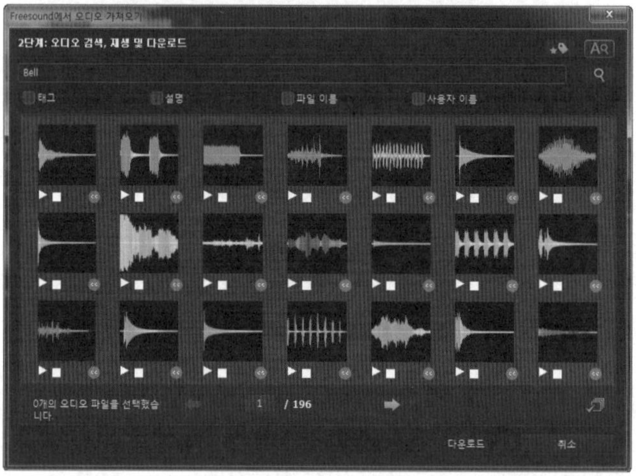

(9) 오디오의 경우 검색된 소스는 플레이 버튼을 클릭하여 미리듣기를 할 수 있습니다.

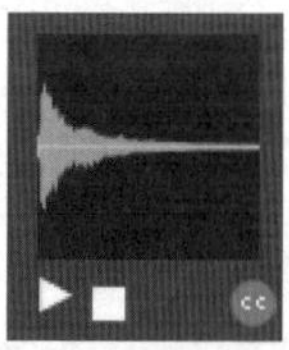

(10) 해당 사운드 소스가 다운로드되어 미디어룸에 로딩됩니다.

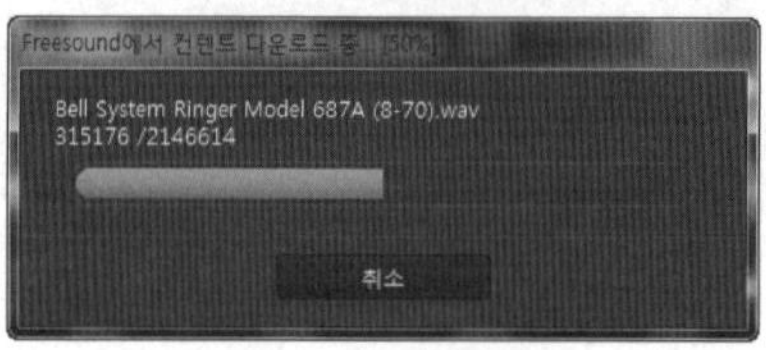

(11) [DirectZone에서 사운드 클립 다운로드]를 클릭하면 제작사 다운로드 페이지로 이동합니다. 여기서는 PiP 객체, 입자효과, 타이틀, DVD메뉴, 매직 스타일, 사운드 클립, 비디오 프리셋 등의 소스를 다운로드 방식으로 제공합니다.

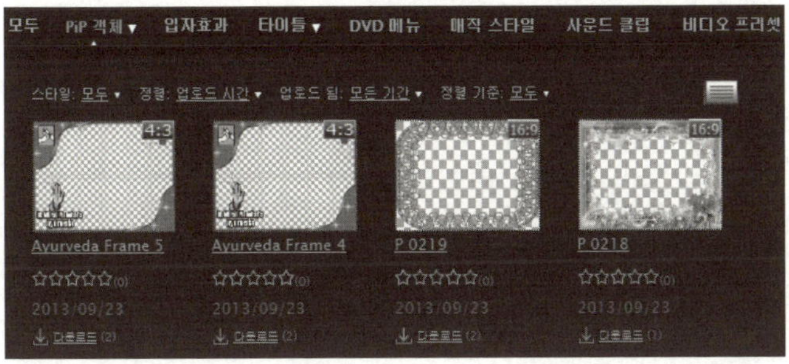

(12) 소스들을 다운로드 받기 위해 상단의 [로그인] 버튼을 클릭하여 정상적으로 로그인합니다.

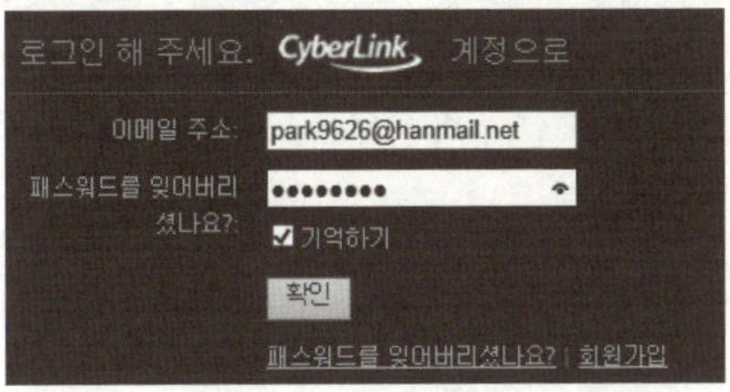

(13) 임의의 소스를 선택한 후 [Download Now] 버튼을 클릭합니다.

(14) 하단에 다운로드 창이 나타납니다. 저장이나 열기를 클릭하여 다운로드합니다.

(15) 다운로드 된 소스들을 클릭하면 별도의 지정없이 자동으로 설치됩니다.

(16) 설치된 템플릿은 해당 미디어룸에 자동으로 로딩됩니다.

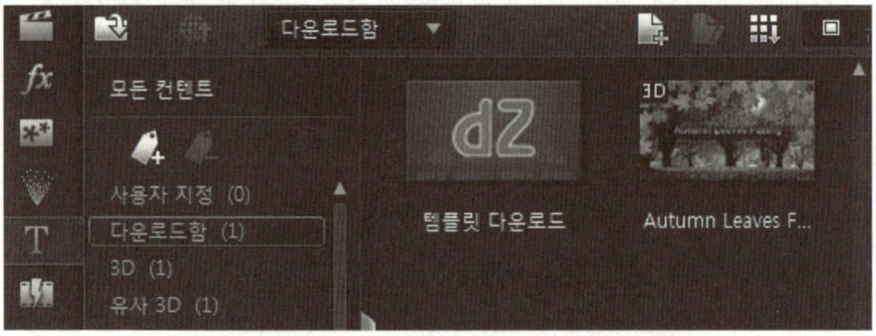

(17) [미디어 콘텐츠], [컬러 보드], [배경], [다운로드함]을 선택하면 해당 소스들만 나타나게 할 수 있습니다. [미디어 컨텐츠]의 경우 모든 미디어, 비디오, 오디오, 이미지, 3D 이미지 등을 선택적으로 나타나게 할 수 있습니다.

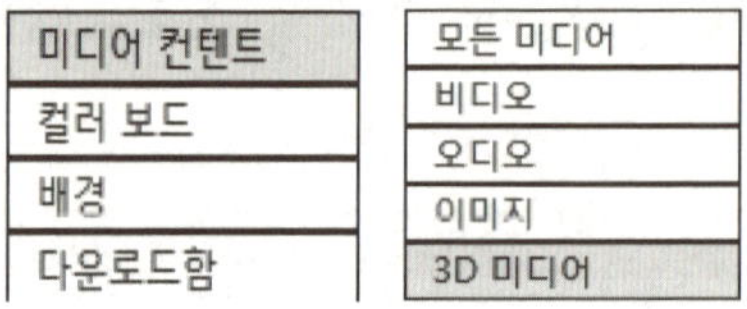

(18) 미디어 라이브러리에서 미디어를 관리하려면 [라이브러리 메뉴]를 클릭합니다. 여기에서는 정렬, 미디어룸 소스 아이콘 크기, 라이브러리 내보내기와 가져오기, 삭제 등을 수행할 수 있습니다.

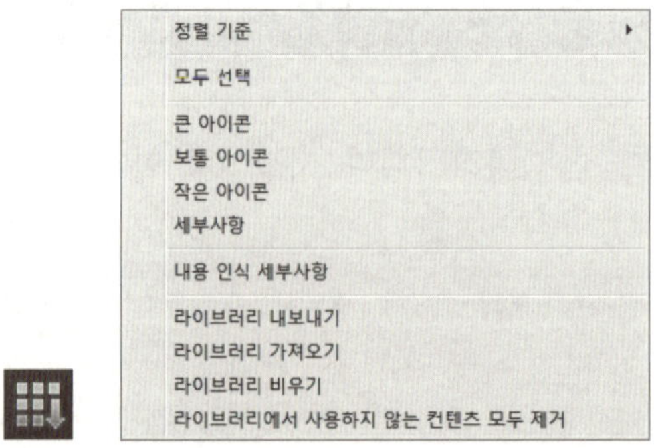

(19) 영상 트랙에 있는 영상에서 사운드를 분리하기 위해서는 해당 영상을 선택한 후 마우스 우클릭 하여 [비디오와 오디오 링크 해제]를 선택합니다. 분리된 오디오는 삭제하거나 편집할 수 있습니다. 분리된 영상과 오디오를 다시 결합할 때는 영상을 선택한 후 마우스 우클릭하여 [비디오와 오디오 링크]를 선택합니다.

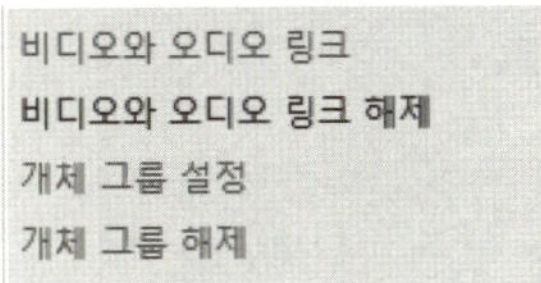

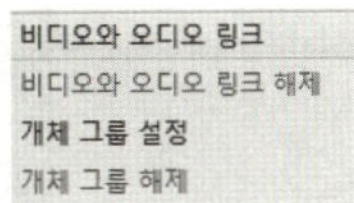

(20) 타임라인에 위치한 영상을 크게 보고자 할 때는 마우스를 타임라인 시간 표시 막대 위에 놓고 좌클릭한 상태에서 오른쪽으로 이동하면 크게 보이고 왼쪽으로 이동하면 작게 보입니다. 또한 타임라인 위에 마우스 커서를 놓고 [Ctrl]키를 누른 상태에서 마우스 휠을 위로 돌리면 크게 아래로 돌리면 작게 보입니다. 사용자가 작업하기 가장 편한 크기로 조절할 수 있습니다. 이러한 조절은 영상을 보는 길이의 크기가 변하는 것이지 영상자체의 길이가 변하는 것은 아닙니다.

2) 효과룸

효과 룸에는 프로젝트의 비디오 파일과 이미지에 사용되는 특수 효과 라이브러리가 포함되어 있습니다. 미디어 클립의 일부 또는 전체에 적용한 비디오 효과를 비롯한 여러 가지 효과를 비디오 작품에 추가할 수 있습니다. Magic Motion을 이용해 모션 효과를 비디오 작품의 이미지에 적용하거나 Magic Style과 프레임 고정 기능을 이용해 자동으로 일부 효과를 만들 수 있습니다.

(1) 영상에 효과를 설정하기 위해 [효과룸]을 클릭합니다. 효과는 3D, NewBlue, 스타일, 시각, 입자, 텍스트 마스크하기, 특수 등이 있습니다.

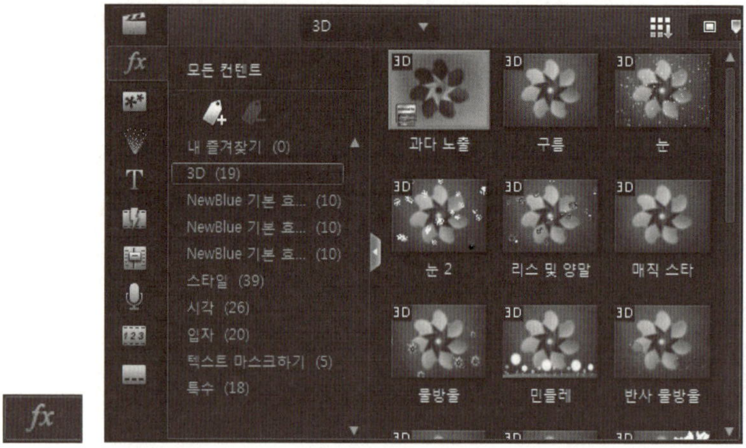

(2) 다양한 효과 중 [텍스트 마스크하기] → [텍스트 세피아]를 선택하여 하단의 타임라인 효과트랙으로 드래그하여 위치시킵니다.

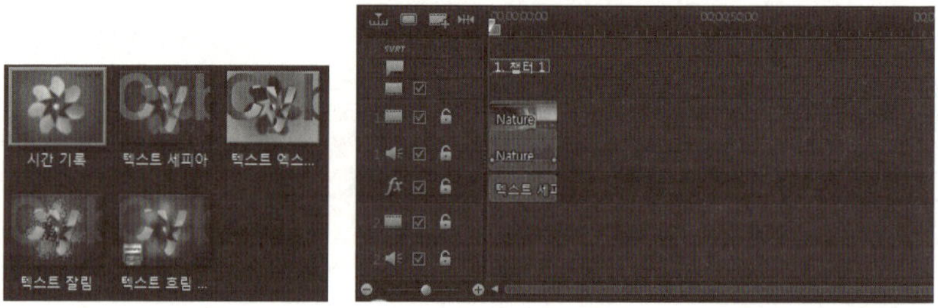

(3) 효과룸에서 삽입한 [텍스트 세피아]의 길이를 영상과 같게 조절하기 위해서는 해당 효과를 선택한 후 양쪽 화살표 모양의 나타날 때 드래그하여 길이를 맞출 수 있습니다.

(4) 효과중 [텍스트 세피아]를 세부적으로 설정하기 위해 효과트랙에 있는 효과를 더블클릭합니다. [효과설정]창에서 [타이틀]에 내용을 입력하고 [글꼴]에서 텍스트 형식을 세부적으로 설정할 수 있습니다. 효과는 미리보기 창에서 확인할 수 있습니다.

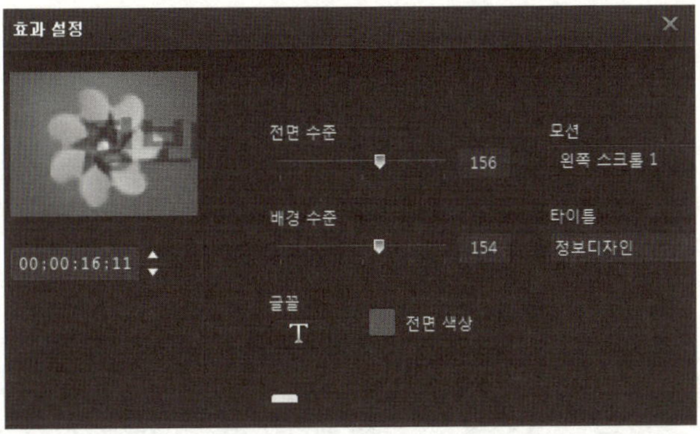

(5) 설정한 효과를 삭제할 때는 해당 효과를 선택한 후 [Delete]를 클릭합니다.

(6) 영상과 효과의 길이를 일치시킬 때는 해당 효과를 클릭한 후 드래그하여 영상과 길이를 동일하게 한 후 놓으면 됩니다.

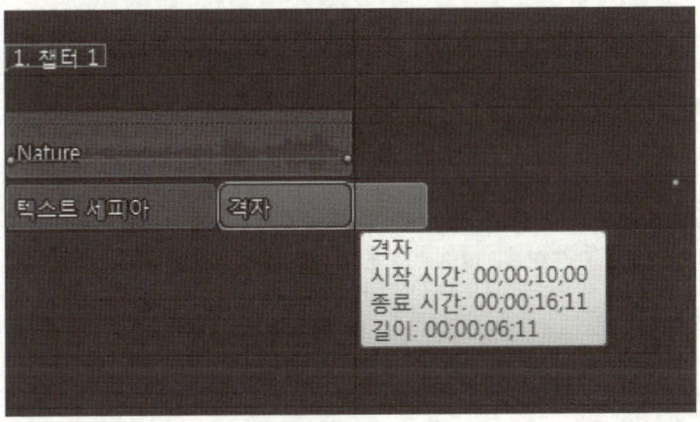

(7) 효과가 동시에 순차적으로 2개가 설정되어 있을 때 앞의 효과를 삭제할 경우 [Delete]만 클릭하면 메뉴가 나타납니다. [간격 제거 및 만들기]는 앞 효과만 삭제되고 뒤의 효과는 그 자리에 있으며, [동일 트랙의 클립제거 및 이동]은 앞 효과가 삭제되고 뒤의 효과가 당겨지며, [클립 제거 후에 모든 시간 표시 막대 클립 제거 및 이동]도 앞 효과가 삭제되고 뒤의 효과가 당겨집니다.

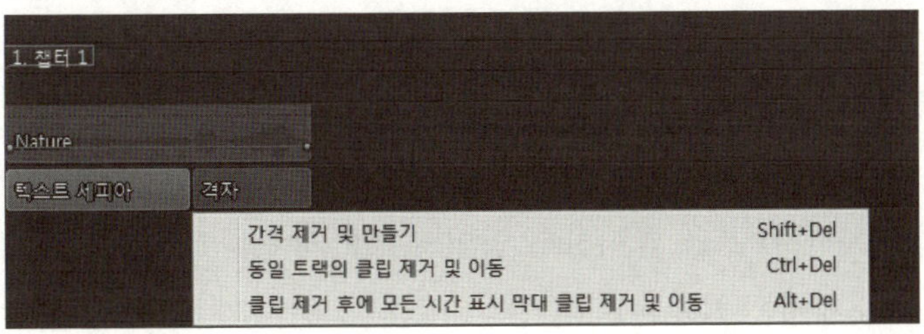

3) PiP 개체룸

PiP 개체 룸에는 비디오 트랙의 비디오 또는 이미지 상단에 추가할 수 있는 PiP 개체나 그래픽 라이브러리가 포함되어 있습니다. 시간 표시 막대의 어느 트랙에서든 PiP 개체를 배치할 수 있습니다. 또한 PiP 개체 룸에는 손그림 개체도 있고 페인팅 디자이너를 이용할 수 있습니다.

• A - PiP 효과 속성 탭, • B - PiP 효과 속성, • C - 모션 탭, • D - PiP 마스크 탭, • E - PiP 개체, • F - 배경 비디오, • G - 모드 선택, • H - 확대/축소 도구, • I - TV 안전 지대/눈금선, • J - DirectorZone으로 업로드, • K - PiP/키프레임 시간 표시 막대

(1) [PiP 개체룸] 이아콘을 클릭하고 임의의 PiP 개체를 타임라인으로 드래그합니다. PiP 개체에는 3D, 손그림, 일반, 프레임, 정적 개체, 에니메이션 개체, 중

폭 프레임이 있으며, 크게 정적 그래픽, 클립 전체를 이동하는 모션 그래픽, 비디오 프레임에 추가되는 있는 장식 테두리, 페인팅 디자이너에서 만든 손으로 그린 손그림 개체로 분류할 수 있습니다.

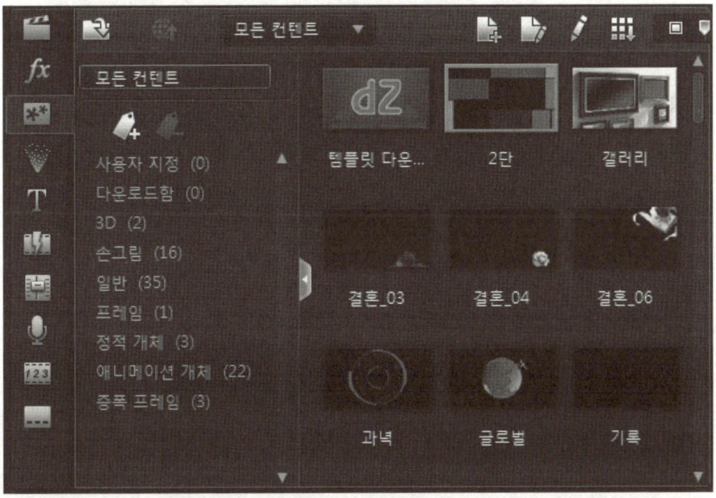

(2) 영상이나 이미지가 타임라인에 위치한 상태에서 임의의 개체(에니메이션 개체-기록)를 비디오나 이미지 트랙에 드래그하는 방식으로 추가합니다.

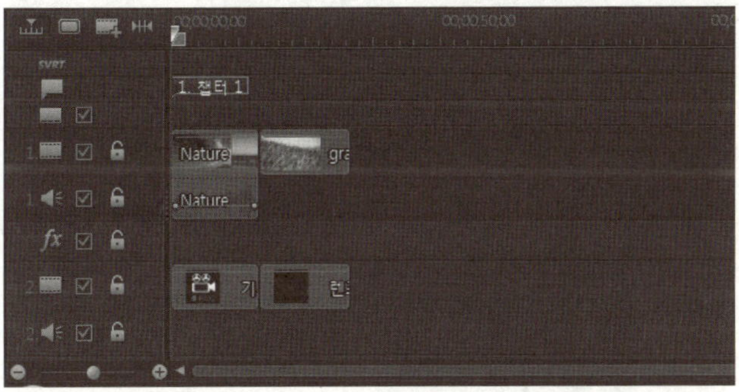

(3) 추가한 PiP 개체는 선택 후 [Delete]를 클릭하면 삭제할 수 있고, 세부적인 수정은 더블클릭해서 [PiP 디자이너] 창에서 할 수 있습니다.

(4) 삽입한 PiP 개체는 8개의 편집점을 조절하거나 드래그하여 크기와 위치를 변경할 수 있습니다. 초록색점은 좌우로 이동하여 회전을 시킬 수 있습니다.

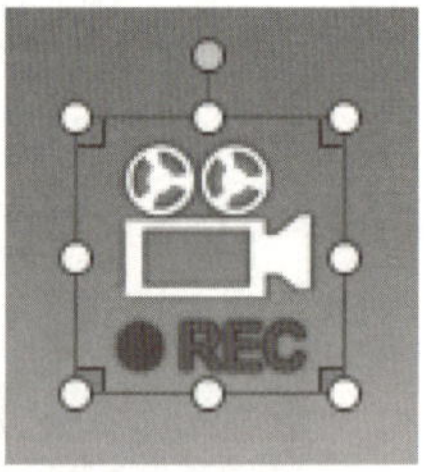

(5) [PiP 디자이너] → [속성] → [그림자]에서 [그림자 적용]에 체크를 하고 거리, 흐림, 투명도, 색상, 그림자방향을 설정할 수 있습니다.

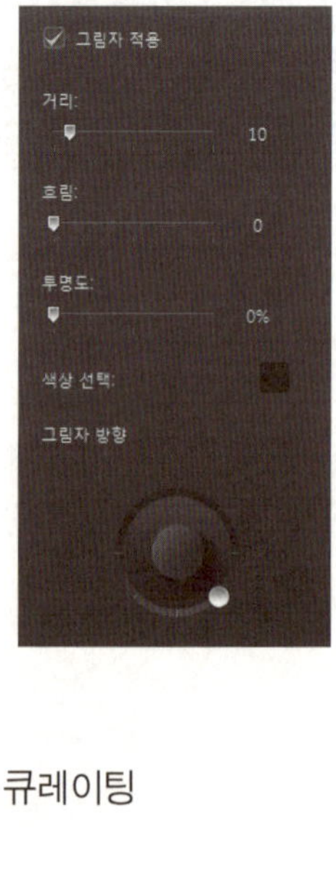

(5) [PiP 디자이너] → [속성] → [그림자]에서 [반사사용]에 체크를 하고 거리, 투명도를 설정하면 PiP 개체의 반사를 만들 수 있습니다.

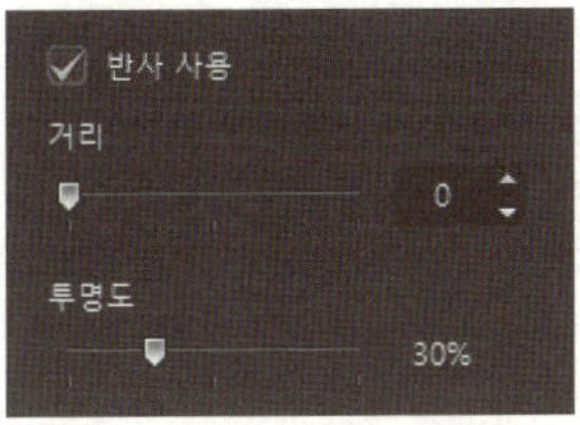

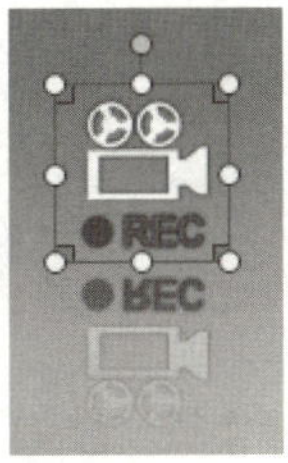

(6) [PiP 디자이너] → [속성] → [테두리]에서 [테두리 적용]에 체크를 하고 크기, 흐림, 투명도, 채우기 유형을 설정하여 PiP 개체의 테두리를 만들 수 있습니다.

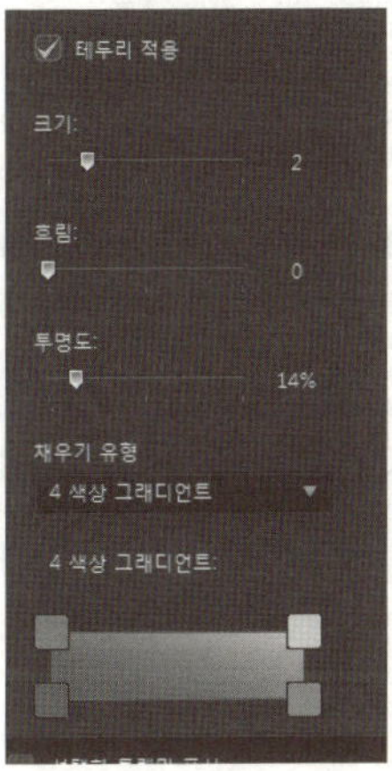

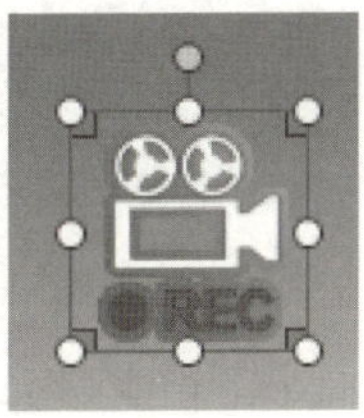

(7) [PiP 디자이너] → [속성] → [뒤집기]에서 [개체 뒤집기 활성화]에 체크를 하고 수직과 수평을 선택하면 PiP 개체를 뒤집을 수 있습니다.

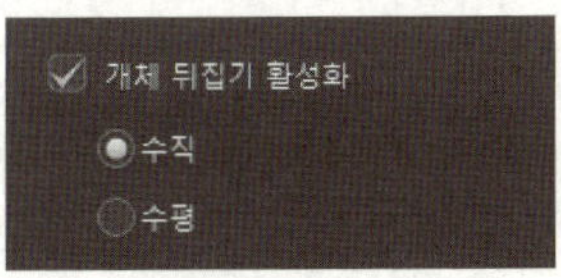

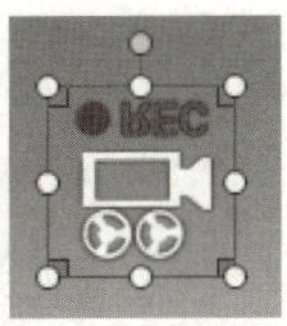

(8) [PiP 디자이너] → [속성] → [불투명도]에서 조절바를 이동시켜 투명도를 설정할 수 있습니다.

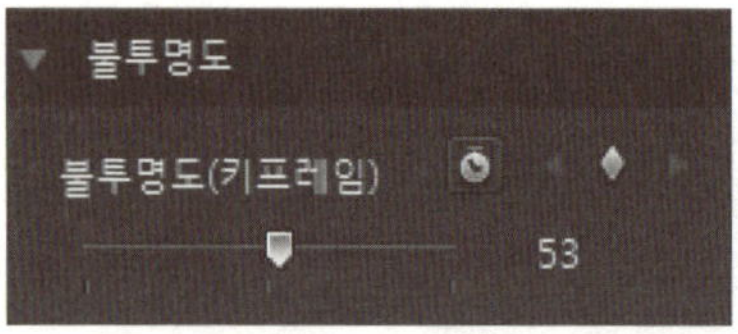

(9) [PiP 디자이너] → [속성] → [페이드]에서 [페이드 인 활성화]와 [페이드 아웃 활성화]에 체크를 하면 PiP 개체가 서서히 나타나고 서서히 사라지는 효과를 설정할 수 있습니다. 우측의 PiP 타임라인 불투명도 트랙에서 페이드 인과 아웃점을 드래그하여 조절할 수 있습니다.,

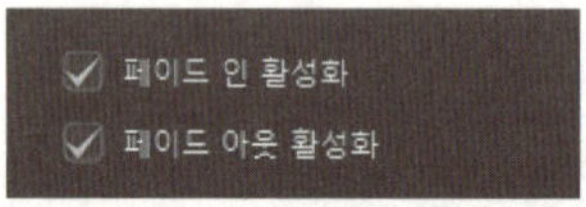

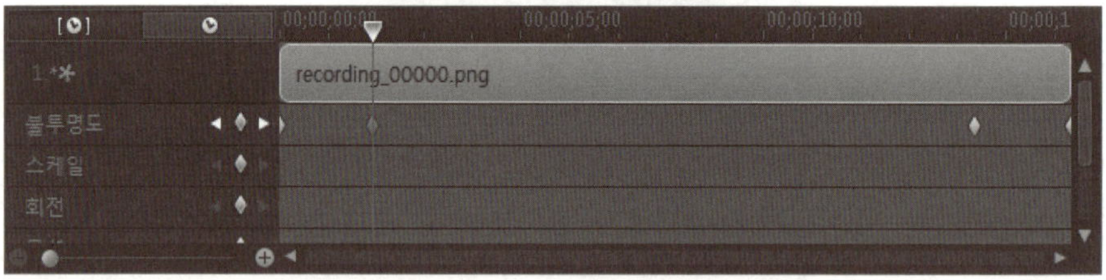

(10) [PiP 디자이너] → [모션] → [경로]에서는 메인 영상이나 이미지 트랙위에 PiP 개체가 이동하는 경로를 설정할 수 있습니다. 이 기능은 일반적인 여행 다큐에서 볼 수 있는 비행기의 이동경로를 표현할 때 사용하기도 합니다. [X]를 클릭하면 경로를 삭제할 수 있습니다.

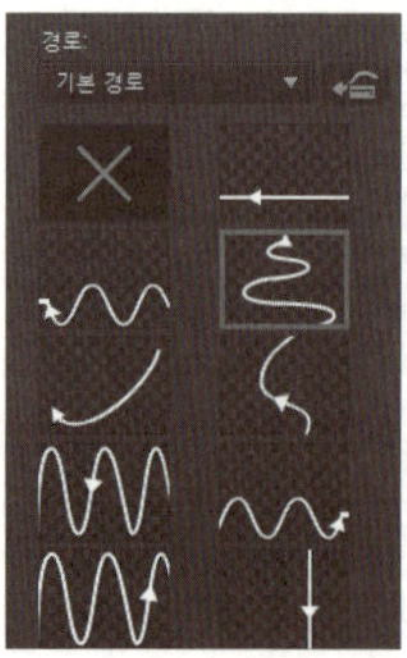

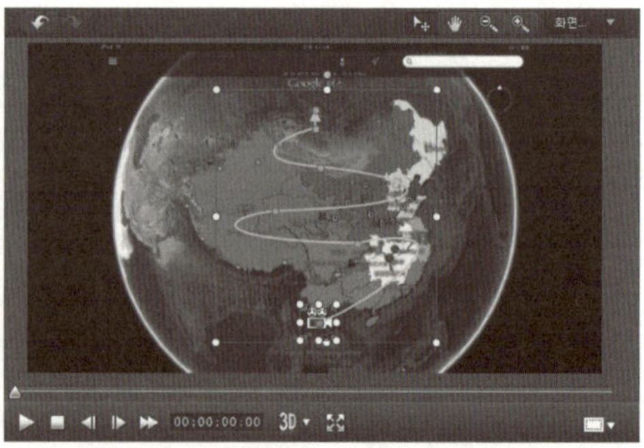

(11) [PiP 디자이너] → [모션] → [회전설정]에서 회전각도, 회전방향을 설정하고 PiP 개체가 회전하면서 이동하는 지점을 드래그하여 설정할 수 있습니다.

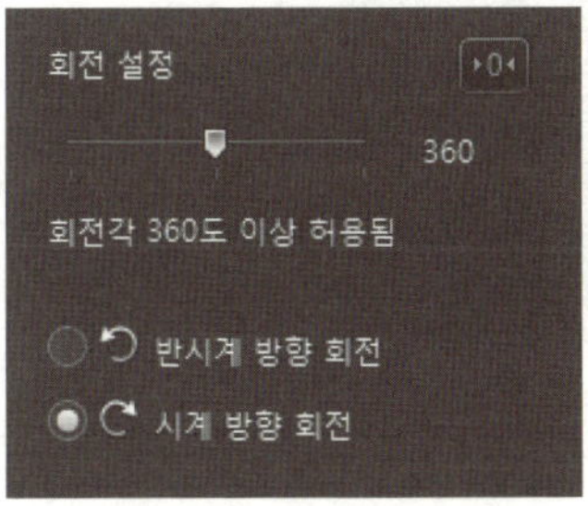

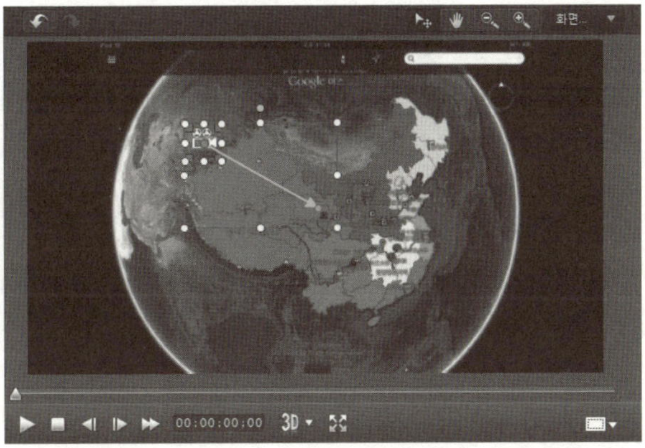

(12) [PiP 디자이너] → [모션] → [마스크]에서는 메인 영상 위에 추가되는 영상이나 이미지의 마스크를 설정할 수 있습니다. 마스크로 활용할 영상이나 이미지를 트랙에 위치시킵니다. 미스크용 이미지를 더블클릭한 후 드래그하여 크기를 설정합니다. 임의의 마스크를 선택하면 이미지에 마스크가 적용되며 메인 영상과 자연스럽게 합쳐집니다. 마스크 투명도와 마스크가 적용되는 패더 반경도 설정할 수 있습니다. 마스크 설정이 완료되면 [저장] 버튼을 클릭합니다.

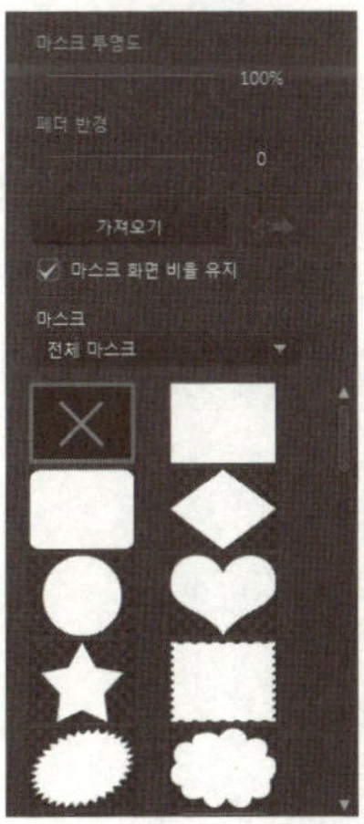

(13) 메인영상과 동일한 영상을 마스크로 처리할 수도 있습니다.

4) 입자룸

입자룸에는 비디오 트랙에 배치하여 비디오 트랙의 비디오 또는 이미지 상단에 입자 개체(눈, 구름, 연기 등)를 추가할 수 있는 효과 라이브러리가 포함되어 있습니다. 입자룸은 메인 영상과 다른 트랙에 위치시킴으로써 영상에 다양한 효과를 줄 수 있습니다.

• A: 입자 개체 속성 탭, • B: 입자 개체 속성, • C: 입자 개체 모션 탭, • D: 개체, 이미지, 배경 추가, • E: 입자 개체, F: 배경 비디오, • G: 모드 선택, • H: 확대/축소 도구, • I: TV 안전 지대/눈금선, • J: DirectorZone으로 업로드, • K: 입자 효과 시간 표시 막대

(1) 메인 영상 트랙에 임의 영상을 위치시키고 [입자룸] 아이콘을 클릭합니다. 입자룸에는 3D, 일반, 입자 프레임 개체가 있습니다. 입자의 종류에 따라 메인 영상위에 나타나는 것도 있고 메인 영상을 가리는 것도 있습니다.

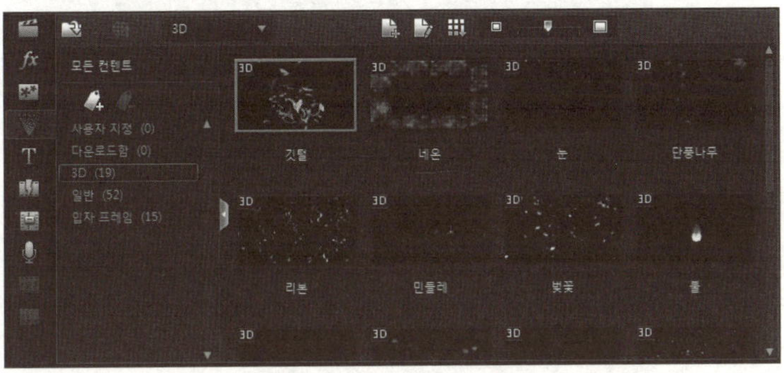

(2) 메인 영상 이외의 영상 트랙에 임의의 입자를 드래그하여 놓습니다.

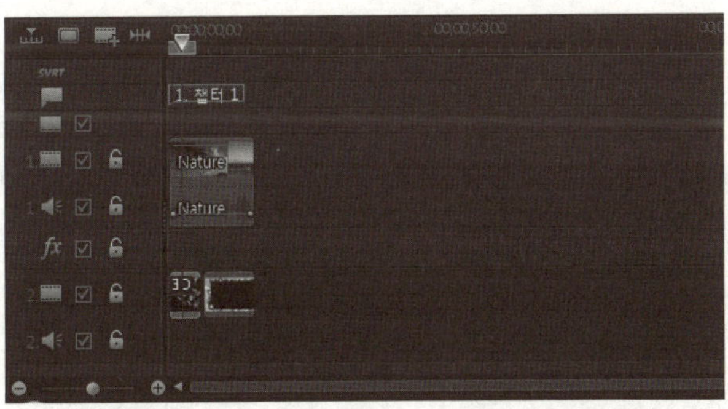

(3) [MTV] 입자를 적용시키면 하단처럼 프레임이 형성되면서 안에 메인영상이 위치합니다.

(4) 적용한 입자를 세부적으로 설정하기 위해 해당 입자를 더블 클릭합니다. [입자 디자이너] → [속성] → [방출방법]을 선택합니다. 방출방법은 원본 지점에서 입자가 방출되는 방법을 의미합니다. 단일 지점, 라인에서 방출되거나 원형으로 분산되는 방식으로 방출할 수 있습니다.
마스크 옵션을 선택한 다음 목록에서 마스크를 선택해서 입자 방출 지점에 마스크된 영역을 만듭니다. 선택한/가져온 마스크와 크기 조정 방식에 따라 입자가 다르게 방출됩니다.

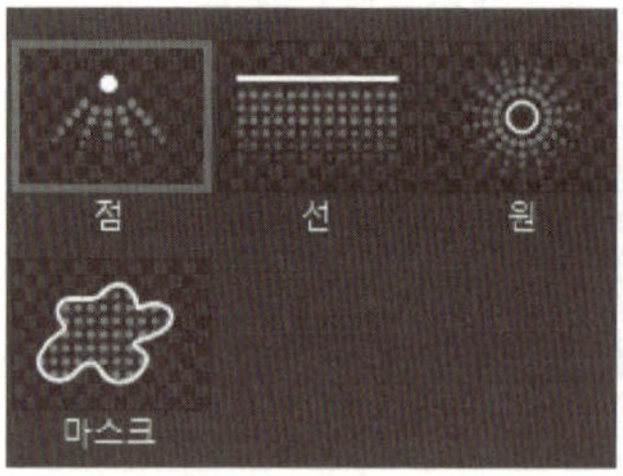

(5) PiP 개체와 마찬가지로 매개변수수정, 3D 설정, 색상, 페이드, 모션 등을 설정할 수 있습니다. [입자 디자이너] → [속성] → [매개변수 수정]에서는 방출율, 무게 등을 세부적으로 조절할 수 있습니다.

- 방출률: 슬라이더를 사용하거나 제공된 상자에 값을 입력하여 원본 지점에서 입자가 방출되는 비율 또는 속도를 설정합니다.
- 최대 개수: 슬라이더를 사용하거나 제공된 상자에 값을 입력하여 원본 지점에서 방출되는 입자의 개수를 설정합니다.
- 수명: 슬라이더를 사용하거나 제공된 상자에 값을 입력하여 입자의 수명 또는 효과에서 입자가 표시되는 지속 시간을 설정합니다. 숫자가 낮을수록 각 입자가 사라지기 전까지 표시되는 시간이 더 짧아집니다. 예를 들어 100을 입력하면 수명이 전체 클립 길이와 같아집니다.
- 수명 변형: 슬라이더를 사용하거나 제공된 상자에 값을 입력하여 입자 수명에서의 변형 크기를 설정합니다. 예를 들어 50을 입력하면, 지정된 수명에 도달하기 전에 입자의 절반이 차례로 사라집니다.
- 크기: 슬라이더를 사용하거나 제공된 상자에 값을 입력하여 입자의 크기를 설정합니다.
- 크기 변형: 슬라이더를 사용하거나 제공된 상자에 값을 입력하여 입자 크기에서의 변형 크기를 설정합니다. 예를 들어 50을 입력하면, 입자의 절반이 정의된 크기와 같아집니다.
- 속도: 슬라이더를 사용하거나 제공된 상자에 값을 입력하여 입자의 속도를 설정합니다.
- 속도 변형: 슬라이더를 사용하거나 제공된 상자에 값을 입력하여 입자 속도에서의 변형 크기를 설정합니다. 예를 들어 50을 입력하면, 입자의 절반이 정의된 속도를 갖게 됩니다.
- 웨이브(진폭): 입자가 웨이브 패턴으로 움직이게 하려면 슬라이더를 사용하거나 제공된 상자에 값을 입력합니다. 숫자가 높을수록 웨이브 진폭이 더 커집니다. 값이 0인 경우 입자가 직선으로 이동합니다.
- 웨이브(진폭) 변형: 슬라이더를 사용하거나 제공된 상자에 값을 입력하여 웨이브 진폭의 변형 크기를 설정합니다. 예를 들어 50을 입력하면, 입자의 절반이 같은 진폭이 됩니다.
- 웨이브(주파수): 입자가 웨이브 패턴으로 움직이게 하려면 슬라이더를 사용하거나 제공된 상자에 값을 입력합니다. 숫자가 높을수록 웨이브(주파수)가

더 커집니다. 값이 0인 경우 입자가 직선으로 이동합니다.

- 웨이브(주파수) 변형: 슬라이더를 사용하거나 제공된 상자에 값을 입력하여 웨이브 주파수의 변형 크기를 설정합니다. 예를 들어 50을 입력하면, 입자의 절반이 같은 주파수가 됩니다.
- 대칭: 슬라이더를 사용하거나 값을 입력해 웨이브 대칭을 설정합니다. 값이 클수록 웨이브 비대칭이 더 심해집니다.
- 회전 속도: 슬라이더를 사용하거나 제공된 상자에 값을 입력하여 입자의 회전 속도를 설정합니다. 값이 클수록 회전 속도가 더 빨라집니다. 매개 변수가 양수인지, 음수인지에 따라 회전 방향이 결정됩니다.
- 회전 속도 변형: 슬라이더를 사용하거나 제공된 상자에 값을 입력하여 입자의 회전 속도 변형 크기를 설정합니다. 예를 들어 50을 입력하면, 입자의 절반이 같은 회전 속도를 갖게 됩니다.
- 무게: 슬라이더를 사용하거나 제공된 상자에 값을 입력하여 입자에 적용된 무게를 설정합니다. 매개 변수가 양수인지, 음수인지에 따라 중력장 방향이 결정됩니다.

(6) [입자 디자이너] → [속성] → [3D 심도]에서 [3D 심도 활성화]에 체크를 하고 심도를 조절합니다.

(7) [입자 디자이너] → [속성] → [색상]에서 입자 색상을 추가하거나 변경하려면 키프레임 시간 표시 막대에서 입자 개체를 선택한 다음 색상 옵션을 선택합니다. 이렇게 하려면 색상 사용을 선택한 다음 다음 옵션을 설정합니다.

- 색상 선택: 채색된 상자를 클릭해서 선택한 입자 개체의 색상을 선택합니다.
- 불투명도: 이 슬라이더를 사용해 입자 개체의 불투명도 또는 투명도 수준을 설정합니다.
- 입자 오버레이 사용: 필요한 경우 채색된 입자에 오버레이를 사용해서 모양

을 변경하려면 이 옵션을 선택합니다.

(8) [입자 디자이너] → [속성] → [페이드]에서 키프레임 시간 표시 막대에서 입자 개체를 선택한 다음 페이드 옵션을 선택해 페이드 효과를 적용합니다. 입자 개체에 페이드 인 또는 페이드 아웃을 활성화할지 선택합니다. 페이드가 적용되면 키프레임 표시기가 키프레임 시간 표시 막대의 입자 개체 트랙에 추가되어 페이드 길이를 나타냅니다.

(9) 사용자가 설정한 입자는 [다른 이름...] 클릭하여 사용자 템플릿으로 저장하여 활용할 수 있습니다.

5) 타이틀룸

타이틀룸에는 프로젝트에 적용할 때 작품에 크레딧 또는 해설을 추가할 수 있는 타이틀 효과 라이브러리가 포함됩니다.

• A: 텍스트 속성 탭, • B: 타이틀 속성, • C: 텍스트 모션 탭, • D: 텍스트/이미지/입자/배경 삽입, • E: 타이틀 텍스트, • F: 모드 선택, • G: 배경 비디오, • H: 확대/축소 도구, • I: TV 안전 지대/눈금선, • J: DirectorZone으로 업로드, • K: 타이틀 키프레임 시간 표시 막대

(1) 타이틀 작업을 위해 임의의 영상을 추가한 다음 [타이틀룸]을 선택하고 임의의 자막을 선택 드래그하여 자막 트랙에 위치시킵니다.

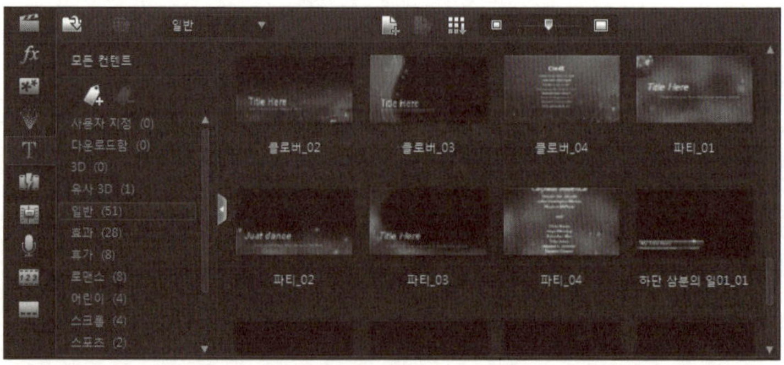

(2) [타이틀 디자이너] → [텍스트] → [문자사전 설정]에서 해당 타이틀 문자열을 선택한 상태에서 임의의 문자유형을 선택합니다.

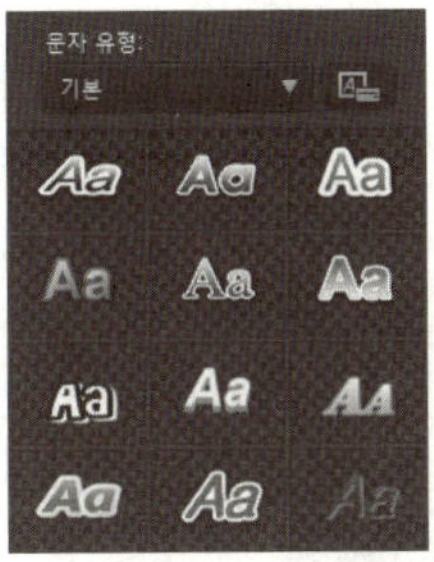

(3) [타이틀 디자이너] → [텍스트] → [글꼴설정]에서는 선택한 타이틀 텍스트의 글꼴과 크기를 설정합니다. 또한 텍스트 상자에서 글꼴 색상, 굵게, 기울임꼴 텍스트를 선택하고 줄간격과 텍스트 간격을 변경하고 텍스트 정렬 방식을 설정할 수 있습니다. 이외에도 흐림 효과, 투명도를 사용자 지정할 수 있습니다. 글꼴 적용 옵션을 선택해서 선택한 타이틀 텍스트의 글꼴 속성을 활성화한 다음 흐림 효과와 투명도 슬라이더를 사용해 모양을 사용자 지정합니다.

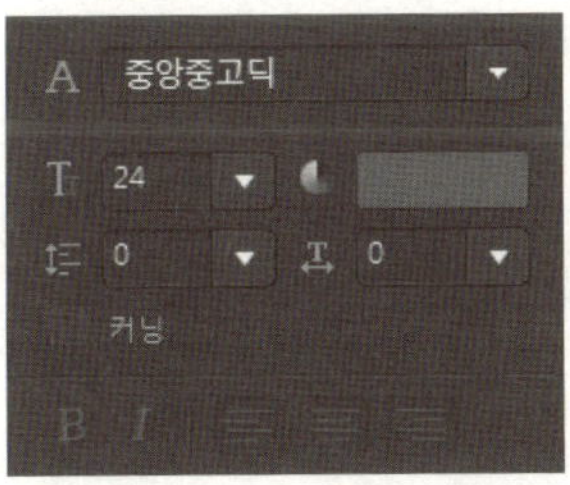

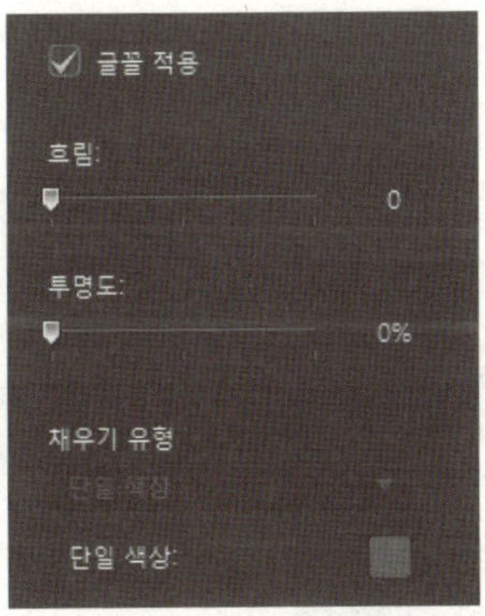

(4) [타이틀 디자이너] → [텍스트] → [반사]에서 [반사작용]을 체크하고 거리, 투명도를 설정합니다.

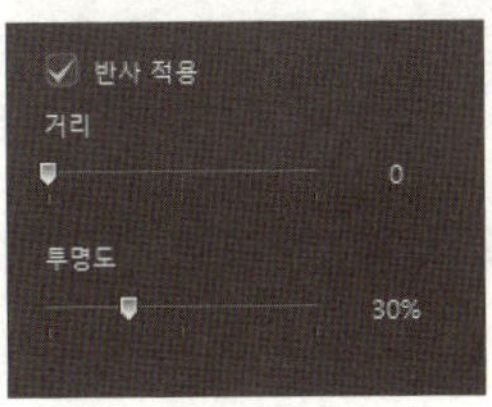

(5) [타이틀 디자이너] → [텍스트] → [타이틀 그림자 설정]에서 타이틀의 그림자 거리, 흐림, 투명도, 그림자 채우기, 그림자 각도를 각각 설정합니다.

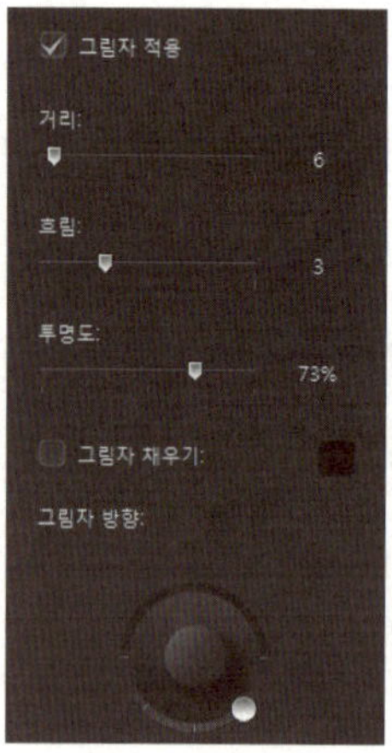

(6) [타이틀 디자이너] → [텍스트] → [테두리 설정], [3D 설정]도 PiP 개체 설정과 동일한 방법으로 설정할 수 있습니다.

(7) [타이틀 디자이너] → [텍스트] → [이미지 설정]은 타이틀 효과에 이미지가 포함되어 있을 경우 미리보기 창에서 이미지를 클릭 선택한 다음 이미지 설정 옵션을 클릭해 사용자 지정합니다.

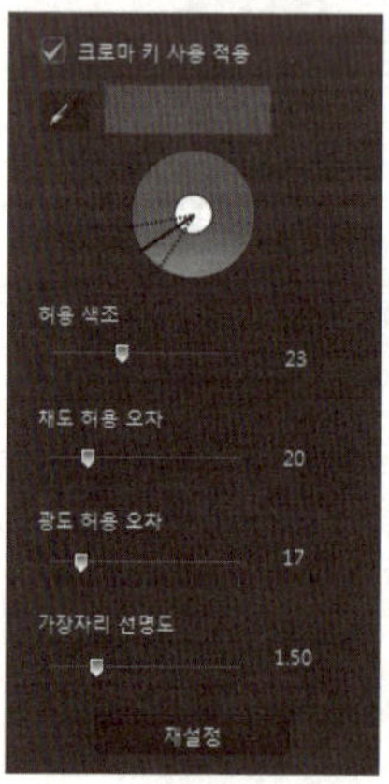

크로마 키(녹색 스크린) 효과를 이미지에 적용하려면 크로마 키 적용을 선택합니다. 다음으로 클릭한 후에 교체/투명하게 하려는 이미지 색상을 선택합니

다. 허용 강도와 허용 색조 슬라이더를 사용해 적용된 크로마 키 수준을 설정해서 선택한 이미지 뒤에 콘텐츠가 표시되도록 합니다.
요구 사항에 따라 타이틀 텍스트의 이미지를 상하/좌우 대칭하려면 개체 뒤집기 활성화를 선택합니다. 또한 이미지에 페이드 효과를 사용할 수 있습니다. 이미지에 페이드 인 또는 페이드 아웃을 활성화할지 선택합니다.

(8) 타이틀의 길이를 삽입된 타이틀을 선택한 상태에서 드래그하여 위치를 이동할 수 있고, 타이틀의 양측에 마우스를 대면 양쪽 화살표 아이콘이 생성될 때 길이를 조절할 수 있습니다. 타이틀을 복사하여 사용하고자 할 경우 해당 타이틀을 선택한 후 우클릭하여 [복사]를 선택하거나 [Ctrl+C]키를 누릅니다. 시간표시막대를 붙이기를 하고자하는 위치에 놓고 우클릭 [붙이기]를 하거나 [Ctrl+V]를 클릭합니다.

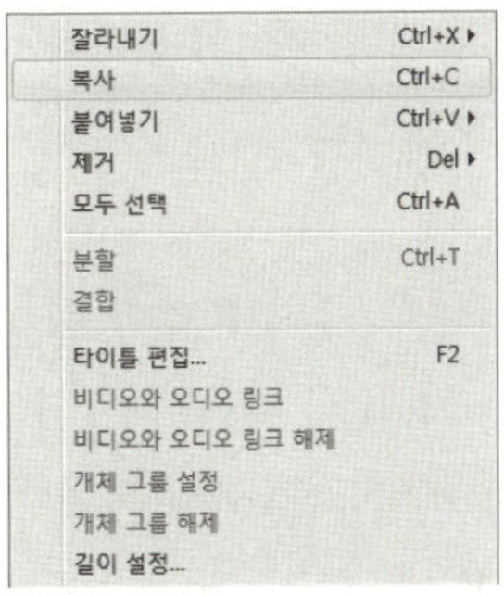

(9) 타이틀은 사용자가 원하는 만큼 영상트랙을 추가하여 다중으로 삽입할 수 있습니다.

(10) 템플릿으로 제공되는 타이틀의 텍스트를 수정할 때는 미리보기 창에서 해당 텍스트 개체를 선택하여 직접 입력하거나 좌측 [선택한 개체]의 텍스트 입력창에서 수정할 수 있습니다.

(11) 삽입된 타이틀 중 이미지, 텍스트 개체의 효과시간, 페이드인과 아웃 시간 등 모션은 [타이틀 디자이너]의 타임라인에서 개체를 선택하여 마우스 드래그를 통해 세부적으로 조절할 수 있습니다.

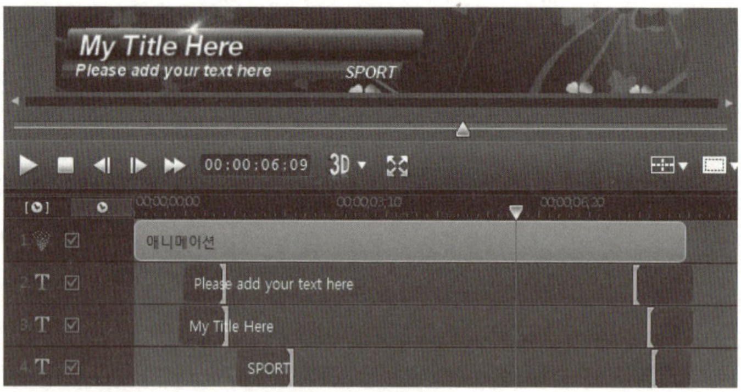

타이틀 텍스트 모션 속도 사용자 지정은 타이틀 텍스트의 모션과 애니메이션 속도를 수정할 수 있습니다. 다음 두 가지 요소가 모션/애니메이션 완료 속도를 결정합니다.

• 타임라인에서 타이틀 효과 클립의 길이

프로젝트 시간 표시 막대의 타이틀 효과 클립의 길이가 길수록 타이틀 효과 애니메이션 완료까지 시간이 더 오래 걸립니다. 예를 들어, 타이틀 효과 클립이 20초라면 이 타이틀 효과는 시작 및 종료 애니메이션 완료를 위해 20초가 걸립니다.

• 키프레임 시간 표시 막대

PiP 미디어 클립을 PiP 디자이너에서 열면 각 클립의 사용자 지정 키프레임 시간 표시 막대가 생성됩니다. 위 예에서, 프로젝트 시간 표시 막대의 타이틀 효과 클립 길이가 20초이기 때문에 키프레임 시간 표시 막대 역시 20초가 됩니다. 동영상 시간 표시 막대를 보려면 단추를 클릭합니다.

키프레임 시간 표시 막대를 통해 각 키프레임을 정교하게 배치해서 동영상 작품에 적용된 효과의 시간을 맞출 수 있습니다. 타이틀 효과 애니메이션에는 4개의 키프레임이 있습니다.

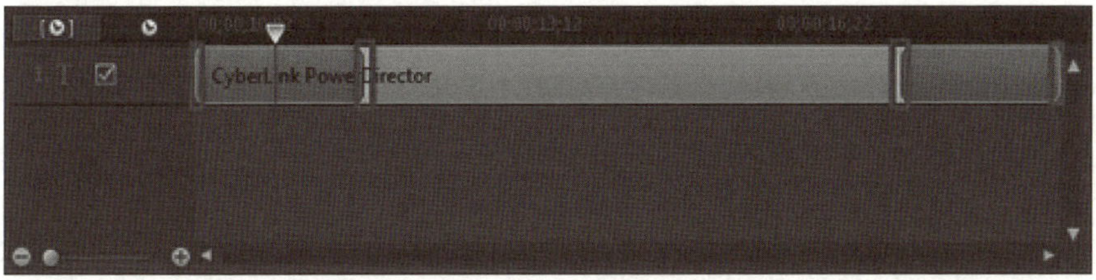

첫 번째 두 개 키프레임은 시작 효과의 시작 지점과 종료 지점을 표시하며 마지막 두 개는 종료 효과의 시작 및 종료 지점을 표시합니다. 암녹색 섹션은 시작/종료 효과가 완료되기까지의 소요 시간을 나타냅니다. 효과의 시작 또는 종료 시간을 변경하려면 또는 시작이나 종료 효과가 완료까지 걸리는 시간을 변경하려면 키프레임을 끌어서 시간 표시 막대에서 원하는 위치로 이동시킵니다.

(12) 타이틀 템플릿을 수정한 후에는 나중에 사용하기 위해서 효과 라이브러리에 저장하거나 다른 사람과 공유하기 위해 DirectorZone에 업로드 할 수 있습니다.

• [공유]를 클릭하면 사용자 지정 템플릿을 DirectorZone에 업로드합니다.
• [다른 이름으로 저장]을 클릭하면 수정한 템플릿을 새 템플릿으로 타이틀 룸에 저장합니다.
• [저장]을 클릭하면 새 템플릿을 타이틀 룸에 저장합니다.

6) 전환룸

전환룸에는 프로젝트의 단일 클립 또는 클립 사이에 사용할 수 있는 장면 전환 효과가 들어 있습니다. 장면 전환을 사용하면 프로젝트에서 미디어가 나타나고 사라지는 방식을 비롯하여 한 클립에서 다음 클립으로 바뀌는 방식을 제어할 수 있습니다. 트랙에 있는 단일 클립이나 두 클립 사이에 전환을 추가할 수 있습니다.

(1) 장면 전환할 영상을 위치시킨 다음 [전환룸] 아이콘을 클릭합니다. 전환효과는 2D, 3D, 블록, 슬라이드, 오디오, 유사 3D, 줄무늬, 지우기, 특수, 형태, 회전을 제공합니다.

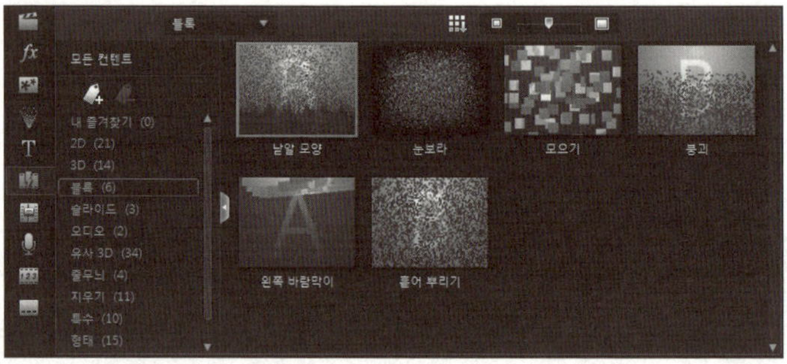

(2) 단일 클립에 장면 전환 효과를 추가하여 작품에서 클립이 나타나거나 사라지는 방식을 제어할 수 있습니다. 예를 들어, PiP 비디오(이미지, 비디오 클립, 컬러 보드, PiP 개체, 손그림 개체, 타이틀 효과, 입자 효과 포함)에 전환 효과를 추가하고 최종 비디오에 나타나는 모양을 완벽하게 제어할 수 있습니다. [전환룸]에서 임의의 전화효과를 선택하여 비디오 트랙에 있는 클립의 시작(접두 번호 전환) 또는 종료(접미 번호 전환) 지점으로 끌어다 놓습니다.

(3) 전환효과가 적용된 후 미리보기를 통해 확인하면 아래처럼 [지우기-벌레구멍] 효과가 구현됩니다.

(4) 전환 효과의 지속 시간을 변경하려면 클립 내에서 시작/종료 지점을 클릭해서 끕니다.

(5) 비디오 트랙의 두 이미지와 비디오 클립 사이, 또는 모든 오디오 관련(오디오, 음성, 음악 등) 트랙의 두 오디오 클립 사이에 전환 효과를 추가할 수도 있습니다. 두 클립 사이에 전환 효과를 추가하기 위해 장면 전환 효과를 선택한 다음 트랙에 있는 두 클립 사이로 끌어서 이동합니다.

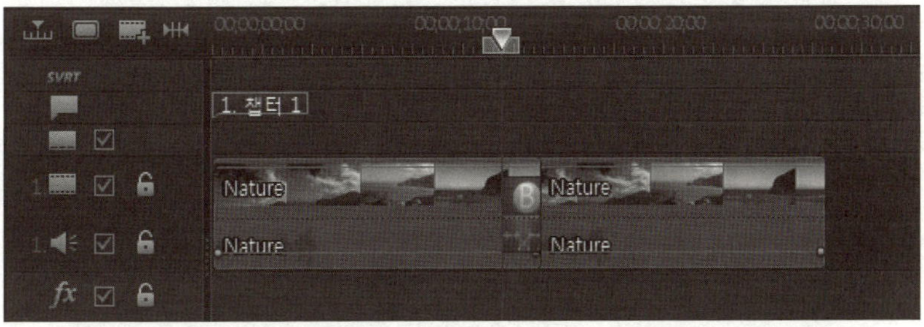

(6) 전환 효과의 지속 시간을 변경하려면 클립 내에서 시작/종료 지점을 클릭해서 끕니다. 또한 해당 장면효과를 더블클릭하여 [길이 설정]창에서 직접 시간을 설정할 수 있습니다.

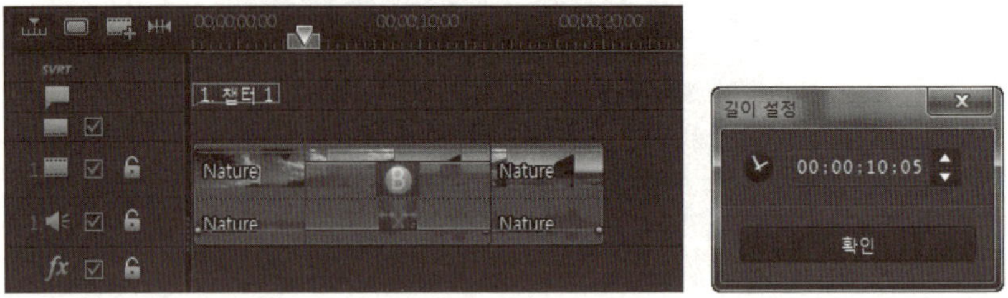

(7) 두 클립 사이에 장면 전환 효과를 추가한 후, 효과의 동작을 설정할 수 있습니다. CyberLink PowerDirector에서 두 클립 사이의 장면 전환 효과는 다음 중 하나로 동작할 수 있습니다.

• 크로스 전환: 크로스 전환을 사용하면 두 클립이 시간 표시 막대에 나란히 위치하고 장면 전환이 두 사이를 연결하는 다리와 같이 작용합니다. 예를 들어, 두 개의 5초 클립 사이에 2초 장면 전환 두 개를 추가하면 총 길이가 10초가 됩니다. 전환 효과가 첫 번째 클립의 4초 마크에서 시작하고 두 번째 클립의 1초 마크에서 끝납니다.

• 오버랩 전환: 오버랩 전환을 사용하면 장면 전환이 이루어지는 동안 두 클립이 서로 겹치게 됩니다. 이를 통해 장면 전환 중 두 클립의 일부를 서로 겹치게 재생할 수 있습니다. 위와 같은 예를 사용할 때, 두 클립 모두에서 전환 효과가 2초 동안 재생되므로 총 지속 시간은 8초가 됩니다.

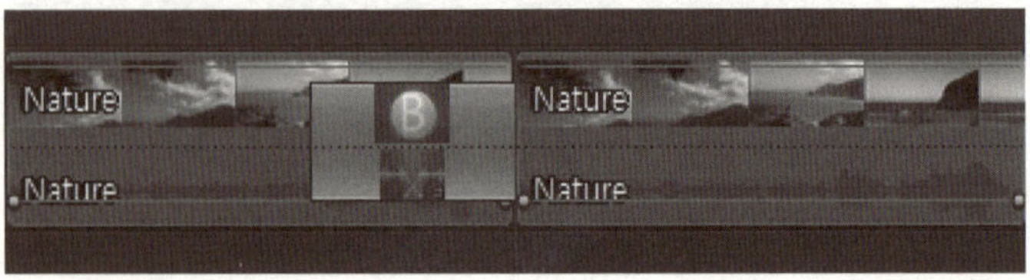

(8) 일부 설정이 있는 전환을 전환 설정 패널에서 수정할 수 있습니다. 이 설정에는 전환에 사용된 배경 색, 전환 효과 방향, 사용한 효과 종류 등을 수정할 수 있는 기능이 포함될 수 있습니다. 두 클립 사이에 있는 전환 효과를 클릭한 후 마우스 우클릭 다음 [장면 전환 수정]을 선택합니다.

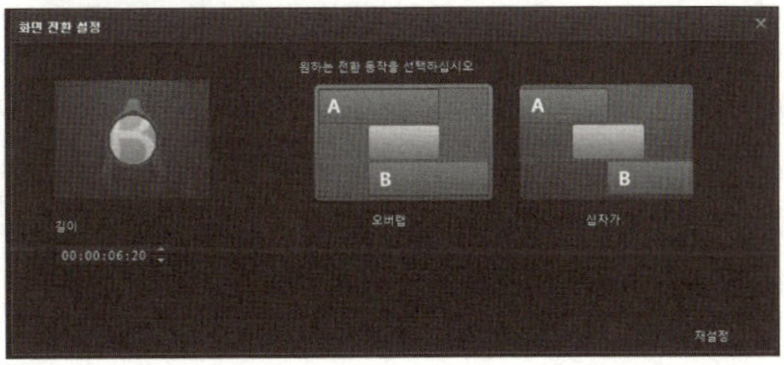

(9) 전환효과를 삭제할 때는 해당 영상 클립위에 있는 효과를 선택한 다음 [Delete] 키를 클릭합니다.

7) 오디오 믹싱룸

오디오 믹싱 룸에서는 컨트롤을 사용하여 프로젝트에 모든 오디오 트랙을 믹싱할 수 있습니다.

비디오 작품의 오디오 트랙, 음악 트랙, 음성 트랙 중 하나에 오디오가 포함될 수 있습니다. 이러한 오디오는 다른 볼륨으로 녹음되었기 때문에 사운드트랙이 너무 크거나 혼란스럽게 될 수 있습니다.

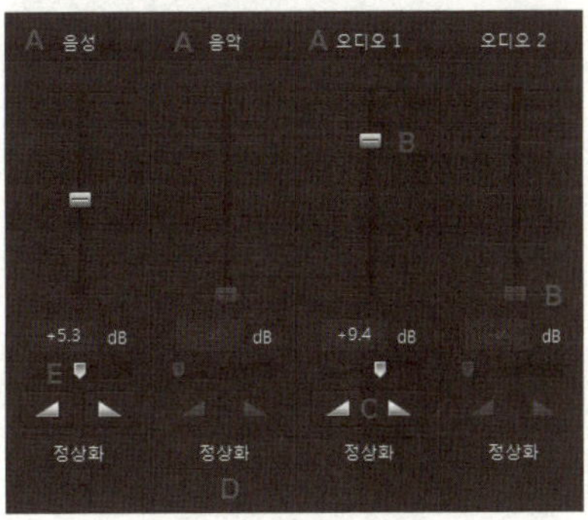

• A: 시간 표시 막대의 오디오 트랙, • B: 마스터 볼륨 컨트롤, • C: 페이드 인/아웃 컨트롤, • D: 볼륨 정상화, • E: 마스터 게인 컨트롤

(1) [오디오 믹싱룸]을 클릭해 오디오 믹싱 룸을 열어서 모든 오디오의 볼륨을 비디오에서 보다 조화로운 사운드트랙으로 믹싱하거나 볼륨 키를 사용하여 각각의 개별 클립에서 트랙의 수준을 믹싱합니다.

(2) 시간 표시 막대의 오디오 클립 모든 지점에서 볼륨의 레벨을 수동으로 변경할 수 있습니다. 시간 표시 막대에서 오디오 트랙의 볼륨 레벨을 변경하려면 오디오 레벨을 변경할 지점의 오디오 레벨 라인을 클릭하여 볼륨 키를 설정합니다. 볼륨을 높이려면 볼륨 키를 위로 끌고, 볼륨을 낮추려면 아래로 끕니다.

(3) 오디오 믹싱 룸의 오디오 믹서를 열고 가능한 컨트롤을 사용해 각 트랙의 오디오 레벨을 설정합니다. 오디오 트랙이 조절 가능하도록 활성화되어 있는 부분만 설정할 수 있습니다.

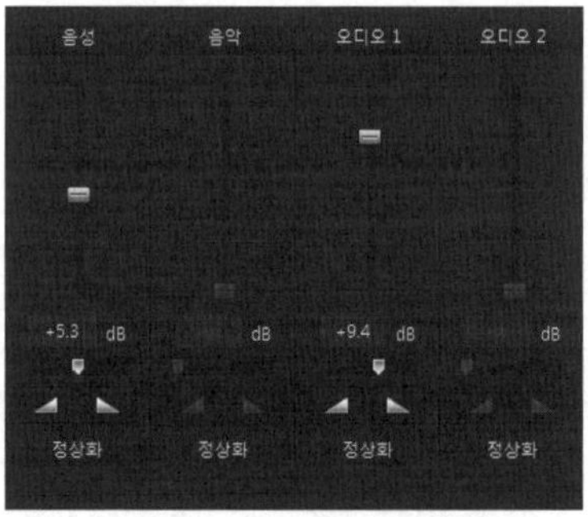

(4) 시간 표시 막대 슬라이더가 오디오 클립 시작 지점에 있는지 확인한 다음 페이드 인, 페이드 아웃을 조절하여 효과를 설정할 수 있습니다.

(5) 오디오 클립의 볼륨이 마음에 들지 않는 경우에는 클립의 원래 볼륨을 쉽게 복원할 수 있습니다. 볼륨을 복원하려면 오디오 클립을 마우스 오른쪽 단추로 클릭하고 [원래 볼륨으로 복원]을 선택합니다.

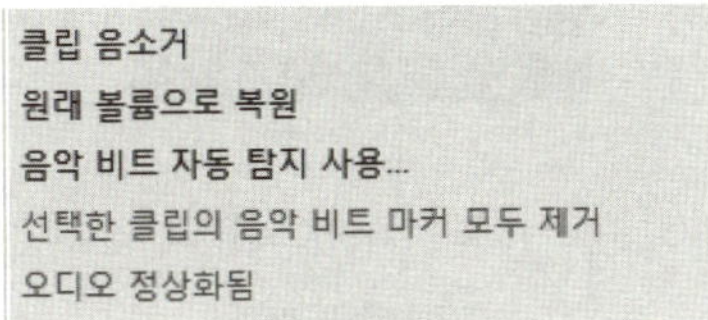

8) 음성 해설 녹음 룸

음성 해설 녹음 룸에서는 비디오 작품을 시청하면서 비디오에 음성 해설(더빙)을 녹음할 수 있습니다.

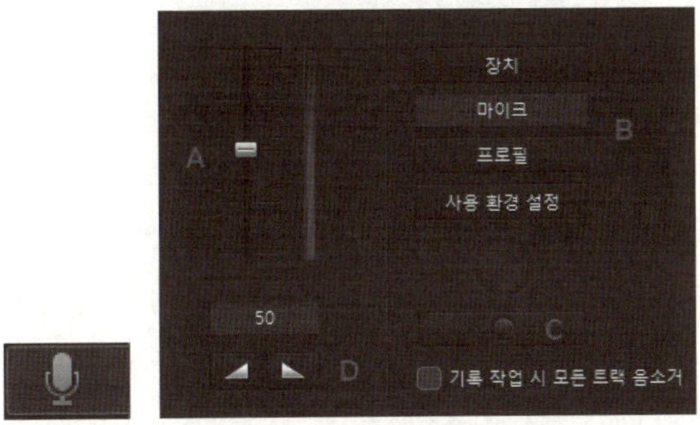

• A: 녹음 볼륨 레벨, • B: 녹음 사용 환경 설정, • C: 녹음/정지 단추, • D: 페이드 인/아웃

(1) 컴퓨터에 마이크를 연결한 후 [음성 해설 녹음 룸] 아이콘을 클릭합니다.

(2) [장치]를 클릭하여 마이크 장치를 선택합니다. 컴퓨터에 연결된 마이크 장비가 자동으로 인식됩니다.

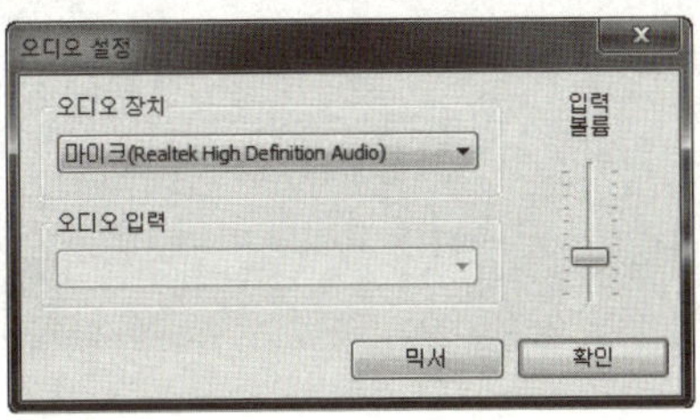

(3) 해설 녹음 준비가 되면 적절한 녹음 볼륨 레벨을 설정하고 [녹화] 버튼을 클릭합니다. 비디오 작품을 미리 보면서 마이크로 음성 해설을 녹음할 수 있습니다.

(4) 음성 해설을 하면서 페이드 인과 페이드 아웃 효과를 추가할 수 있습니다.

(5) 녹음을 완료하면 [녹화] 버튼을 클릭하면 녹음이 중지되고 녹음한 음성 클립이 음성 트랙에 배치됩니다.

9) 챕터룸

챕터 룸에서는 프로젝트의 챕터 표시를 자동 또는 수동으로 설정할 수 있습니다. 최종 디스크에 챕터를 설정하면 메뉴 페이지에서 설정한 챕터 표시로 바로 이동할 수 있습니다. 챕터는 디스크에 작품을 구울 때 최종 작품의 탐색을 용이하게 하며, 시청자가 원하는 내용만을 볼 수 있도록 하며 완료 전에 디스크가 중시된 경우 그 위치를 쉽게 찾을 수 있게 해줍니다. 디스크로 최종 출력물을 출력하지 않을 때는 하지 않아도 되는 작업입니다.

(1) [챕터룸] 단추를 클릭해 챕터 룸*을 엽니다.

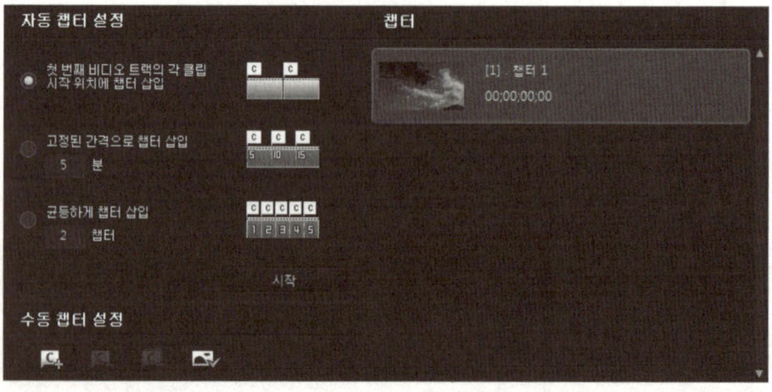

(2) 챕터 룸에서 챕터 마커를 자동으로 추가하는 방법은 3가지가 있습니다.

· 첫 번째 비디오 트랙의 각 클립 시작 위치에 챕터 삽입을 선택해 시간 표시 막대의 맨 위 트랙에 있는 각 클립 앞에 챕터 마커를 추가합니다.

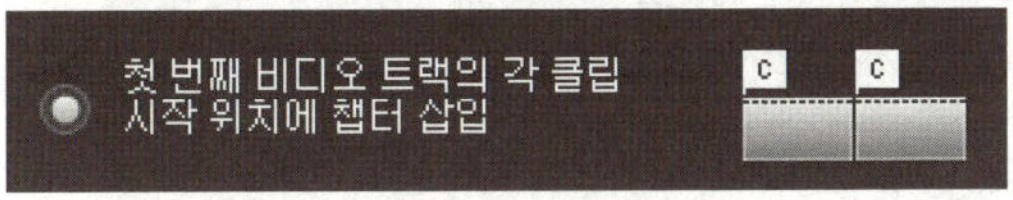

· 고정된 간격으로 챕터 삽입을 선택한 다음 표시된 입력란에 간격(분 단위)을 입력합니다.

· 균등하게 챕터 삽입을 선택한 다음 표시된 입력란에 챕터 수를 입력해서 프로젝트에 지정된 챕터 수를 균등하게 설정합니다.

(3) 챕터 룸에서 챕터 마커를 수동으로 직접 설정하려면 비디오 작품에서 원하는 지점으로 이동한 다음 [현재 위치에 챕터 추가]를 클릭합니다. 챕터를 나눈 지점 챕터 트랙에 마커가 생성되며, 챕터 룸에 챕터가 생성됩니다.

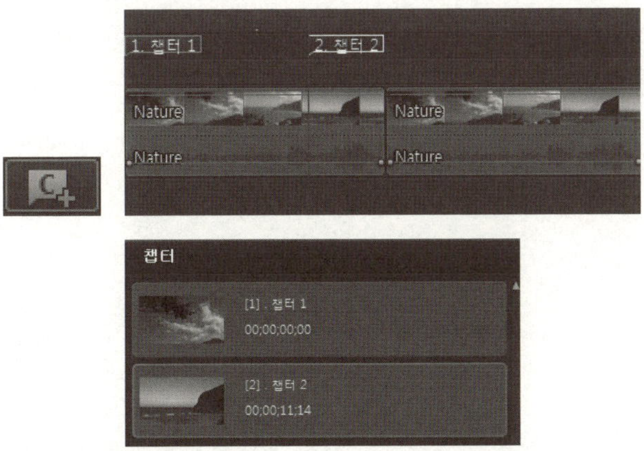

(4) 챕터를 제거하려면 챕터 마커를 선택하고 [선택한 챕터 삭제]를 클릭합니다. 작품에서 챕터 마커를 모두 제거하려면 [모든 챕터 삭제]를 클릭합니다.

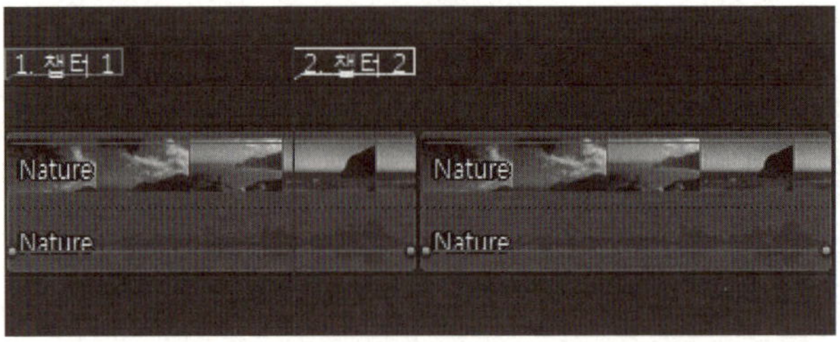

(6) 각 챕터에 대해 섬네일 이미지를 설정하여 완성한 디스크의 디스크 메뉴에 표시되게 할 수 있습니다. 시간 표시 막대 슬라이더를 챕터 섬네일로 사용하려는 비디오 작품의 프레임으로 끌어 놓은 다음 [현재 프레임을 챕터 섬네일로 설정] 단추를 클릭합니다.

10) 자막룸

자막 룸에서는 직접 제작하거나 XT, SRT, MKV 파일을 가져오는 방식으로 비디오 작품에 자막을 추가할 수 있습니다. CyberLink PowerDirector는 비디오 작품에 대한 자막을 디스크에 넣거나 비디오 파일에 바로 출력해서 추가할 수 있도록 지원합니다. 또한 파일에서 자막을 가져오거나 MKV 파일에서 추출하거나 자막 룸에 직접 추가할 수도 있습니다.

(1) 자막 작업을 하기 위해 영상과 영상에 대응되는 SRT 자막을 준비하고 영상을 미디어룸에서 타임라인에 위치시킵니다.

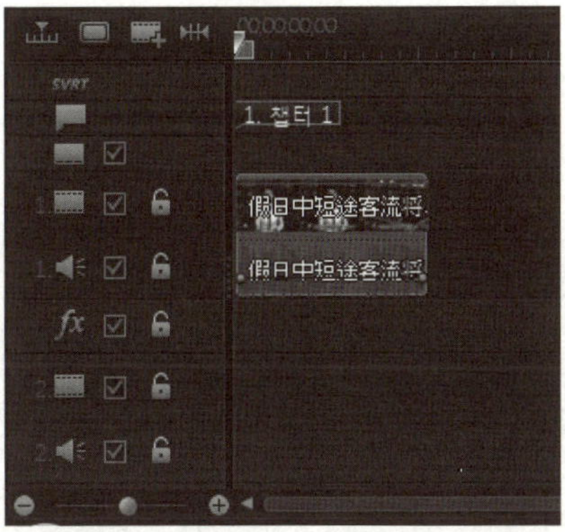

(2) [자막룸] 아이콘을 클릭하여 자막 작업창으로 들어갑니다.

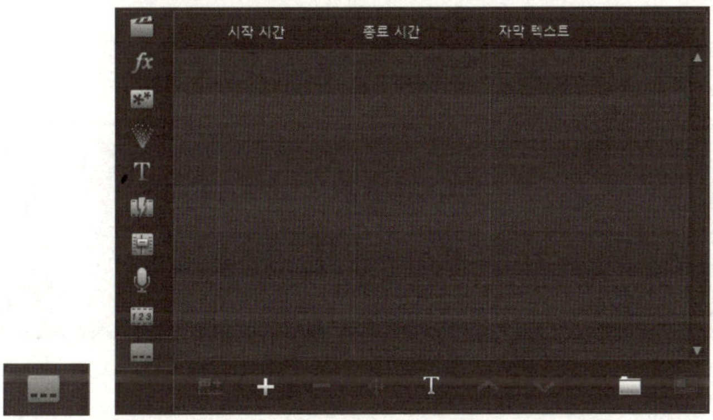

(3) [SRT...] 아이콘을 클릭하여 SRT 자막을 가져옵니다. SRT 자막은 "한방에"나 "SMISyncW"와 같은 자막 제작툴에서 자막을 제작한 후, "Vobsub-subresync"에서 SMI 자막을 SRT로 변환하여 확보합니다. 자막을 가져올 때는 자막의 시작시간과 영상이 타임라인에 위치한 시간이 동일해야 싱크가 일치합니다.

(4) SRT 자막이 있는 폴더에서 해당 자막을 선택한 후 [열기] 버튼을 클릭합니다.

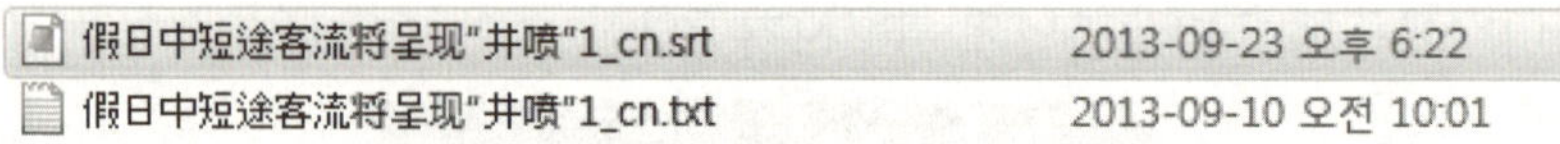

(5) 자막룸에 시간(시작, 종료)과 같이 자막 텍스트가 로딩됩니다.

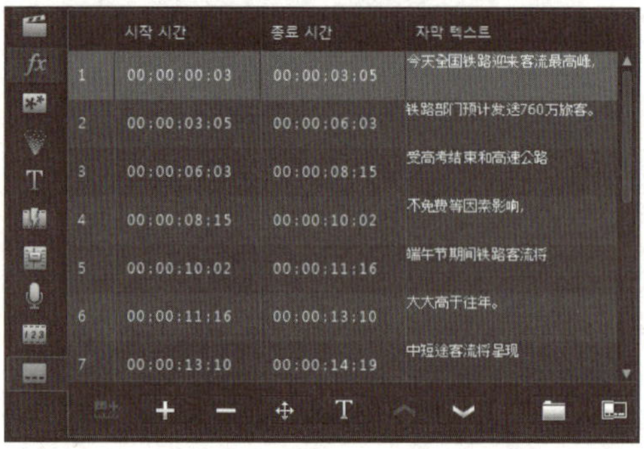

(6) 하단의 타임라인 자막 트랙에 영상과 대응되는 자막이 위치합니다.

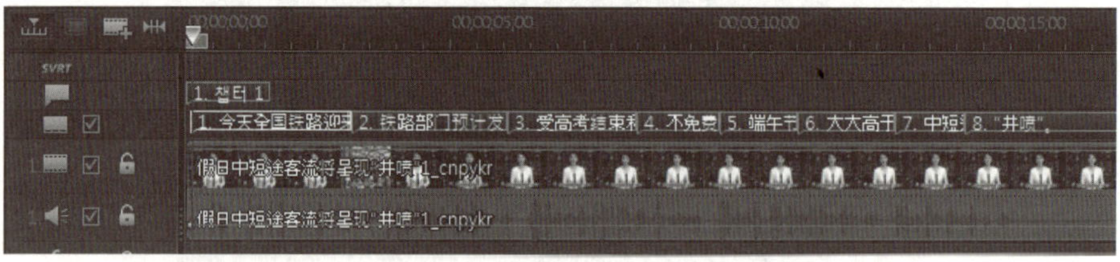

(7) 자막룸에서 해당 자막을 더블 클릭하면 자막을 수정할 수 있습니다.

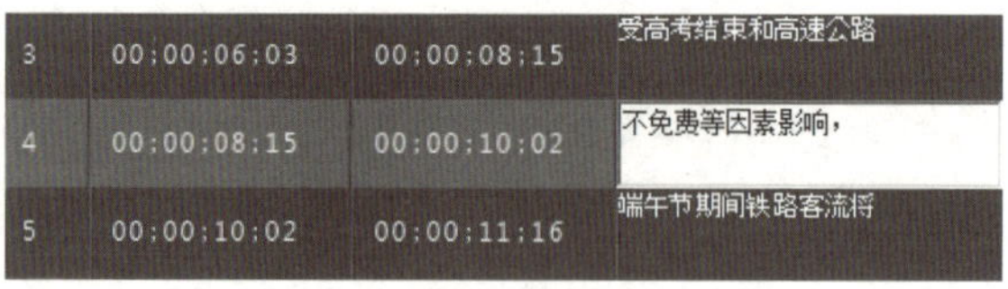

(8) [+], [-]를 클릭하여 자막행을 추가하거나 삭제할 수 있습니다. 영상에 대응되는 SRT 자막이 확보되지 않고 간단한 자막이라면 "한방에"와 같은 전문 자막 제작툴을 활용해도 되지만 직접 자작을 제작할 수 있습니다. 타임라인 영상 마커를 자막을 삽입하고자 하는 시간에 위치시킨 후 [+] 아이콘을 클릭하여 자막 라인을 추가하고 [자막 텍스트] 란에 자막을 입력합니다.

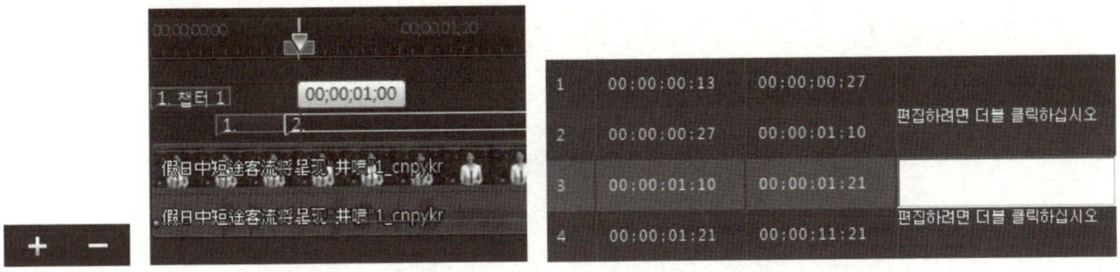

(9) [자막 위치 조정] 아이콘을 클릭하여 영상과 결합되는 자막의 위치를 설정할 수 있습니다. [모두 설정]은 모든 자막의 위치를 일괄 설정합니다.

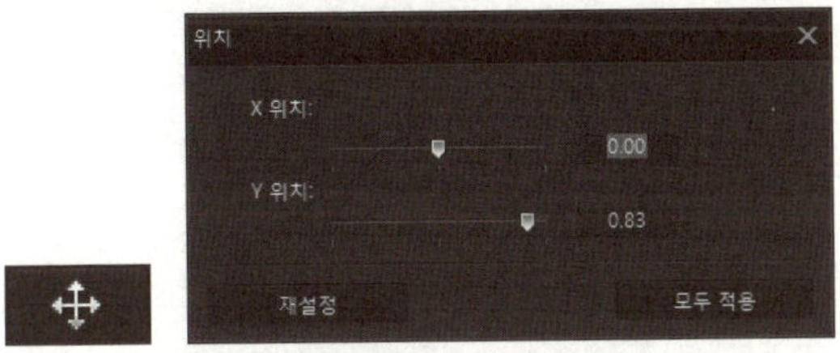

(10) [자막 텍스트 형식 변경] 아이콘을 클릭하여 자막의 형식을 설정합니다. 글꼴, 스타일, 크기, 정렬, 3D 심도, 색상, 그림자, 테두리를 각각 설정할 수 있습니다.

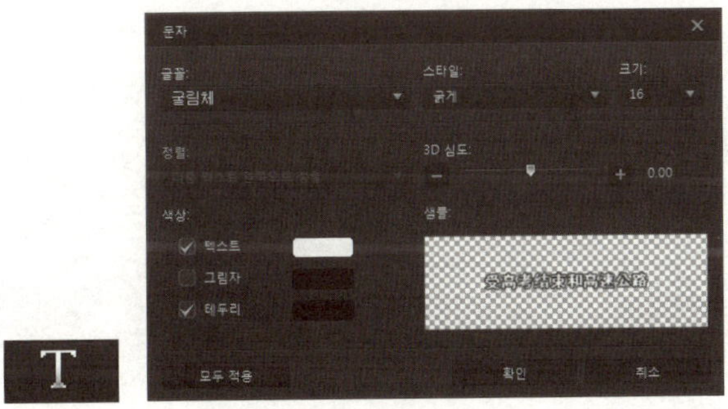

(11) 영상과 대응되는 이미 제작된 자막을 불러온 것이 아니라 직접 자막을 입력했을 경우 [SRT 파일로 내보내기]를 클릭하여 텍스트가 아니라 시간정보가 있는 자막 형식으로 내보낼 수 있습니다.

(12) [이전, 이후 자막으로 이동] 아이콘으로 자막의 행을 위아래로 이동할 수 있습니다.

(13) 자막 시간에 오류가 있을 경우 [시작 시간]과 [종료 시간]의 시간을 직접 수정하거나, 타임라인의 자막 트랙에서 자막과 자막 사이에 커서를 위치시키면 양쪽 화살표 모양의 아이콘이 생성될 때 드래그하여 길이를 조절할 수 있습니다.

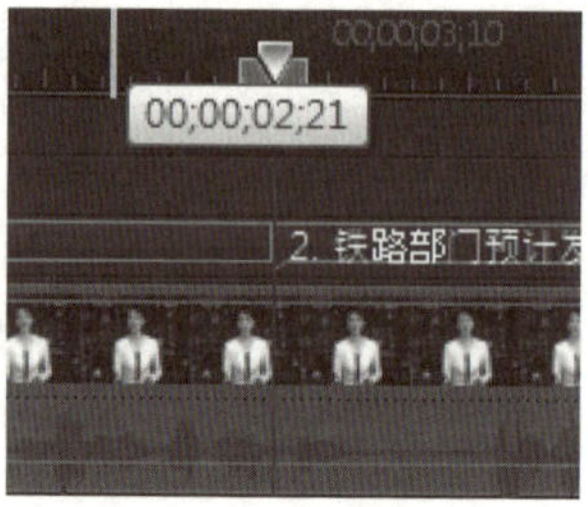

(15) 만약 영상과 자막 재생 시간이 일치하지 않을 Shift 키를 클릭한 상태에서 자막 전체를 선택한 후 마우스 드래그하면 하단처럼 각각의 자막이 노란색으로 표시되면서 이동됩니다. 적절한 위치에서 놓으면 시간이 조절됩니다.

(16) 최종적으로 자막 작업이 완료되면 미리보기창에서 플레이 버튼을 클릭하면 영상과 결합되어 재생됩니다. 최종적으로 제작을 할 경우 영상과 자막이 결합된 결과물을 생성할 수 있습니다.

4. PowerDirector 플러그인

CyberLink PowerDirector에 다양한 플러그인이 있으며 작품의 비디오 콘텐츠를 만드는데 유용합니다. 편집 모듈의 미디어 룸 라이브러리 위에 있는 [플러그인] 버튼을 클릭하면 PowerDirector 플러그인이 보입니다. 현재 CyberLink PowerDirector에 MultiCam 디자이너와 테마 디자이너 플러그인이 2개를 지원합니다.

1) MultiCam 디자이너

MultiCam 디자이너를 통해 여러 카메라의 자료를 매끄럽게 편집하고 라이브 카메라 스위처 사용을 시뮬레이션합니다. MultiCam 디자이너는 CyberLink PowerDirector 프로젝트에서 사용하기 위해 전문가 수준으로 편집된 콘텐츠를 만듭니다.

• A: 비디오 가져오기, • B: 가용 카메라(비디오 소스), • C: 오디오 가져오기, • D: 동기화 유형, • E: 선택한 카메라(비디오 소스), • F: 트랙 기록, • G: 렌더링/재생 컨트롤, • H: 오디오 소스, • I: 기록된 비디오, • J: 가용 오디오 소스, • K: 소스 트랙

(1) MultiCam 디자이너를 열려면 [플러그인] 버튼을 클릭한 다음 [MultiCam 디자이너]를 선택합니다.

(2) MultiCam 디자이너의 경우 카메라 4개에서 최대 4개의 비디오 소스를 가져올 수 있습니다. 각 가용 카메라(비디오 소스)의 소스 비디오 트랙에 비디오 클립을 1개 이상 가져올 수 있습니다. 또한 1개 이상의 오디오 파일을 가져와서 기록 중인 클립에 소스 오디오로 사용할 수 있습니다. 비디오를 가져오기 위해 [비디오 가져오기]를 클릭하고 [하드 드라이브에서 가져오기]나 [미디어 룸에서 가져오기] 중 하나를 선택합니다.

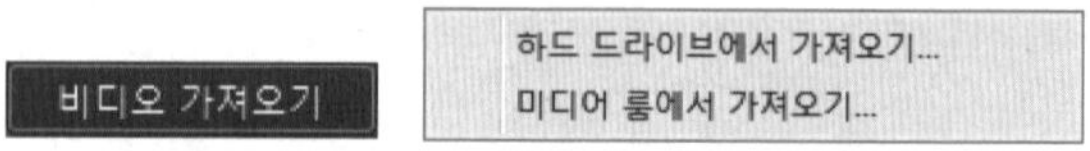

(3) 가져온 비디오는 [가용 카메라] 창에 위치하며, 가용 카메라 영역과 해당 소스 비디오 트랙에 배치됩니다.

(4) 특정한 소스 비디오 트랙에 여러 개의 비디오 클립을 가져오기 위해 [+]를 클릭합니다. 처음에 가져온 클립 뒤에 위치합니다.

(4) 비디오 클립을 비디오 트랙의 다른 위치로 이동하거나 다른 트랙으로 끌어 놓을 수 있습니다. 또한 필요한 경우 트랙 옆에 있는 아래의 버튼을 클릭해 소스 트랙의 비디오 클립 순서를 조정한 다음 아래의 버튼을 사용해 재조정할 수 있습니다.

(5) [클립 순서 조정] 창에서 비디오 클릭을 선택한 상태에서 상하 화살표를 클릭하여 순서를 재설정 할 수 있습니다. [+], [-]를 클릭하여 추가로 비디오 클립을 추가하거나 삭제할 수 있습니다.

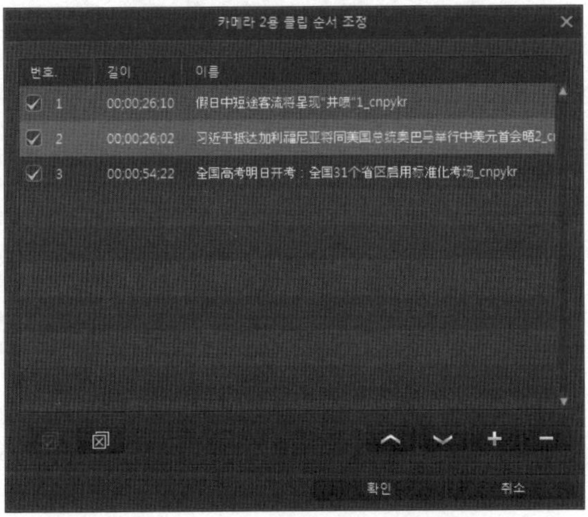

(5) 오디오 클립도 비디오 클립을 가져오는 방식과 동일한 방법으로 가져올 수 있습니다. 가져온 오디오는 가용 오디오 소스에 순차적으로 표시되고 시간 표시 막대의 소스 오디오 트랙에 배치됩니다.

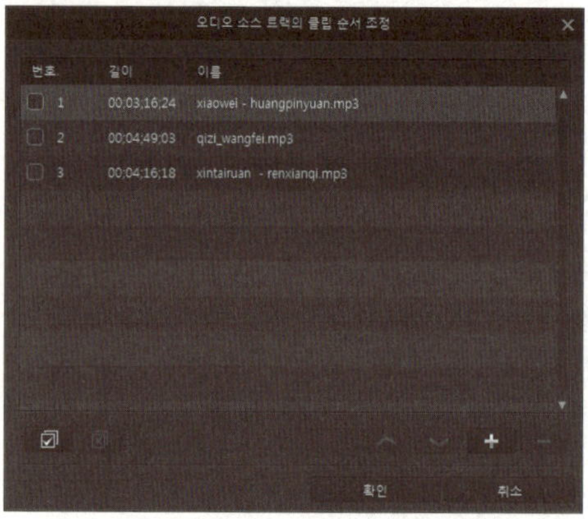

(6) 미디어 클립을 기록에 사용하려는 MultiCam 디자이너에 모두 가져온 후 다음 단계는 동기화하는 것입니다. 드롭 다운 목록에서 기록하려는 오디오 소스를 선택합니다. 가져온 비디오 클립의 오디오를 사용하거나 가져온 오디오를 선택해 소스 오디오 트랙에 가져온 오디오를 사용합니다. 동기화 드롭 다운 목록에서 다음 중 하나를 선택합니다.

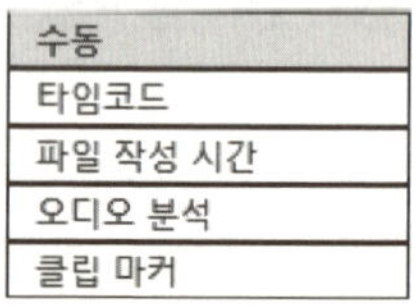

· 수동: 소스 트랙에서 수동으로 각 클립의 시작 위치를 조정하려면 이 옵션을 선택합니다. 소스 트랙의 클립을 클릭하고 새 위치로 끌어서 위치를 조정할 수 있습니다.
· 타임 코드: MultiCam 디지이너에서 비디오 클립 시긴 코드를 사용해 동기화하려면 이 옵션을 선택한 다음 적용을 클릭합니다. MultiCam 디자이너가 소스 트랙의 클립을 자동으로 조정하게 됩니다.
· 파일 작성 시간: 이 옵션을 선택한 다음 적용을 클릭해서 동기화 지점에 따라

파일이 작성된 날짜와 시간을 사용합니다. MultiCam 디자이너가 소스 트랙의 클립을 자동으로 조정하게 됩니다.

· 오디오 분석: MultiCam 디자이너에서 오디오를 분석한 다음 클립의 오디오에 따라 파일을 동기화하려면 이 옵션을 선택한 다음 적용을 클릭합니다. MultiCam 디자이너가 소스 트랙의 클립을 자동으로 조정하게 됩니다.

· 클립 마커: 이 옵션을 선택한 다음 재생 컨트롤을 사용해 각 클립의 동기화 지점을 찾습니다. 지점을 찾은 후에 소스 트랙을 마우스 오른쪽 단추로 클릭한 다음 마커 추가를 선택합니다. 마커를 모두 직접 추가한 후에 적용 버튼을 클릭합니다. MultiCam 디자이너가 소스 트랙의 클립을 조정하게 됩니다.

(7) 미디어 클립을 MultiCam 디자이너에 가져온 다음 모두 동기화한 경우 비디오를 기록할 준비가 됩니다. 기록을 시작하려는 카메라(비디오 소스)를 선택합니다. 카메라 미리보기 영역을 간단히 클릭하면 선택할 수 있습니다. 만약 [카메라 1]을 선택했다면 하단 소스 트랙의 [기록]에 카메라 1의 내용이 기록되고 다른 카메라를 선택하면 소스 트랙에 다른 카메라가 순차적으로 기록됩니다. 기록을 시작하려면 [ ]을 클릭합니다.

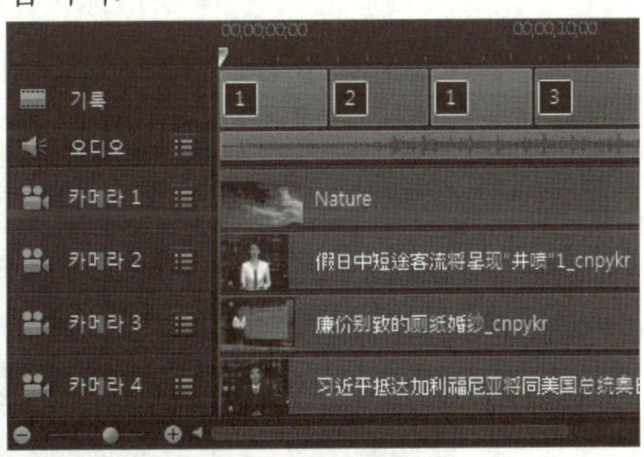

(8) [미리보기 품질 설정]을 클릭하여 재생 품질을 조절할 수 있습니다.

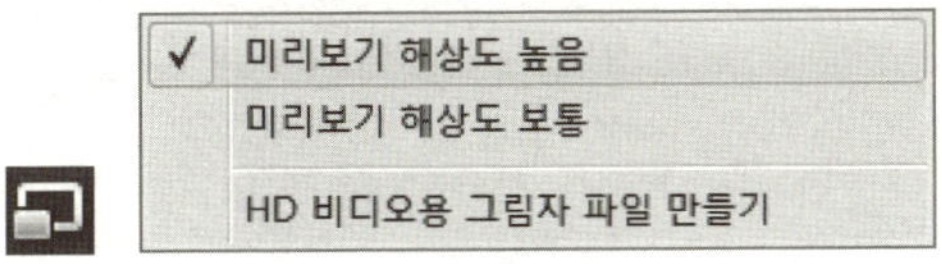

(9) 기록을 마치려면 [녹화]나 [정지] 버튼을 클릭합니다.

(10) 모든 기록이 완료되면 하단의 [확인]을 클릭합니다. MultiCam 디자이너가 닫히고 기록된 콘텐츠를 미디어룸과 영상 트랙으로 가져옵니다.

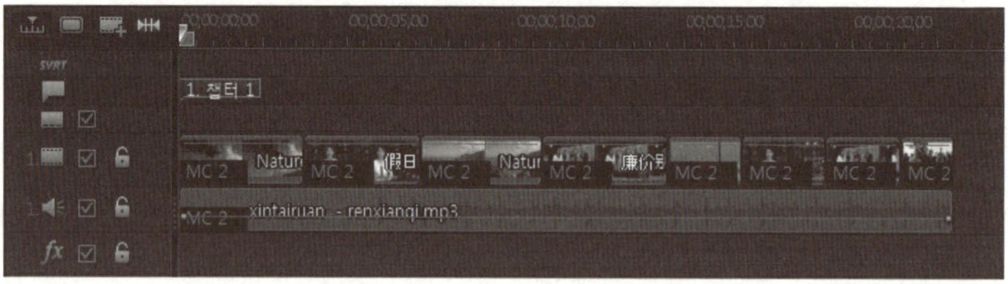

(11) MultiCam 디자이너에서 기록된 콘텐츠를 편집하려면 시간 표시 막대에서 콘텐츠를 클릭한 다음 마우스 우클릭하여 [MultiCam 디자이너에서 편집]을 클릭합니다.

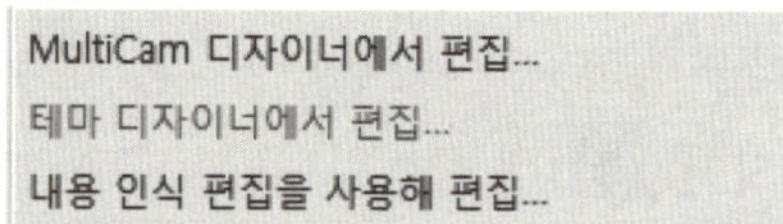

(12) 기록 트랙의 기존 세그먼트를 교체하려면 먼저 재생 컨트롤을 사용해 교체하려는 세그먼트를 찾습니다. 세그먼트 일부만 교체하려면 세그먼트를 2개로 분할하여 위해 시간 표시 막대 슬라이더가 교체하려는 부분의 시작 위치에 놓은 다음 [분할]을 클릭합니다.

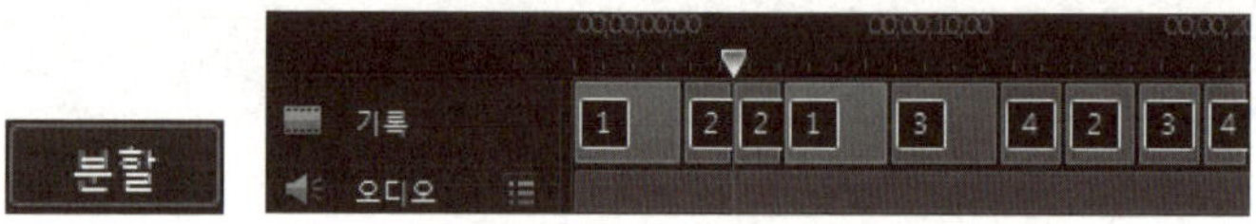

(13) 교체하려는 카메라 세그먼트를 마우스 우클릭한 다음 다른 카메라(비디오 소스)를 선택합니다. 예를 들어 [카메라2]에서 마우스 우클릭한 후 [카메라4]를 선택하면 [카메라4]로 대체됩니다.

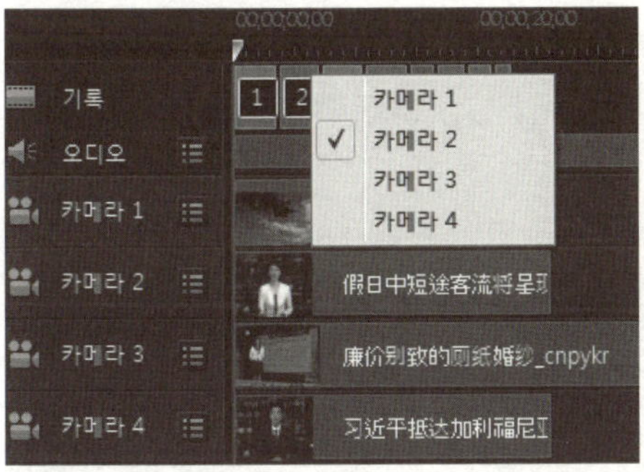

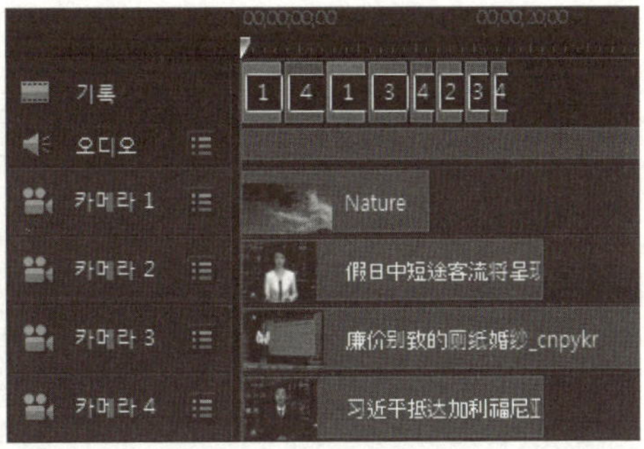

2) 테마 디자이너

Magic Movie 마법사를 사용해 비디오 작품을 만들려는 경우 사용한 테마 템플릿을 최대한 사용자 지정해서 테마 디자이너에서 역동적인 모습의 비디오를 만들 수 있습니다. 테마는 1개 이상의 테마 템플릿 또는 여러 테마 템플릿의 개별 시퀀스로 구성될 수 있습니다.

테마 템플릿을 사용자 지정하는 것처럼 미디어 표시 방법을 최대한 사용자 지정해서 출력한 동영상 전체를 독창적으로 만들 수 있습니다. 테마 디자이너에서 편집하는 테마는 테마 템플릿과 미디어(이미지와 비디오 클립)로 구성되어 있습니다. 결과 비디오는 Magic Movie 마법사와 Magic Style에서 만들어진 동영상 콘텐츠와 유사하지만 테마 디자이너는 출력된 동영상을 더 독창적으로 만들어줍니다.

테마 템플릿을 사용해 특정 유형의 테마 또는 스타일이 있는 비디오 작품을 만들고 DirectorZone에서 다운로드할 수 있습니다. 테마 템플릿은 여러 개의 시퀀스로 구성됩니다. 각 시퀀스에 요소가 있으며 일부는 사용자 지정이 가능하며 일부는 사용자 지정할 수 없습니다.

사용자 지정이 가능한 요소에는 각 시퀀스에 추가한 텍스트와 미디어(이미지, 비디오, 배경 음악)가 포함되어 있습니다. 이 미디어에 효과를 추가하고 표시 방법과 시기를 설정할 수 있습니다. 또한 일부 시퀀스에 배경 이미지를 설정하고 "장면 전환 포함"으로 명명된 템플릿의 각 시퀀스 간 장면 전환을 선택할 수 있습니다. 사용자 지정이 불가능한 요소로는 시퀀스에 포함된 애니메이션이 있습니다.

테마 디자이너에서 사용할 테마 템플릿을 선택할 때 1개 이상의 테마 템플릿을 추가할 지 선택해서 더 독창적인 작품을 만들 수 있습니다. 나아가 테마 템플릿에서 일부 시퀀스만 선택하거나 사용한 시퀀스를 혼합하고 일치시킬 수 있습니다.

• A: 미디어 탭, • B: 효과 탭, • C: 시퀀스 콘텐츠 영역, • D: 추가된 시퀀스 영역, • E: 선택한 시퀀스, • F: 타이틀 설정, • G: 테마 배경 음악, • H: 시퀀스 배경 이미지, • I: 화면 전환 설정, • J: 미리보기 창, • K: 미리보기 컨트롤, • L: 미디어 슬롯 자동 채우기

(1) 테마 디자이너를 열려면 [플러그인] 버튼을 클릭한 다음 [테마 디자이너]를 선택합니다.

(2) 테마 디자이너를 실행하면 [테마 템플릿/시퀀스 추가] 창이 나타납니다. [그룹별] 유형에서 테마 템플릿과 시퀀스 유형을 선택적으로 선택하여 [확인] 버튼을 클릭하여 추가할 수 있습니다.

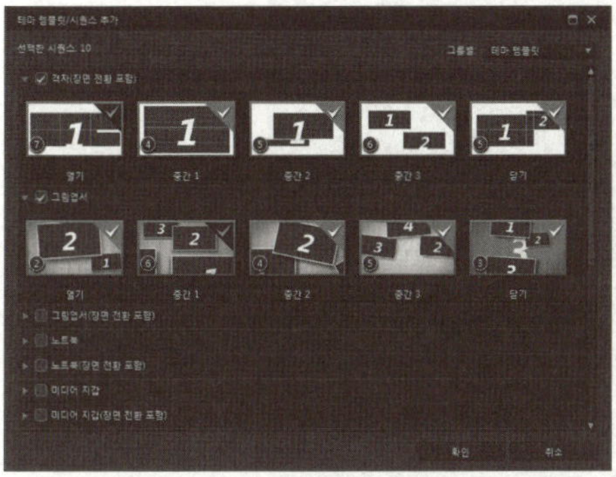

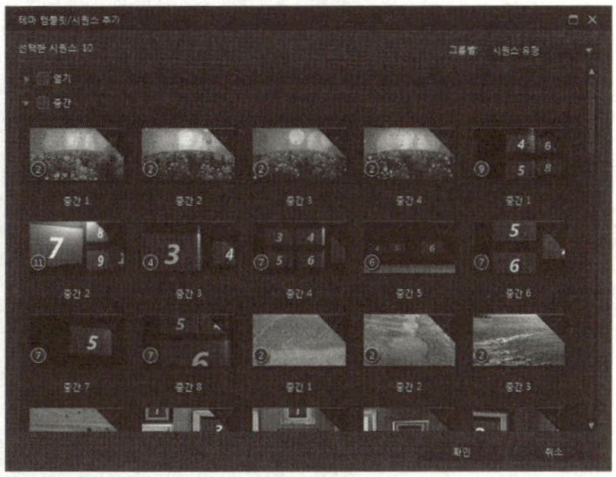

(3) 시퀀스 경우 [열기], [중간], [닫기]에서 사용하고자 하는 시퀀스만을 추가하여 구성할 수 있습니다. 해당 시퀀스를 선택하면 [✓] 부호가 추가되며, 열기, 중간, 닫기에서 선별적으로 선택할 수 있습니다.

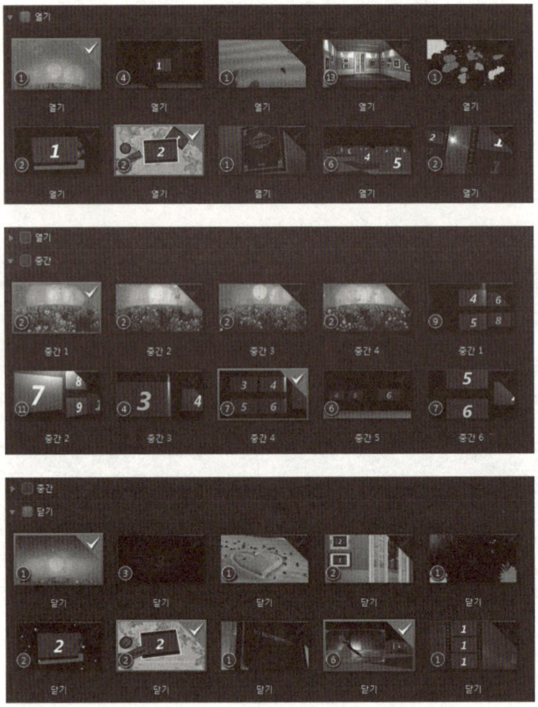

(4) 시퀀스를 더 추가하려면 [시퀀스 더 추가] 버튼만 클릭하면 됩니다. 시퀀스를 끌어 놓아 순서를 다시 조정하거나 마우스 오른쪽 버튼을 클릭해 선택한 시퀀스를 제거합니다.

(5) 사용하려는 테마 템플릿(시퀀스 포함)을 선택한 후에 이미지와 비디오 파일을 템플릿에 추가할 수 있습니다. 추가된 시퀀스 영역에서 미디어를 추가하려는 개별 시퀀스를 선택합니다. 시퀀스 콘텐츠 영역에 있는 미디어 슬롯 수를 기록합니다. 가용 슬롯 수는 시퀀스마다 다릅니다. 미디어 탭을 클릭한 다음 시퀀스에서 원하는 미디어를 원하는 슬롯에 끌어 놓습니다.

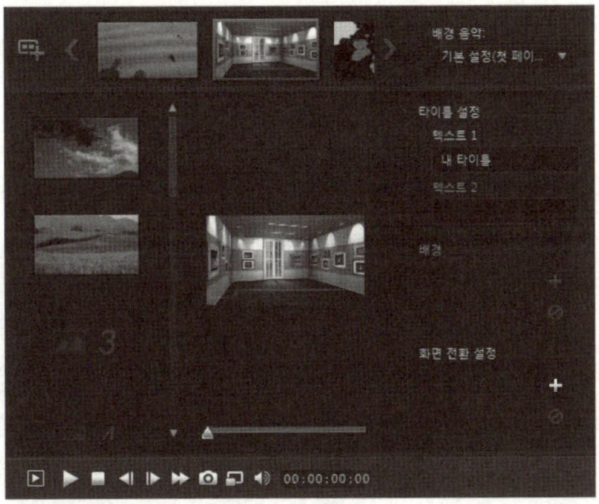

(6) 미디어 탭에 있는 미디어는 미디어 룸 라이브러리에 가져온 비디오와 이미지입니다. 미디어 가져오기를 클릭해 컴퓨터 하드 드라이브에서 미디어를 가져올 수 있습니다.

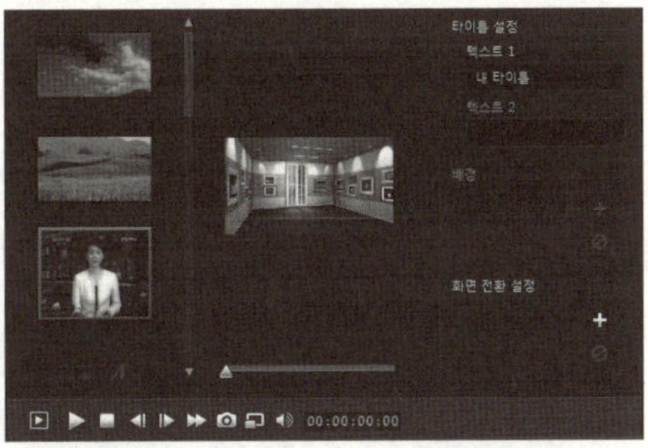

(7) 미디어 슬롯을 모두 사용할 때까지 이 과정을 계속합니다. 다음 시퀀스를 선택한 다음 미디어 슬롯이 모두 채워질 때까지 반복합니다. 모든 미디어 슬롯과 시퀀스에 미디어가 포함될 때까지 비디오에서 모든 시퀀스를 계속 선택합니다.

(8) 미디어를 추가할 때 버튼을 클릭해 자동으로 시퀀스의 빈 미디어 슬롯을 채울 수 있습니다. 미디어 룸 라이브러리에 표시된 것처럼 작성 일자별로 채우려면 라이브러리 순서별로 자동 채우기를 선택합니다. 비디오 클립을 먼저 추가하려면 비디오를 우선 사용해 자동 채우기를 선택합니다.

(9) 테마 디자이너에서 미디어 슬롯에 있는 비디오 클립을 다듬을 수 있습니다. 비디오 클립을 다듬으려면 테마 디자이너에서 클립을 마우스 오른쪽 단추로 클릭한 다음 다듬기를 선택합니다. 또는 마우스를 비디오 클립 위에 놓고 섬네일의 가위 모양 버튼을 클릭합니다.

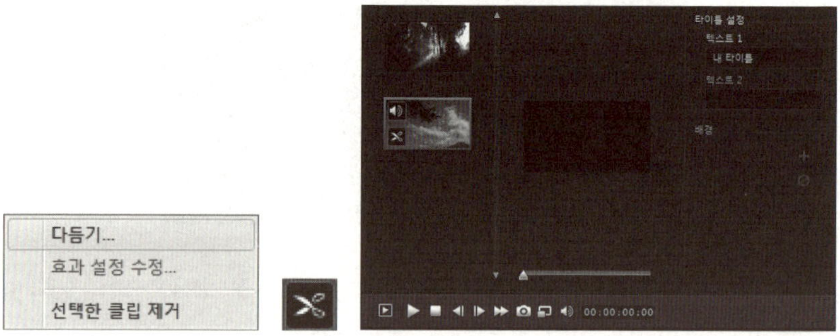

(10) 일부 테마 템플릿과 시퀀스에 비디오에 사용할 배경 음악이 포함되어 있습니다. 이 이유로 배경 음악과 충돌하지 않도록 가져온 비디오 클립의 오디오를 음소거할 수 있습니다. 비디오 클립의 오디오를 음소거하려면 비디오 클립 위에 마우스를 올려놓은 다음 섬네일의 스피커 모양 아이콘을 클릭합니다. 음이 소거된 미디어에는 아이콘에 빨간 사선이 표시됩니다.

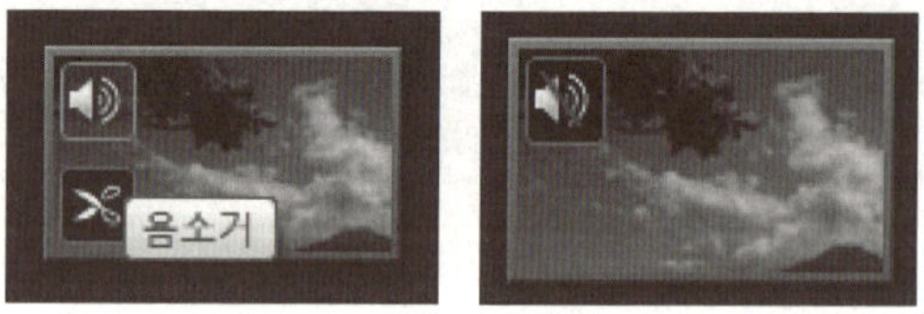

(11) 출력한 비디오에 표시된 이미지 클립의 길이를 수정하려면 테마 디자이너에서 클립을 마우스 오른쪽 단추로 클릭한 다음 길이 설정을 선택합니다. 또는 마우스를 이미지 클립 위에 놓은 다음 섬네일의 시계모양의 아이콘을 클릭합니다. 길이 설정 창에서 비디오 작품을 표시할 길이를 입력합니다. 프레임 번호 아래에서 길이를 설정할 수 있습니다.

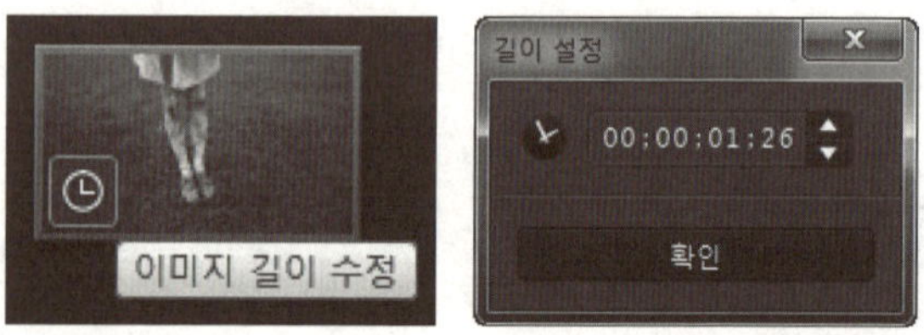

(12) 테마 디자이너에서 이미지와 비디오 클립에 특별한 효과를 추가할 수 있습니다. 각 특수 효과에는 고유의 속성이 있어서 비디오 작품에 추가하려는 효과를 사용자 지정할 수 있습니다. [효과] 탭을 클릭합니다. 임의의 효과를 선택한 다음 효과를 클립에 끌어 놓습니다. 미디어에 [FX]가 표기됩니다.

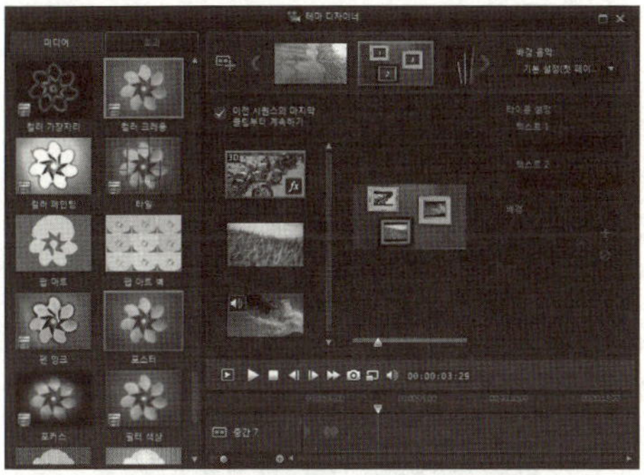

(13) 효과의 수정이 필요한 경우 클립을 마우스 오른쪽 단추로 클릭한 다음 [효과 설정 수정]을 선택합니다.

(14) 미디어 슬롯에 추가한 미디어를 제거할 때는 마우스 우클릭 후 [선택한 클립 제거]를 클릭합니다.

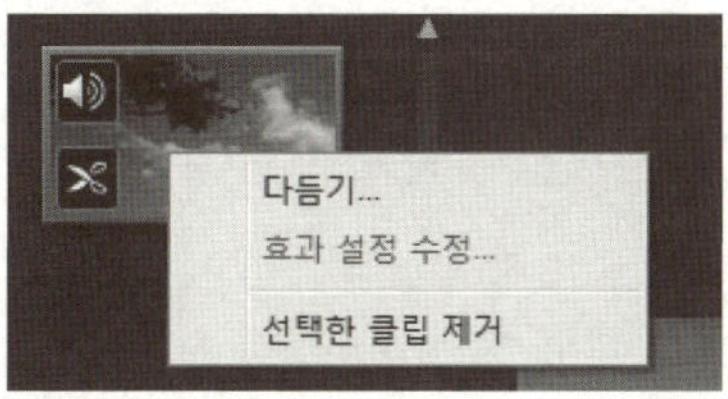

(15) 배경 음악을 편집하려면 배경 음악 드롭 다운 목록에서 다음 옵션 중 하나를 선택합니다.

· 기본 설정(첫 페이지): 테마 템플릿에 기본으로 포함된 배경 음악을 사용하려면 이 옵션을 선택합니다.

참고: 1개 이상의 테마 템플릿에서 시퀀스를 선택한 경우 테마 디자이너가 비디오의 1번째 시퀀스에 적용된 배경 음악을 사용합니다.

· 가져오기됨: 컴퓨터 하드 드라이브에서 자체 배경 음악을 가져오려는 경우 이 옵션을 선택합니다. 사용하려는 음악을 선택한 다음 확인을 클릭해 사용할 음악으로 설정합니다.

· 음악 없음: 비디오에 배경 음악을 넣지 않으려면 이 옵션을 선택합니다.

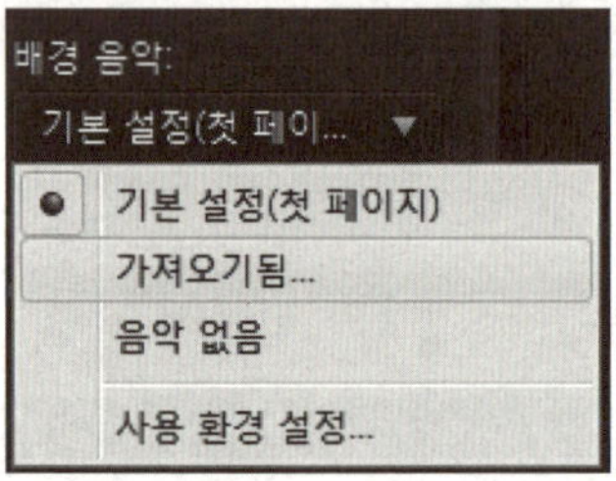

(16) 비디오에 사용된 음악을 다듬거나 페이드를 추가할 수 있습니다. 이렇게 하려면 배경 음악 드롭 다운 목록에서 [사용 환경 설정]을 선택합니다.

· 플레이어 컨트롤과 마크 인/마크 아웃 표시기를 사용해서 배경 음악을 조절합니다.

· 가용 볼륨 컨트롤을 사용해 음악 볼륨을 조절합니다.

· 슬라이더를 사용해 다른 배경 음악을 추가할 지 작품 내 원본 비디오 오디오를 사용할 지 결정해서 오디오 레벨을 믹스합니다.

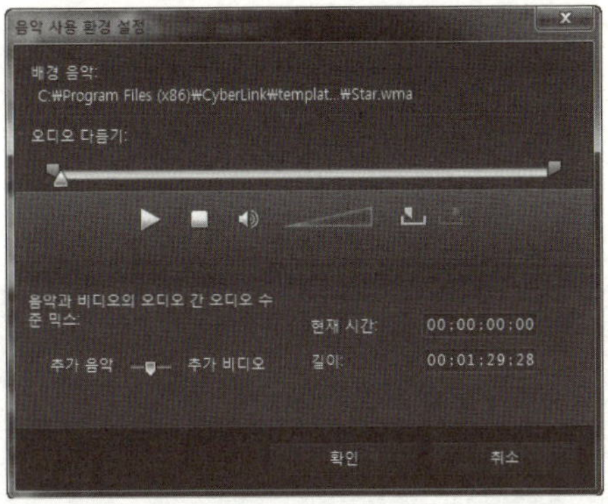

(17) 미디어 슬롯에 있는 영상의 길이를 조절할 수 있습니다. 미디어에 있는 가위 모양의 아이콘을 클릭하고 [다듬기] 창에서 길이, 인과 아웃 위치를 조절합니다. 직접 숫자로 조절할 수 있고 재생 슬라이드에 있는 마커로 조절할 수 있습니다.

(18) 일부 시퀀스에 편집할 수 있는 타이틀 텍스트가 있습니다. 시퀀스의 타이틀 텍스트를 편집할 수 있을 경우 이 시퀀스를 선택하면 타이틀 설정의 텍스트 입력란이 활성화됩니다.

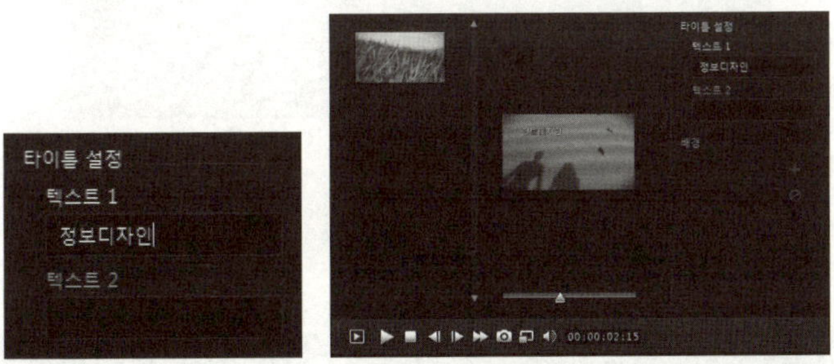

(19) 일부 시퀀스에서 배경 이미지를 교체할 수 있습니다. 시퀀스에 교체 가능한 배경 이미지가 있을 경우 배경 영역에 배경 이미지 섬네일이 표시됩니다. [+]를 클릭해 배경을 컴퓨터 하드 드라이브 이미지로 추가하거나 교체합니다. 시퀀스에서 배경 이미지를 제거하려면 [⊘]를 클릭합니다.

(20) 시퀀스에 전환 효과를 추가할 수 있으며 시퀀스를 선택한 경우 화면 전환 설정이 표시됩니다. [+]를 클릭해 선택한 시퀀스 앞에 전환 효과를 추가합니다. 시퀀스에서 선택한 전환 효과를 제거하려면 [⊘]를 클릭합니다. 화면 전환은 [전환룸]과 동일합니다.

(21) 선택한 템플릿을 제거할 때는 해당 템플릿을 선택한 후 마우스 우클릭하여 [선택한 템플릿 제거]를 클릭합니다.

(22) 선택한 템플릿, 시퀀스의 미디어 슬롯에 모두 이미지나 미디어가 추가되면 하단의 [확인] 버튼을 클릭합니다. 메인 타임라인 영상 트랙에 위치합니다. 테마는 미리보기를 통해 확인할 수 있습니다.

(23) 타임라인에 위치한 테마 디자인을 수정하려면 해당 영상 클립을 선택한 후 마우스 우클릭하여 [테마 디자이너에서 편집]을 클릭합니다.

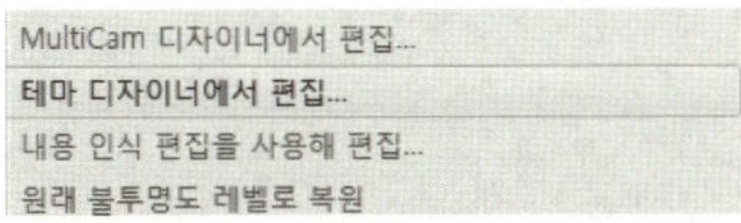

5. 제작

제작은 편집작업에서 했던 영상을 다른 사람과 공유, 인터넷에 업로드, 최근 날짜의 디스크 굽기 등 비디오 작품을 다양한 용도의 파일로 컴파일합니다. 즉 소프트웨어에서 수행한 작업을 실제로 사용가능한 최종 결과물로 출력하는 것을 의미합니다.

비디오 작품을 표준 2D 비디오 파일로 출력해서 컴퓨터에서 감상하거나 디스크에 굽거나 휴대용 기기로 출력할 수 있습니다. 또한 오디오 재생 전용의 오디오 파일 형식으로 출력할 수도 있습니다.

다음 중 하나의 형식으로 프로젝트를 출력할 수 있습니다.

· AVI
· MPEG-2
· H.264 AVC
· Windows Media Video (WMV)
· MPEG-4

· QuickTime (MOV)

· Matroska (MKV)

· 오디오 파일(WMA, WAV, M4A)

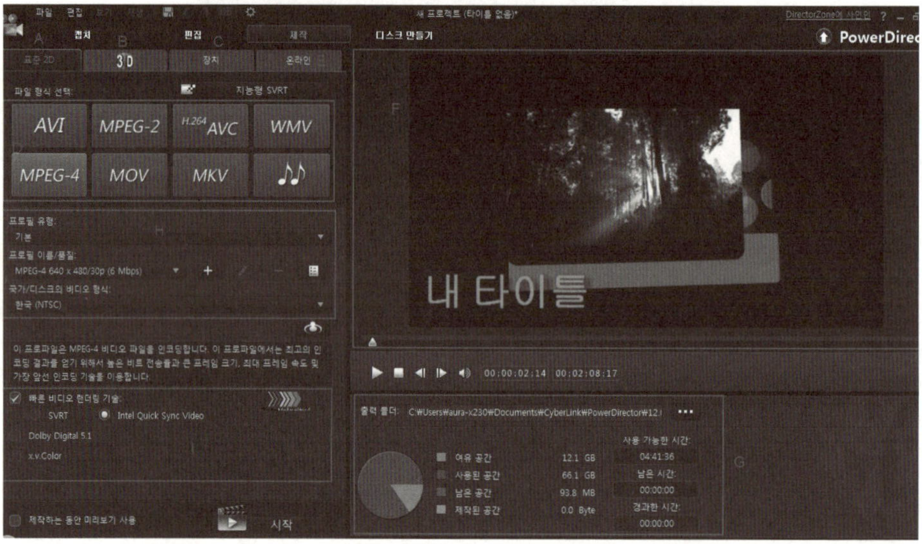

• A: 표준 2D 형식으로 출력, • B: 3D 형식으로 출력, • C: 장치에 출력, • D: 제작 프로필(비디오/오디오 파일 형식), • E: 온라인 웹사이트에 업로드, • F: 제작 미리보기, • G: 제작 세부 사항, • H: 프로필 설정, • I: 제작 사용 환경 설정

1) 지능형 SVRT 사용

지능형 SVRT*(스마트 비디오 랜더링 기술)는 CyberLink의 독점 랜더링 기술로 사용해야 할 비디오 프로파일을 제안해 비디오 작품 출력을 지원합니다. 클립의 수정된 부분(이에 따라 제작 시 필요한 랜더링)과 변경되지 않은 부분(랜더링 과정 중 건너뛸 수 있음)이 있는 프로젝트의 원본 비디오 클립 형식에 기초해서 지능형 SVRT가 최고의 출력 품질을 내고 제작 중 시간을 최대한 절약할 수 있는 비디오 프로파일을 제안합니다.

(1) 지능형 SVRT를 사용하기 위해 편집 창에서 비디오 작품을 편집할 경우 시간 표시 막대를 마우스 우클릭 클릭한 다음 [SVRT 트랙 표시]를 선택합니다.

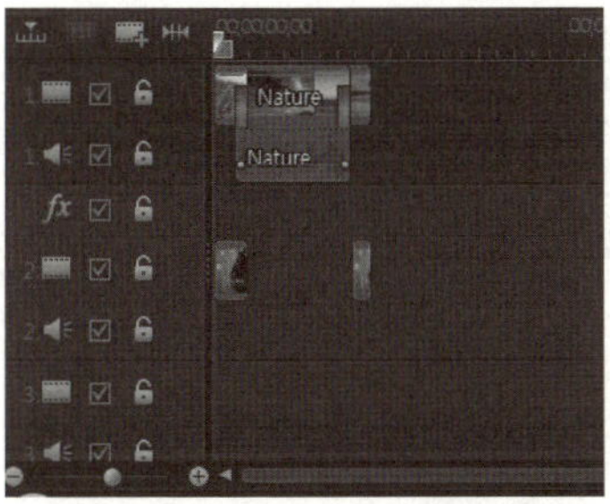

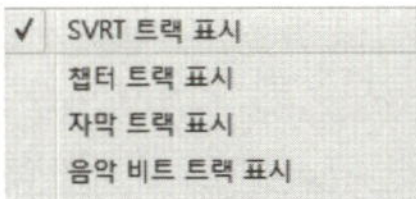

(2) 다른 방법으로 제작 창에서 표준 2D 또는 3D 탭의 지능형 SVRT 단추를 클릭합니다. 제작 창에 있을 경우 비디오 프로필을 선택하려면 지능형 SVRT 대화 상자에서 프로필을 선택한 다음 적용을 클릭하면 됩니다. 제작을 진행하면 선택한 비디오 프로파일이 자동으로 강조 표시되고 선택됩니다. 또한 사용한 비디오 프로파일이 대화 상자에 저장되고 지능형 SVRT를 사용할 때 항상 이용할 수 있습니다.

2) 표준 2D 제작

(1) 표준 2D로 제작하기 비디오 파일 포맷(작품의 오디오만 출력할 경우 오디오 파일 옵션)을 클릭해서 선택합니다.

(2) 파일 생성에 사용하려는 프로필 이름/품질을 선택합니다. 이 선택을 통해 출력된 파일의 비디오 해상도, 파일 크기, 전체 품질이 결정됩니다.

(3) 하단의 [설정]에서 비디오 유형과 품질을 세부적으로 설정할 수 있습니다.

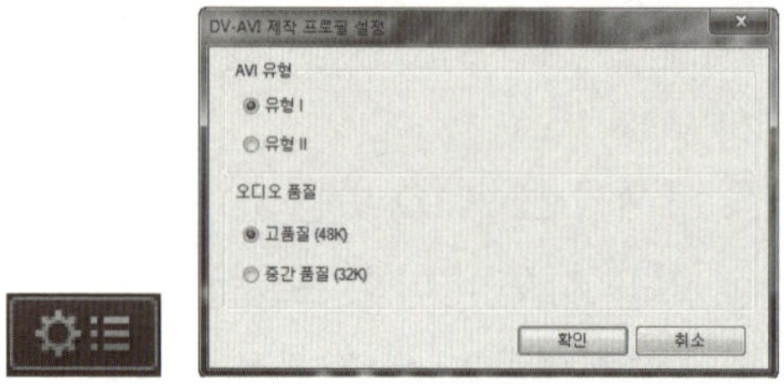

(4) [제작하는 동안 미리보기 사용]에 체크를 하면 랜더링 되는 동안 영상을 볼 수 있습니다. [시작] 버튼을 클릭하면 제작이 시작됩니다. 제작시간은 영상의 길이, 품질과 컴퓨터의 성능에 따라 달라집니다.

(5) 동영상 제작이 되며, 저장위치의 공간상황, 영상크기, 제작시간 등이 표기됩니다.

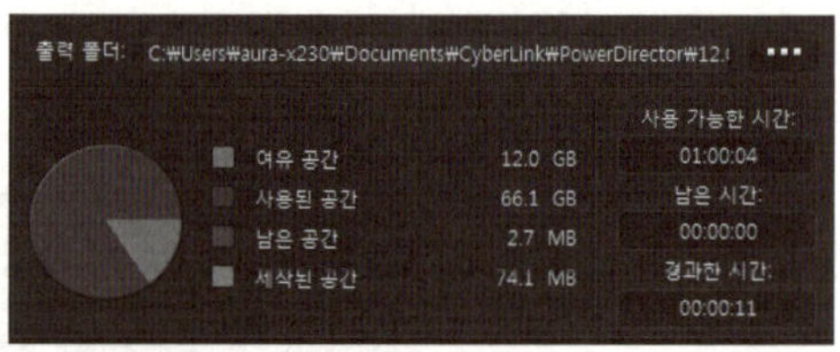

(6) 제작된 동영상은 지정된 폴더에 위치합니다. 파일명은 자동으로 Produce.mp4(avi, wmv)로 표기됩니다. 동영상 재생 소프트웨어에서 실행하여 정상작동 여부를 확인합니다.

3) 온라인 미디어 사이트에 비디오 업로드

(1) [온라인] 탭을 클릭해 Facebook, YouTube, Dailymotion, Vimeo, Niconico Douga와 같은 온라인 미디어 웹사이트 중 하나에 비디오 작품을 업로드합니다.

(2) 예를 들어 YouTube에 업로드하기 위해 [Youtube 비디오] 단추를 클릭합니다.

(3) 프로필 유형, 타이틀, 설명, 태그, 비디오 범주, 비공개 여부를 설정합니다.

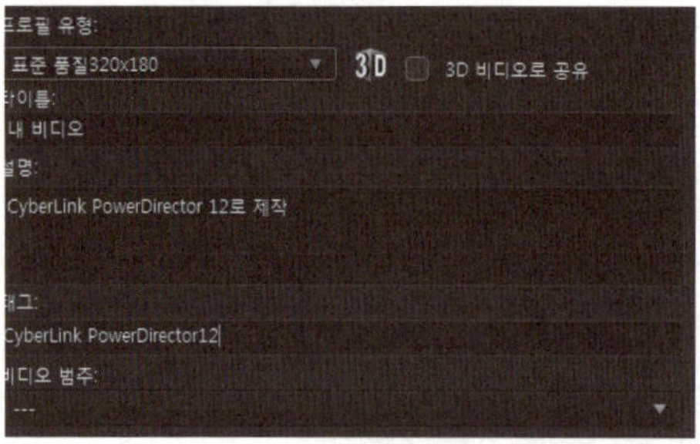

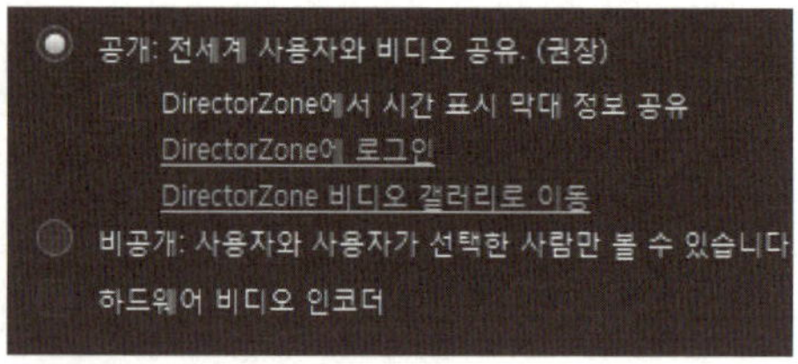

(4) [시작] 버튼을 클릭하면 인증창이 나타납니다. 인증을 클릭한 다음 YouTube 인증창에 나타난 단계를 수행하여 YouTube 계정에 비디오를 업로드할 수 있도록 CyberLink PowerDirector 권한을 부여합니다. CyberLink PowerDirector에서 제작을 시작하고 비디오 파일을 업로드합니다. 완료하면 닫기를 클릭하여 프로그램으로 돌아갑니다.

6. 프로젝트 저장과 사용자 설정

1) 프로젝트 저장

영상편집은 다양한 효과가 추가되기 때문에 저장이 아주 중요합니다. 저장은 편집과정에서 일어날 수 있는 자료의 유실을 방지하며, 이미 편집된 영상을 추후 다시 불러와 수정작업을 할 수 있게 해 줍니다.

(1) [파일] → [프로젝트 저장]을 클릭하거나 상단의 [프로젝트 저장] 아이콘을 클릭합니다.

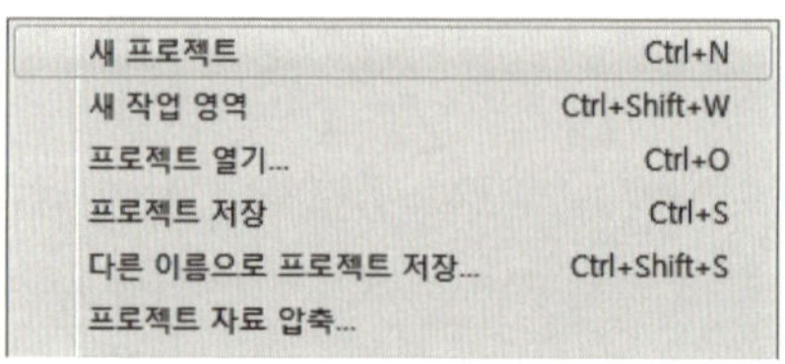

(2) 파일이름, 파일형식, 저장 위치를 각각 설정합니다.

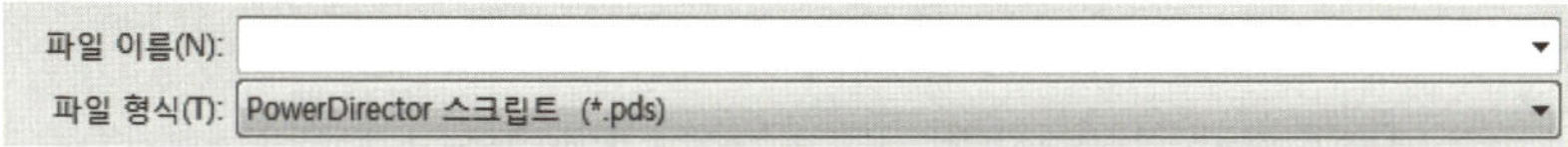

(3) 프로젝트 파일을 불러올 때는 [프로젝트 열기] 아이콘을 클릭합니다.

2) 사용자 설정

(1) CyberLink PowerDirector에서 사용 환경 설정을 구성하려면 [사용자 설정] 단추를 클릭합니다.

(2) 일반 환경 설정

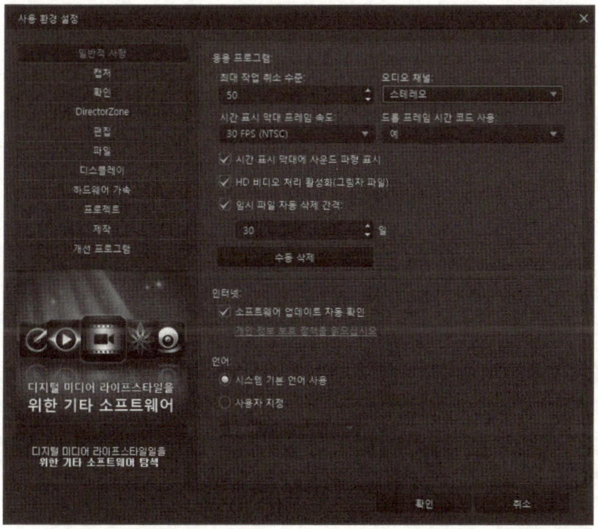

- 응용 프로그램

· 최대 작업 취소 수준: 비디오 제작 작업을 하는 동안 사용할 수 있는 작업 취소(Ctrl+Z) 단계 수(0에서 100까지)를 입력합니다. 작업 취소의 수를 높게 설정하면 CPU 자원 소모가 더 많아집니다.

· 오디오 채널: 오디오를 편집하고 미리볼 때 비디오 작품의 기본 오디오 채

널 수를 선택합니다. 스테레오를 선택하면 미리보기 중에 CyberLink PowerDirector가 5.1 채널 오디오를 2 채널로 다운믹스하게 됩니다.

· 시간 표시 막대 프레임 속도: 비디오 작품의 TV 형식(NTSC 또는 PAL)과 프레임 속도를 선택합니다. 이 형식은 비디오를 재생할 지역의 형식과 동일해야 합니다(디스크에 구울 경우). 프레임 속도는 비디오 작품에서 사용 중인 원본 비디오 내용과 일치해야 합니다.

· 드롭 프레임 시간 코드 사용: 선택한 TV 형식이 NTSC인 경우, 비디오의 시간 코드를 시간 표시 막대의 비디오 길이로 동기화하려면 "예"를 선택합니다.

· 시간 표시 막대에 사운드 파형 표시: 시간 표시 막대에 오디오 클립의 사운드 수준을 나타내는 사운드 파형을 표시하려면 선택합니다.

· HD 비디오 처리 활성화(그림자 파일): CyberLink PowerDirector의 파일 처리 속도를 빠르게 하여 고해상도 비디오 편집 속도를 높이려면 이 옵션을 선택합니다. 이 옵션을 선택하면 CPU 자원이 많이 사용됩니다.

· 임시 파일 자동 삭제 간격: CyberLink PowerDirector가 지정된 일 수마다 편집 중 생성된 임시 파일을 자동으로 삭제하게 하려면 선택합니다. 특정 임시 파일을 선택하고 삭제하여 디스크 여유 공간을 확보하려면 수동 삭제 단추를 클릭합니다.

- 인터넷

· 소프트웨어 업데이트 자동 확인: PowerDirector가 정기적으로 업데이트나 새 버전을 확인하게 하려면 선택합니다.

- 언어

· 시스템 기본 언어 사용: 언어 표시를 운영 체제의 언어와 동일하게 설정하려면 이 옵션을 선택합니다.

· 사용자 지정: 이 옵션을 선택하고 드롭다운 목록에서 사용할 언어를 선택합니다.

(3) 캡처 설정

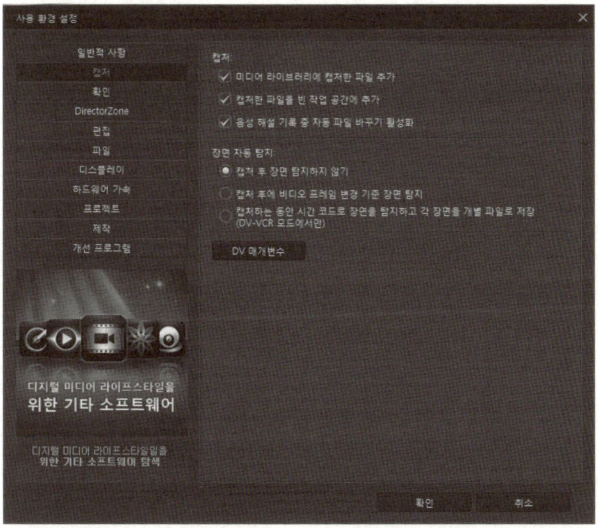

- 캡처

· 미디어 라이브러리에 캡처한 파일 추가: 캡처한 파일을 캡처 후 바로 미디어 라이브러리로 가져오려면 이 옵션을 선택합니다.

· 캡처한 파일을 빈 작업 공간에 추가 : 캡처한 파일을 자동으로 작업 공간(시간 표시 막대)의 빈 영역으로 가져오려면 이 옵션을 선택합니다.

· 음성 해설 기록 중 자동 파일 바꾸기 활성화: 녹음하는 동안 음성 해설이 겹칠 때 기존 오디오를 덮어쓰려면 이 옵션을 선택합니다.

-장면 자동 탐지

· 캡처 후 장면 탐지하지 않기: 비디오가 캡처된 후 장면 탐지를 실행하지 않으려면 이 옵션을 선택합니다.

· 캡처 후에 비디오 프레임 변경 기준 장면 탐지: 비디오를 캡처한 후에 장면 탐지를 수행하려면 이 옵션을 선택합니다. 캡처를 완료하면 장면 탐지 창이 열리고 캡처한 비디오가 표시됩니다. 자세한 내용은 비디오 클립에서 장면 탐지 참조.

· 캡처하는 동안 시간 코드로 장면을 탐지하고 각 장면을 개별 파일로 저장 (DV-VCR 모드에서만): 장면 끊김 신호를 탐지하고 각 장면을 개별 파일로 저장하려면 이 옵션을 선택합니다. (DV 캠코더는 REC 단추를 놓을 때마다 테이프에 장면 끊김 신호를 표시합니다.) 이 기능은 DV 캠코더 캡처에서만 사용할 수 있습니다.

(4) 확인 설정

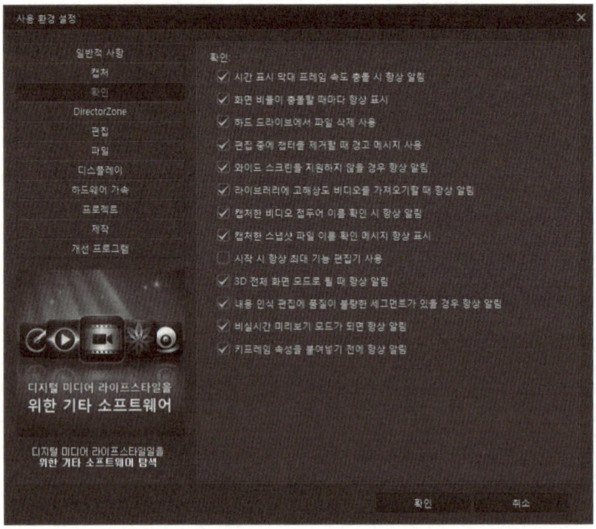

- 시간 표시 막대 프레임 속도 충돌 시 항상 알림: 이 옵션을 선택하면 일반 사용 환경 설정에 설정된 프로젝트의 시간 표시 막대 프레임 속도와 충돌하는 비디오 클립을 작업 영역에 추가할 때 경고 메시지가 표시됩니다.
- 화면 비율이 충돌할 때마다 항상 표시: 프로젝트와 화면 비율이 충돌하는 작업 영역에 비디오 클립을 추가할 경우 경고 메시지를 표시하려면 이 옵션을 선택합니다.
- 하드 드라이브에서 파일 삭제 사용: 미디어 라이브러리에서 하드 드라이브의 파일 삭제를 사용하려면 이 옵션을 선택합니다.
- 편집 중에 챕터를 제거할 때 경고 메시지 사용: 비디오 편집 작업 중 챕터 지점이 삭제될 경우 경고 메시지를 표시하려면 이 옵션을 선택합니다.
- 와이드 스크린을 지원하지 않을 경우 항상 알림: 와이드스크린 형식이 지원되지 않을 때 PowerDirector가 해당 사실을 알리도록 설정하려면 이 옵션을 선택합니다.
- 라이브러리에 고해상도 비디오를 가져오기할 때 항상 알림: 미디어 라이브러리오 고해상도 비디오를 가져올 때 PowerDirector가 해당 사실을 알리도록 설정하려면 이 옵션을 선택합니다.

· 캡처한 비디오 접두어 이름 확인 시 항상 알림: 캡처 창에서 비디오를 캡처할 때 PowerDirector가 파일 이름을 요구하도록 설정하려면 이 옵션을 설정합니다. 이 옵션의 선택을 취소하면 PowerDirector가 파일 이름을 자동으로 지정합니다.

· 캡처한 스냅샷 파일 이름 확인 메시지 항상 표시: 캡처 창에서 화면 스냅샷을 캡처할 때 PowerDirector가 파일 이름을 요구하도록 설정하려면 이 옵션을 설정합니다. 이 옵션의 선택을 취소하면 PowerDirector가 파일 이름을 자동으로 지정합니다.

· 시작 시 항상 최대 기능 편집기 사용: 프로그램 시작 시 매번 PowerDirector가 어떤 편집 모드를 열어야 할 지 알리지 않도록 하려면 이 옵션을 선택합니다. 선택한 후에는 프로그램을 열 때마다 최대 기능 편집기가 자동으로 열립니다.

· 3D 전체 화면 모드로 될 때 항상 알림: 3D 콘텐츠를 전체 화면으로만 볼 수 있는 일부 컴퓨터에서 3D 전체 화면 모드로 될 때 PowerDirector가 알리도록 하려면 이 옵션을 선택합니다.

· 내용 인식 편집에 품질이 불량한 세그먼트가 있을 경우 항상 알림: 내용 인식 편집의 분석 작업 중에 떨림이나 조명이 불량한 비디오가 있을 경우 자동으로 비디오 세그먼트를 수정할 지 PowerDirector가 알리기 바라면 이 옵션을 선택합니다.

· 비실시간 미리보기 모드가 되면 항상 알림: 재생 단추를 누를 때마다 비실시간 미리보기 모드가 활성화되면 항상 알리길 바라면 이 옵션을 선택합니다.

· 키프레임 속성을 붙여넣기 전에 항상 알림: 클립의 키프레임 속성을 다른 클립에 붙여넣을 때마다 알리기를 원하면 이 옵션을 선택합니다.

(5) DirectorZone 사용 환경 설정

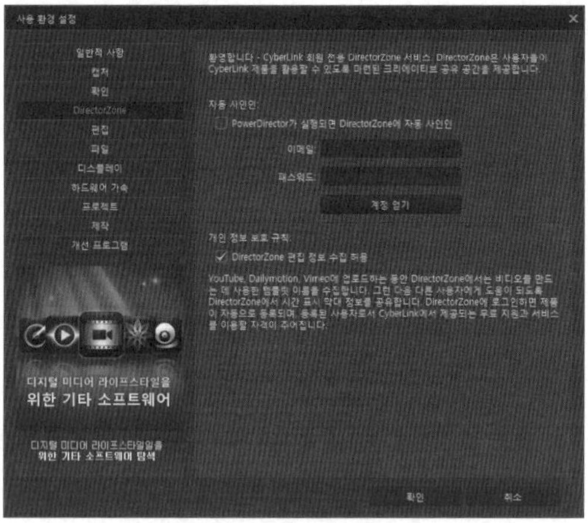

-자동 사인인

· PowerDirector가 실행되면 DirectorZone에 자동 사인인: 이 옵션을 선택한 후 이메일 주소와 패스워드를 입력하면 프로그램이 열릴 때 자동으로 DirectorZone에 사인인합니다. DirectorZone 계정이 없다면 계정 얻기 단추를 클릭합니다.

-개인 정보 보호 규칙

· DirectorZone 편집 정보 수집 허용: DirectorZone이 YouTube로 업로드되는 최종 프로젝트에 사용된 템플릿의 모든 이름을 수집할 수 있게 하려면 이 옵션을 선택합니다.

(6) 편집 사용 환경 설정

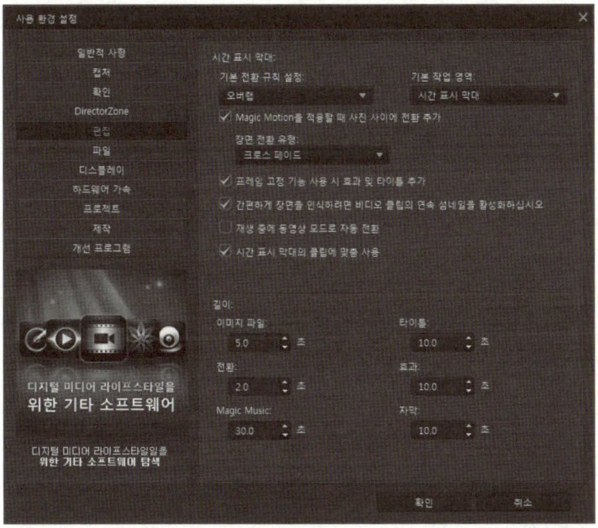

- 시간 표시 막대

· 기본 전환 동작 설정: 시간 표시 막대 트랙의 두 클립 사이에 추가된 기본 전환 동작을 선택합니다. 오버랩과 크로스 전환 사이의 차이에 대한 자세한 내용은 전환 동작 설정 참조.

· 기본 작업 영역: 기본적으로 편집 창에 시간 표시 막대 또는 스토리보드 편집 작업 영역을 표시할지 여부를 선택합니다.

· Magic Motion을 적용할 때 사진 사이에 전환 추가: Magic Motion 도구를 사용할 때 사진 사이에 장면 전환 유형에서 선택한 장면 전환을 추가하고 모든 사진에 적용하려면 이 옵션을 선택합니다.

· 프레임 고정 기능 사용 시 효과 및 타이틀 추가: 프레임 고정 단추를 클릭할 때 자동으로 시간 표시 막대에 효과와 타이틀 효과를 추가하려면 이 옵션을 선택합니다.

· 간편하게 장면을 인식하려면 비디오 클립의 연속 섬네일을 활성화하십시오: 이 옵션을 선택해 시간 표시 막대에 삽입한 비디오 클립 전체에 프레임 섬네일을 활성화합니다. 이 옵션을 활성화하면 클립에서 다른 장면을 간편하게 찾을 수 있습니다.

· 재생 중에 동영상 모드로 자동 전환: 비디오 작품을 미리보기할 때 PowerDirector가 동영상 모드로 자동 전환하길 원하면 이 옵션을 선택합니다. 이 옵션을 선택하면 선택한 클립만 보는 것이 아니라 작품 속 모든 내용을 미리 볼 수 있습니다.
· 시간 표시 막대의 클립에 맞춤 사용: 클립을 시간 표시 막대 트랙의 주변으로 움직일 때 클립을 다른 클립에 맞추지 않으려는 경우 이 옵션을 선택 해제합니다.

- 길이
· 시간 표시 막대에 배치할 때 이미지 파일과 다른 효과, 전환, 타이틀, 자막 등에 대한 기본 길이(초)를 설정합니다.

(7) 파일 사용 환경 설정

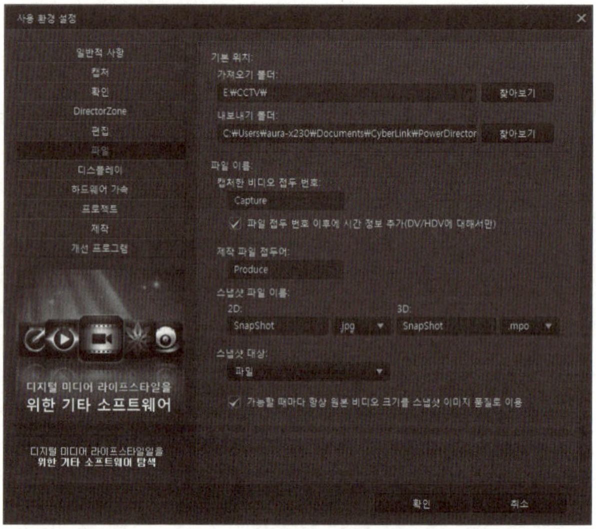

- 기본 위치
· 가져오기 폴더: 미디어를 가져온 마지막 폴더를 나타냅니다. 이 폴더를 변경하려면, 찾아보기를 클릭한 다음 새 폴더를 선택하십시오.
· 내보내기 폴더: 캡처한 미디어를 저장할 폴더를 설정합니다. 이 폴더를 변경하려면, 찾아보기를 클릭한 다음 새 폴더를 선택하십시오.

-파일 이름

· 캡처한 비디오 접두 번호: 캡처한 비디오 파일의 기본 이름을 입력합니다. DV/HDV 테이프에서 캡처할 경우 파일 접두 번호 이후에 시간 정보 추가 옵션을 선택해 파일 이름에 캡처한 날짜 정보를 추가합니다.

· 제작 파일 접두어: 제작한 파일의 기본 이름을 입력합니다.

· 스냅샷 파일 이름: 2D 및 3D로 캡처한 스냅샷의 기본 이름을 입력합니다. 드롭다운 목록에서 스냅샷 파일 형식을 선택합니다. 3D 스냅샷을 촬영할 경우 BMP, JPG, GIF, PNG 2D 형식이나 MPO, JPS를 선택할 수 있습니다. 또한 촬영한 3D 스냅샷도 3D가 됩니다.

· 스냅샷 대상: 드롭다운에서 PowerDirector가 캡처한 스냅샷을 저장할 위치를 선택합니다. 스냅샷을 파일로 저장하고 클립보드로 복사하거나 컴퓨터 모니터의 배경화면 배경으로 설정할 수 있습니다.

· 가능할 때마다 항상 원본 비디오 크기를 스냅샷 이미지 품질로 이용: 이미지를 촬영한 것보다 더 작은 미리보기 창 대신 원본 비디오와 동일한 크기와 품질로 사용하려면 이 옵션을 선택합니다.

(8) 디스플레이 설정

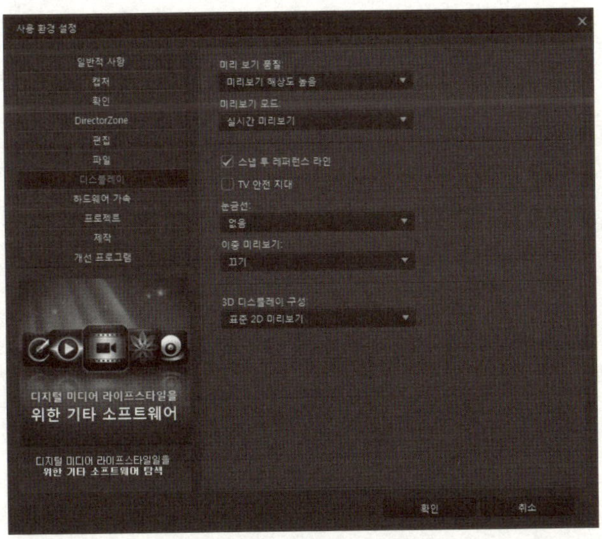

· 미리보기 품질: 목록(Full HD*, HD*, 높은, 보통, 낮음)에서 기본 미리보기 품질을 선택해서 미리보기 창에서 동영상을 미리볼 때 사용할 비디오 해상도/품질을 설정합니다. 더 높은 품질을 선택할수록 비디오 프로젝트를 미리 보는 데 필요한 리소스가 더 많아집니다.
· 미리보기 모드: 비디오 작품을 미리볼 때 기본 미리보기 모드를 선택합니다.
· 실시간 미리보기: 클립과 효과를 실시간으로 동기화 및 렌더링하여 지정된 초당 프레임으로 비디오의 미리보기를 표시합니다.
· 비실시간 미리보기: 편집을 훨씬 더 유연하게 할 수 있도록 오디오를 음소거하고 느린 속도로 미리보기를 표시합니다. 이 옵션은 고해상도 비디오를 편집하고 사양이 낮은 컴퓨터에서 여러 개의 PiP 트랙을 사용하거나 미리보기 시 프레임이 누락되는 경우 유용합니다. 오디오를 음소거하고 비디오 속도를 낮춤으로써 컴퓨터에서 편집 시 부드러운 미리보기를 제공하는 데 문제가 있을 때 CyberLink PowerDirector가 초당 더 많은 프레임을 볼 수 있게 해 줍니다.
· 스냅 투 레퍼런스 라인*: 미리보기 창에서 선택한 개체가 눈금선, TV 안전 지대, 창 경계선에 맞추려면 선택합니다.
· TV 안전 지대: 대부분의 TV 디스플레이에서 화면 영역을 표시하는 미리보기 창의 상자를 활성화하려면 선택합니다.
· 눈금선: 미리보기 창의 비디오 이미지 위에 눈금을 표시하려는 라인 수를 선택합니다. 이 눈금을 사용하여 비디오 이미지에서 원하는 위치에 PiP 미디어와 타이틀 텍스트를 보다 정밀하게 배치할 수 있습니다.
· 이중 미리보기: 모니터, TV, 컴퓨터에 연결된 DV 캠코더와 같이 보조 디스플레이 장치가 있는 경우 이 드롭 다운 목록에서 해당 장치를 선택해 작업 영역을 확장하고 보조 디스플레이에서 작품을 미리볼 수 있습니다.
· 3D 디스플레이 구성: 드롭 다운 목록에서 기본 3D 디스플레이 장치를 선택합니다.

(9) 하드웨어 가속 사용 환경 설정

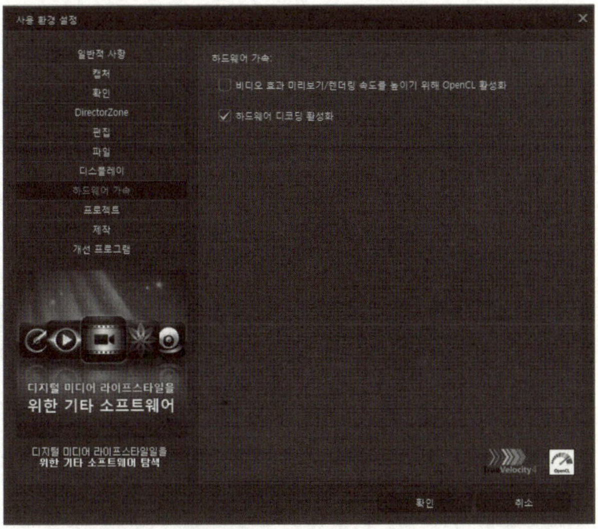

· 비디오 효과 미리보기/렌더링 속도를 높이기 위해 OpenCL 활성화: 컴퓨터가 GPU 하드웨어 가속을 지원할 경우, 이 옵션을 선택하면 컴퓨터의 다중 코어 병렬식 처리 기능을 활용해서 일부 비디오 효과의 랜더링 속도를 높일 수 있습니다.

· 하드웨어 디코딩 활성화: 컴퓨터가 NVIDIA CUDA/AMD 가속 병렬 처리 기술/Intel Core 프로세서 제품군 기술을 지원하는 경우, 편집 작업 중과 비디오를 제작할 때 하드웨어 가속을 사용하여 비디오를 디코딩하려면 이 옵션을 선택합니다.

(10) 프로젝트 사용 환경 설정

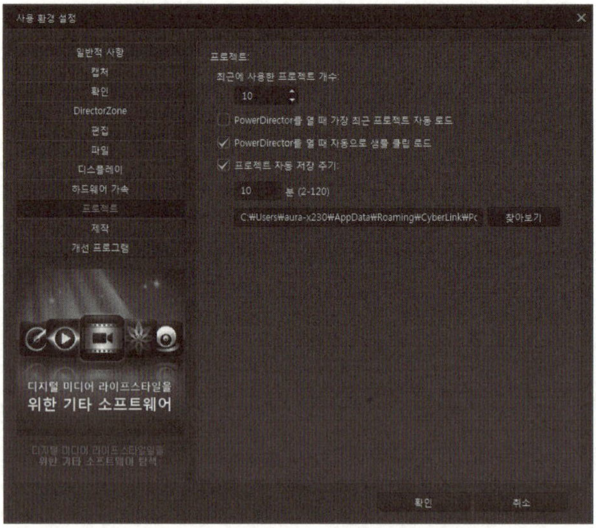

· 최근에 사용한 프로젝트 개수: CyberLink PowerDirector를 열 때 파일 메뉴에 표시할 최근에 사용한 파일 수(0 ~ 20)를 입력합니다.

· PowerDirector를 열 때 가장 최근 프로젝트 자동 로드: 마지막으로 작업한 프로젝트를 자동으로 로드하려면 이 옵션을 선택합니다.

· PowerDirector를 열 때 자동으로 샘플 클립 로드: 이 옵션을 선택하면 프로그램이 열릴 때 자동으로 미디어 라이브러리로 샘플 이미지와 비디오 클립을 로드합니다.

· 프로젝트 자동 저장 주기: 실수로 변경 내용을 잃어 버리지 않도록 지정한 간격(분)으로 프로젝트를 자동 저장하려면 이 옵션을 선택합니다. 자동 저장 파일에 대한 특정 위치를 설정하려면 찾아보기 단추를 클릭하고 컴퓨터에서 폴더 위치를 선택합니다.

(11) 제작 설정

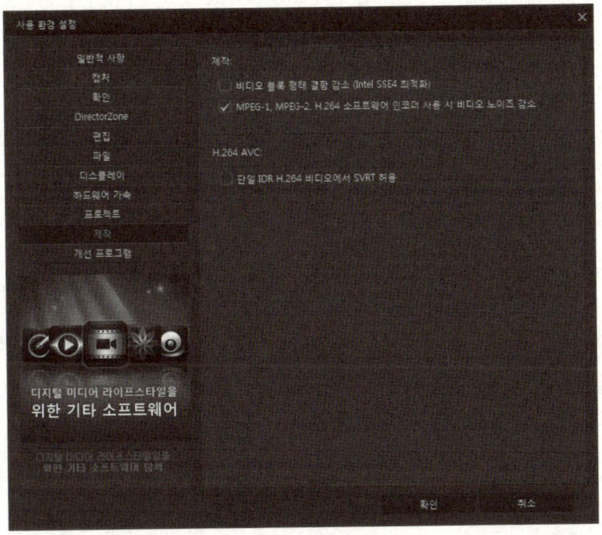

- 제작
  · 비디오 블록 형태 결함 감소 (Intel SSE4 최적화): 컴퓨터가 Intel SSE4 최적화를 지원하는 경우 제작한 비디오의 전체 품질을 개선하려면 이 옵션을 선택합니다.
  · MPEG-1, MPEG-2, H.264 소프트웨어 인코더 사용 시 비디오 노이즈 감소: 제작 중에 MPEG-1, MPEG-2, H.264를 인코딩할 때 CyberLink PowerDirector가 자동으로 비디오 노이즈를 제거하도록 하려면 이 옵션을 선택합니다.
- H.264 AVC
  · 단일 IDR H.264 비디오에서 SVRT 허용: 시간 표시 막대에 하나의 H.264 AVC 클립만 있는 경우 CyberLink PowerDirector가 SVRT를 사용하여 동영상 프로젝트를 렌더링하도록 하려면 이 옵션을 선택합니다.

18 멀티미디어 구간 반복 재생

LESSON 18 멀티미디어 구간 반복 재생

- 제작사: 3Ears Software
- 웹페이지: http://www.3e-soft.com
- 버전: 2.2
- 용도: 멀티미디어(영상, MP3) 구간 반복 재생, 어학 학습
- 설치환경: 한글, 다국어 윈도우 XP, 7, 8, 10
- 가격: $29.95

왜 필요한가?

언어 학습은 듣기가 가장 중요하다고 할 수 있습니다. 일반적인 영상이나 사운드 자료는 대부분 디지털 기반이기 때문에 파일 단위별로 반복 재생할 수 있으나 간격이 너무 긴 경향이 있습니다. 이런 한계를 해결하기 위해서 문장 단위별로 파일을 강제적으로 잘라서 재생할 수도 있지만 상당히 번거롭습니다.

Audio Replayer는 재생하고자 하는 파일을 자르지 않고, 단일 파일에서 임의의 구간을 설정하여 구간별로 효율적으로 반복 재생하면서 언어학습을 할 수 있는 소프트웨어입니다. 구간 반복 재생 횟수와 반복과 반복 간격은 사용자가 임의로 설정할 수 있습니다. 구간 반복 설정된 사운드와 영상은 캡처 소프트웨어를 활용하여 녹화하여 일반 영상 재생 소프트웨어나 스마트 기기에서 활용할 수 있습니다.

준비사항

1) 반복 재생하고자 하는 사운드, 영상 파일을 준비합니다.

2) 영상이 정상적으로 재생되지 않은 경우 설치할 통합코덱 [스타코덱(StarCodec)]

을 준비합니다. (http://www.starcodec.com)

사용법

1) 소프트웨어를 설치한 후 실행합니다.

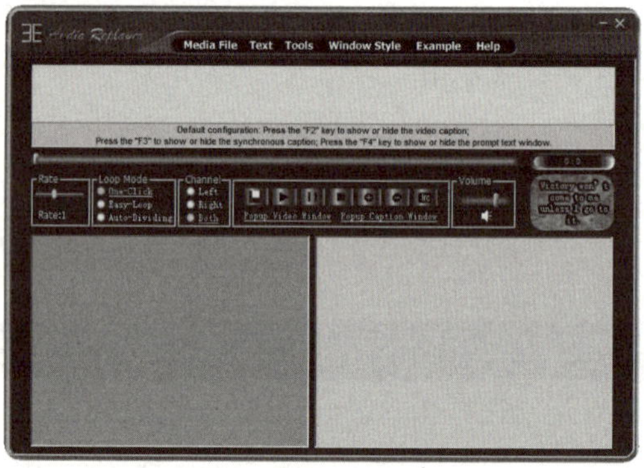

2) 주 메뉴 [Media File], [Text], [Tools], [Windows Style], [Example], [Help] 로 구성되어 있습니다.

3) 먼저 반복 재생할 영상과 사운드 파일을 불러오기 위해 [Media File] → [Open An Audio or Video File]를 클릭하여 임의의 파일을 불러옵니다.

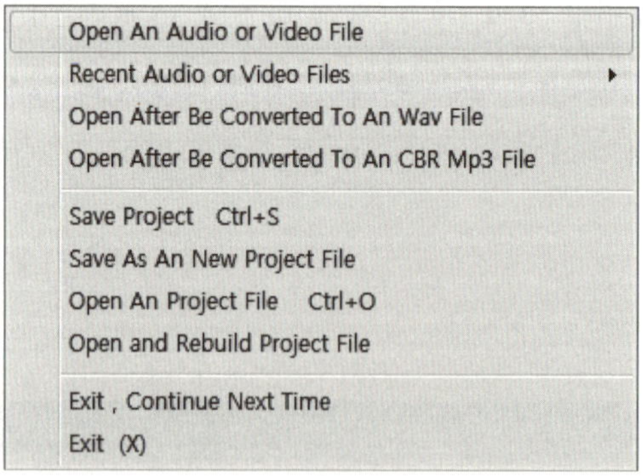

4) [Open After Be Converted To An Wav File]은 영상이나 사운드 파일을 불러온 후 오류 발생률이 적은 Wav 파일로 변환해 주는 기능을 합니다.

오디오 리플레이어에서 미디어 파일(mp3, avi 파일 등)을 오픈하면 자동으로 소리파형 정보를 갖는 ERA파일이 생성되며, 파일이 클수록 불러오는 시간이 많이 소요됩니다. 단 두 번째 불러올 때는 이미 생성된 ERA파일을 열기 때문에 시간이 단축됩니다.

5) MP3파일 재생시 생성된 사운드 그래프와 재생할 때의 소리가 불일치 할 경우에는 [Media File] → [Open After Be Converted To An CBR Mp3 File]을 선택하면 오류를 해결할 수 있습니다.

6) 메인 창에 영상이 로딩됩니다. 로딩되는 시간은 영상이나 사운드의 길이에 따라 달라집니다.

영상이 원활하게 로딩되지 않을 경우 "Daum 팟인코더"와 같은 영상 변환 소프트웨어를 통해 변환후 불러오거나 "스타코덱"과 같은 코덱을 설치한 후 불러옵니다.

7) 로딩된 영상의 특정한 위치에 타임태그를 삽입하면 이후에 간편하게 해당 위치를 찾아 재생할 수 있습니다. 영상을 재생한 후 타임테크를 삽입하고자 하는 위치에서 "일시정지" 버튼을 클릭합니다. 아래의 빨간 박스처럼 라인이 생성됩니다.

8) 타임태그를 삽입하기 위해 [Tools] → [Insert Time Tag] → [Insert The Tag Of The Current Position]을 선택합니다.

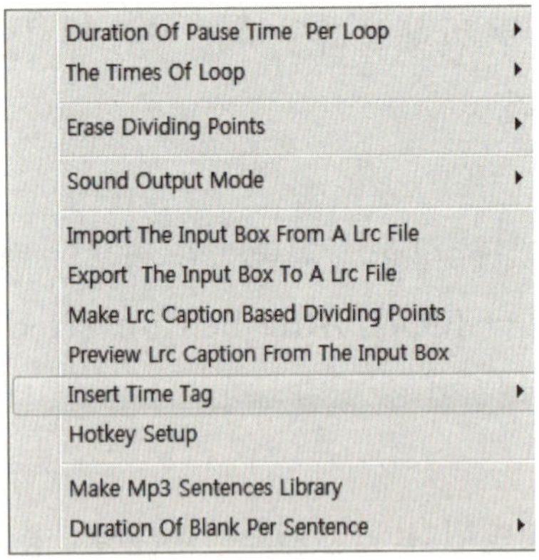

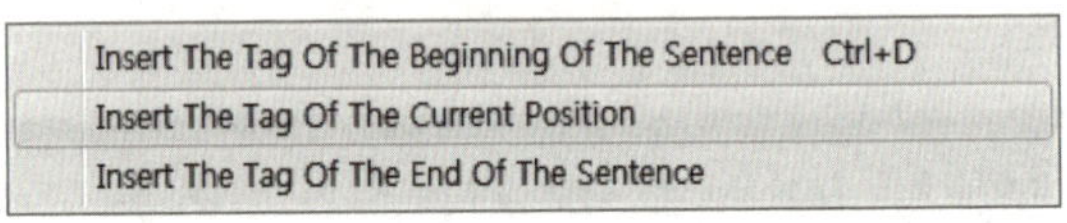

9) 하단에 시간이 나타나며 사용자가 쉽게 구별할 수 있는 텍스트를 입력합니다.

10) 타임태그는 한 파일에 다중으로 삽입할 수 있습니다.

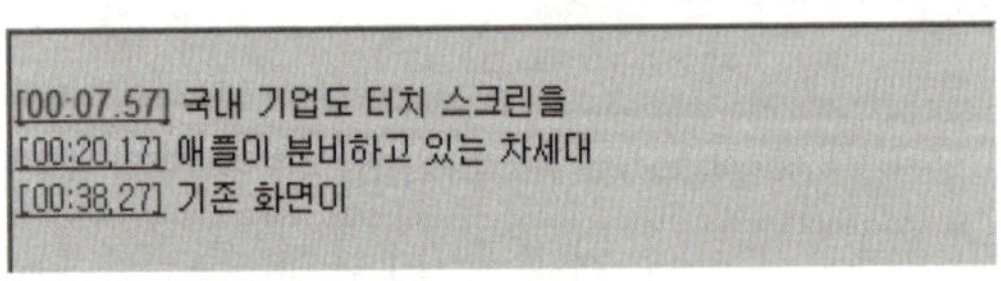

11) 삽입된 타임태그는 다른 부분이 재생되고 있을 때 임의의 타임태그의 시간을 클릭하면 그 위치에서 재생됩니다.

12) 설정된 타임태그를 저장하기 위해 [Media File] → [Save Project] 파일을 클릭합니다. 프로젝트 정보 파일은 불러온 영상 파일명과 동일한 파일명으로 저장되며, 확장자는 "ear"입니다. 타임태그는 별도로 "rtf" 워드형식으로 저

장됩니다.

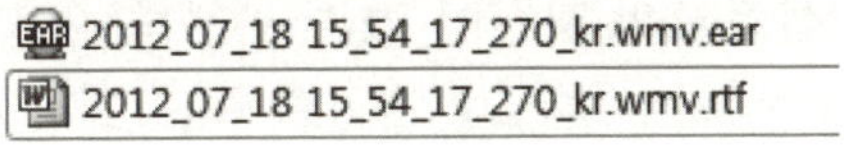

13) 타임태그 삽입 이외에 영상이나 사운드를 분할 하는 방법에는 "One-Click", "Easy-Loop", "Auto-Diving"이 있습니다.

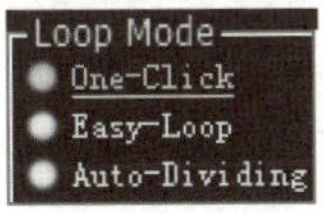

14) "One-Click"는 임의의 위치를 클릭하면 그 부분부터 재생할 수 있습니다. 일반적으로 많이 사용되지는 않은 기능입니다.

15) "Easy-Loop" 마우스 클릭으로 반복 구간을 간편하게 설정할 수 있습니다. [Loop mode] → [Easy-Loop]를 선택합니다. "Easy-Loop"는 전체 영상이나 사운드에 하나만의 반복구간을 설정할 수 있습니다.

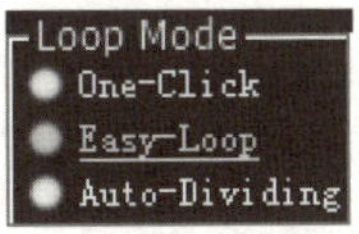

16) 반복구간 시작점에서 마우스 좌클릭하여 표시합니다. 시작되는 부분부터 노란색으로 변합니다.

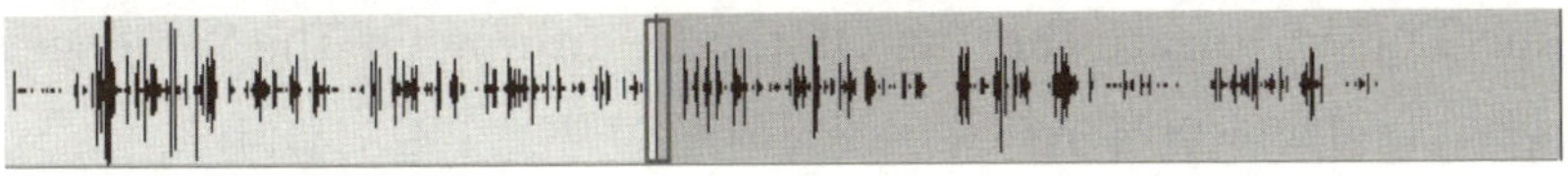

17) 반복구간 끝점에서 마우스 우클릭을 하면 반복구간 영역이 노란색으로 표시되며 재생하면 노란색 부분만 반복 재생됩니다. 반복 구간 시작점과 끝점은 마우스 클릭으로 연장하거나 축소할 수 있습니다.

18) "Auto-Diving"는 가장 핵심적인 반복 재생 방법이라 할 수 있습니다. 자동 분할 반복모드는 사운드의 파형이 없는 부분 즉 소리가 없는 부분을 기준으로 자동으로 다중 반복 구간을 설정해 줍니다. [Loop mode] → [Auto-Diving]를 선택합니다.

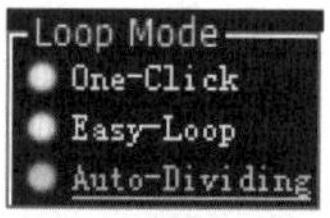

19) 하단처럼 청색 사각형 점으로 반복구간이 자동 설정됩니다.

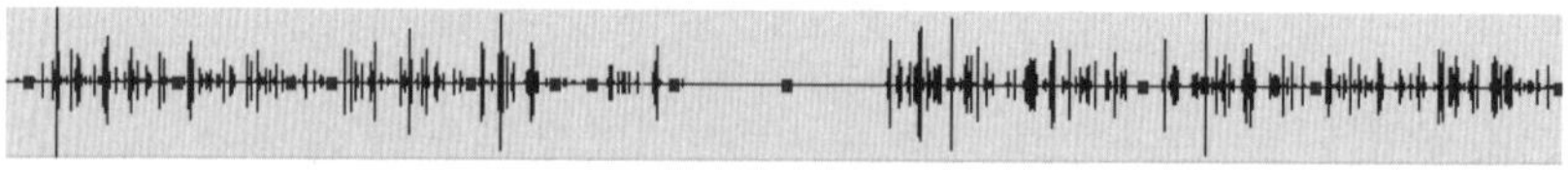

20) 설정된 반복구간은 마우스 클릭으로 삭제할 수 있고 다른 위치에 재설정할 수 있습니다. 반복구간 설정점을 삭제하고자 할 경우 해당 청색점 위에 마우스 커서를 놓고 우클릭하면 됩니다. 다른 위치에 반복점을 삽입하고자 할 경우 임의의 위치에 마우스 커서를 놓고 우클릭하면 됩니다.

21) 반복 구간을 마우스로 클릭하면 그 구간이 자동으로 반복되며, 다음 구간으로 넘어갈 경우 커서 ESC를 클릭합니다.

22) 임의의 반복 구간에 타임태그를 삽입할 수 있습니다. [Tools] → [Insert Time Tag] → [Insert The Tag Of The Beginning Of The Sentence]를 클릭합니다. 선택한 반복구간의 시작점에 타임태그가 삽입됩니다.

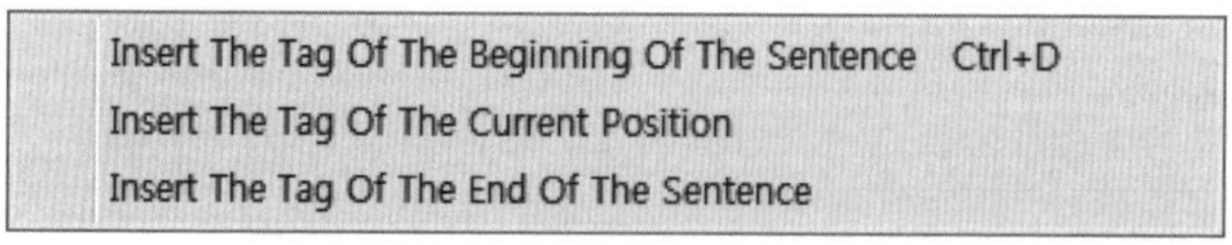

23) 모든 반복구간이 설정되었다면 [Media File] → [Save Project]를 클릭하여 저장합니다. 저장한 프로젝트 파일은 영상이나 사운드 파일명과 동일하게 저장되며 이후 해당 영상이나 사운드를 불러들일 때 자동으로 불러들이게 되며, 전에 저장된 프로젝트 내용을 그대로 활용할 수 있습니다.

24) 자동 분할 된 사운드를 구간 단위로 MP3로 저장할 수 있는 기능을 제공합니다. 이는 임의의 규칙으로 분할된 사운드를 다른 콘텐츠에 삽입할 때 유용하게 활용할 수 있습니다. [Tools] → [Make MP3 Sentences Library]를 클릭합니다.

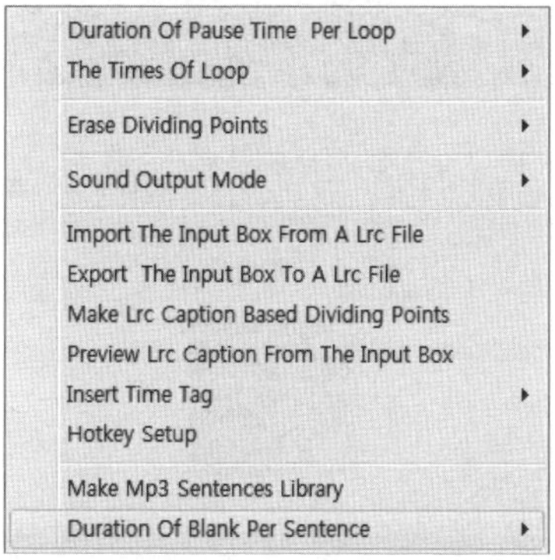

25) 불러온 영상이나 사운드 위치에 파일명과 동일한 폴더를 자동으로 생성하고 하위에 일련번호로 MP3 파일을 생성합니다.

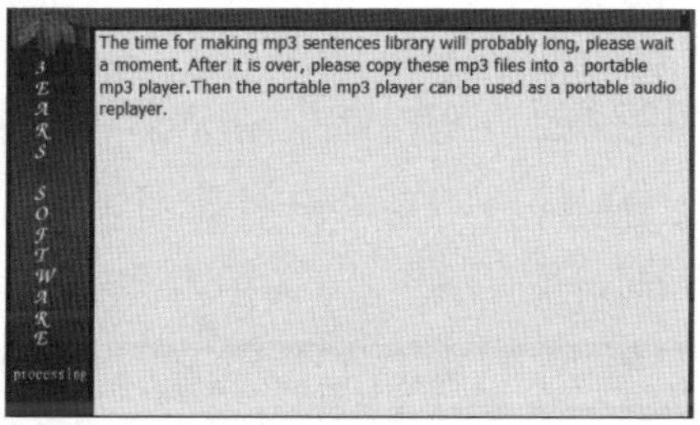

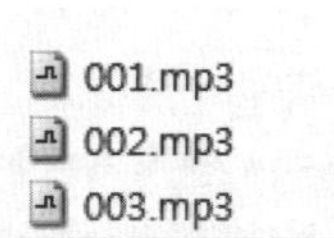

26) 자동반복 재생 시 불러온 파일이 영상이고 자막이 영상과 동일한 파일명으로 있을 경우 소프트웨어의 영상 재생창 하단에 자막이 표기됩니다.

27) 재생조절창의 [+], [-]는 표시되는 사운드 파형의 크기를 조절할 수 있습니다. 사운드의 길이가 변화하는 것이 아니라 표시되는 파형의 길이가 변화합니다. 정교하게 구간을 분할하고자 할 때 파형을 확대하여 작업할 수 있습니다.

28) [Rate]의 바 조정을 통해 "1"을 기준으로 이상은 빠르게, 이하는 느리게 재생할 수 있습니다.

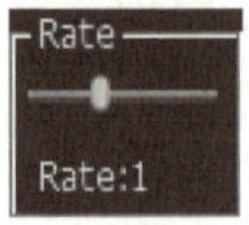

29) 키보드 "Tab"를 클릭하면 재생과 일시정지를 반복하면서 재생됩니다. 재생은 일시정지점 이후부터 순차적으로 됩니다.

30) 불러온 영상이나 사운드를 자동분할 한 후 [Lrc] 버튼을 클릭하면 자동으로 구간분할 시작점 기준 자동으로 타임태그가 생성됩니다. 각각의 타임태그를 입력한 후 저장할 수 있습니다. 구간영역을 선택 재생하면 하단의 해당 타임태그가 빨간색으로 표시됩니다.

31) 작성된 타임태그는 파형 아래쪽에 구간별로 텍스트를 표시하면서 재생됩니다.

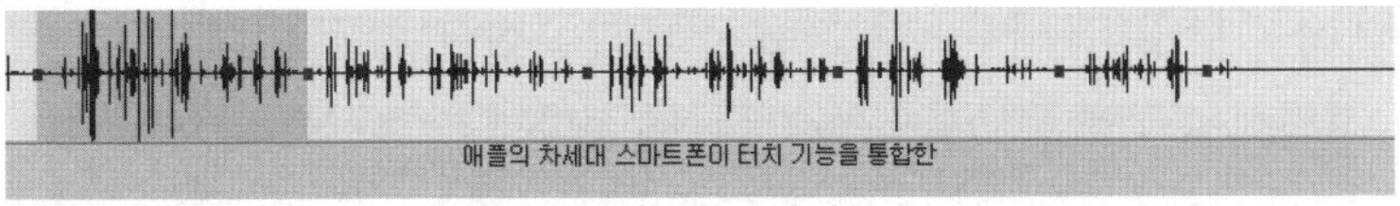

32) [Tools] → [Export The Input Box To A Lrc File]를 클릭하면 작성한 타임태그를 가사파일인 Lrc 형식으로 저장하여 활용할 수 있습니다.

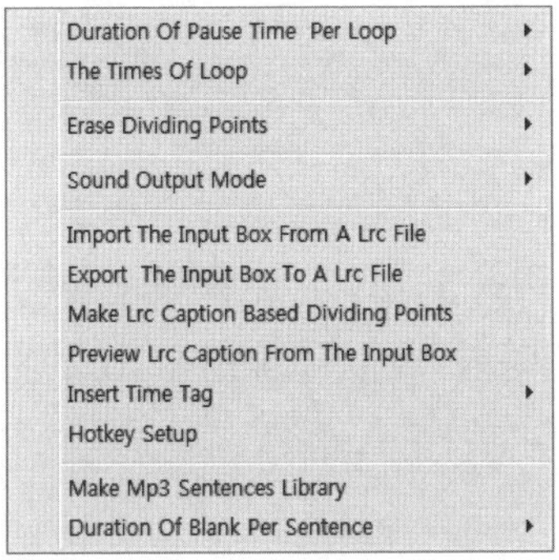

33) 불러온 파일이 영상일 경우에는 "ImTOO Video to Audio Converter"와 같은 영상에서 사운드를 추출하는 소프트웨어를 활용하여 사운드(MP3)파일을 확보합니다.

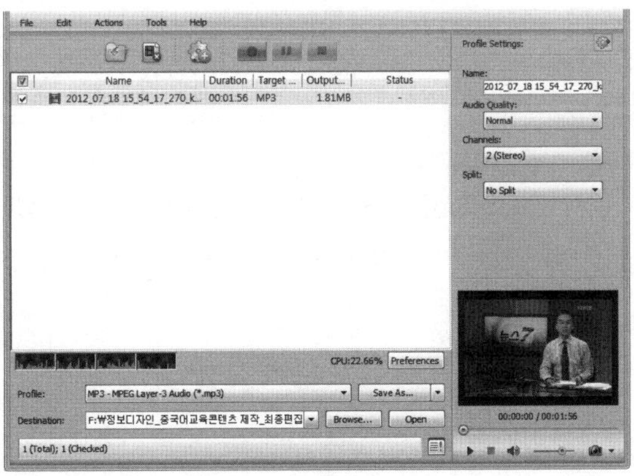

34) MP3와 Lrc 파일은 사운드 재생 소프트웨어인 Winamp 등과 가사 재생소프트웨어인 MiniLyrics 등과 결합하여 활용할 수 있습니다.

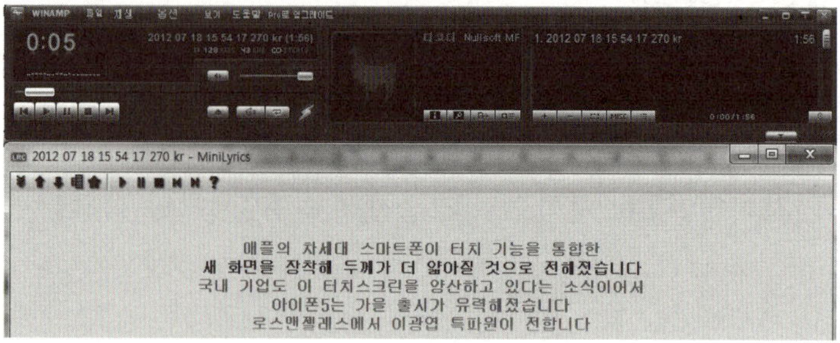

35) 자동분할된 구간분할점은 [Tools] → [Erase Diving Points] → [Erase All Diving Points]을 클릭하면 일괄 삭제할 수 있습니다.

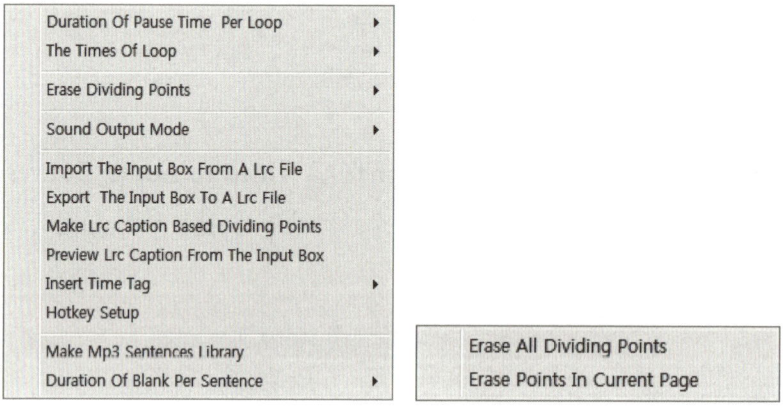

36) 구간 설정된 사운드는 [Tools] → [The Times Of Loop]를 클릭하여 임의의 횟수를 선택하면 설정된 숫자만큼 자동반복 재생합니다. 반복재생은 1회부터 10회까지 지원합니다.

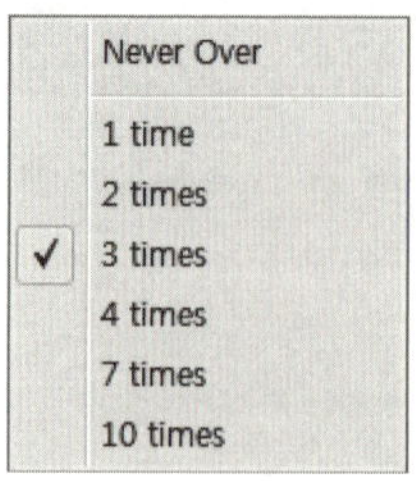

37) [Tools] → [Duration Of Pause Time Per Loop]은 반복구간 간의 정지시간을 설정할 수 있습니다. 0초부터 20초까지 지원하며 만약 3초를 선택할 경우 한 번 반복 후 3초를 정지한 후 다음 반복재생이 계속됩니다.

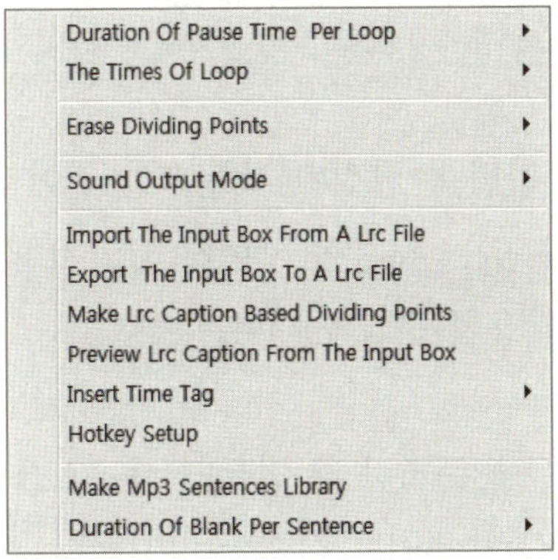

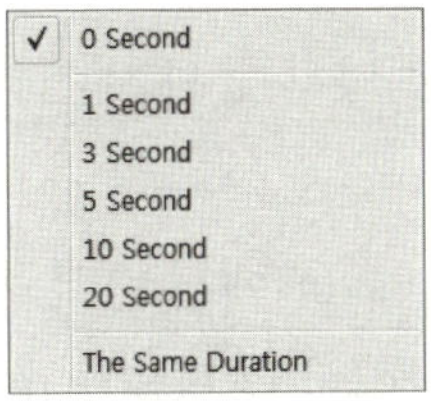

38) 사운드 파일의 구간분할점 위치, 타임태그와 스크립트 등은 프로젝트 파일(ear)과 워드 파일(rtf)에 저장됩니다. 이후 작업 시 영상이나 사운드 파일을 불러온 후 다시 프로젝트 파일을 불러오면 모든 설정을 유지한 채 활용할 수 있습니다.

Tip

Audio Replayer 구간반복 재생 사운드와 영상 녹화하기

1. 사운드 녹화하기

1) "Audio Replayer"에서 자동 구간반복 설정된 사운드는 언어학습에 필요한 다중반복과 사용자가 따라할 수 있는 시간을 구현하고 있기 때문에 재생 과정을 녹음할 경우 효과적으로 활용할 수 있습니다.

2) [Audio Replayer]에서 반복 재생을 준비한 후 컴퓨터 사운드를 녹음할 수 있는 소프트웨어인 [AD Stream Recorder]을 실행합니다.

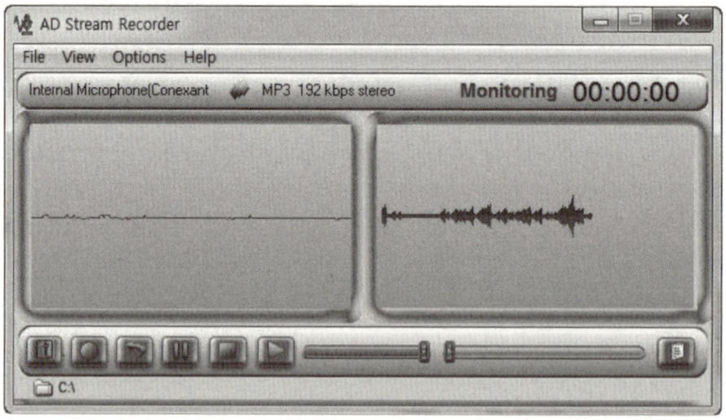

3) [AD Stream Recorder]의 녹음버튼과 [Audio Replayer]의 재생버튼을 순차적으로 클릭합니다.

4) [AD Stream Recorder]의 좌측창에 입력사운드의 파형이 표시되면 녹음이 시작됩니다.

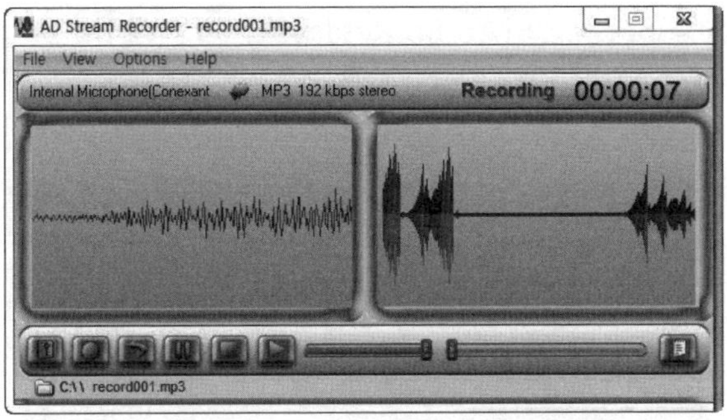

5) 재생이 완료되면 정지버튼을 클릭하여 녹음을 종료합니다. 녹음은 기본적으로 MP3 형식으로 저장됩니다. 녹음파일은 [Record001.mp3] 형식을 갖습니다.

6) 저장된 사운드는 반복과 휴지시간을 동시에 구현하고 있기 때문에 동일한 내용을 별도의 정지나 재생 조작없이 편리하게 활용할 수 있습니다. 단 파일의 크기가 반복횟수와 휴지시간 간격에 따라 커질 수 있습니다.

2. 영상 녹화하기

1) 사운드뿐만 아니라 구간반복 재생되는 영상도 화면캡처 방식으로 녹화할 수 있습니다. 화면캡처 소프트웨어인 [Camtasia Studio]를 실행합니다.
2) 화면을 캡처하기 위해 [Record The Screen]을 선택합니다.

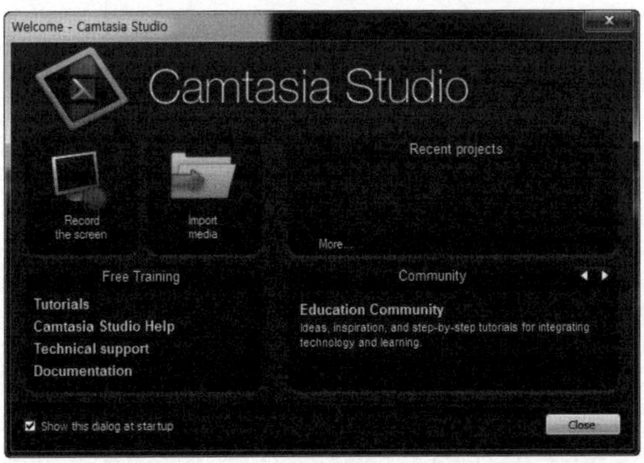

3) [Screen Area]를 하단처럼 [Audio Replayer] 영상 재생창으로 설정합니다.

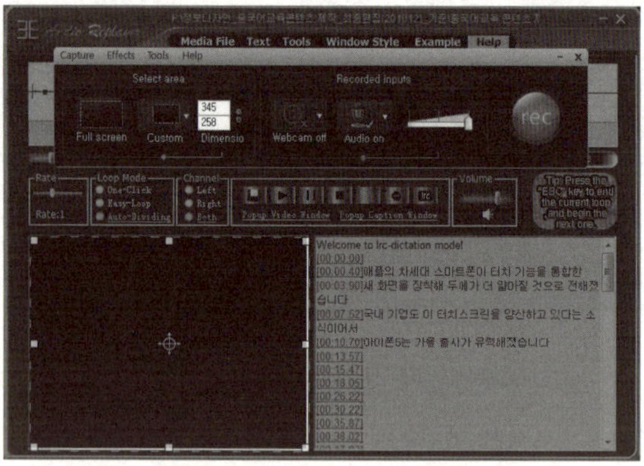

4) 사운드의 경우 [Record system audio]에 체크를 하고 [Do not record microphone]에 체크를 하여 내장 마이크의 사운드가 녹음되지 않게 설정합니다.

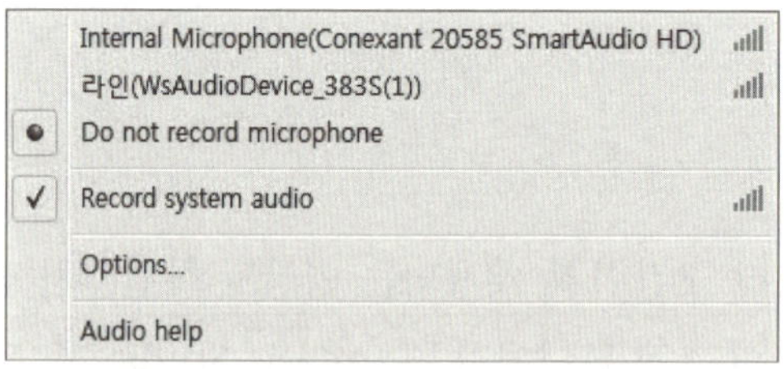

5) 모든 설정이 완료되었으면 [Camtasia Studio]의 [REC] 빨간버튼을 클릭합니다. 3, 2, 1과 같이 준비 카운트가 끝나면 [Audio Replayer]를 반복재생합니다. 캡처 영역에 연두색 사각형 마크가 깜박이면서 녹화가 됩니다.

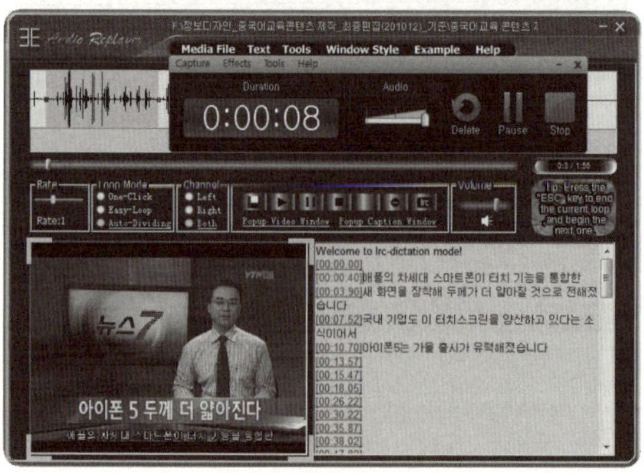

6) 재생이 완료되면 [Stop] 버튼을 클릭하고 저장합니다. 메인창의 타임라인에 녹화된 영상을 위치시키고, 간단의 [Produce and share] 버튼을 클릭하여 임의의 영상형식으로 저장합니다.

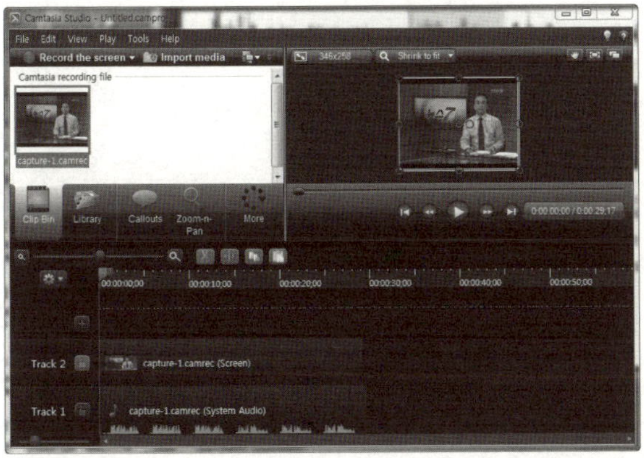

7) 저장된 영상은 구간반복과 휴지시간이 적용된 상태에서 재생됩니다. 원본 영상보다 구간반복 횟수와 휴지시간만큼 용량이 늘어날 수 있으며, 영상의 크기와 화질의 조정을 통해 용량을 재설정할 수도 있습니다.

8) 캡처된 영상은 일반 영상 재생 소프트웨어나 스마트 기기에서 활용한다면 원본 영상보다 더 효율적인 구간반복 기능을 제공합니다.
영상파일을 구간반복하면서 캡처 녹화한 후 이 영상을 다시 [ImTOO Video to Audio Converter]를 이용하여 사운드를 추출하면 별도로 사운드를 캡처하지 않아도 됩니다.

19
스마트 상호 작용: Socrative

LESSON 19 스마트 상호 작용: Socrative

- 제작사: Socrative
- 웹페이지: http://www.socrative.com/
- 버전: 1
- 용도: 스마트 디바이스 상호 작용, 퀴즈
- 설치환경: iOS, Android
- 가격: 무료

왜 필요한가?

업무나 교육환경에서 교육자와 피교육자 간의 실시간 소통은 직접적인 질의응답 형식으로 이루어지는 것이 보편적입니다. 질의응답은 상호 간 직접 대면접촉을 한다는 긍정적인 측면이 있지만, 여러 사람과 동시에 실시간으로 소통할 수 없는 제한이 있습니다. 실시간으로 여러 사람과 상호소통을 할 수 있는 방법이 SNS를 활용하는 방법입니다. SNS는 지속적으로 발달하여 서로 그룹핑이 되어 있는 사람들과 실시간으로 메시지, 이미지, 영상 등을 소통할 수 있습니다. 즉 "다:다"의 정보소통이 가능하다고 할 수 있습니다. 그러나 "1:다"의 소통을 실시간으로 하는 데는 역시 제한이 따르게 됩니다.

만약에 교육자가 어떤 문제에 대한 의견을 교육생들에게 실시간으로 질문하여 즉각적으로 반응을 피드백할 필요가 있을 경우 SNS는 소통은 원할히 감당할 수 있지만 실시간으로 여러 사람의 정보를 통합, 분석할 수는 없습니다. Socrative는 스마트 디바이스 환경에서 교수자가 교육생들에게 실시간으로 퀴즈(사지선다, 참거짓, 단답형)를 출제하여 그 결과를 피드백할 수 있는 툴이라 할 수 있습니다.

무엇보다도 Socrative는 Wi-Fi 뿐만아니라 3G 환경에서도 사용할 수 있고, iOS나 Android 환경에서 모두 사용할 수 있기 때문에 그 효율성이 배가될 것입니다. 교육자는 개별적으로 구두를 통해 교육생들의 의견을 일일이 파악하지 않고 일괄적으로 파악하여 선별적으로 피드백함으로써 시간적인 효율과 참여 효율을 높일 수 있을 것입니다.

Socrative는 Student와 Teacher 버전이 있으며 교사 버전에서 방을 개설하고 학생버전에서 학생들이 방번호를 입력하여 로그인하고 퀴즈를 풀이하면 교사 버전에 결과가 실시간으로 집계되는 방식으로 작동합니다. 또한 PC 기반 웹이나 스마트 디바이스 앱 모두에서 동일한 가능을 활용할 수 있는 확장성이 있습니다.

준비사항

1) http://www.socrative.com/에 접속 "Sign Up"를 클릭하여 메일과 패스워드를 입력하여 계정을 생성합니다. 스마트 디바이스 앱에서도 계정생성이 가능합니다.

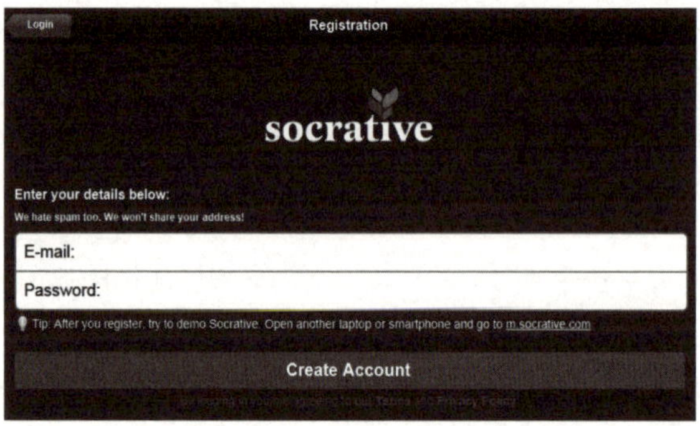

2) 상호 작용 퀴즈에 사용될 텍스트와 이미지를 준비합니다. 스마트 디바이스에서 퀴즈를 생성할 때는 텍스트만 지원하며 메일이나 클라우딩 서비스를 통해 전송합니다.

사용법

1) 회원가입

(1) 회원 가입은 Teacher 자격에서만 필요합니다. PC기반 메인 메이지에서 [Sign Up]을 클릭합니다.

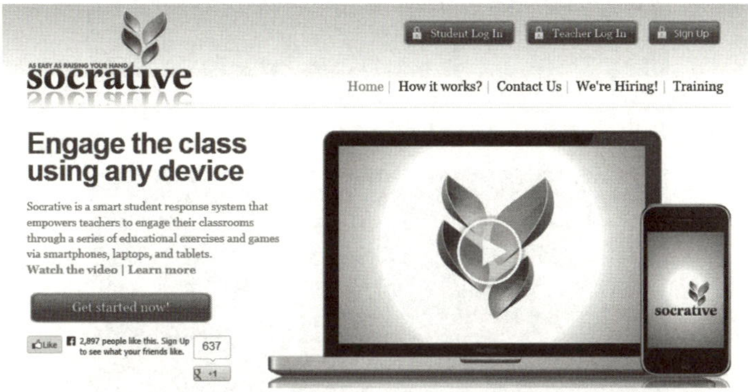

(2) 회원가입은 메일과 패스워드만 입력하는 것으로 처리됩니다. 메일은 특정 회사가 아닌 임의의 주소를 입력해도 됩니다.

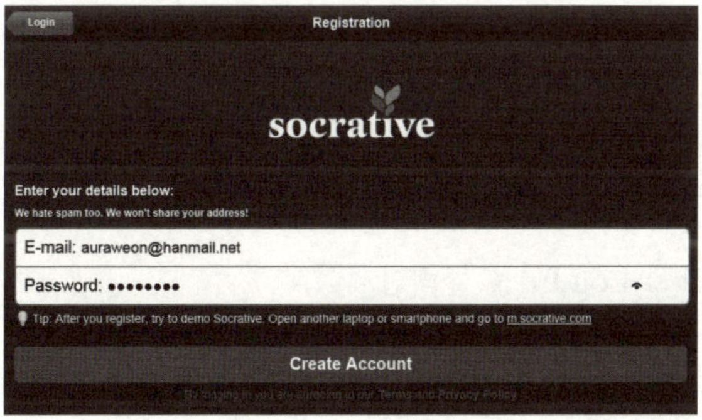

(3) 메일과 패스워드를 입력한 후 [Create Account]를 클릭합니다.

(4) 성과 이름을 영문으로 입력하고 [Your Primary Role]를 선택한 후 [Continue] 버튼을 클릭합니다. 교육과목과 장소는 입력하지 않아도 됩니다.

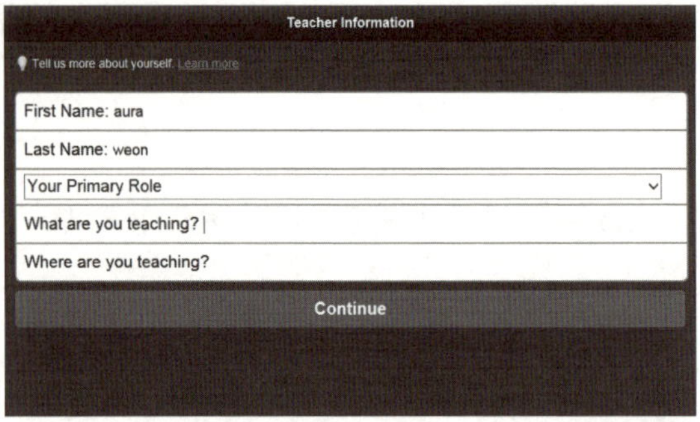

(5) 간단한 사용안내 메시지가 나타납니다.

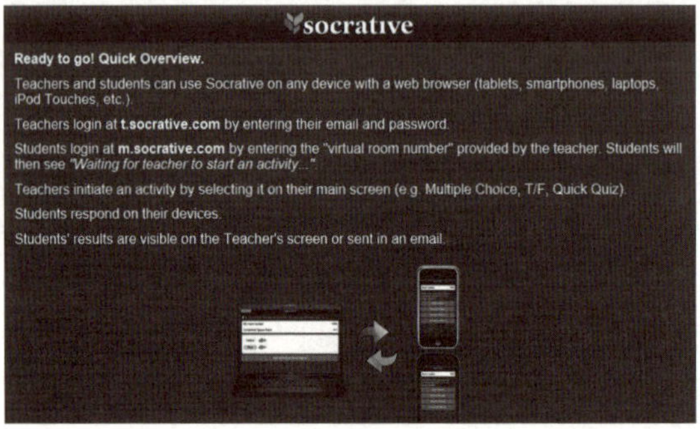

2) 로그인과 방번호 수정

(1) 회원가입이 완료된 상태에서 PC 기반 메인화면에서 교사 모드로 로그인하기 위해 [Teacher Log In]을 클릭합니다.

(2) 메일과 패스워드를 입력한 후 [Login]을 클릭합니다.

(3) Socrative 초기화면이 나타납니다. [Room Number]은 자동으로 배정되며 수정이 가능합니다.

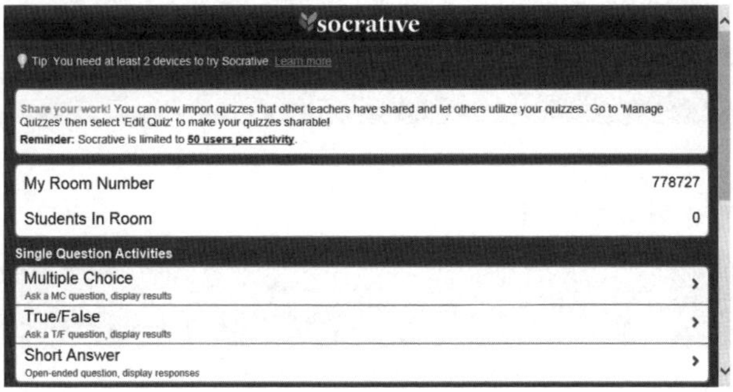

(4) 방번호를 사용자가 편리하게 기억할 수 있는 번호로 수정하기 위해 [My Account] → [My Profile]을 클릭합니다.

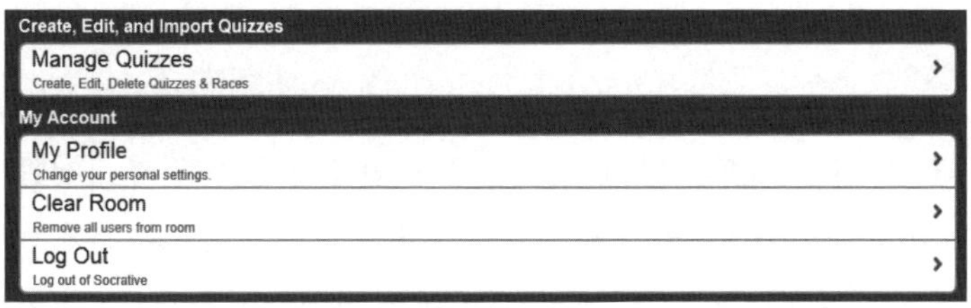

(5) [My Profile]에서는 메일과 패스워드를 수정할 수 있습니다. 방번호를 수정하기 위해 [Change Room Number]를 클릭합니다.

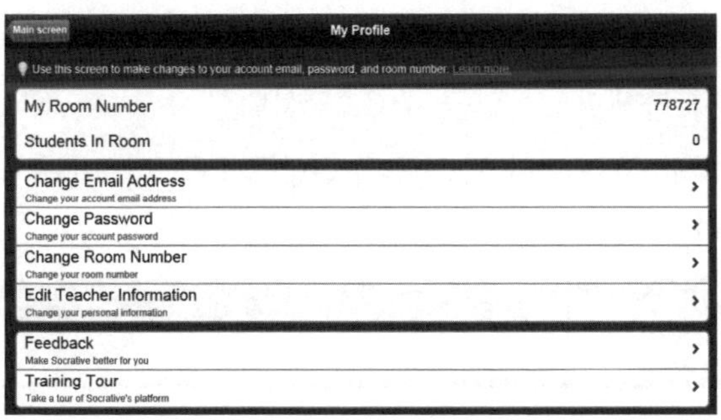

(6) 사용자가 편리하게 사용할 수 있는 룸번호를 입력하고 "Change room"을 클릭합니다.

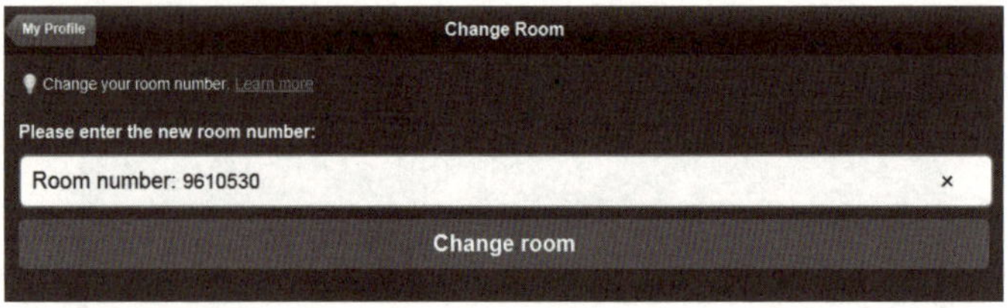

(7) 방번호 수정이 완료됩니다.

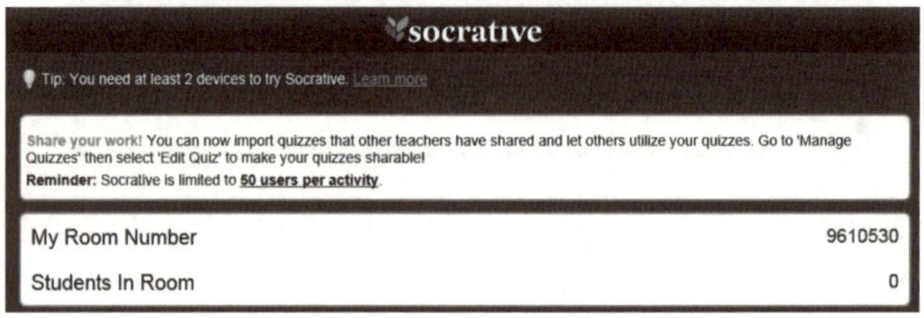

(8) Socrative의 방번호 수정은 PC와 스마트 디바이스에서 모두 할 수 있으며, 질문 항목 출제도 모두 가능합니다. 다만 교육현장에서 휴대성과 편의성을 감안한다면 다소 입력이 불편할지라도 스마트 버전 Socrative 사용을 권장합니다. [Students in Room]은 개설된 방에 입장하는 학생의 숫자를 의미합니다.

3) 퀴즈 출제

(1) Socrative에서 출제할 수 있는 퀴즈는 선택형(Multiple Choice), 참거짓(True/False), 서술형(Short Answer)이 있습니다. 질문은 PC나 스마트 버전에서 모두 출제할 수 있습니다.

(2) 퀴즈를 출제하기 위해 [Create, Edit, and Import Quizzess] → [Manage Quizzes]를 클릭합니다. 여기에서는 퀴즈를 출제, 수정, 삭제, 가져오기를 할 수 있습니다. 퀴즈를 생성하기 위해 [Add quizzes to your account] → [Create a Quiz]를 클릭합니다.

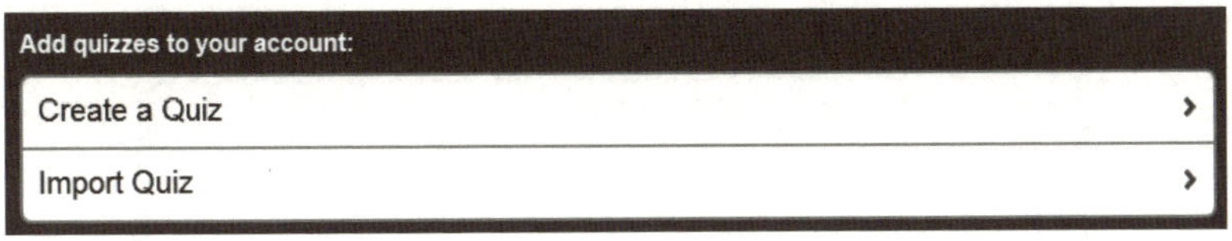

(3) [Quiz name]에 퀴즈 제목을 입력합니다. [Sharing]에서 체크를 해제하면 자료가 공유되지 않습니다. 본격적인 선택형 퀴즈를 생성하기 위해 [Multiple Choice]를 클릭합니다.

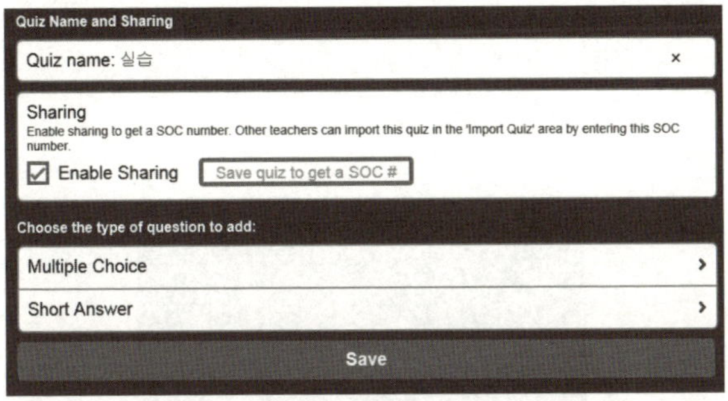

(4) 퀴즈는 [Question]에 문제를, [Answer]에 정답보기를 입력합니다. 직접 입력해도 되고 다른 문서에서 복사해서 붙이기를 해도 됩니다.

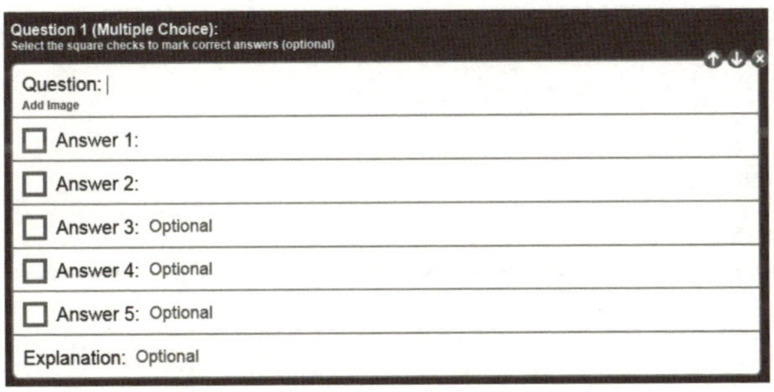

(5) 문제와 정답보기를 입력한 후 하단의 [Save] 버튼을 클릭하여 저장합니다. 보기는 1, 2번은 필수이고 나머지는 사용자에 따라서 5개까지 선택할 수 있습니다. 퀴즈에 대한 해설은 [Explanation]에 입력합니다. 설명은 문항별 퀴즈풀이 이후 학생들에게 보여집니다.

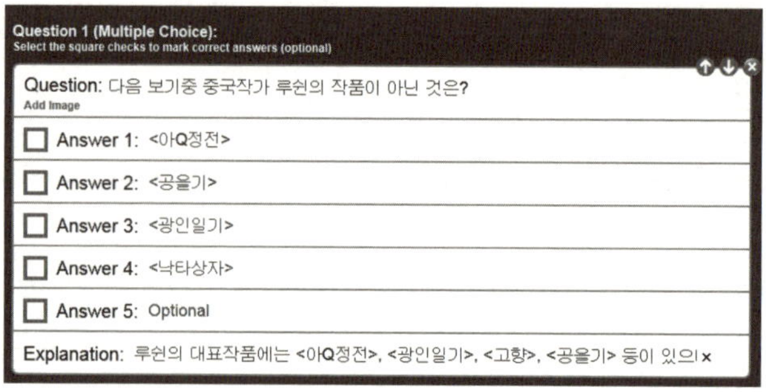

(6) 퀴즈출제가 완료된 후 퀴즈의 유실을 방지하기 위해 [Save] 버튼을 클릭하면 아래와 같은 메시지가 출력됩니다. 퀴즈를 계속 생성하기 위해 [Continue] 버튼을 클릭합니다.

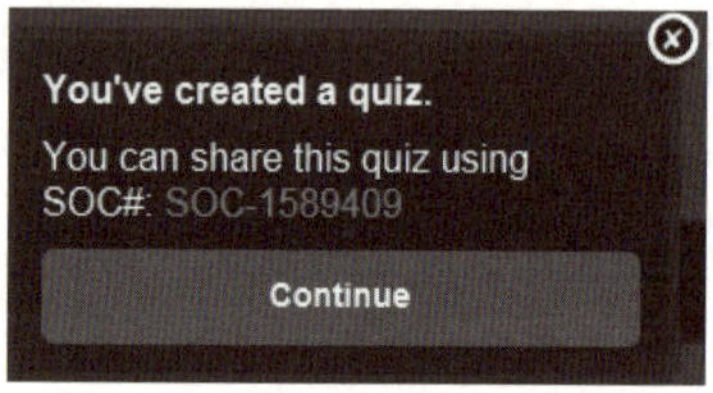

(7) 이미 출제된 퀴즈에 다른 유형의 퀴즈를 추가하거나 수정하고자 할 경우 [Edit quizzes in your account] → [Edit Quiz]를 클릭합니다.

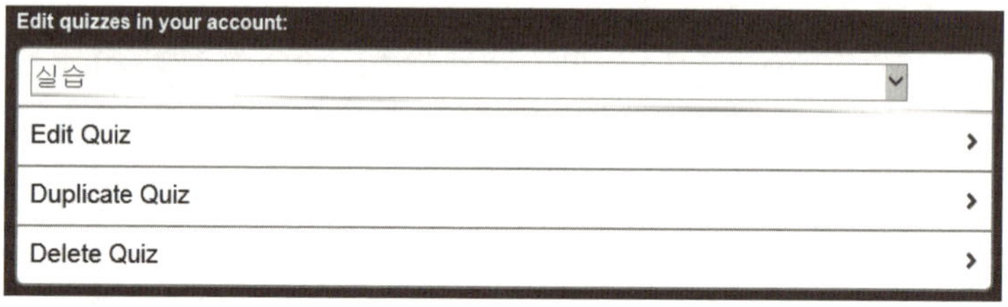

(8) 퀴즈를 더 추가하거나 다른 유형의 퀴즈를 생성하고자 할 경우 [Choose the type of question to add]에서 퀴즈의 유형을 선택합니다.

(9) 서술형 퀴즈를 추가하기 위해 [Short Answer]을 클릭하여 문제를 출제합니다. 퀴즈의 유실을 방지하기 위해 하단의 [Save] 버튼을 클릭합니다.

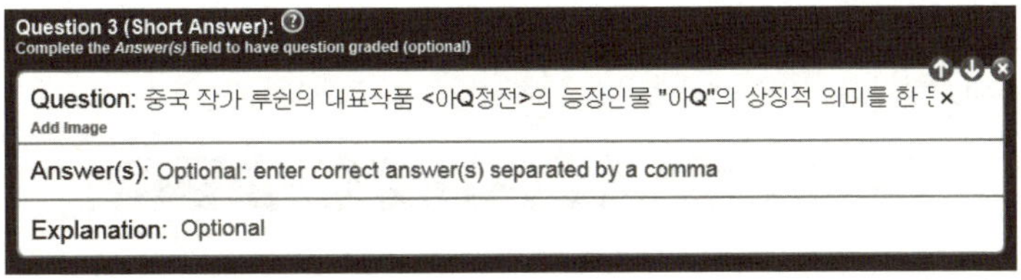

(10) 퀴즈 서비스를 실행하기 위해 상단의 [Main screen]을 클릭하여 메인 페이지로 이동합니다.

4) 퀴즈 서비스

(1) 퀴즈를 실행하기 위해 메인 페이지에서 [Quiz-Based Activities] → [Start Quiz]를 클릭합니다. 퀴즈 서비스도 출제와 마찬가지로 PC와 스마트 디바이스에서 모두 가능합니다.

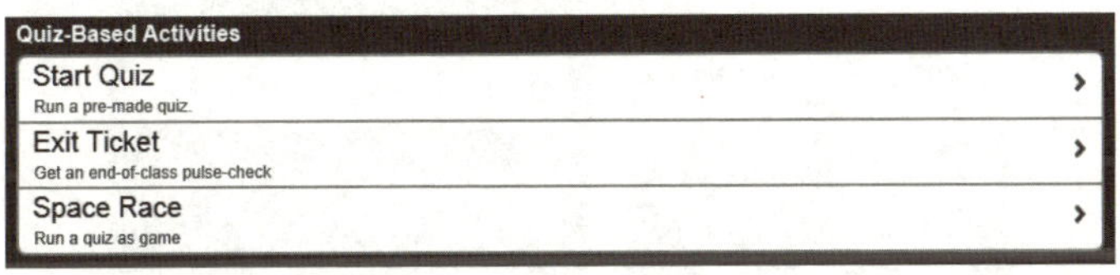

(2) 퀴즈를 선택한 후 [Student Paced Quiz]나 [Teacher Paced Quiz] 중 하나를 선택합니다. [Student Paced Quiz]는 학생이 자신의 속도를 고려하여 주도적으로 퀴즈를 풀이하도록 하며, [Teacher Paced Quiz]는 교육자가 문제 하나하나를 순차적으로 풀이하도록 제시하는 것을 의미합니다.

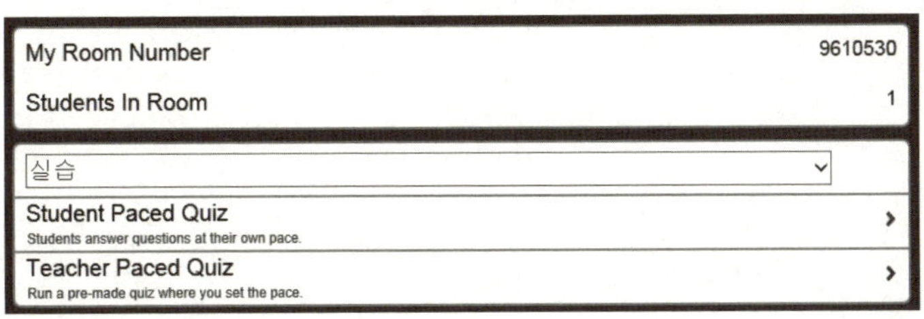

(3) 생성한 첫 번째 퀴즈가 스마트 기기나 PC를 통해 아래처럼 서비스됩니다. [Hide Live Results]는 학생의 퀴즈 풀이상황을 감추기를 하며 이는 스마트 디바이스를 대형화면에 미러링할 때 미리 풀이한 문제를 모방할 수 있는 가능성을 제한하여 풀이과정의 기밀성을 유지할 수 있습니다.

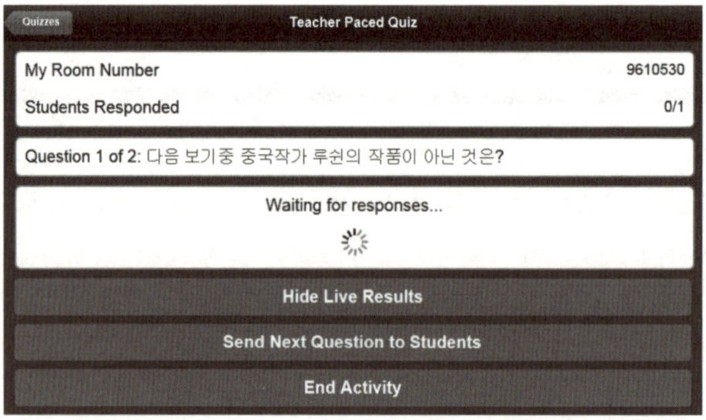

(4) 첫 번째 퀴즈가 출제되면 학생은 학생용 Socrative 앱을 실행하여 방번호를 입력하고 [Join Room] 버튼을 클릭하여 로그인합니다.

(6) 퀴즈가 제시되면 정답을 입력한 후 [Finish] 버튼을 클릭하여 제출합니다. 선택형은 정답을 선택하는 방식으로, 서술형은 직접 입력하는 방식으로 퀴즈를 풀이합니다. 정답 입력 시 다국어 지원이 가능합니다.

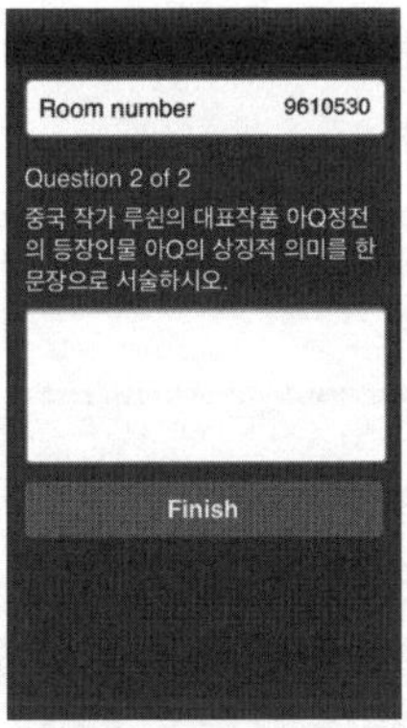

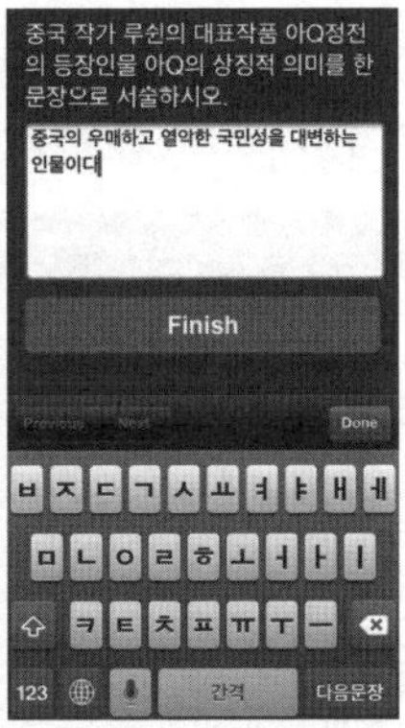

(7) 교육자의 PC나 스마트 디바이스에 [Live Results]를 선택하면 선택형 문제를 풀이한 결과가 실시간으로 그래프로 나타납니다.

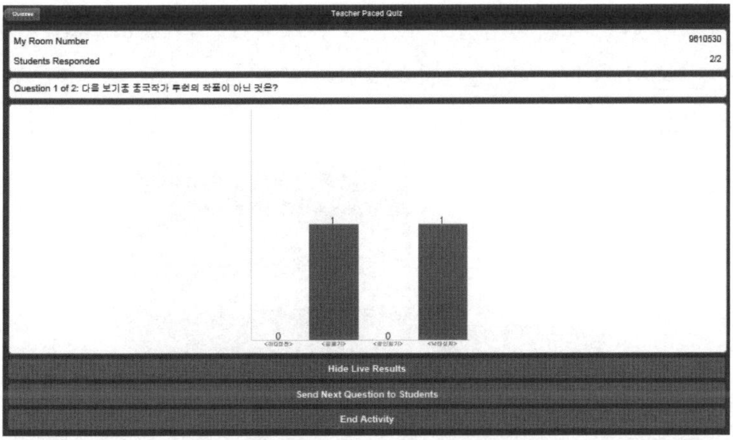

(8) 첫 번째 퀴즈 응답이 완료되면 [Teacher Paced Quiz] 모드에서는 [Send Next Question to Students] 버튼을 클릭하여 다음 퀴즈를 제시합니다.

(9) 다음 퀴즈 서술형은 학생이 입력한 내용이 실시간으로 모니터됩니다. [Hide Live Results]를 클릭하면 모니터가 되지 않습니다.

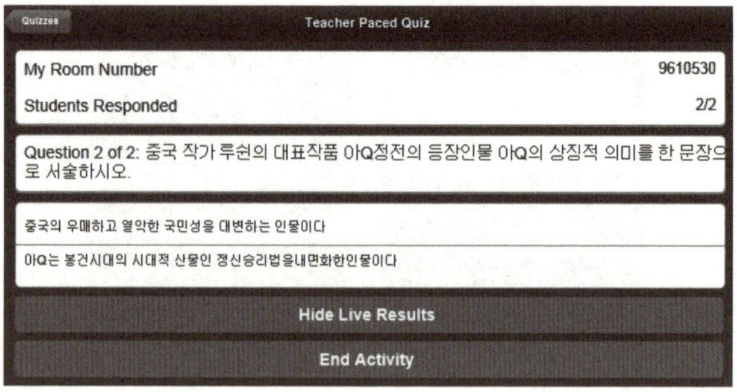

5) 퀴즈 저장

(1) 퀴즈 출제가 완료되고 학생들도 응답이 완료되었으면 [End Activity] 버튼을 클릭하면 풀이결과를 메일로 전송받거나 직접 엑셀 파일로 다운로드 받을 수 있습니다.

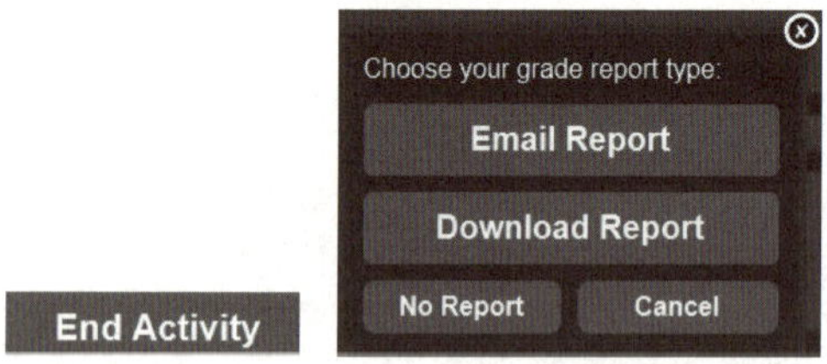

(2) 메일로 전송받기 위해 [Email Report] 버튼을 클릭합니다. 메일주소는 회원가입시 입력한 주소를 사용합니다. 결과를 메일로 전송했다는 메시지가 출력됩니다.

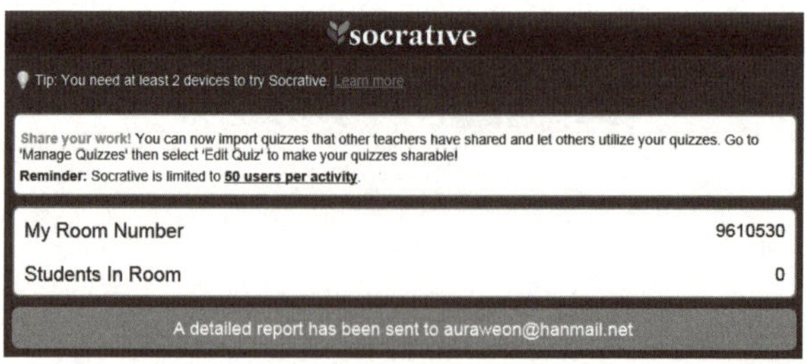

(3) 메일전송은 엑셀파일이 첨부되는 방식을 사용합니다.

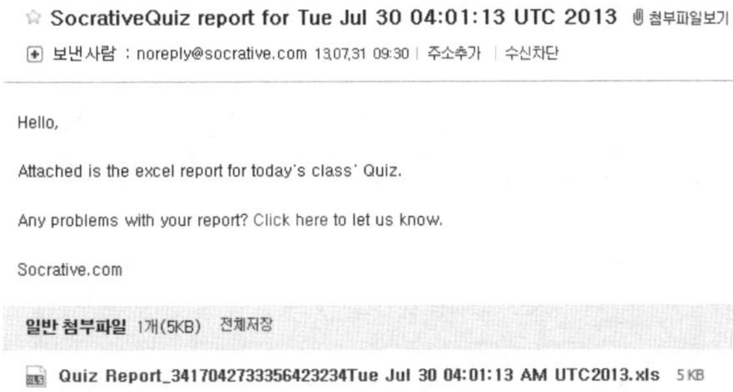

(4) 풀이결과를 직접 다운로드 하기 위해 [Download Report] 버튼을 클릭합니다. 날짜와 시간이 파일명으로 설정된 엑셀파일 다운로드 창이 나타납니다. 사용자의 컴퓨터 임의의 장소에 저장합니다.

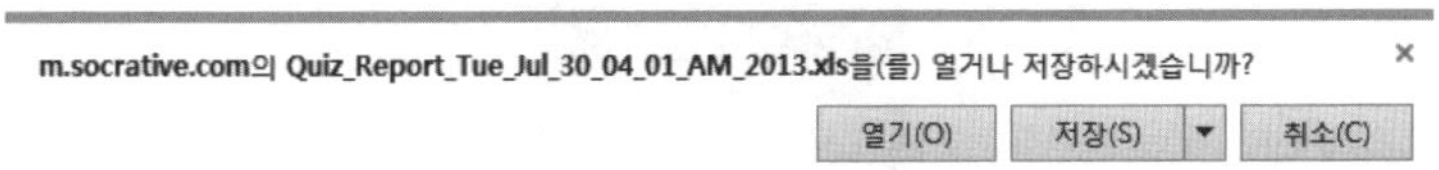

(5) 엑셀파일은 퀴즈출제일, 방번호(출제자 메일), 문제열, 사용자별 풀이행, 정답, 점수 등의 정보가 수록되어 있습니다. 만약 학생의 이름을 알고 싶을 때는 첫 문제를 "학생의 이름을 쓰시오."와 같은 서술형 문제를 출제하면 됩니다.

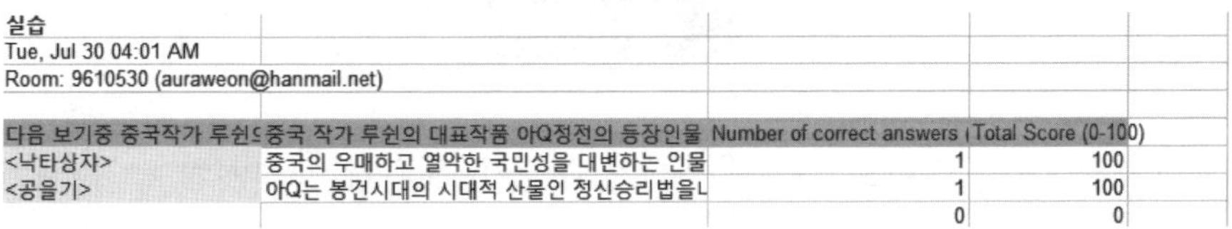

실습			
Tue, Jul 30 04:01 AM			
Room: 9610530 (auraweon@hanmail.net)			
다음 보기중 중국작가 루쉰의	중국 작가 루쉰의 대표작품 아Q정전의 등장인물	Number of correct answers	Total Score (0-100)
<낙타상자>	중국의 우매하고 열악한 국민성을 대변하는 인물	1	100
<공을기>	아Q는 봉건시대의 시대적 산물인 정신승리법을ㄴ	1	100
		0	0

6) 퀴즈 게임

(1) Socrative는 그룹을 만들어 게임방식으로 퀴즈를 풀이할 수 있는 기능을 제공합니다. 단 그룹 중 대표 한사람만 학생모드로 접속해야 합니다. 메인페이지 [Quiz-Based Activites] → [Space Race]를 클릭합니다.

(2) 게임할 퀴즈와 팀의 숫자를 선택하고 [Next]를 클릭합니다. 팀숫자는 교육자가 상황에 맞게 설정합니다. [Auto-assign team colors]에 체크를 하면 팀이 컬러별로 표기됩니다.

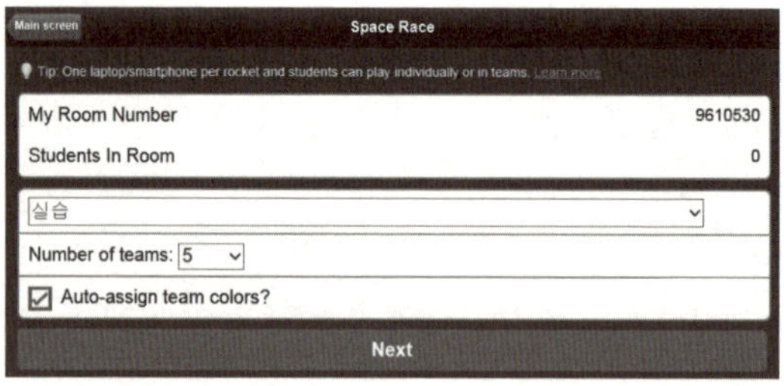

(3) 학생의 스마트 기기에서 방번호를 입력하고 로그인하면 자동으로 팀컬러가 배정되고 퀴즈가 제시됩니다.

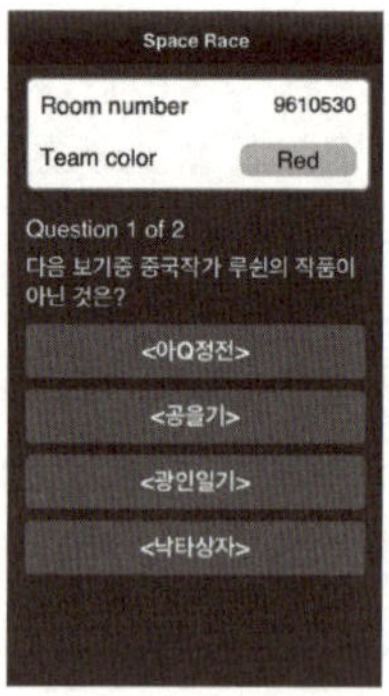

(4) 교육자의 PC나 스마트 기기에서는 팀별 풀이 결과가 아래처럼 컬러별로 모니터됩니다. 출제되는 문제의 정답을 맞추어야만 비행기 모양의 막대가 표시됩니다. 오답의 경우 변화가 없습니다.

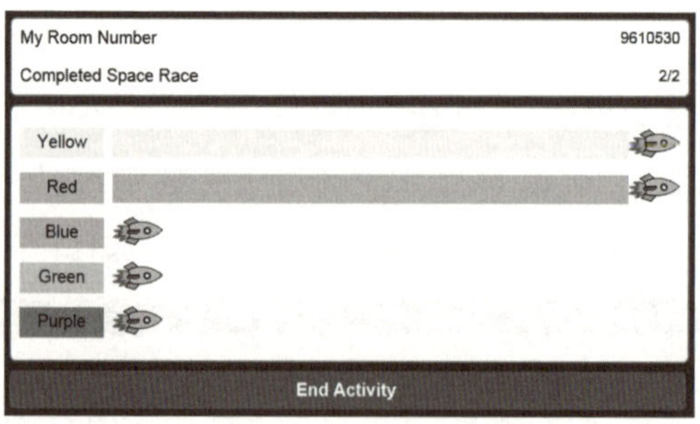

(5) [End Activity] 버튼을 클릭하면 일반 퀴즈 출제와 동일하게 결과를 메일이 나 직접 다운로드 방식으로 확인할 수 있습니다.

7) 퀴즈 가져오기

(1) 퀴즈는 사용자가 직접 등록하거나 공유된 퀴즈를 가져와도 되고, 사용자가 직접 엑셀 파일로 작성하여 불러 올 수도 있습니다. [Create, Edit, and Import Quizzes] → [Manage Quizzes]를 클릭합니다.

(2) 퀴즈를 가져오기 위해 [Add quizzes to your account] → [Import Quiz]를 클릭합니다.

(3) 사용자가 직접 엑셀에서 작성한 퀴즈 파일을 가져오기 위해 [Import Quiz From Excel] 메뉴를 선택합니다.

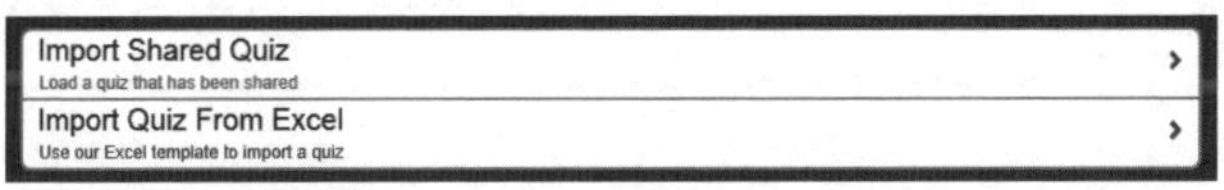

(4) 엑셀에서 사용자가 퀴즈를 작성하게 위해서는 정해진 서식에 따라야 합니다. 하단의 [Socative Quiz Template]를 클릭하면 서식을 다운로드할 수 있으며, 사용자가 빈 칸에 입력하여 사용할 수 있습니다. 엑셀파일이 준비되었다면 [찾아보기] 버튼을 클릭하여 해당 파일을 가져옵니다.

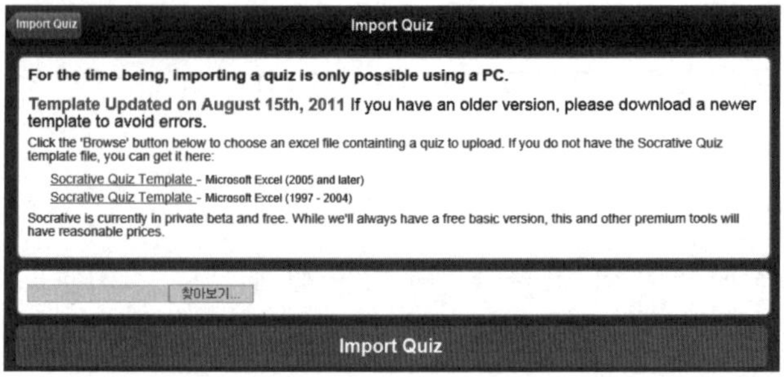

(5) 사용자 작성 엑셀 파일은 퀴즈명, 질문, 정답 등의 필드로 구성되어 있습니다.

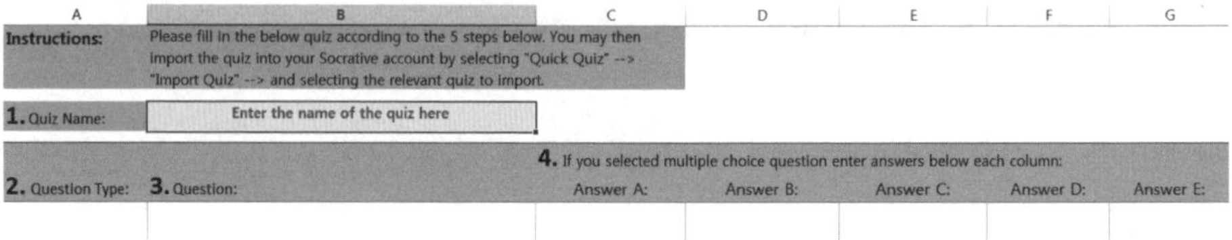

8) 메일, 패스워드 변경

(1) 사용자가 방번호나 패스워드를 변경하고자 할 경우 메일 페이지 [My Account] → [My Profile]를 클릭합니다.

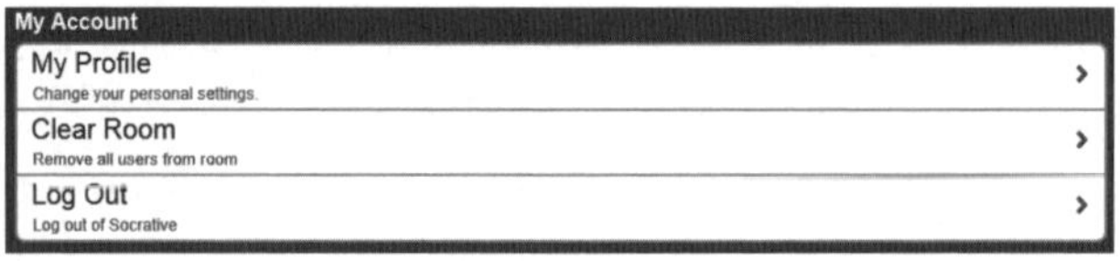

(2) 사용자의 메일, 패스워드, 방번호, 교육자 정보를 각각 수정할 수 있습니다.

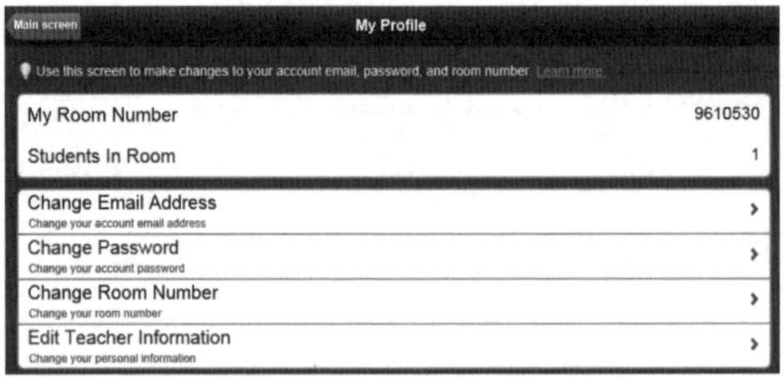

스마트 동영상 재생: 20
nPlayer

LESSON 20 스마트 동영상 재생: nPlayer

- 제작사: Newin Inc.
- 웹페이지: www.n-player.net
- 버전: 2.5.1
- 용도: 스마트 기반 동영상 재생
- 설치환경: iPad, iPhone
- 가격: 4.99$

왜 필요한가?

아이폰이나 아이패드에서 기본적으로 제공되고 있는 "비디오"에서는 MP4 유형의 영상만을 재생할 수 있으며, 자막재생을 지원하지 않습니다. 아이폰에서 영상을 재생하기 위해서는 MP4로 변환을 해야하며 이 경우에도 자막재생은 지원하지 않습니다. 영상과 자막을 동시에 재생하기 위해서는 "다음팟 인코더"와 같은 소프트웨어를 사용하여 영상과 자막을 합성한 후 재생해야 합니다.

이러한 번거로움을 해결하는 어플리케이션이 nPlayer, AVPlayer, Buzz Player 등이 있습니다. 대부분 유사한 기능을 지원하며 MP4로 인코딩하지 않고 영상 재생을 지원하는 무인코딩 지원, 자막재생을 지원합니다. 그 중 nPlayer은 로컬 방식의 영상 재생뿐만 아니라 네트워크 방식도 지원하기 때문에 폭넓게 활용할 수 있습니다.

다음은 제작사에서 설명하고 있는 어플리케이션의 특징입니다.

- 돌비 오디오 코덱 공식 지원 (AC3, E-AC3)
- 돌비 모바일 서라운드 사운드 지원
- MKV, AVI, FLV 등의 포맷에서 H.264/MPEG4 코덱 하드웨어 가속 지원
- 지원 비디오 파일 : MP4, MOV, MKV, AVI, WMV, ASF, FLV, OGV, RMVB, TP 등..

- 지원 오디오 파일 : MP3, WAV, WMA, FLAC, APE 등..
- 지원 자막 파일 : SMI, SRT, SSA, IDX, SUB, LRC 등..
- 지원 이미지 파일: JPG, PNG, BMP, GIF, TIFF 등...
- 내장 자막 지원
- 통합 자막 지원
- CUE 파일 지원
- iPod 라이브러리 동영상/음악 재생
- 앨범 동영상 재생
- WebDAV 지원 (자막 지원, 자막 파일 선택 가능)
- FTP 지원 (자막 지원, 자막 파일 선택 가능)
- SFTP 지원 (자막 지원, 자막 파일 선택 가능)
- UPnP/DLNA 지원 (DLNA 서버에서 자막 정보를 제공할 경우 자막 지원)
- Dropbox 지원
- 구글 드라이브 지원
- HTTP 스트리밍 / 다운로드 지원
- FTP 스트리밍 / 다운로드 지원
- 영상 처리 : 상/하, 좌/우 반전
- 영상 비율 설정 : 기본값, 1:1, 3:2, 4:3, 5:3, 16:9 등
- 자막을 좌/우로 밀어 이전/다음 자막으로 이동
- 자막을 위/아래로 밀어 자막 위치 조절
- 자막을 펼쳐고 오므려서 자막 크기 조절
- 자막 파일 선택 기능
- 자막 폰트 설정
- 자막 텍스트 색상 설정
- 자막 싱크 조절 기능
- 외부 자막 폰트 추가 기능
- SAMI (SMI) Tag 지원
- SSA/ASS 스타일링 완벽 지원
- 다중 트랙 자막 지원

- 다중 트랙 오디오 지원
- 오디오 증폭 설정
- 오디오 지연 설정
- 배속 재생 : 0.5x ~ 2.0x
- 구간 반복 재생
- 이어 보기 기능
- 음악 가사 표시 기능
- 회전 잠금
- 화면 잠금
- 파일 매니저 기능 : 파일 삭제, 이동, 폴더 생성, 삭제
- 다른 앱과 연동 : 메일에 첨부된 파일 재생 등..
- 폴더 잠금 기능
- Wi-Fi 파일 전송 : USB케이블 연결 없이 파일 전송
- TV-Out

* 제스쳐 기능
- 탭 : 메뉴
- 더블 탭 : 재생/일시 정지
- 좌우 밀기 : 탐색
- 화면 우측 상/하 밀기 : 볼륨 조절
- 화면 좌측 상/하 밀기 : 화면 밝기 조절
- 자막 좌/우 밀기 : 이전/다음 자막 위치로 이동
- 자막 상/하 밀기 : 자막 위치 조정
- 자막 펼치기/오므리기 : 자막 폰트 크기 조절

준비사항

1) MP4 이외 다른 유형의 영상 클립을 준비합니다.

2) 영상에 대응되는 멀티자막(다국어)을 준비합니다. 자막은 다중 선택이 가능하도록 개별작막과 멀티자막으로 준비합니다.

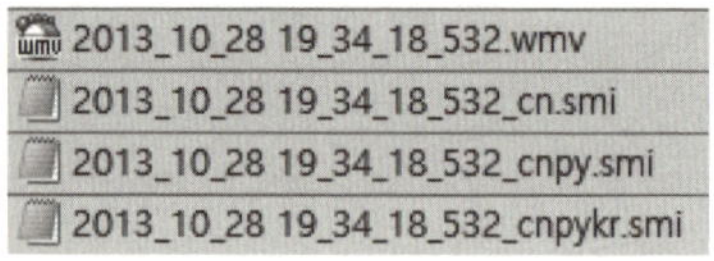

사용법

1) App Store에서 어플리케이션을 구매, 다운로드, 설치합니다.

2) 어플리케이션 설치가 완료되면 로컬방식으로 영상과 자막을 전송하기 위해 아이폰(아이패드)과 컴퓨터를 "애플 라이트닝 케이블"(Apple Lightning Cable)로 연결합니다.

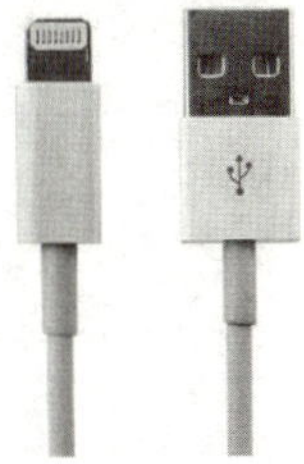

3) 애플 iTunes를 실행하고 [App] → [nPlayer]을 선택합니다. 우측의 nPlayer에 영상과 자막을 드래그하여 전송합니다.

4) [nPlayer 도큐먼트]에 전송된 영상과 자막이 보입니다.

5) 아이폰에서 nPlayer을 실행합니다. [문서] 메뉴에 전송한 영상파일과 자막파일이 나타납니다. 영상을 재생하기 위해 영상파일을 클릭합니다.

6) 영상이 재상되며 영상 파일명과 자막 파일명이 동일하면 자동으로 자막이 재생됩니다. 자막파일을 설정하기 위해 화면에 있는 [설정] 버튼을 클릭합니다. [자막]에서 영상과 대응되는 자막을 선택합니다.

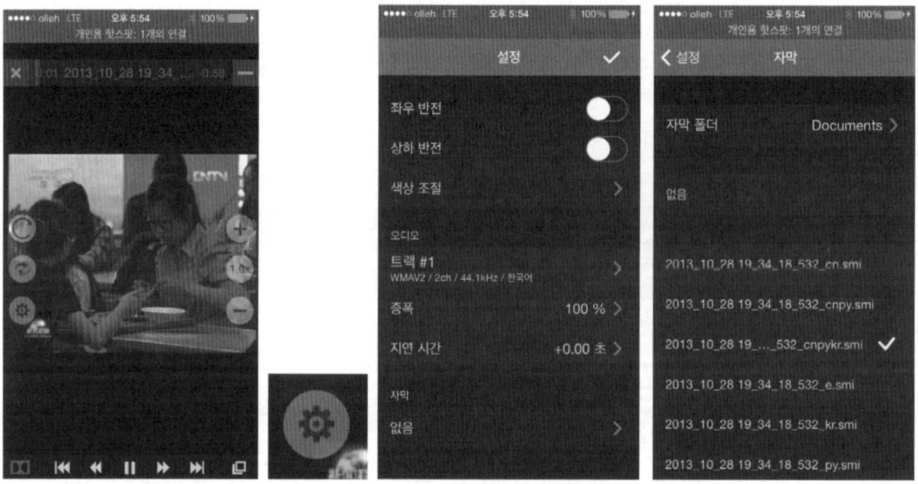

7) 자막이 영상 위에 나타납니다. 자막의 위치와 크기는 드래그를 통해 조절할 수 있습니다. 하단의 [설정] → [자막]에서 세부 설정을 할 수 있습니다. 글꼴, 줄간격, 글자색깔을 세부적으로 조절할 수 있습니다.

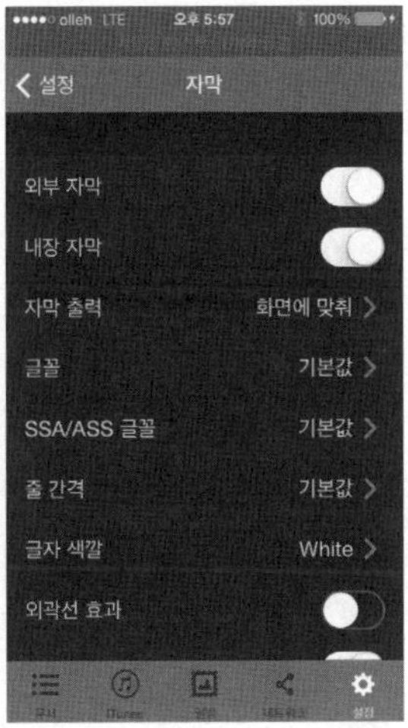

8) [문서] 항목에 있는 영상 이외에 [iTunes], [앨범]에 있는 영상도 재생할 수 있으며, [네크워크]에서 인터넷 웹디스크에 있는 영상을 원격으로 재생할 수 있습니다. 만약 사용자가 사설 웹하드를 운영한다면 [SMB/CIFS]에서 [+]를 클릭하여 웹하드의 주소를 입력합니다.

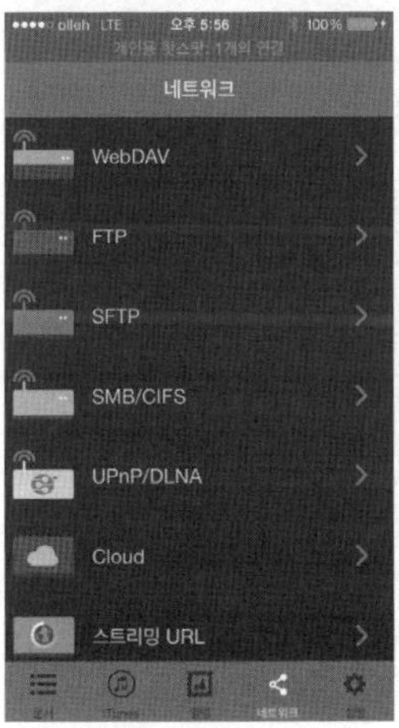

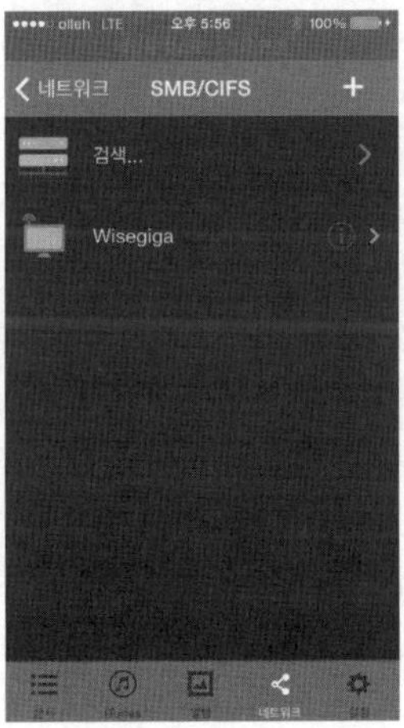

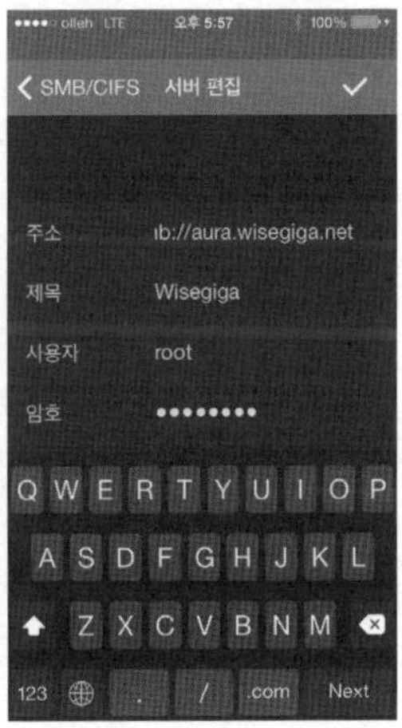

9) 네크워크 방식도 일반 [문서] 방식과 마찬가지로 자막을 선택할 수 있습니다. 네트워크 방식은 사용자의 디바이스로 영상파일을 직접 다운로드 하지 않기 때문에 용량을 차지하지 않습니다. 이 외에도 WebDAV, FTP, SFTP, UpnP/DLNA Cloud(Dropbox, Google Drive), 스트리밍 URL 등을 지원합니다.

10) Cloud → Dropbox는 웹에서 제공하는 클라우딩 자원들을 재생할 수 있게 합니다. Dropbox에서 소프트웨어를 다운로드하여 설치한 후 로그인하면 사용자의 컴퓨터에 [Dropbox] 폴더가 생성되고 컴퓨터와 웹상의 자원들이 자동으로 동기화됩니다.

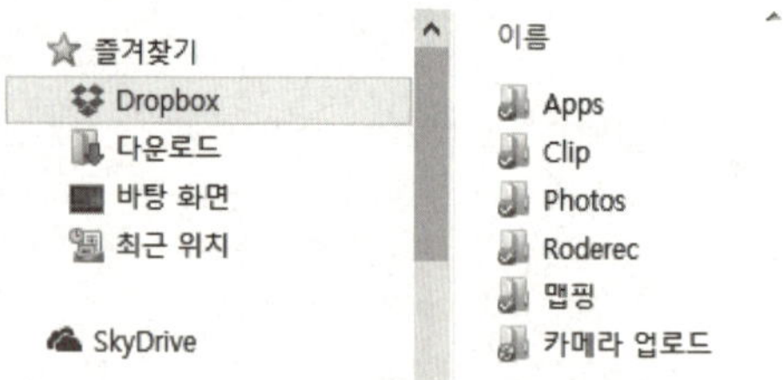

11) PC 버전 Dropbox에서 동영상과 자막을 업로드합니다. Dropbox 어플리케이션에서도 자료를 접근할 수 있지만 Cloud → Dropbox에서도 영상을 재생할 수 있습니다.

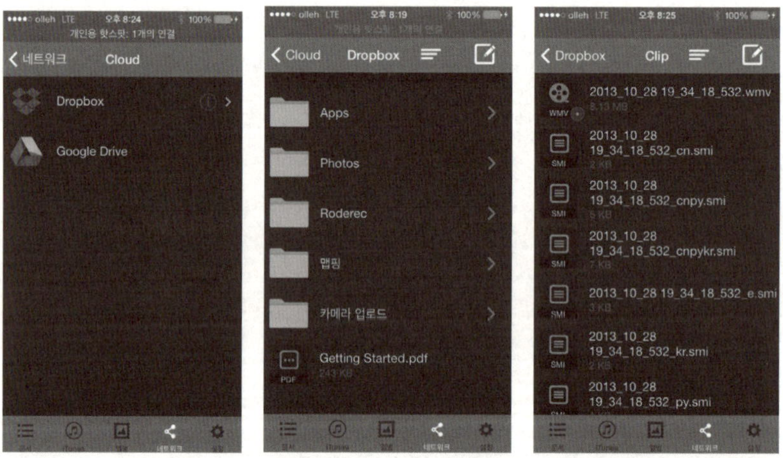

12) 영상을 선택하고 메인 화면의 [설정]을 클릭하여 대응되는 자막을 선택하면 하단처럼 자막이 표기됩니다.

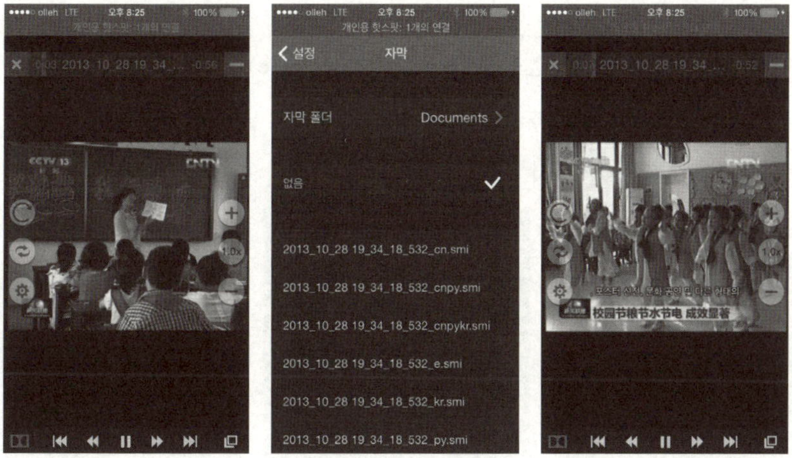

13) 스트리밍 URL 방식으로 웹상에 있는 영상을 재생하기 위해 임의의 웹 공간에 영상파일을 업로드하고 아래와 같은 주소를 획득합니다.

http://aura.wisegiga.net/contents/ebook/BTV_Tiantan_shang_(720p).wmv

14) [네트워크] → [스크리밍 URL]를 선택한 후 URL을 추가하기 위해 [+]를 클릭합니다. 스트리밍 URL 방식은 로컬방식과 동일하게 MP4로 인코딩할 필요가 없으며 대부분의 영상유형을 지원합니다.

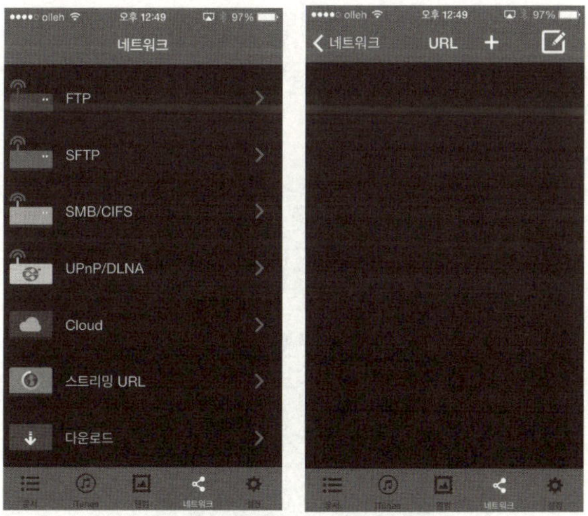

15) URL 주소를 입력한 다음 해당 주소를 클릭하면 영상이 스트리밍 방식으로 재생됩니다. URL은 무제한으로 등록할 수 있고 편집, 삭제할 수 있습니다. 자막은 로컬방식과 동일하게 [설정] 버튼을 클릭하면 URL 주소와 동일한 공간에 업로드된 자막 목록이 나타나며 선택하면 재생됩니다.

16) 만약 멀티자막(중국어+한어병음+한국어)을 영상과 결합하여 재생하고자 할 경우 영상재생창에서 톱니바퀴 모양의 설정 아이콘을 클릭한 후 [자막]에서 [트랙#1], [트랙#2], [트랙#3]를 선택합니다. nPlayer에서는 4개의 멀티 자막 재생을 지원합니다. 자막 트랙을 선별적으로 선택하여 자막을 2, 3, 4개를 조합하여 재생할 수 있습니다.

스마트 퀴즈 제작 21

LESSON 21 스마트 퀴즈 제작

- 제작사: iSpring
- 웹페이지: http://www.ispringsolutions.com
- 버전: 7.0
- 용도: 스마트, PC 기반 퀴즈 제작
- 설치환경: Windows 7, 8
- 가격: 397$

왜 필요한가?

스마트 콘텐츠의 대표적인 장점은 휴대성과 편리한 상호 작용성이라 할 수 있습니다. 그중 상호 작용성은 콘텐츠와 사용자가 상호 소통하면서 문제를 해결해 가는 과정입니다. 콘텐츠의 정보를 일방적으로 수용하는 것이 아니라 사용자의 선택에 따라 반응하는 방식으로 소통합니다.

일반적으로 상호 작용 콘텐츠를 제작하는 전문 소프트웨어에는 Wondershare QuizCreator, iSpring QuizMaker, Articulate Quizmaker, Quiz Press, ViewletQuiz 등이 있으며 일반 콘텐츠 제작 소프트웨어 속에 퀴즈 기능을 내장하고 있는 Lectora, Articulate Storyline 등이 있습니다.

대부분의 소프트웨어는 참거짓(True/False), 선택형(Multiple Choice), 다중선택형(Multiple Response), 문자입력형(Type In), 연결형(Matching), 순서형(Sequence), 숫자형(Numeric), 빈칸채우기형(Fill in the Blank), 다중텍스트선택형(Multiple Choice Text), 드래그형(Word Bank), 지점선택형(Hotspot) 등의 퀴즈를 선별적으로 제공하고 있습니다. 소프트웨어에 따라 지원하는 퀴즈의 유형이 약간 차이가 있으며, 다국어 지원도 차이가 있습니다.

스마트에서의 출력을 지원하는 Spring QuizMaker는 Wondershare QuizCreator와 가장 유사한 인터페이스를 가지고 있으며, 각 퀴즈마다 이미지와 멀티미디어 소스를 삽입하여 활용할 수 있습니다. 다국어를 지원하지 않은 한계가 있으나 스마트 기반에서 퀴즈를 풀이할 수 있기 때문에 가장 확장력이 뛰어난 소프트웨어라 할 수 있습니다.

다음은 제작사에서 설명하고 있는 iSpring QuizMaker 7의 새로운 기능입니다.

• Publishing to HTML5 and Combined Mode

iPhone, iPad, 안드로이드폰에서 퀴즈를 실행할 수 있습니다. 출력시 [Mobile(HTML5)]이나 [Combined(Flash+HTML5)]을 선택하면 됩니다. 스마트 디바이스에서 퀴즈 컨텐츠를 보기 위해서는 임의의 웹 공간에 출판된 퀴즈 폴더가 업로드되어 있어야 하고, [index,html]를 클릭하면 실행됩니다. iPad의 경우 전용앱인 [iSpring Mobile]를 통해서 관리, 재생됩니다.

• Tin Can API Support

LMS 서버에 출판시 Tin Can API를 지원합니다. TIn can API는 모든 학습 내용과 학습시스템을 연계하여 학습의 경험을 기록하고 관리하는 이러닝 소프트웨어입니다.

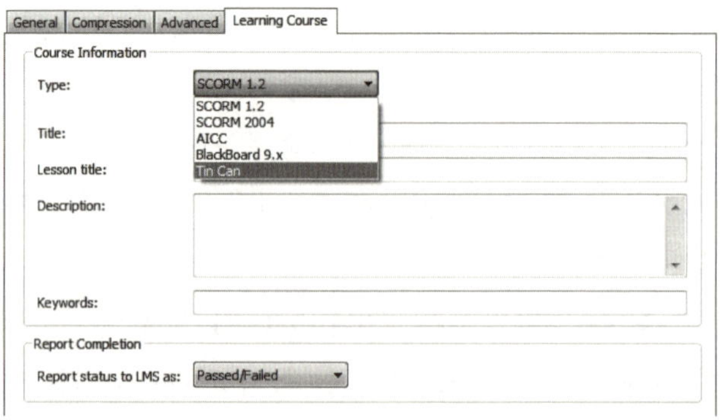

• Updated Quiz Editor

사용자가 작성된 퀴즈를 손쉽게 편집, 수정할 수 있는 기능과 인터페이스를 제공합니다.

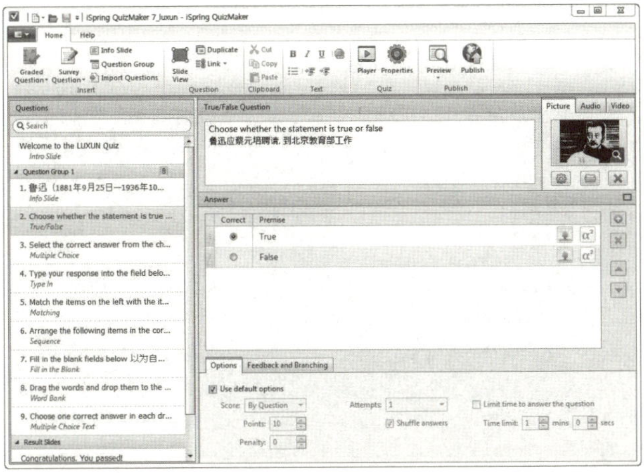

• Designing Quiz Layout

퀴즈 컨텐츠의 구성요소 즉 문제, 이미지, 정답 등의 위치와 크기를 사용자가 적절하게 편집할 수 있습니다.

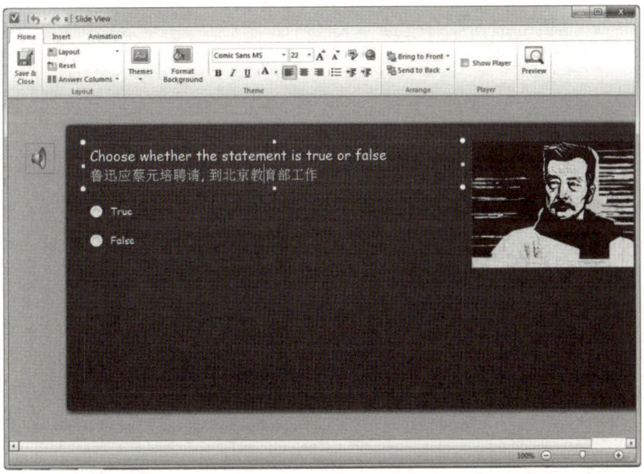

• Building Custom Themes

[Slide View]에서 사용자가 희망하는 템플릿을 설정하여 활용할 수 있습니다. 레이아웃, 배경 등을 사용자 용도가 맞게 수정할 수 있습니다.

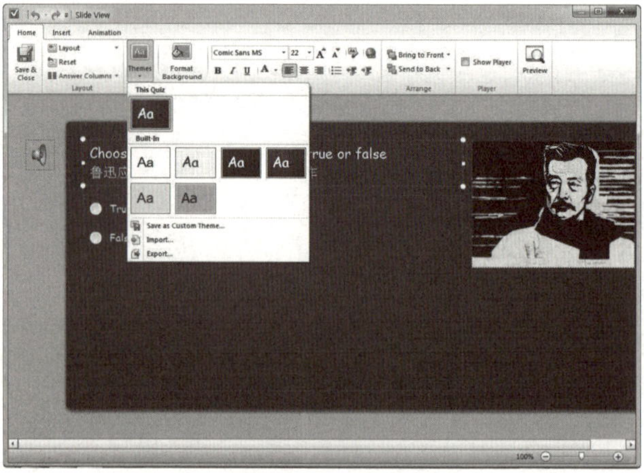

• Advanced Player Customization

사용자가 퀴즈를 재생하는 플레이어의 레이아웃을 설정할 수 있습니다. 플레이어의 컬러, 텍스트 레벨 등을 세부적으로 사용자 특성에 맞게 수정하여 활용합니다.

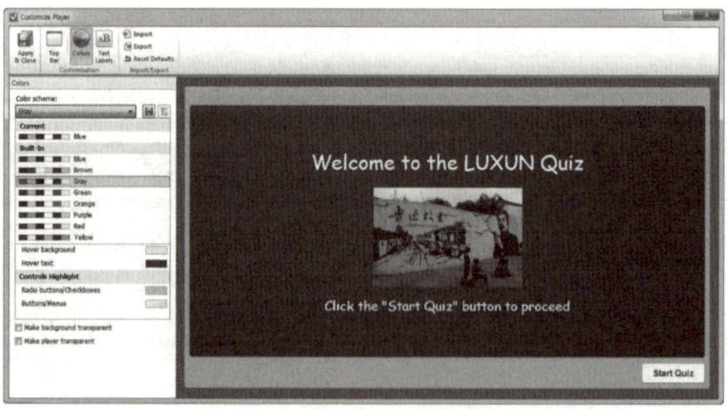

• Question Groups

윈도우 탐색의 폴더처럼 퀴즈 그룹을 생성하여 퀴즈를 체계적으로 관리할 수 있습니다. 분량이 많은 퀴즈를 관리하는데 편리하게 활용할 수 있습니다.

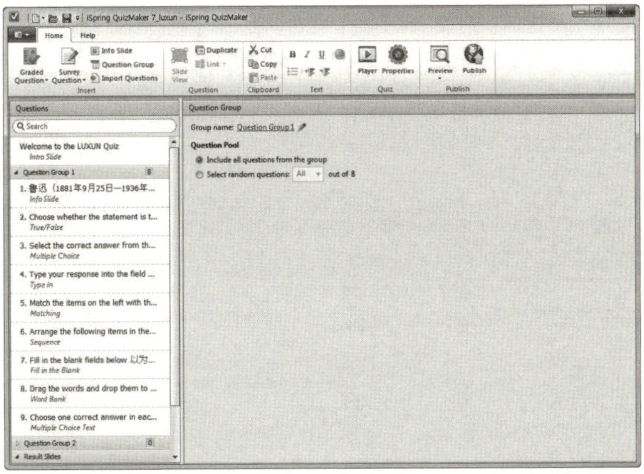

• Questions Linking

개별 퀴즈에서 퀴즈나 그룹으로 하이퍼링크를 설정할 수 있습니다. 사용자가 퀴즈를 풀이하는 과정을 인위적으로 설정할 수 있습니다.

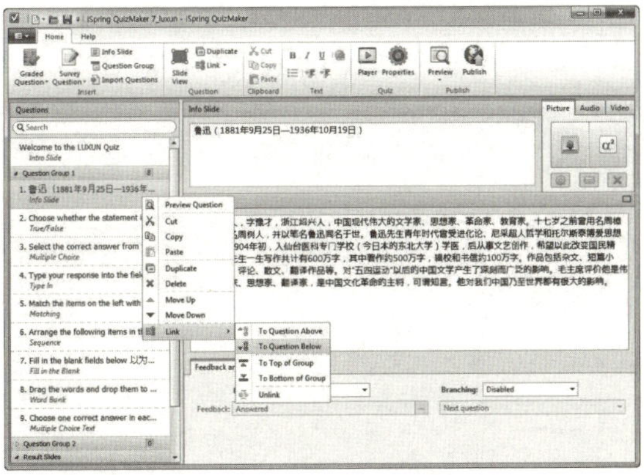

• Locking Answer Choice Position

선택형이나 다중선택형에서 정답의 위치를 고정시킬 수 있습니다. 고정시키지 않을 경우 정답이 임의로 뒤섞이게 됩니다.

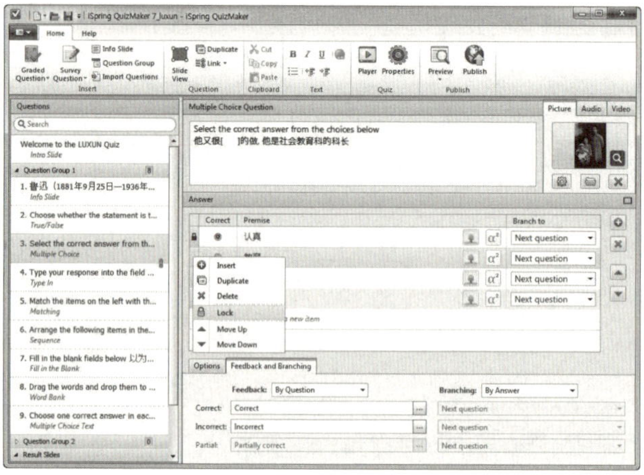

• Feedback and Branching by Answer

선택형, 다중선택형에서 각 정답항목에 따라 개별적으로 피드백을 설정할 수 있습니다. 피드백은 다음 퀴즈로 가거나 특정 퀴즈로 가게 할 수 있습니다.

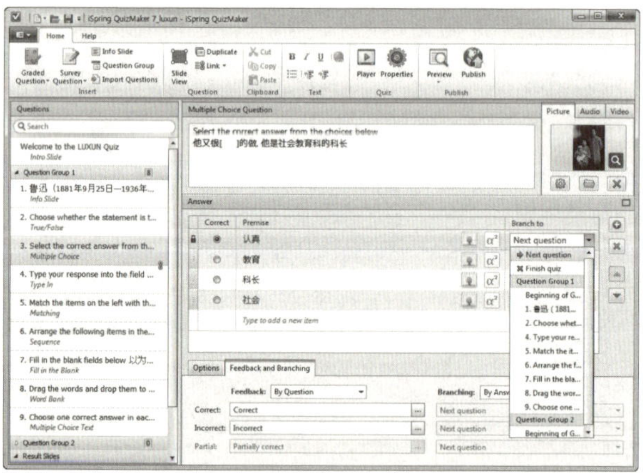

• Enhanced Multimedia Settings

퀴즈에 삽입된 멀티미디어(영상)를 세부적으로 설정할 수 있습니다. 플레이 컨트롤, 자동 재생, 재생 횟수 등을 설정합니다.

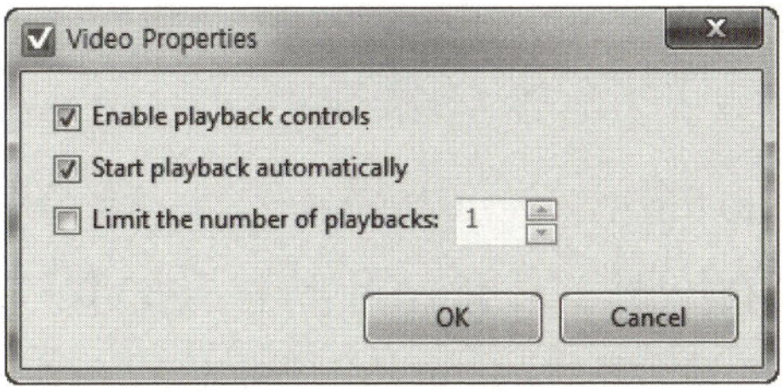

• Time Limit for Questions

퀴즈를 풀이하는 시간을 설정할 수 있습니다. 전체 퀴즈를 풀이하는 시간을 설정하여 사용자가 정해진 시간 안에 문제를 풀이할 수 있도록 유도합니다.

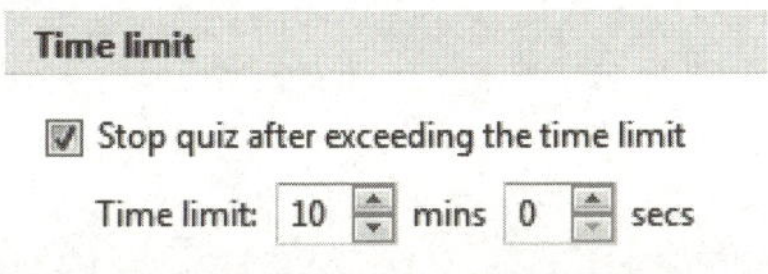

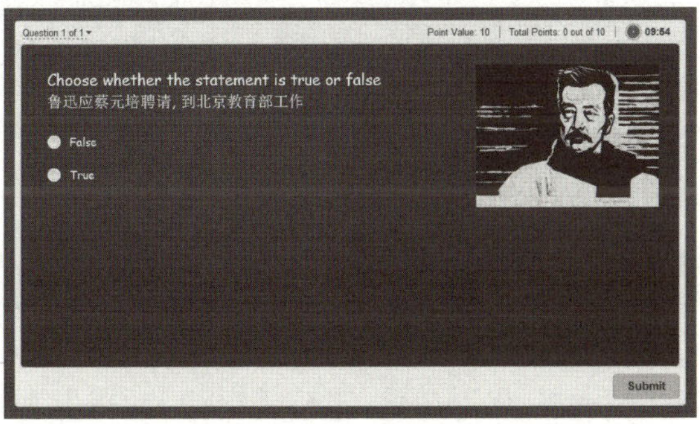

• Penalty for Incorrect Answers

퀴즈의 정답을 맞추었을 때 점수와 같이 문제를 틀렸을 때 점수를 삭감하도록 설정할 수 있습니다.

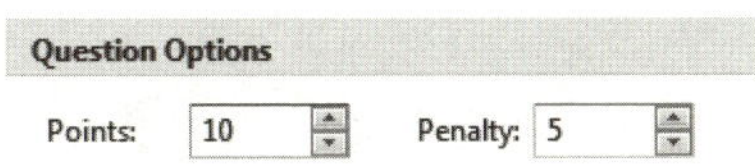

• Questions Import from Excel

엑셀 형식으로 작성된 문서를 불러들여 퀴즈를 제작할 수 있습니다.

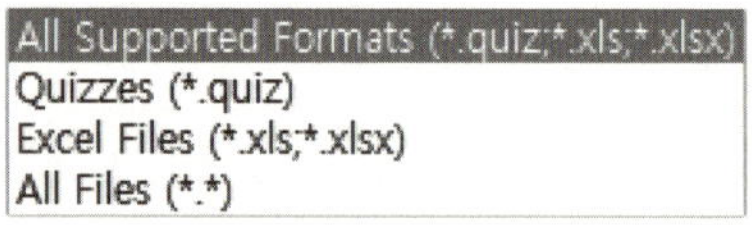

• Animation Effects for Answer Choices

퀴즈의 정답에 애니메이션 효과를 부여할 수 있습니다. 사용자는 보다 역동적인 느낌으로 퀴즈를 풀이할 수 있습니다. 구체적으로 애니메이션 지속시간을 설정할 수 있습니다.

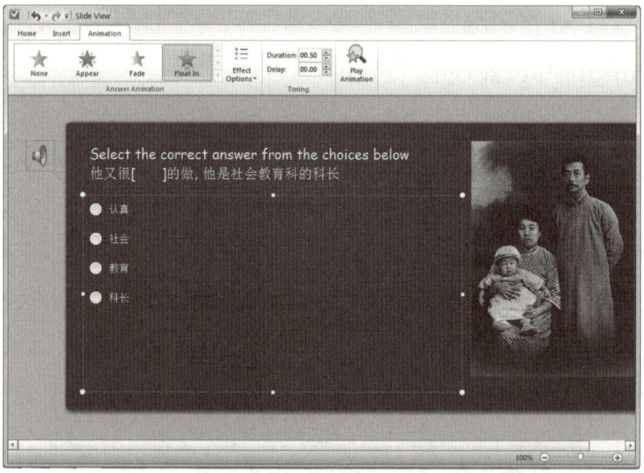

준비사항

1) 퀴즈를 제작하기 위해서 각 유형별 퀴즈 텍스트, 이미지, 멀티미디어 자료를 준비합니다.
2) 퀴즈를 제작하여 스마트 디바이스에서 서비스를 할 수 있는 웹 공간을 확보합니다. 웹 공간은 FTP 접속이 가능해야 합니다.

사용법

1) 퀴즈 시작하기

(1) 소프트웨어를 설치한 후 실행합니다. [Create New Quiz]를 클릭하여 새 퀴즈를 제작하거나 이미 제작한 퀴즈를 열 때는 [Recent Quizzes]를 클릭합니다.

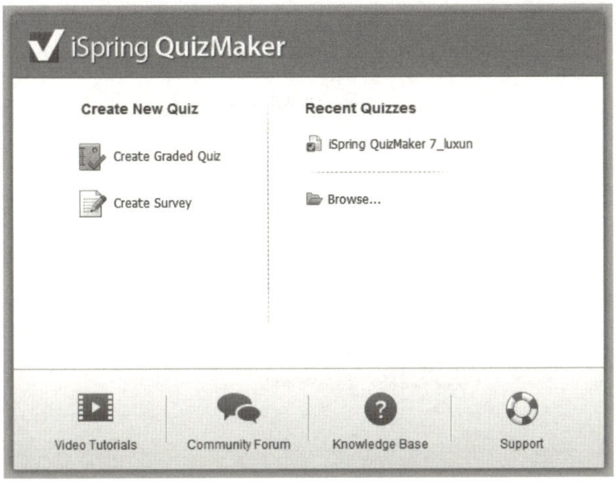

(2) [Browse] 버튼을 클릭하여 사용자가 작성한 임의의 위치에 있는 퀴즈 파일을 불러올 수 있습니다. 확장자는 [*.quiz]입니다.

(3) 새로운 퀴즈를 만들기 위해 [Create New Quiz]를 클릭합니다.

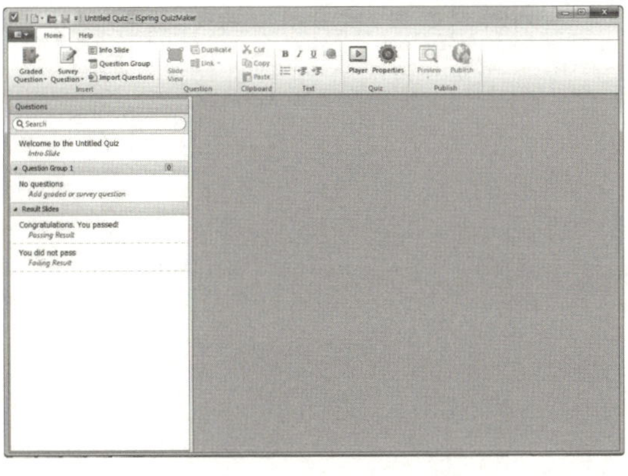

2) 퀴즈 만들기

퀴즈를 만들기 위해 [Graded Question]를 클릭하면 퀴즈 유형 메뉴가 펼쳐집니다. 제작할 수 있는 퀴즈의 유형에는 참거짓(True/False), 선택형(Multiple Choice), 다중선택형(Multiple Response), 문자입력형(Type In), 연결형(Matching), 순서형(Sequence), 숫자형(Numeric), 빈칸채우기형(Fill in the Blank), 다중텍스트선댁형(Multiple Choice Text), 드래그형(Word Bank), 지점선택형(Hotspot)이 있습니다.

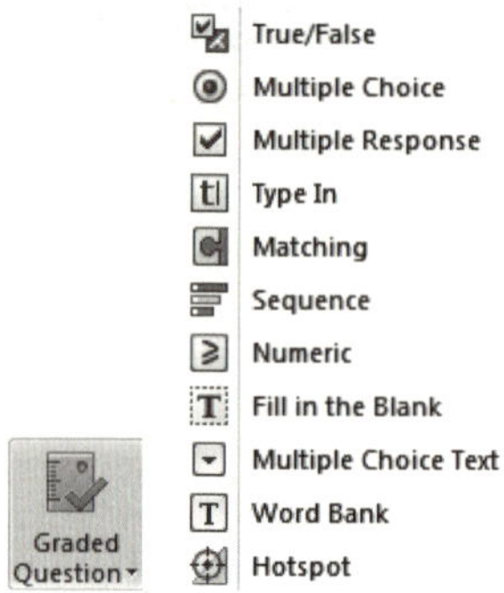

(1) 정보 슬라이드 만들기

- 퀴즈의 정보를 제시하기 위한 정보 슬라이드를 제공합니다. [Info Slide]를 클릭하여 창을 엽니다.

- 정보 슬라이드 창이 나타납니다. 정보창의 제목과 설명을 입력합니다. 현재 버전 7에서는 다국어를 제한적으로 지원하고 있습니다.

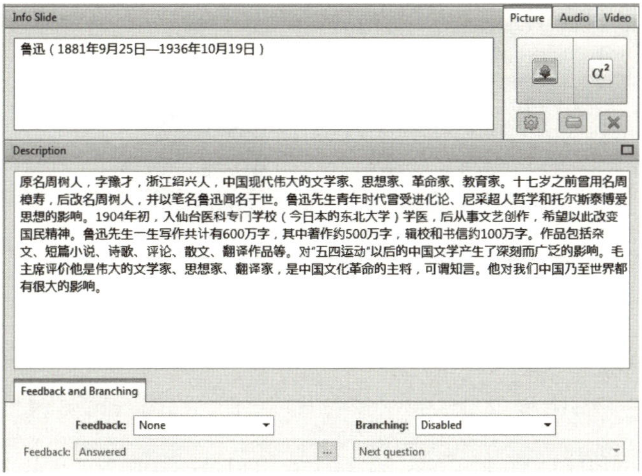

이미지를 삽입하기 위해 [Picture]에서 [Insert Picture] 아이콘을 클릭합니다. 임의의 이미지를 선택하면 이미지가 삽입됩니다.

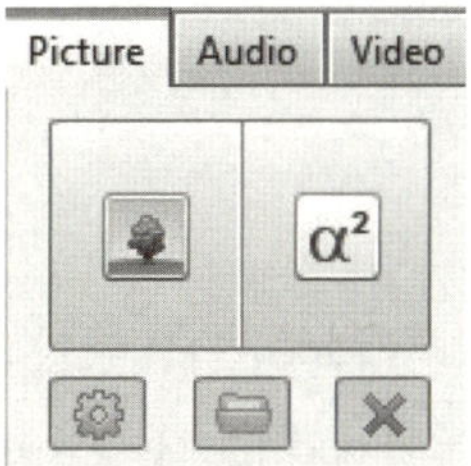

- 오디오를 삽입하려면 [Insert Audio]아이콘을 클릭합니다. 오디오는 MP3만 지원합니다.

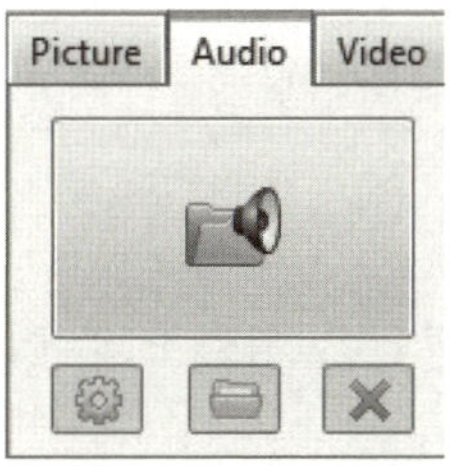

- 비디오를 삽입할 수 있습니다. [Insert Video]를 클릭하여 [avi, mpg, mpeg, mp4, wmv, flv] 형식의 비디오를 삽입할 수 있고, [Insert Flash]를 클릭하여

[swf] 플래시 무비를 삽입할 수 있습니다.

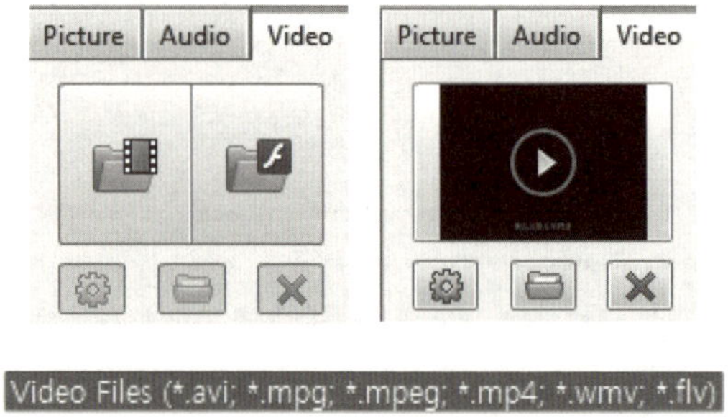

- 톱니바퀴 모양의 [Video Properties]를 클릭하여 비디오 설정을 할 수 있습니다.

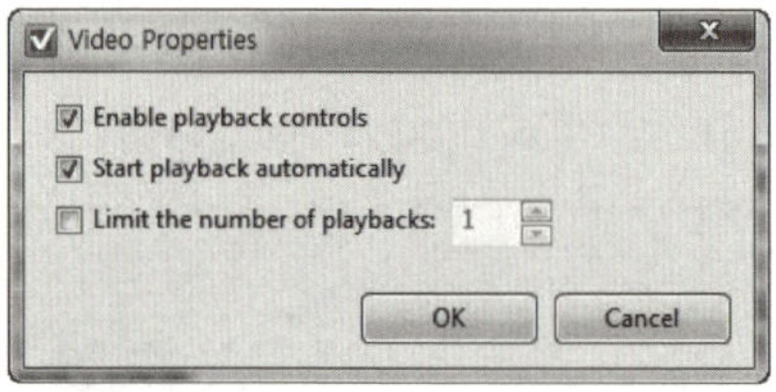

- 삽입한 비디오를 삭제할 때는 [Remove Video] 아이콘[X]를 클릭합니다.
- 하단의 [Feedback and Branching] → [Feedback]에서 [By Question]를 선택하면 피드백 내용을 입력할 수 있는 아이콘[...]이 활성화됩니다.

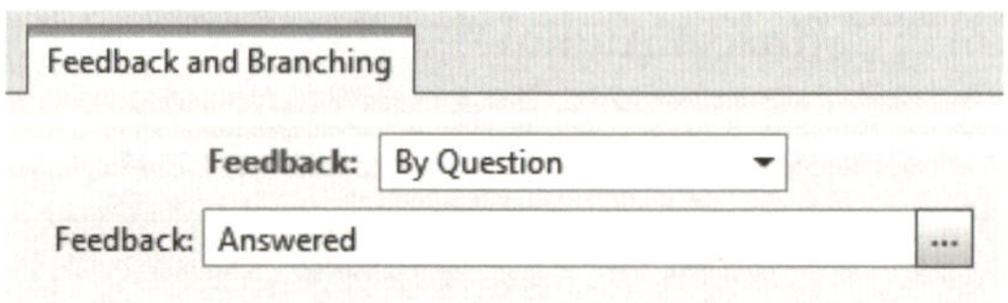

- 아이콘을 클릭하면 피드백 내용을 입력할 수 있는 [Question Feedback] 창이 나타납니다. 내용을 입력합니다.

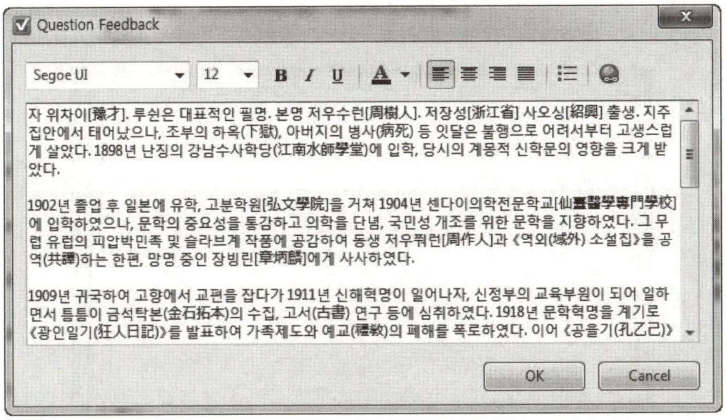

- 입력한 피드백 효과를 보기 위해 상단의 [Preview]를 클릭합니다. 미리보기는 작업 중인 퀴즈만을 재생하는 [Preview Question], 퀴즈 그룹 전체를 재생하는 [Preview Group], 퀴즈 전체를 재생하는 [Preview Quiz]를 선별적으로 클릭합니다.

- 미리보기 창이 나타나며 실제 퀴즈가 작동되는 상황을 미리 볼 수 있습니다. 피드백 내용을 보기 위해 [Next] 아이콘을 클릭합니다.

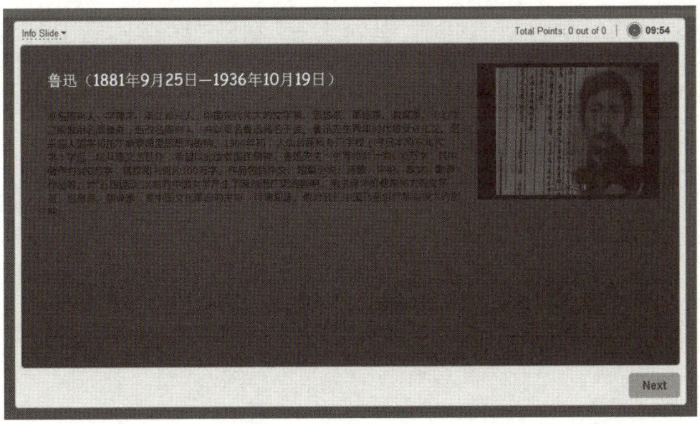

- 피드백 내용을 표시하는 창이 나타납니다. [OK] 버튼을 클릭하면 사라집니다.

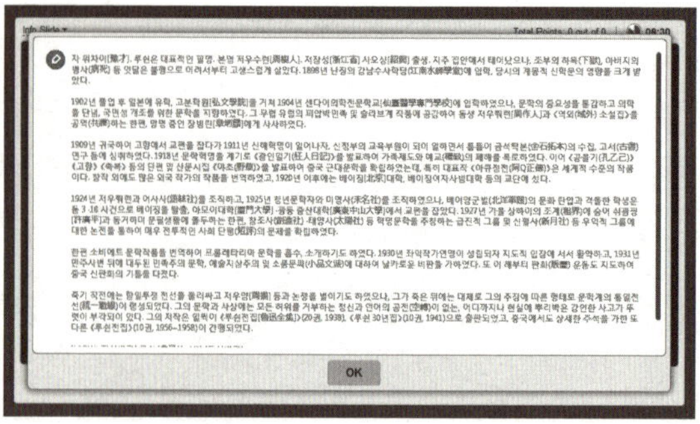

[Branching]에서는 [Next] 아이콘을 클릭할 때의 동작을 설정할 수 있습니다. 특정한 퀴즈를 지정할 수 있으나 일반적으로 [Next Question]을 사용합니다.

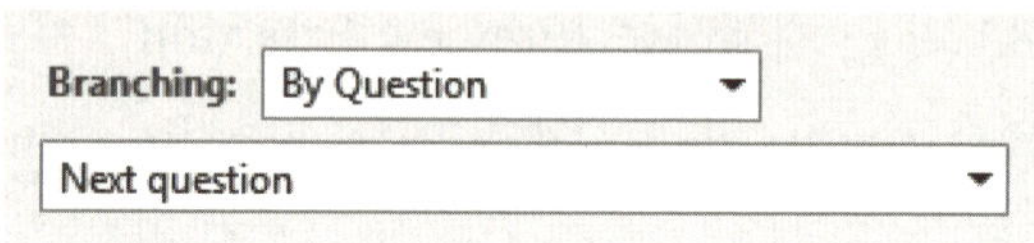

(2) 참거짓형(True/False) 퀴즈제작

-참거짓형 퀴즈를 제작하기 위해 [True/False] 버튼을 클릭합니다.

문제를 입력한 후 [Answer]에서 참거짓을 체크합니다. 필요에 따라 이미지, 오디오, 비디오 소스를 추가합니다.

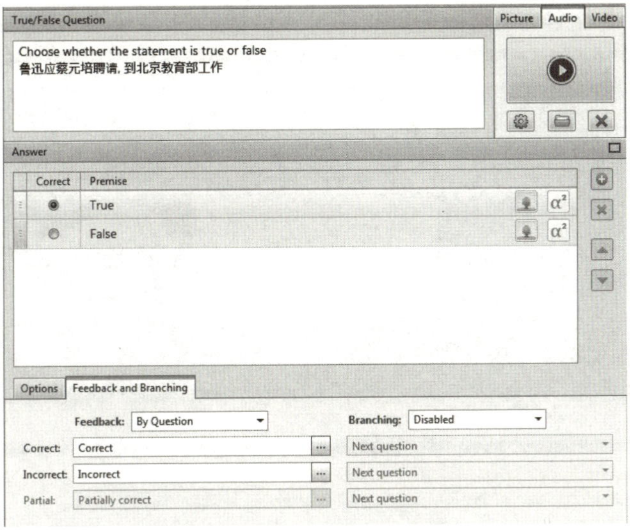

하단의 [Option]에서 [Use default options]에 체크를 하면 기본값으로 작동하며, 체크를 해제하면 사용자가 점수, 감점, 시도 횟수, 시간 등을 개별적으로 설정할 수 있습니다.

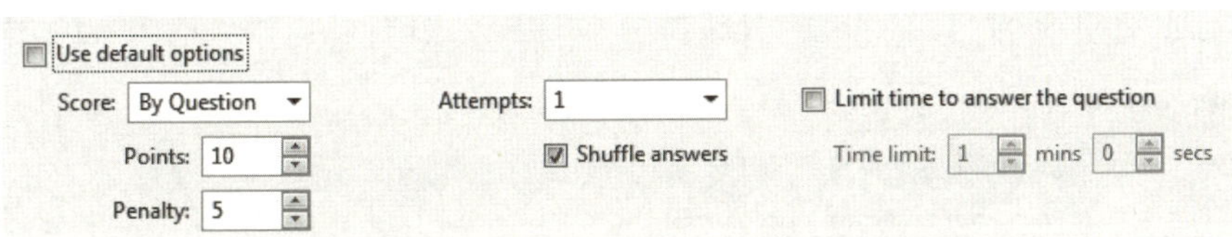

[Feedback and Branching]에서 피드백을 설정합니다. 정답일 경우와 오답일 경우 각각 다르게 피드백을 설정할 수 있습니다.

[Edit Feedback] 아이콘을 클릭하여 피드백 내용을 입력합니다. [Correct]와 [Incorrect]에 각각 피드백을 설정할 수 있습니다.

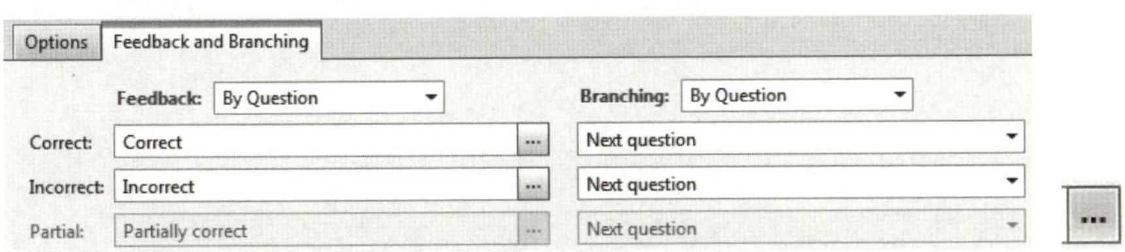

정답을 선택한 후 [Submit] 버튼을 클릭하면 피드백 정보가 나타납니다.

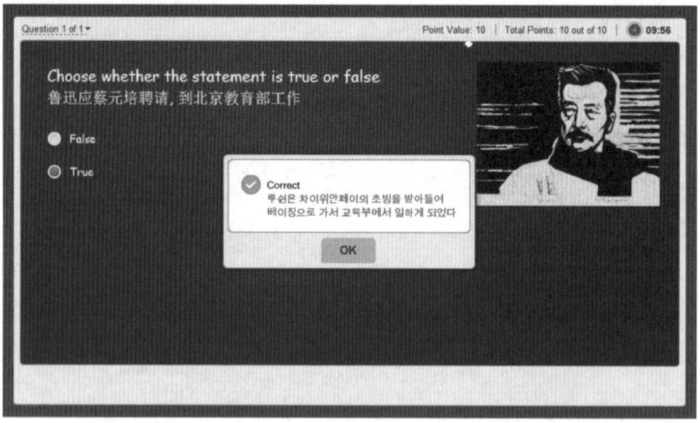

(3) 선택형(Multiple Choice) 퀴즈 제작

- 선택형 퀴즈는 사용자가 몇 개의 정답 중 하나를 선택하는 형식입니다. 선택형 퀴즈를 제작하기 위해 [Multiple Choice]를 클릭합니다.

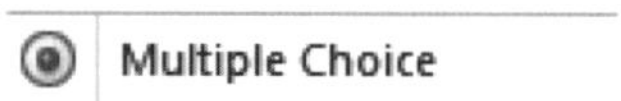

퀴즈 제작창에서 문제를 입력하고 정답을 입력합니다. 보기 중 정답 [Correct] 체크를 합니다.

보기를 추가할 때는 [+]를, 삭제할 때는 [X]를 각각 클릭합니다. 보기의 위치를 이동할 때는 삼각형 모양의 아이콘을 클릭합니다. 보기의 위치를 고정시킬 때는 해당 보기를 선택한 후 마우스 우클릭하여 [Lock]를 선택합니다. 보기 앞에 열쇠모양의 아이콘이 표시됩니다. 다시 해제할 때는 보기를 선택한 후 마우스 우클릭하여 [Unlock]를 선택합니다.

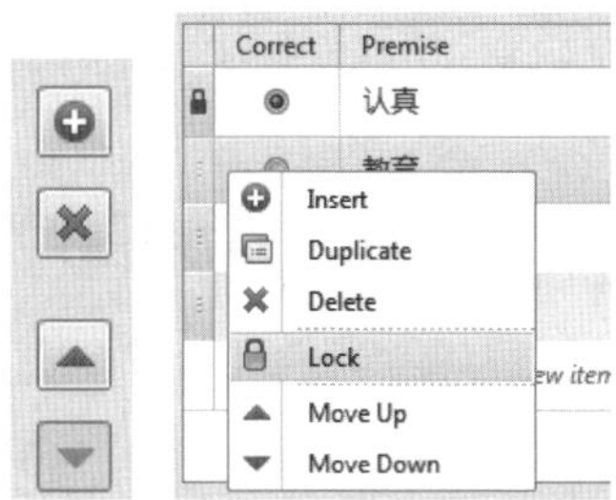

문제가 아닌 정답 보기에 각각에 이미지를 삽입할 수 있습니다. 보기에 있는 [Insert Picture] 아이콘을 클릭하여 이미지를 삽입합니다.

삽입된 이미지는 정답 보기 앞에 위치하며, 삭제 시에는 이미지에 있는 [X] 아이콘을 삭제합니다.

퀴즈를 풀이할 때 정답일 경우는 다음 퀴즈로, 오답일 경우는 다시 풀이하게 설정할 수 있습니다. 각각의 보기에 있는 [Branch to]에서 [Next question]을 선택하면 다음 퀴즈로 가고, 특정한 퀴즈 번호를 선택하면 그 퀴즈로 갑니다.

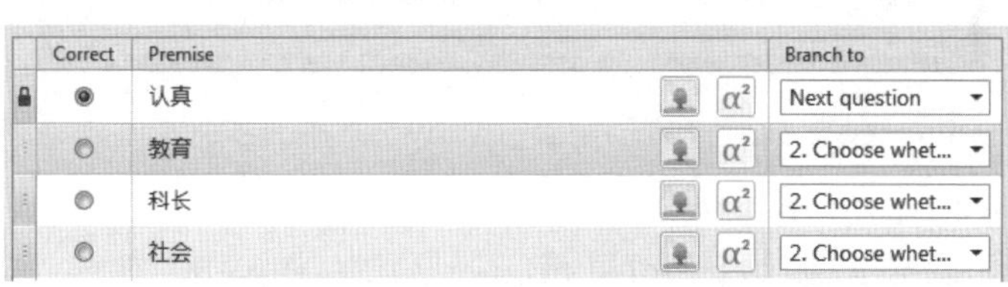

(4) 다중선택형(Multiple Response) 퀴즈제작

- 다중선택형 퀴즈를 제작하기 위해 [Multiple Response]를 클릭합니다.

- 다중선택형 퀴즈를 정답을 복수로 선택하는 형식이며 보기 중 정답에 체크를 합니다. 문제에 이미지, 오디오, 비디오는 다른 퀴즈와 동일한 방식으로 삽입합니다.

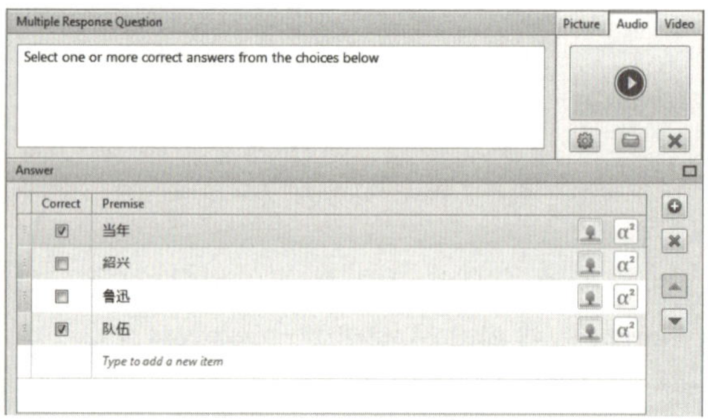

[Feedback and Branching]에서 피드백을 설정합니다. 피드백에는 정답과 오답으로 분류하여 피드백을 설정할 수 있으며 다국어를 지원합니다.

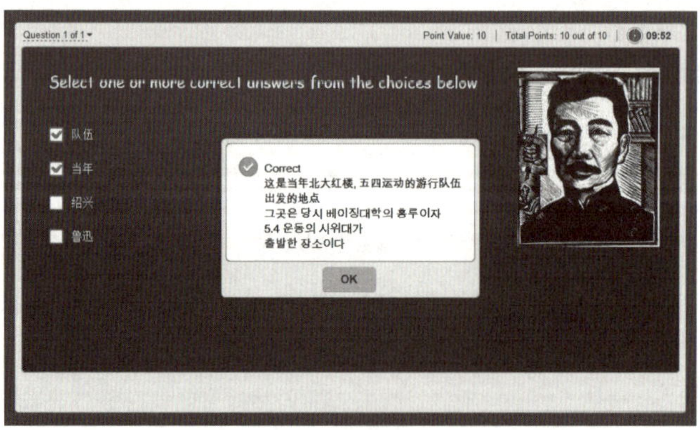

(5) 문자입력형(Type In) 퀴즈제작

- 문자입력형 퀴즈를 제작하기 위해 [Type In]을 클릭합니다.

문제 텍스트를 입력한 후 [Acceptable answers]에 정답을 입력합니다. 정답을 입력할 때 앞 부분에 공백이 없어야 합니다. 공백이 있을 경우 정답 입력 시 공백도 글자로 인식합니다.

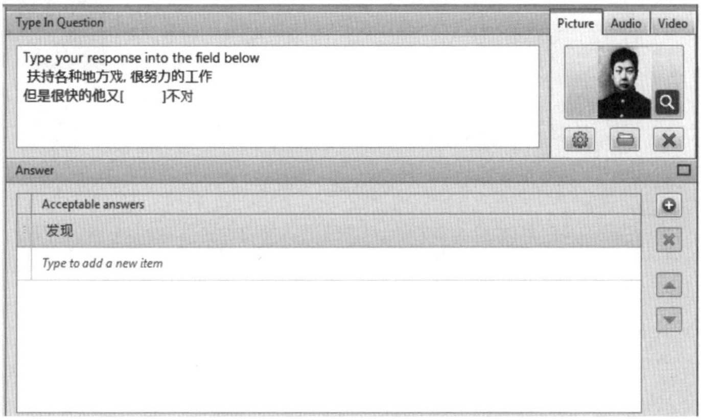

오답을 입력할 경우 피드백을 통해 힌트를 제공합니다. 피드백 입력 시 글자의 색깔, 크기 등을 설정할 수 았습니다.

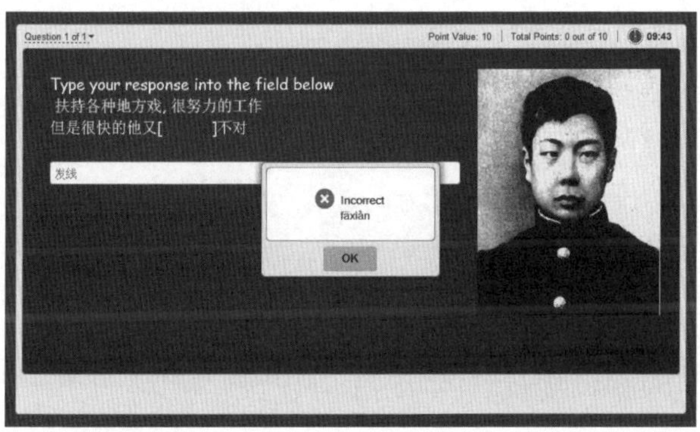

(6) 연결형(Matching) 퀴즈제작

- 연결형 퀴즈를 제작하기 위해 [Matching]을 클릭합니다.

문제 텍스트를 입력하고 정답 보기 중 [Premise], [Response]에 서로 대응되게 입력합니다. 정답보기의 연결은 퀴즈를 실행할 때마다 자동으로 배분됩니

다. 다른 퀴즈와 동일하게 문제에 이미지, 오디오, 비디오를 각각 삽입할 수 있고, 정답 보기에도 [Premise], [Response]에 각각 이미지를 삽입할 수 있습니다.

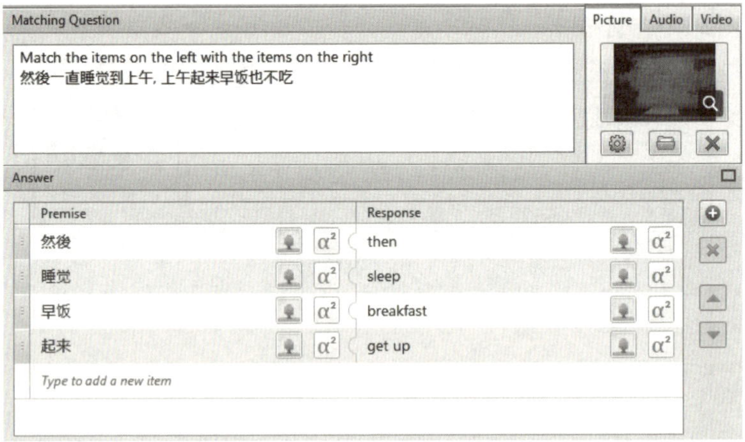

[Feedback and Branching]에서 피드백을 입력하고 오답일 경우 힌트도 입력합니다. [Branching]에서 정답일 경우 다음 퀴즈로 오답일 경우 다시 풀이하도록 설정합니다.

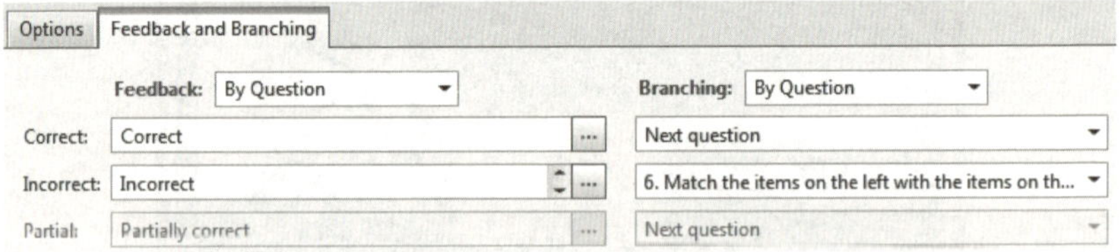

오답일 경우 [Submit]를 클릭하면 피드백이 제시되고 다시 문제를 풀이해야 합니다.

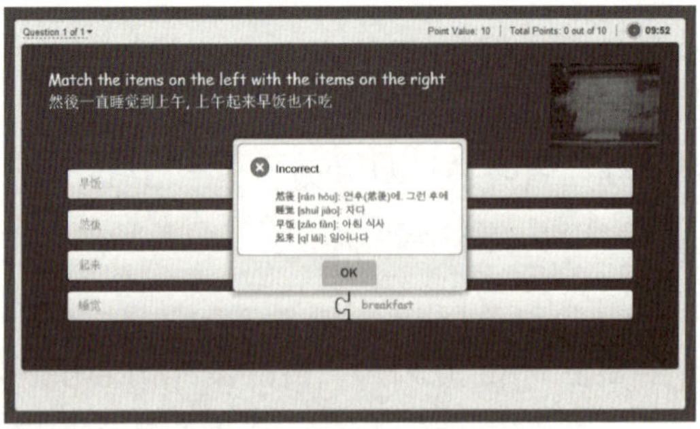

(7) 순서형(Sequence) 퀴즈제작

- 순서형 퀴즈를 제작하기 위해 [Sequencc]를 클릭합니다.

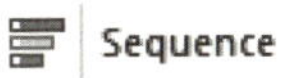

문제를 입력하고 정답 보기를 [Correct Order]란에 순서대로 입력합니다. 정답보기는 퀴즈 실행 시 자동으로 뒤섞이게 됩니다.

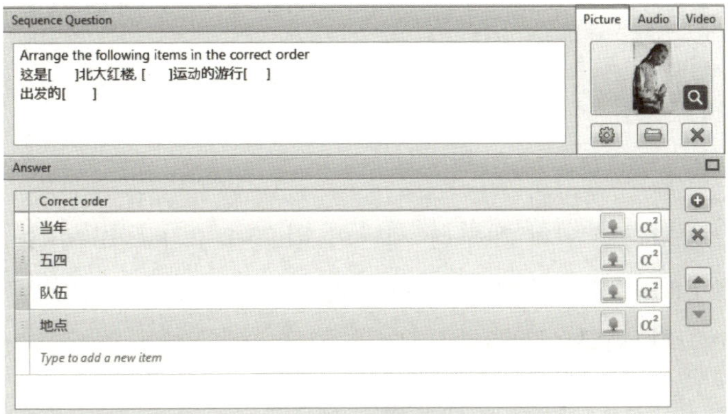

퀴즈를 실행할 때 정답보기를 드래그하여 순서를 설정한 후 [Submit]를 클릭합니다.

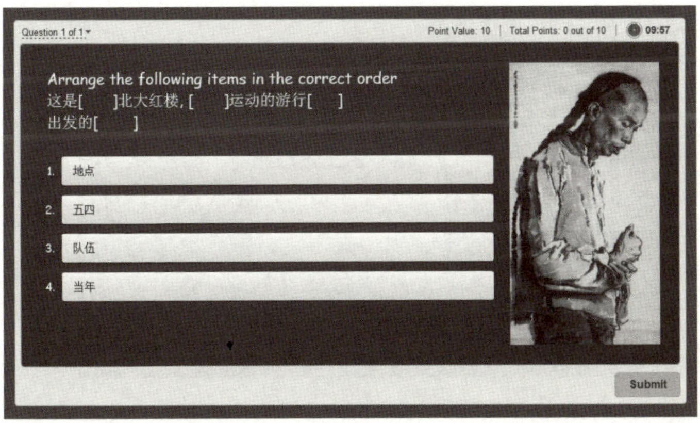

(8) 빈칸채우기형(Fill in the Blank)

- 빈칸채우기 퀴즈를 제작하기 위해 [Fill in the Blank]를 클릭합니다.

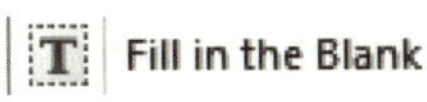

문제를 입력한 후 [Fill in the Blank]에 정답을 입력합니다. 문제를 출제할 때 [ ]처럼 공백으로 설정합니다.

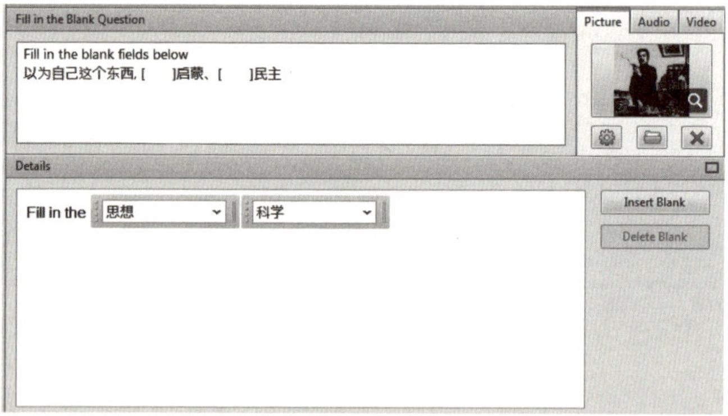

- 문제에 포함되는 [ ]의 개수는 제한이 없으며 추가로 Blank를 삽입할 때는 [Insert Blank]를 클릭하고, 삭제할 때는 해당 Blank를 선택한 후 [Delete Blank]를 클릭합니다.

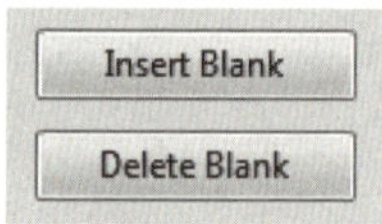

퀴즈의 정답은 괄호 순서대로 입력한 후 [Submit]를 클릭합니다. 오답일 경우 제시된 피드백이 나타납니다.

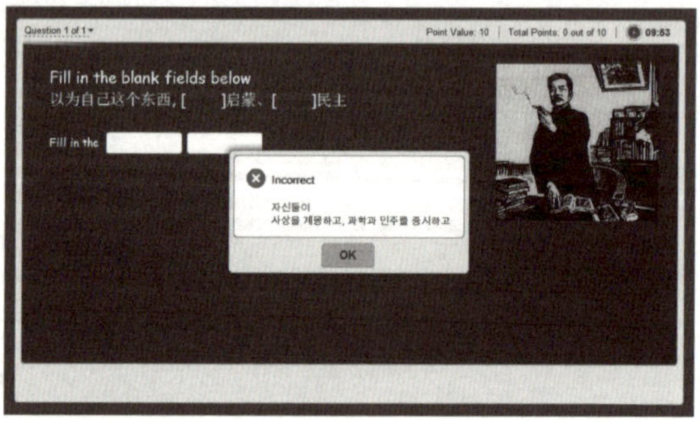

(9) 다중텍스트선택형(Multiple Choice Text) 퀴즈제작

다중텍스트선택형 퀴즈를 제작하기 위해 [Multiple Choice Text]를 클릭합니다.

문제출제창에서 [Details]에 문제를 입력한 후 정답보기를 입력할 위치에 마우스 커서를 놓고 [Insert List] 버튼을 클릭합니다. [alternative 1, 2]에 정답보기를 입력한 후 정답에 체크를 합니다. [Type a new item here]를 정답보기를 입력하면 추가됩니다.

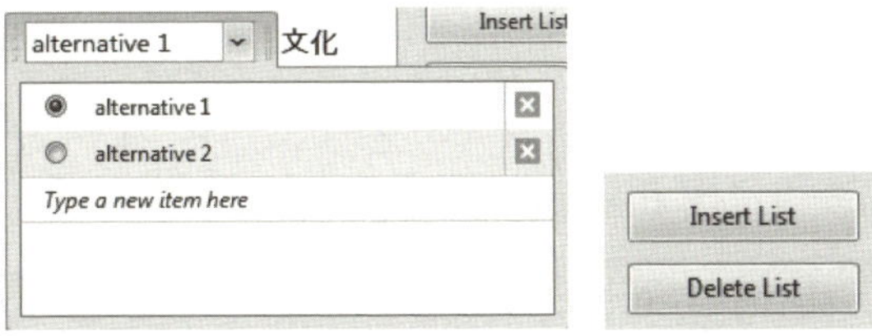

정답보기의 개수는 제한이 없으며 아래와 같이 설정합니다. List를 삭제할 때는 해당 List를 선택한 후 [Delete List]를 클릭합니다.

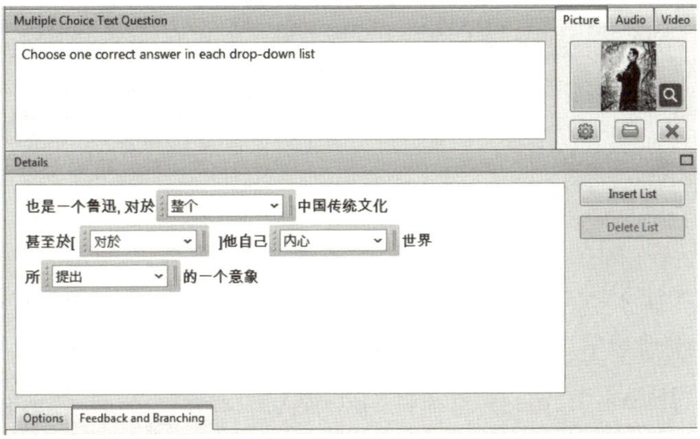

- 문제풀이 시 오답일 경우 힌트가 제시되는 피드백 창이 나타납니다.

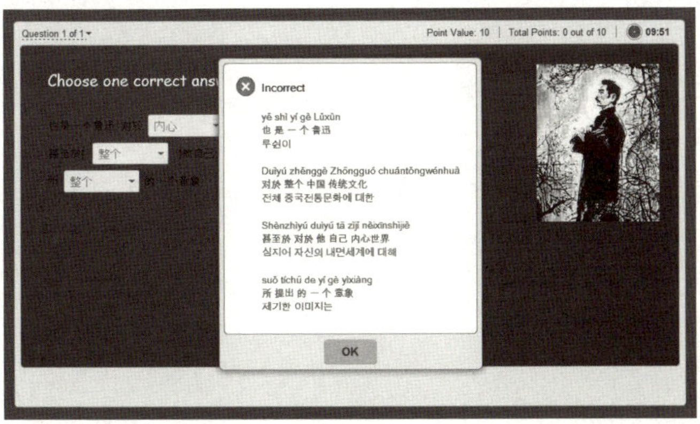

(10) 워드뱅크형(Word Bank) 퀴즈제작

- 워드뱅크형 퀴즈를 제작하기 위해 [Word Bank]를 클릭합니다. 워드뱅크형 퀴즈는 빈칸에 정답을 드래그하여 풀이하는 방식입니다.

[Details]에 문제를 출제합니다. 문제를 출제할 때는 어휘에 블록을 설정한 후 [Insert Blank]를 클릭하여 Blank를 삽입합니다.

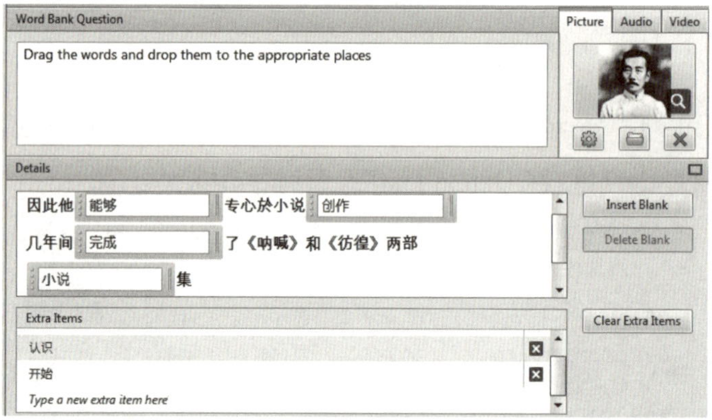

- [Extra Items]에 다른 어휘를 입력할 수 있습니다. 추가로 Items를 입력할 경우 문제에서 생성된 Blank 이외에 Items이 생성되어 문제 풀이를 효과적으로 할 수 있게 합니다. Items를 삭제할 때는 해당 Items를 선택한 후 [Clear Extra Items]를 클릭합니다.

퀴즈를 실행하고 정답보기에서 어휘를 드래그하여 풀이합니다. 오답일 경우 피드백을 설정하여 힌트를 제공할 수 있습니다.

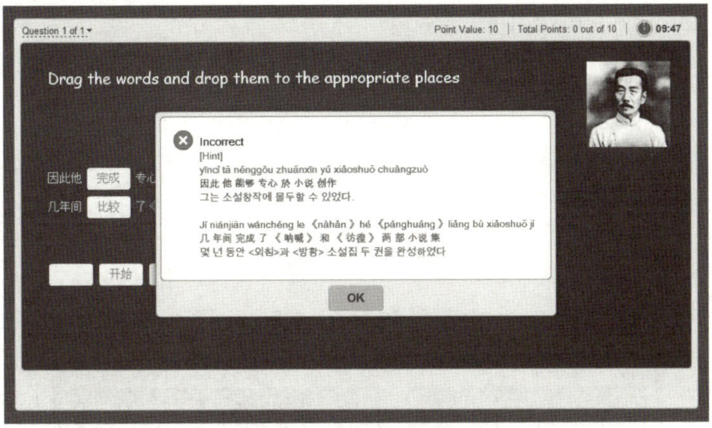

(11) 지점선택형(Hotspot)

지점선택형 문제를 출제하기 위해 [Hotspot]를 클릭합니다. 지점선택형 퀴즈는 이미지의 특정 부분을 선택하여 정답을 맞추는 형식으로 생성됩니다.

문제출제창 [Details]에서 지점 선택할 이미지를 [Choose Image]를 클릭하여 삽입합니다.

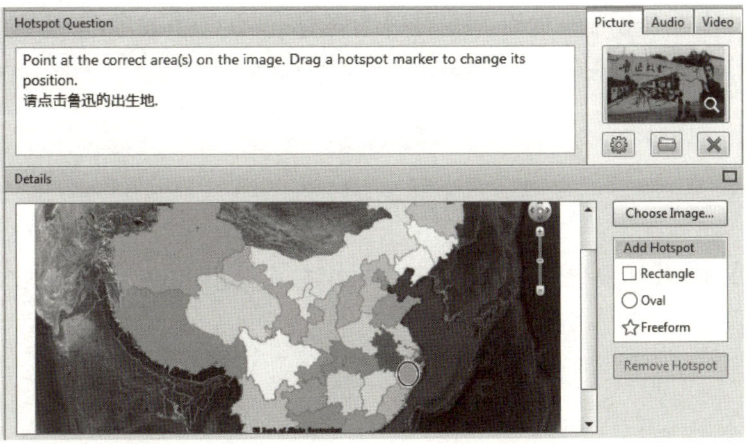

[Add Hotspot]에서 사각형(Rectangle), 원(Oval), 자유형(Freeform)중 하나를 선택하여 선택 영역을 설정합니다. 선택 영역을 제거할 때는 해당 선택 영역을 선

택한 후 [Remove Hotspot]를 클릭합니다.

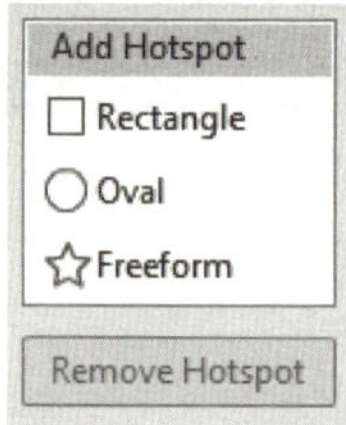

문제풀이 시 정답 영역을 클릭한 후 [Submit]를 선택합니다.

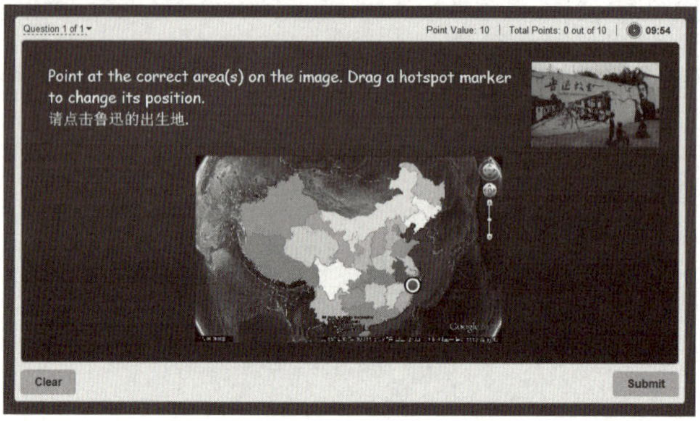

(13) Slide View 설정

슬라이드는 사용자에 따라 설정하여 사용할 수 있습니다. 슬라이드를 설정하기 위해 [Qucstion] → [Slide View]를 클릭합니다.

Slide View창이 나타나며, Layout, Themes, Background 등을 설정할 수 있습니다.

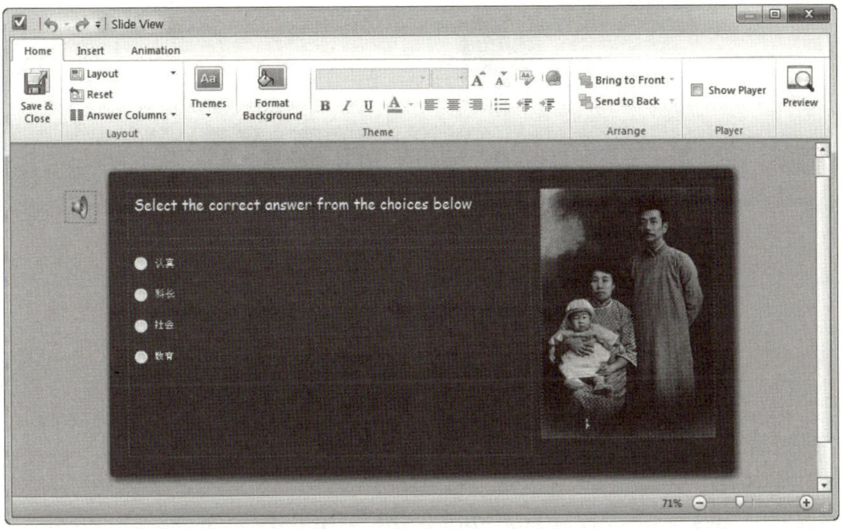

Layout는 문제, 정답, 이미지와 비디오 삽입 영역의 모양과 위치를 설정할 수 있습니다. 임의의 Layout를 선택하고 [Answer Columns]에서는 정답보기의 단을 설정할 수 있습니다.

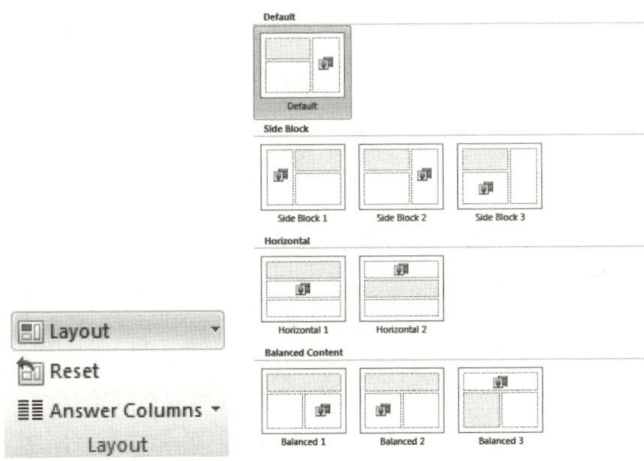

퀴즈의 템플릿을 설정하기 위해 [Themes]를 클릭하여 임의의 템플릿을 선택합니다. 설정된 템플릿은 [Save as Custom Theme]를 클릭하여 저장할 수 있고,

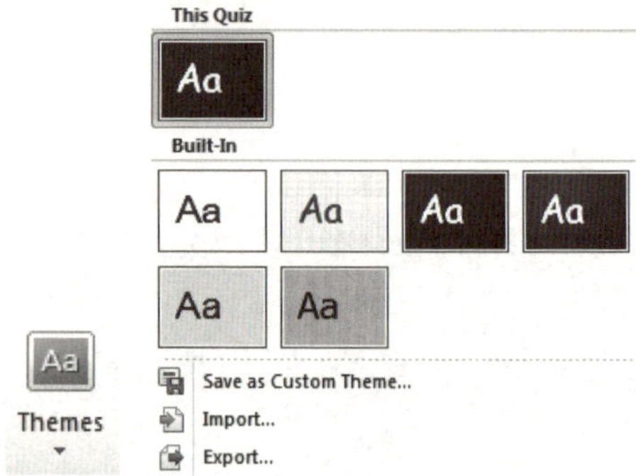

퀴즈 화면의 배경을 설정하기 위해 [Format Background]를 클릭합니다. [Color Fill]에서는 색깔로 배경을 설정하고, [Picture Fill]에서는 천과 이미지로 배경을 설정합니다. [Transparency]에서 투명도를 설정합니다. 설정된 배경을 전체에 적용시키기 위해 [Apply to All]을 클릭합니다.

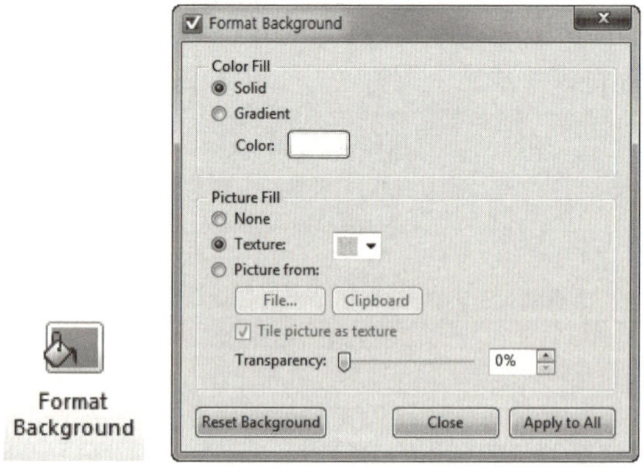

[Theme]에서는 퀴즈 문제와 정답의 텍스트의 폰트, 크기, 굵기, 기울기, 색깔, 정렬, 들여쓰기와 내어쓰기, 링크 등을 세부적으로 설정할 수 있습니다.

[Preview]에서는 설정된 Slide View를 미리 확인할 수 있으며, [Save & Close]를 클릭하여 저장합니다.

[Duplicate]에서는 선택한 퀴즈를 복사할 수 있으며, 선택한 퀴즈 하단에 위치합니다.

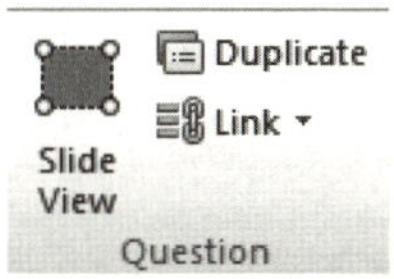

[Link]는 퀴즈와 퀴즈를 연결시켜줍니다. 연결한 퀴즈를 선택한 다음 [To Question Above/Below]를 선택하면 연결된 퀴즈에 사슬 모양의 아이콘이 생성됩니다. 링크는 Group로 이동할 수 있으며, 삭제 시에는 [Unlink]를 클릭합니다.

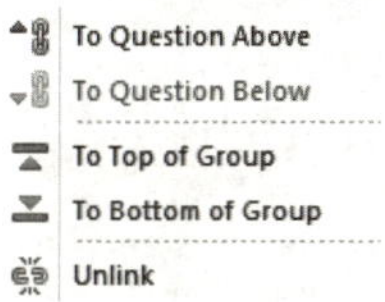

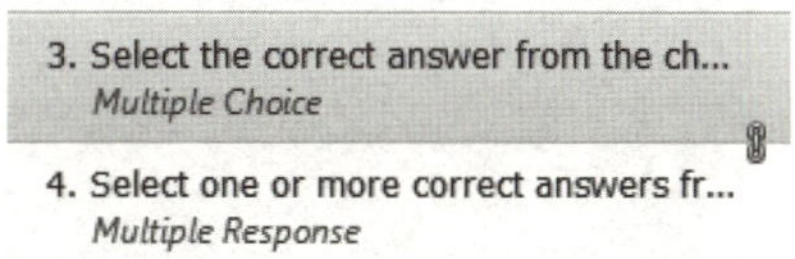

(14) 퀴즈 텍스트 설정

퀴즈 텍스트는 상단의 [Text]에서 세부적으로 설정할 수 있습니다. 문제 텍스트의 굵기, 기울기, 밑줄, 문단번호, 들여쓰기와 내어쓰기, 하이퍼링크를 설정합니다.

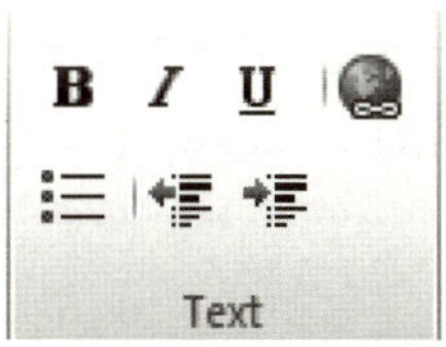

[Hyperlink] 아이콘을 클릭하고 [Edit Hyperlink] 창에서 표기되는 텍스트 내용을 [Text to display] 란에 입력하고, 웹페이지나 메일주소를 입력합니다.

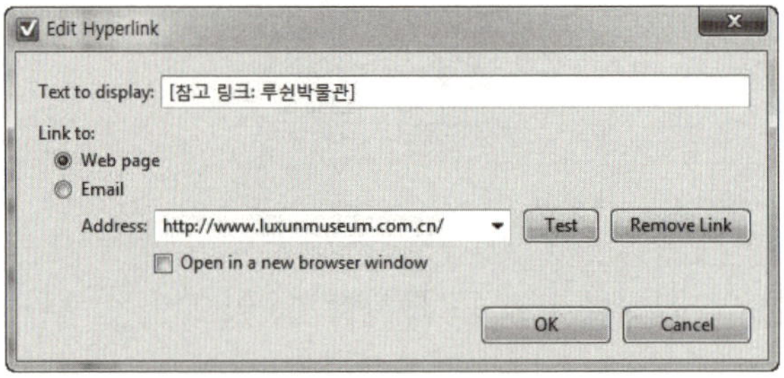

문제에 하이퍼링크가 표시됩니다.

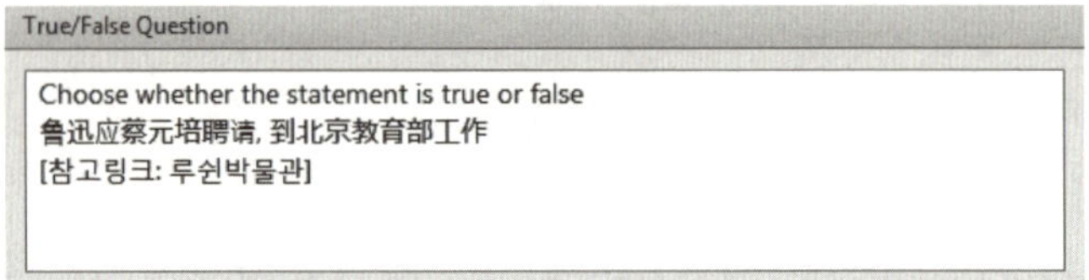

- 미리보기를 통해 퀴즈를 실행하고 하이퍼링크를 클릭하면 실행됩니다. 하이퍼링크는 청색으로 표시됩니다.

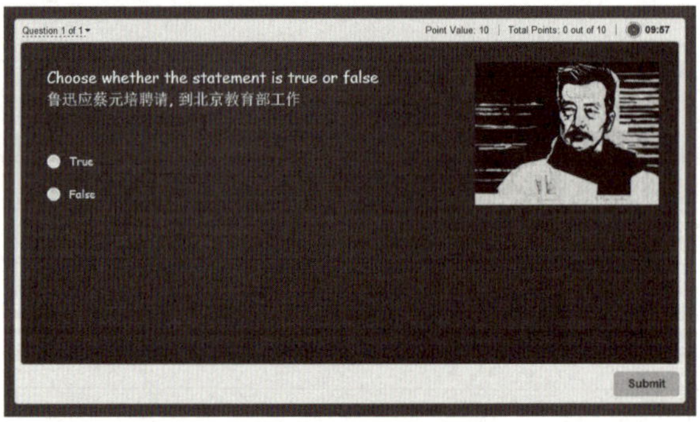

(15) Player 설정

- 퀴즈를 실행하는 플레이어는 사용자가 설정하여 사용할 수 있습니다. 플레이어를 설정하기 위해 [Player] 버튼을 클릭합니다.

[Top Bar]에서는 퀴즈문제의 정보와 퀴즈 리스트의 정보를 보여줍니다. 주로 문제풀이과정에서 점수상황을 보여줍니다.

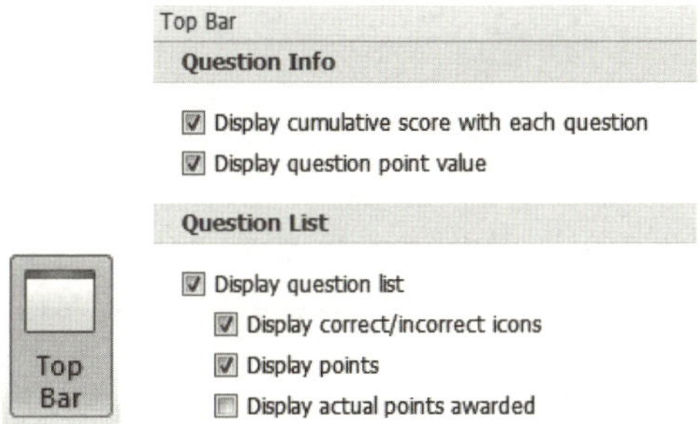

[Colors]에서는 플레이어의 컬러 조합을 설정할 수 있습니다. 기본적으로 제시되는 [Color scheme]에서 임의의 컬러셋을 선택할 수 있으며, 개별적으로 컬러를 설정할 수 있습니다.

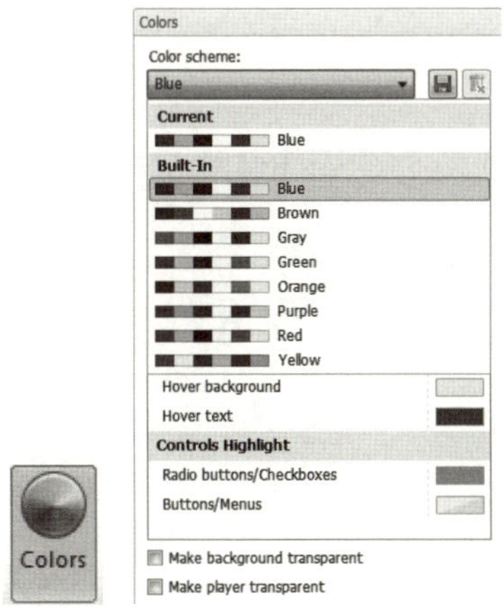

[Text Labels]에서는 퀴즈풀이 과정에서 나타나는 메시지를 사용자의 언어로 변경할 수 있습니다. [Message Type]에 해당되는 [Message]의 내용을 직접 수정하여 활용할 수 있습니다.

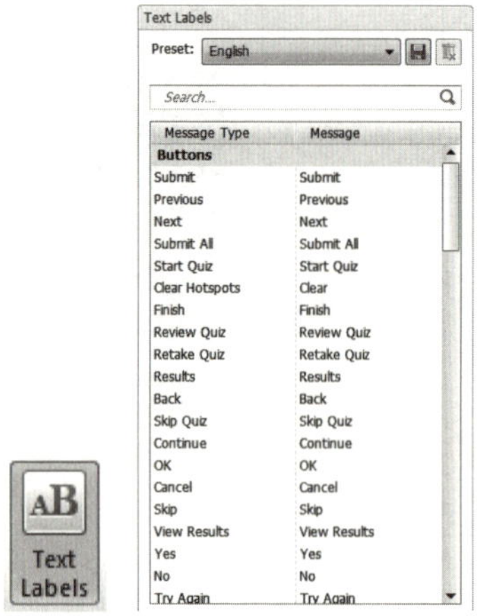

- 설정된 사용자 플레이어는 [Import]를 클릭하여 저장할 수 있고, [Export]를 클릭하여 불러와서 활용할 수 있습니다. 설정을 저장할 때는 [Apply & Close] 버튼을 클릭합니다.

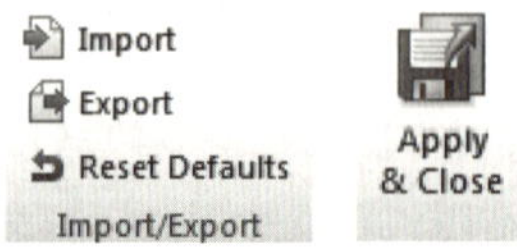

(16) 설정

소프트웨어의 기본적인 사항을 설정하기 위해 [Quiz] → [Properties]를 클릭합니다.

[Main]에서는 퀴즈 타이틀, 퀴즈 플레이어 사이즈, 통과점수, 퀴즈풀이시간, 사용자 이름과 메일 주소 요구 등을 설정합니다.

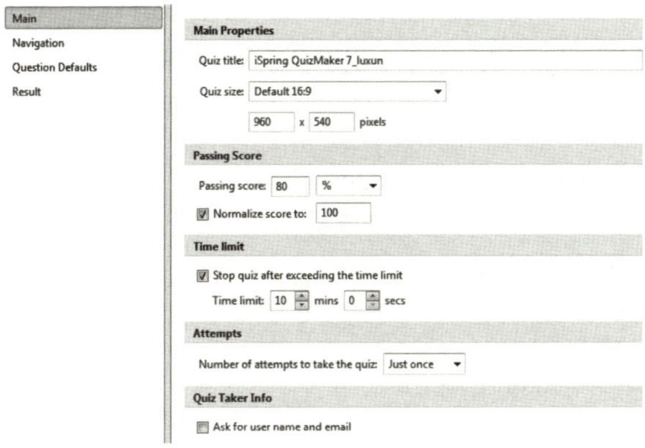

[Results]에서는 사용자가 퀴즈풀이 후 결과를 출제자에게 보고하는 메일을 설정할 수 있습니다. [Reporting]에서 [Send quiz result to email]에 체크를 하고 출제자의 메일을 입력합니다.

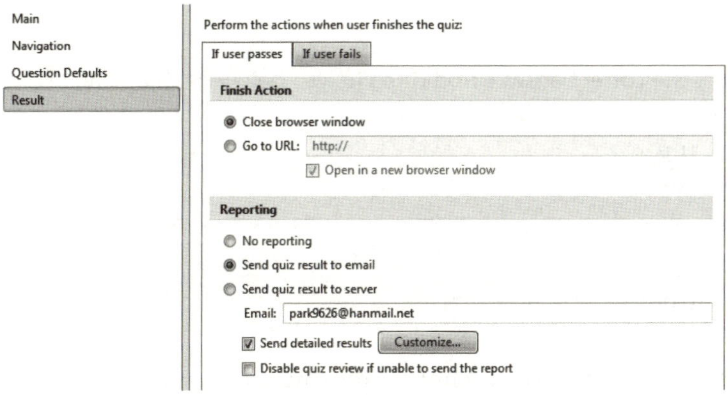

- 메일 결과보고는 아래와 같은 방식으로 통보됩니다.

This is an automatically generated email to report quiz results. You are receiving this because the quiz author has specified your email address for sending quiz results.

Quiz title: "iSpring QuizMaker 7_luxun"
User: 박정원 <auraweon@hanmail.net>
User score: 85.00 (85.00%)
Maximum score: 100
Passing score: 80 (80%)
Quiz time: 00:02:00 of 00:10:00
Result: Passed

1. Choose whether the statement is true or false 鲁迅应蔡元培聘请, 到北京教育部工作 [참고링크: 루쉰박물관]
V (•) True
( ) False
Points: 10.00/10 | Attempts: 1/1

2. Select the correct answer from the choices below 他又很[ ]的做, 他是社会教育科的科长
V (•) 认真
( ) 教育
( ) 科长
( ) 社会
Points: 10.00/10 | Attempts: 1/1

3. Select one or more correct answers from the choices below
V [•] 当年
[ ] 绍兴
[ ] 鲁迅
V [•] 队伍
Points: 10.00/10 | Attempts: 1/1

4. Type your response into the field below 扶持各种地方戏, 很努力的工作但是很快的他又[ ]不对

V　　发现
Points: 10.00/10 | Attempts: 1/1

5. Match the items on the left with the items on the right 然後一直睡觉到上午, 上午起来早饭也不吃

1. 然後　　1. then
2. 睡觉　　2. sleep
3. 早饭　　3. breakfast
4. 起来　　4. get up

Points: 10.00/10 | Attempts: 1/1

6. Arrange the following items in the correct order 这是[ ]北大红楼, [ ]运动的游行[ ] 出发的[ ]

1. 当年
2. 五四
3. 队伍
4. 地点

Points: 10.00/10 | Attempts: 1/1

7. Fill in the blank fields below 以为自己这个东西, [ ]启蒙、[ ]民主
Fill in the [思想][] (V　　科学)
Points: -5.00/10 | Attempts: 1/1

8. Choose one correct answer in each drop-down list
也是一个鲁迅, 对於[整个]中国传统文化
甚至於[[对於]]他自己[内心]世界
所[提出]的一个意象
Points: 10.00/10 | Attempts: 1/1

9. Drag the words and drop them to the appropriate places
因此他[能够]专心於小说[创作]
几年间[完成]了《呐喊》和《彷徨》两部[小说]集

Points: 10.00/10 | Attempts: 1/1
10. Point at the correct area(s) on the image. Drag a hotspot marker to change its position. 请点击鲁迅的出生地.

Freeform 1

Points: 10.00/10 | Attempts: 1/1

(17) 출판

출판은 제작한 퀴즈를 사용자가 사용할 수 있는 형식으로 전환하는 것으로 의미하며, 용도에 따라 다양한 방식으로 출판할 수 있습니다.

- 모든 퀴즈 출제가 완료되면 출판을 위해 [Publish] 버튼을 클릭합니다.

[Publish] 창에서 온라인 상에서 서비스 하기 위해 [Web]를 선택합니다. [General]에서 퀴즈 이름과 저장위치를 설정합니다.

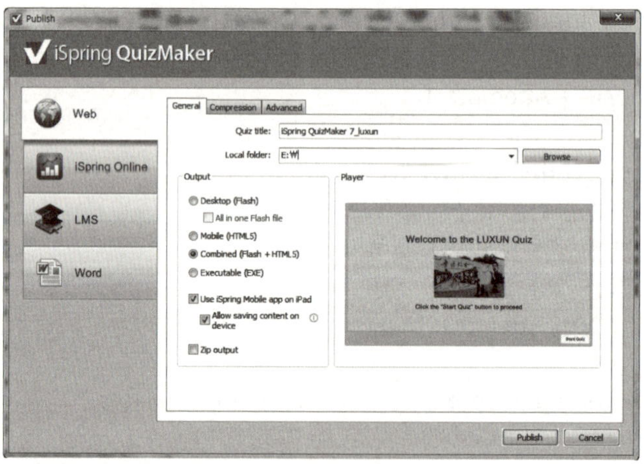

- [Output]에서는 일반적으로 컴퓨터에서 재생할 수 있는 [Desktop(Flash)], 모바일에서 재생할 수 있는 [Mobile(HTML5)], 두 가지를 모두 지원하는 [Combined(Flash+HTML5)], 별도의 재생소프트웨어가 필요없는 실행파일 형식의 [Executable(EXE)]를 지원합니다. 일반적으로 PC와 모바일에서 동시에

재생할 수 있는 [Combined] 출력방식을 선택합니다.

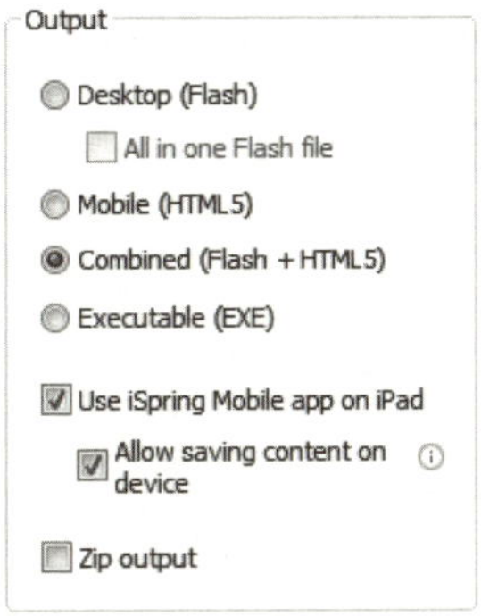

[Publish] 버튼을 클릭하여 출판합니다. 퀴즈에 포함된 소스에 따라 출판시간이 달라집니다.

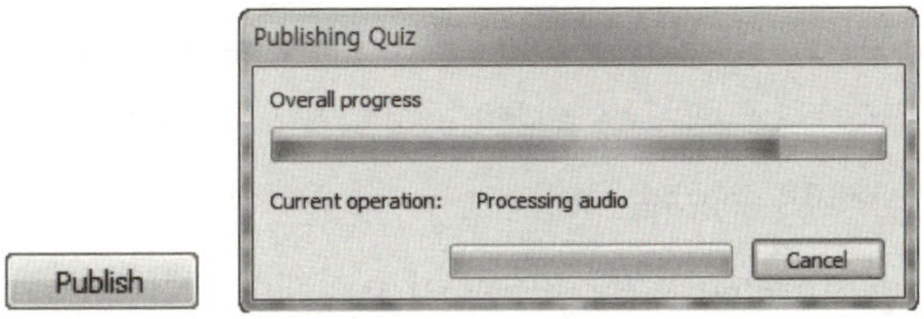

- 출판이 완료되면 결과물을 자동으로 미리보기 형식으로 보여줍니다.

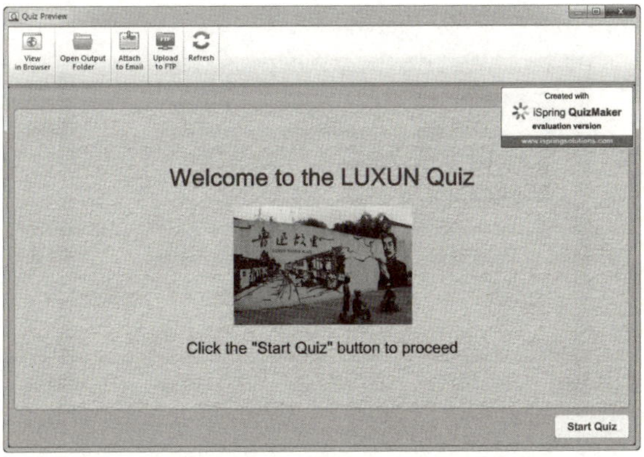

- 결과물은 퀴즈 타이틀 이름으로 폴더가 생성되며 아래와 같은 파일 구조를 가지고 있습니다. 직접 실행하기 위해서 [index.html]을 클릭하면 인터넷 웹 브라우저와 연동되어 실행됩니다.

(18) 스마트 디바이스 실행

iSpring QuizMaker 7에서는 PC뿐만 아니라 스마트 디바이스에서 실행할 수 있습니다. 출판된 최종결과물을 FTP를 활용하여 웹상에 업로드합니다.

- iPhone나 안드로이드폰에서는 퀴즈가 업로드되어 있는 주소를 웹브라우저에서 입력하면 실행할 수 있습니다.

iPad에서는 App Store에서 퀴즈 전용 어플리케이션인 [iSpring Mobile] 설치하여 효과적으로 활용할 수 있습니다. Safari에서 퀴즈가 업로드 되어 있는 주소를 입력하면 Luanch 창이 나타납니다. [Luanch]를 클릭합니다.

- [iSpring Mobile]과 자동으로 연동됩니다. [Offline viewing]을 활성화하면 인터넷이 연결되어 있지 않아도 퀴즈를 재생할 수 있습니다. [플레이] 버튼을 클릭하면 퀴즈가 실행됩니다.

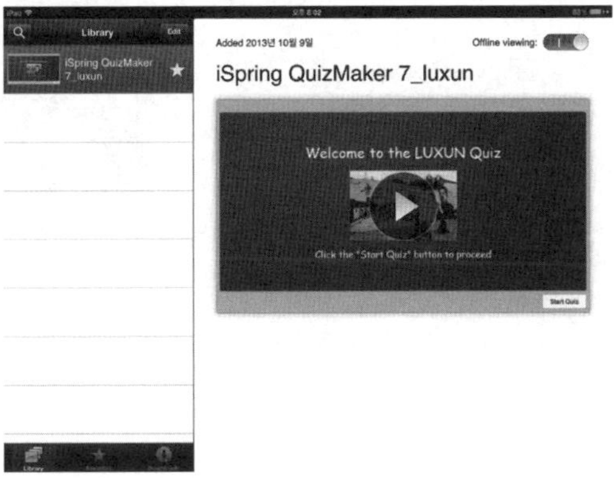

- [iSpring Mobile]의 [Library] → [Edit] 버튼을 클릭하여 다운로드 퀴즈를 삭제할 수 있습니다.
- 스마트 디바이스에서의 퀴즈 풀이는 PC에서와 동일한 방법으로 할 수 있습니다.

iPhone이나 안드로이드폰에서는 전용 어플리케이션이 아닌 웹브라우저에서 실행됩니다. 기능은 PC, 전용앱과 동일합니다.

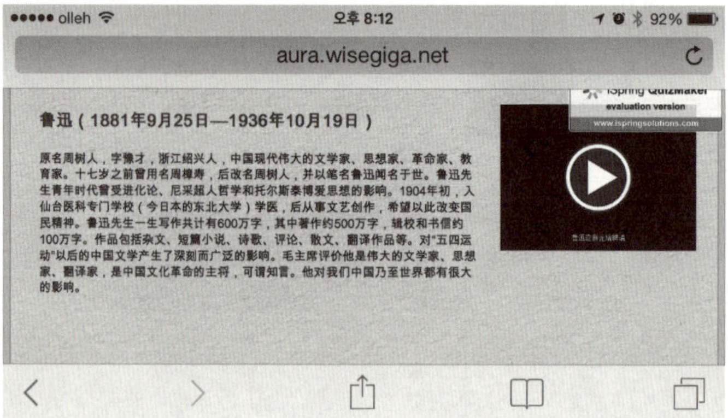

* 중국어, 한국어가 직접 입력되지 않고 깨어질 경우 메모장에서 입력한 후 복사해서 사용하시면 됩니다.

스마트 eBook 제작22

LESSON 22 스마트 eBook 제작

- 제작사: Alive Software Inc.
- 웹페이지: http://www.epagecreator.net/
- 버전: 5.6.4.3
- 용도: 스마트, PC 기반 eBook 제작
- 설치환경: Windows 7, 8
- 가격: $299(일반형)

왜 필요한가?

오프라인 종이책은 종이의 질감을 활용하면서 정서적으로 정보를 접촉할 수 있지만, 부피가 있는 책을 직접 휴대해야 하고 실물이 있어야만 접근이 가능하다는 제한이 있습니다. eBook은 PC, 스마트폰, 테블릿 PC만 있으면 온라인으로 무한 전달이 가능하기 때문에 휴대성과 접근성이 강력하다고 할 수 있습니다. 단, 디스플레이를 통해 정보를 읽어야 하기 때문에 종이책처럼 메모를 할 수 없는 한계도 여전히 존재합니다. 그러나 스마트 디바이스의 보급과 함께 이전의 PC 접근도를 추월하면서 독서 패턴에 대한 전면적인 점검이 필요한 시기가 되었습니다. 스마트폰의 편리한 휴대성은 종이책을 직접 휴대할 수 없는 상황에서도 간단히 eBook을 접근할 수 있게 해 줍니다. 또한 종이책이 제공하지 못하는 멀티미디어와 상호 작용 콘텐츠를 eBook에서 제공하기 때문에 입체적인 독서를 실현시킬 수 있습니다.

eBook은 기장 기본적인 것이 PDF이라 할 수 있으나 가독성, 호환성에서 제한이 있습니다. PDF 이후 ePub가 개발되어 보편적인 유형으로 사용되고 있습니다. 그러나 HTML5가 개발되면서 스마트폰에서도 작동되는 eBook이 등장하였습니다. eBook을 제작할 수 있는 소프트웨어에는 SDF PageMaker2 등이 있으나 고가이기 때문에 좀 더 저가인 FlipBook Creator, ePage Creator,

Kvisoft FlipBook Maker Pro, DeskTop Author 등이 있습니다. 사용법은 대부분 유사하며 효율성이 소프트웨어에 따라 약간의 차이가 있습니다. 그러나 전체적인 측면에서 본다면 결과물의 디자인, 멀티미디어 요소의 수용편의성 등을 고려하고 사용자의 용도에 따라 소프트웨어를 선택하면 됩니다. 각 소프트웨어를 분석하면 아래와 같다.

소프트웨어명	소스	스마트 지원	멀티미디어 지원	용도	가격
SDF PageMaker2	이미지, PDF	미지원	지원 (Youtube 지원)	eBook 멀티미디어 교재	600만원
FlipBook Creator Pro	이미지, PDF	지원	지원	eBook 멀티미디어 교재	$299
Kvisoft Flip Book Maker	이미지, 영상(MP4), PDF	지원	지원 (Youtube 지원)	eBook	$297
ePage Creator	이미지, SWF, PDF	지원(강력)	지원 (Youtube 지원)	eBook 멀티미디어 교재	$299
DeskTop Author	텍스트	미지원	지원	멀티미디어 교재	$147
3D Issue	PDF	지원(강력)	지원	멀티미디어 교재	$1129

여기서는 다양한 툴 중에서 PC와 스마트 디바이스를 동시에 지원하고 가격 경쟁력도 있는 ePage Creator를 중심으로 살펴볼 것입니다. 이 소프트웨어는 일정기간 동안 시험버전으로 사용할 수 있으며 경쟁력이 있다고 판단되면 정품 구매를 해도 됩니다.

준비사항

1) 워드프로세스(HWP, MS-WORD, Pages, Indesign 등)에서 편집한 문서를 PDF로 출력하여 확보합니다. PDF는 HWP의 경우 자체적으로 변환이 가능하고 나머지 소프트웨어는 출력시 PDF 프린터 드라이버를 선택하면 됩니다.

2) eBook에 삽입할 사운드, 영상 파일, Youtube 영상 주소 등을 준비합니다. 영상 파일은 직접 eBook에 포함될 수도 있고 Youtube 영상을 링크 형식으로 삽입될 수 있으며 이때는 eBook의 전체 용량에 영향을 주지 않습니다.

사용법

1) 소프트웨어 시작하기

(1) 소프트웨어를 다운로드 받아 설치한 후 실행합니다. eBook 소프트웨어는 문서를 작성하는 것이 아니라 이미 작성된 PDF 형식의 파일을 불러오는 방법으로 작동합니다. 때문에 소프트웨어를 실행하면 빈창으로 나타납니다.

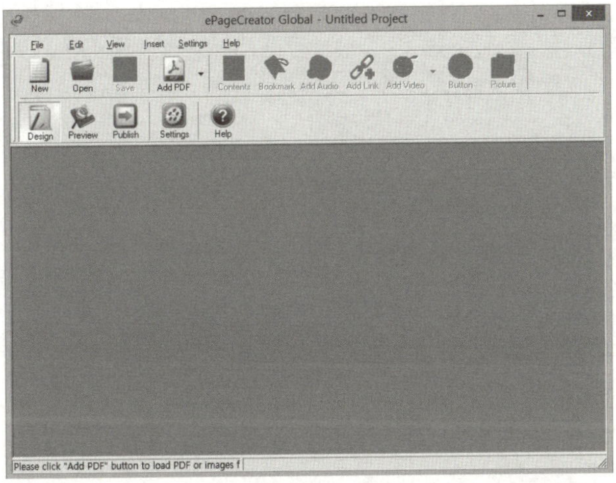

(2) eBook을 제작하기 위해서 준비한 PDF 파일을 불러들입니다. [Add PDF] 아이콘을 클릭합니다.

(3) eBook의 소스로는 PDF 이외에 이미지와 SWF 파일을 사용할 수 있습니다. 이미지의 경우 여러 장을 다중 선택하여 동시에 삽입할 수 있습니다.

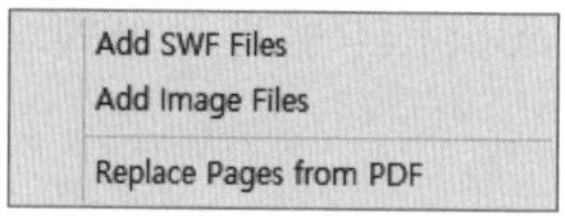

(4) eBook으로 작업할 임의의 PDF를 선택하고 [확인] 버튼을 클릭합니다.

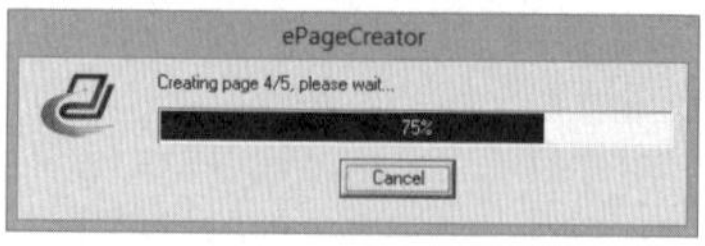

(5) 메인 화면에 PDF 문서가 로딩됩니다.

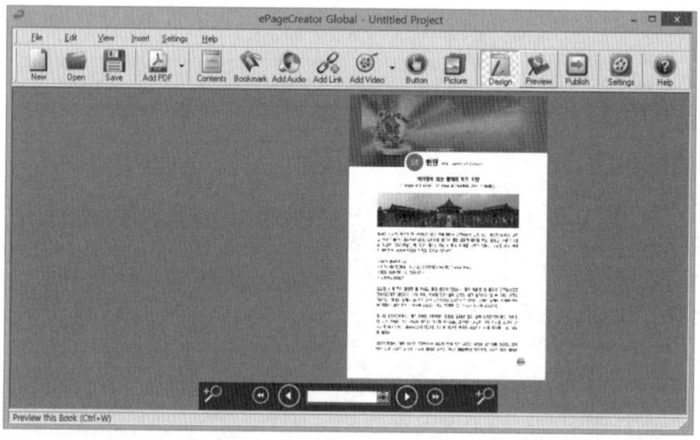

(6) 문서의 쪽수는 아래의 앞, 뒤 버튼을 클릭하여 이동합니다. [+, -] 아이콘을 클릭하여 문서를 확대, 축소할 수 있습니다.

2) 목차와 북마크 만들기

(1) eBook의 쪽수가 많을 경우 목차를 만들어 편리하게 해당 쪽수로 이동하게 할 수 있습니다. 목차를 작성하기 위해서 [Contents] 버튼을 클릭합니다.

(2) [Edit Table of Contents] 창이 나타납니다. 목차의 챕터를 작성하기 위해 [Add Item] 버튼을 클릭합니다.

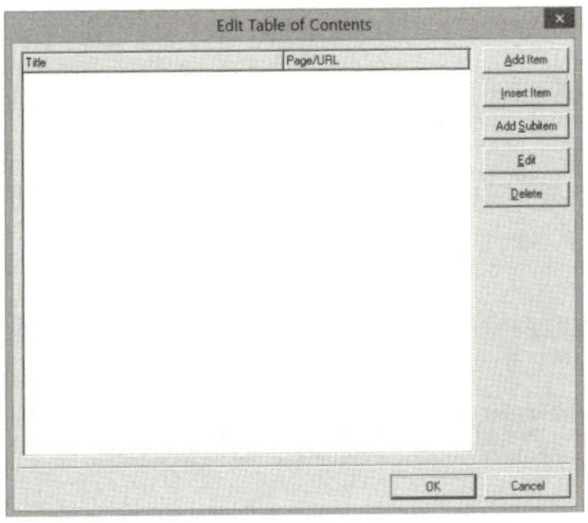

(3) 상위, 하위 목차를 작성합니다. 목차의 페이지는 직접 쪽수를 입력합니다. [Edit]와 [Delete] 버튼을 클릭하여 편집, 삭제할 수 있습니다.

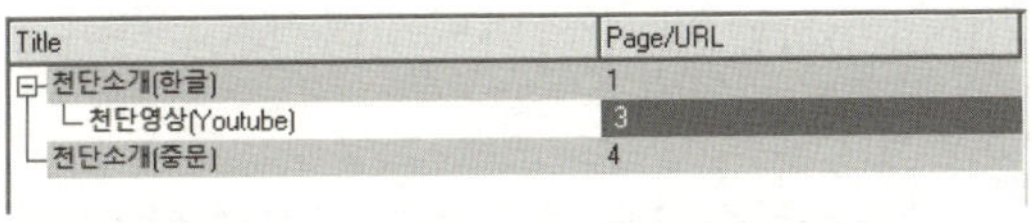

(4) 목차의 정상 작동 여부를 확인하기 위해 [Preview]를 클릭하여 미리보기를 합니다. [Table of Contents] 버튼을 클릭합니다.

(5) 작성된 목차가 하단과 같이 나타나며 해당 목차를 클릭하면 해당 페이지로 이동합니다. 목차는 쪽수가 많이 있는 eBook을 제작할 때는 반드시 작성하는 것을 권장합니다.

(6) 미리보기창에서 [Design] 버튼을 클릭하면 편집 화면으로 돌아옵니다.

(7) 목차와 유사한 기능으로 [Bookmark]가 있습니다. eBook에 삽입된 특정한 자원을 집중적으로 정리하여 하이퍼링크를 부여할 수 있습니다. [Bookmark] 클릭한 후 [Edit Bookmark] 창에서 페이지 번호를 선택한 후 북마크 설명을 입력합니다. 컬러는 북마크 항목 라인에 배경으로 나타나는 색을 의미합니다. 북마크가 삽입되면 해당 페이지 귀퉁이에 시각형으로 표시됩니다.

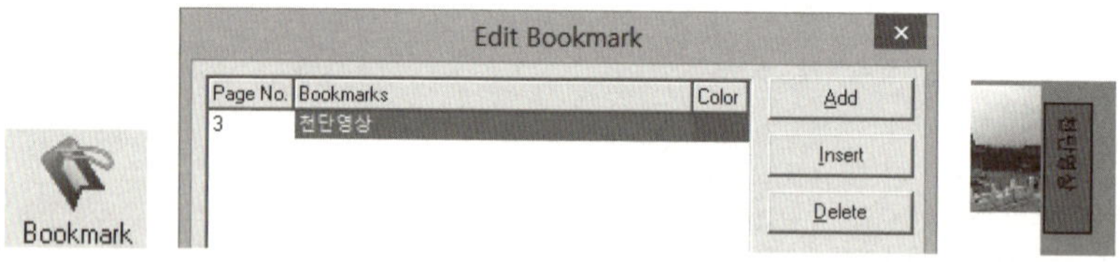

(8) 북마크 실행 여부를 확인하기 위해 미리보기를 한 후 eBook의 북마크 아이콘을 클릭하면 [Bookmark] 창이 나타납니다. 해당 북마크를 클릭하면 페이지로 이동합니다.

3) 오디오 삽입하기

(1) 이 소프트웨어는 오디오 자원을 삽입할 수 있습니다. 오디오는 대부분의 유형을 삽입할 수 있으며, 다국어를 지원하지 않기 때문에 파일명이 한글이나 영문으로 되어있어야 합니다. 상단의 [Add Audio] 버튼을 클릭한 후 임의 오디오 파일을 선택합니다.

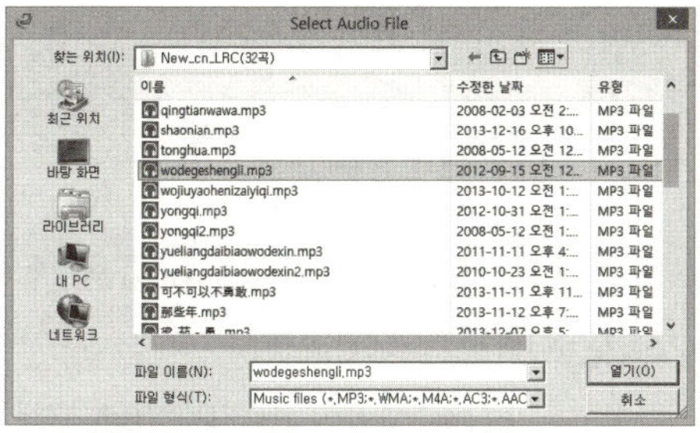

(2) [Which Page] 창에서 오디오 파일의 좌우 삽입 여부, 자동 재생과 조절바 삽입 여부를 선택할 수 있습니다.

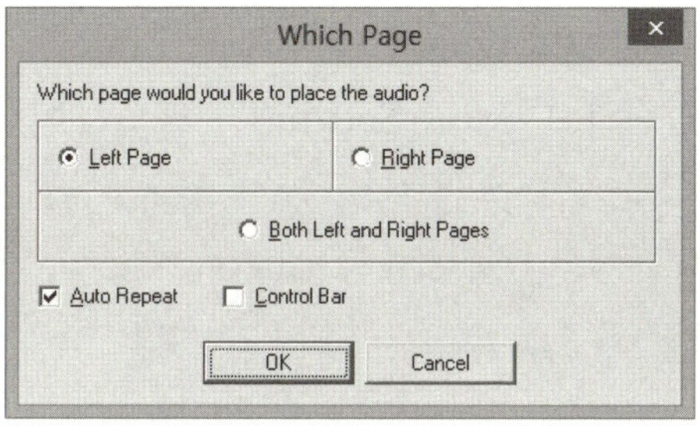

(3) 오디오 파일이 삽입되면 해당 페이지에 음표와 스피커 모양의 아이콘이 삽입되며, 해당 페이지로 이동하면 지동으로 오디오가 재생되며 조절바가 나타납니다.

4) 링크 생성하기

(1) eBook에는 목차, 북마크 이외에 여러가지 링크를 줄 수가 있습니다. 링크를 삽입하기 위해 [Add Link]를 클릭합니다.

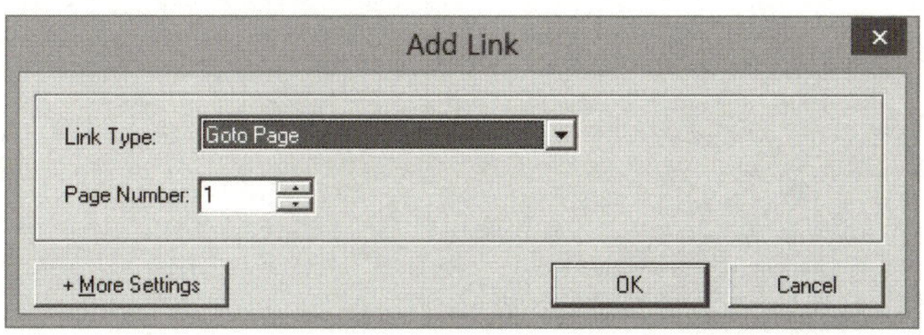

(2) 링크 유형에는 웹페이지를 링크하는 Web Link, 특정 페이지로 이동하는 Goto Page, 메일 주소를 링크하는 Email Link, 오디오와 비디오 파일과 스트리밍 자원을 링크하는 Play Audio in Window와 Play Video in Window, 이미지를 링크하는 Open Image in Window, 메시지를 링크하는 Display Message in Window 이 있습니다.

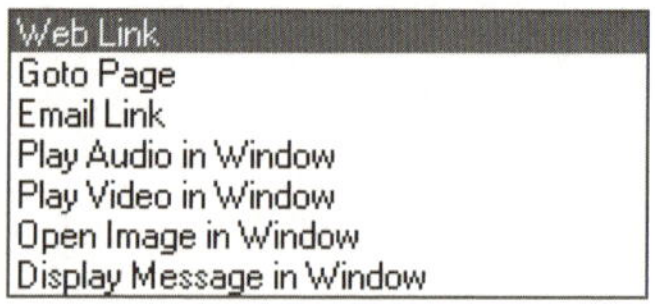

(3) 웹 링크를 하기 위해 [Add Link]창에서 Web Link를 선택합니다. [Link]에 임의의 웹주소를 입력하고 [More Setting]를 클릭하여 선택 영역 컬러, 텍스트 내용을 설정합니다. 텍스트는 해당 링크 영역을 클릭하면 아래처럼 검정 배경에 텍스트 내용 즉 링크 제목이 나타납니다.

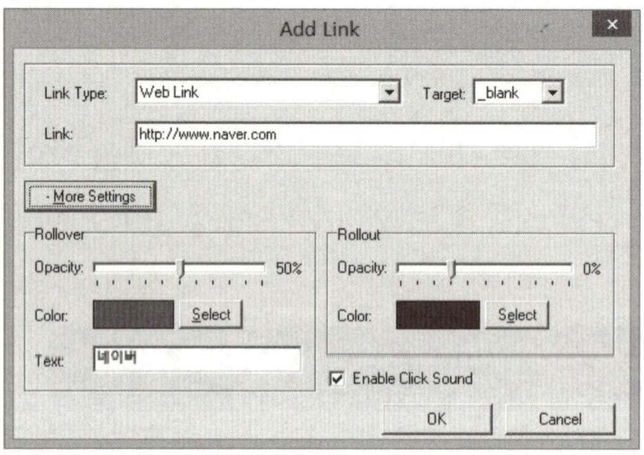

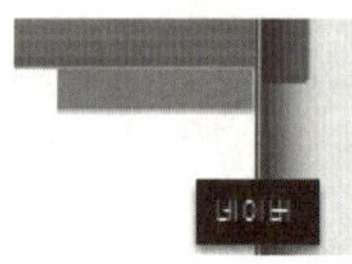

(4) 특정 페이지로 이동하는 링크를 설정하기 위해 [Goto Page]를 클릭합니다. [Page Number]에서 임의의 쪽수를 선택하고 [Text]에 설명을 입력합니다. 미리보기를 한 후 링크에 마우스를 대면 텍스트 내용이 나타납니다.

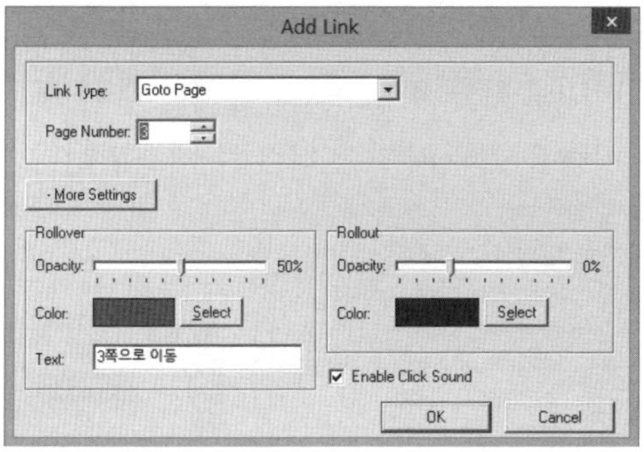

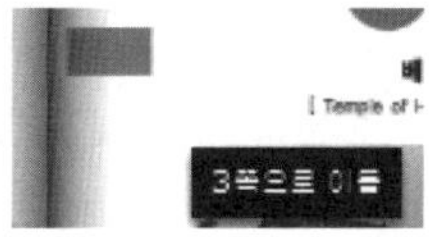

(5) 메일 링크를 설정하기 위해 [Add Link]에서 [Email Link]를 클릭하고 메일 주소와 [Text] 내용을 입력합니다. 미리보기에서 해당 링크를 클릭하면 텍스트 내용이 나타나며 클릭하면 윈도우 메일 소프트웨어와 연동됩니다.

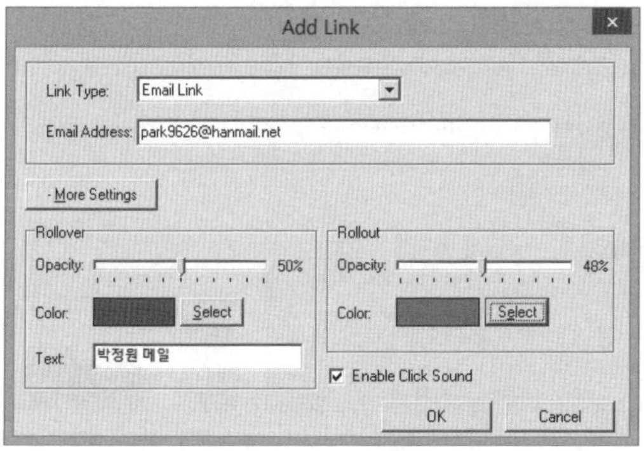

(6) 오디오 링크를 삽입하기 위해 [Add Link] → [Play Audio in Window]를 선택합니다. [Audio Source Type]에는 직접 파일을 선택하는 [Local]과 [Link]가 있습니다.

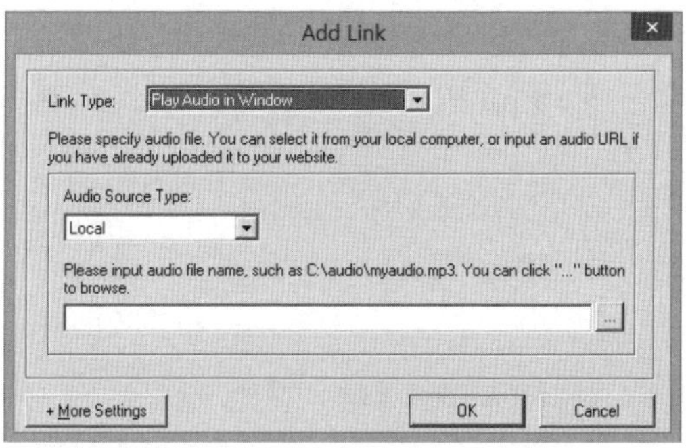

(7) 파일을 직접 링크하기 위해 [Local]을 선택하고 사용자의 컴퓨터에서 임의의 오디오 파일을 선택합니다. 미리보기를 하면 링크 영역이 나타나고 [Text]에 입력한 내용이 나타납니다. 영역을 클릭하면 오디오가 재생됩니다.

(8) 오디오 파일을 링크 형식으로 삽입하기 위해 [Link]를 선택한 후 웹상에 있는 오디오 자원의 주소를 입력합니다. 미리보기에서 오디오는 [Local]과 같은 방식으로 재생됩니다.
오디오 주소: http://www.epagecreator.net/myaudio.mp3

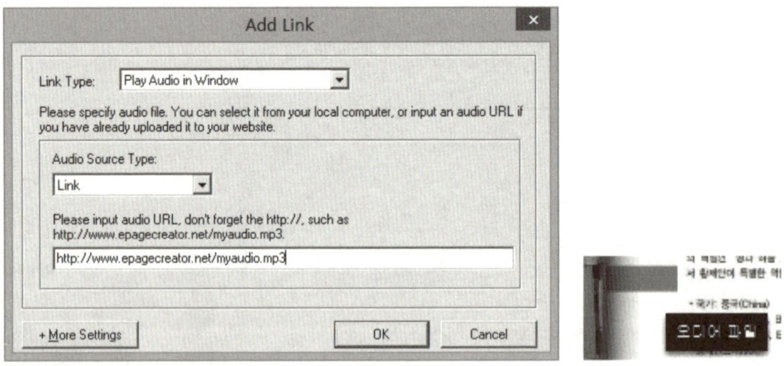

(9) 비디오 링크를 설정하기 위해 [Add Link] → [Play Video in Window]를 선택합니다. [Video Source Type]는 컴퓨터에서 직접 파일을 업로드하는 [Local], 웹상 비디오를 링크하는 [Link], 유튜브의 영상을 링크하는 [Youtube video]가 있습니다. [Link]와 [Youtube video]는 직접 영상 파일이 삽입되지 않기 때문에 eBook의 용량에 영향을 미치지 않습니다.

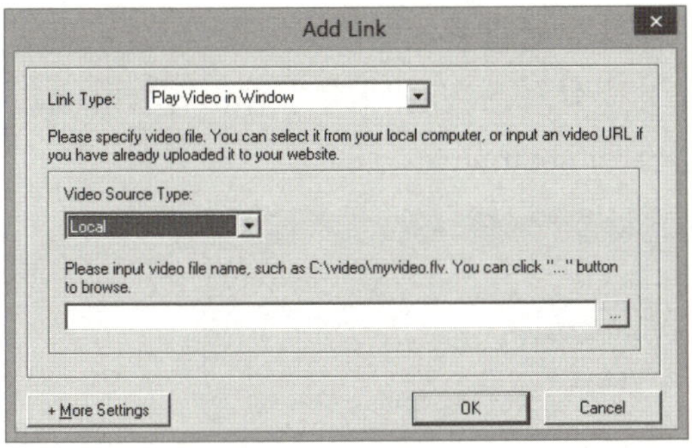

(10) [Local] 방식으로 영상일 삽입하기 위해 임의의 영상 파일을 선택합니다. 영상 파일은 자체적으로 변환하여 수용합니다.

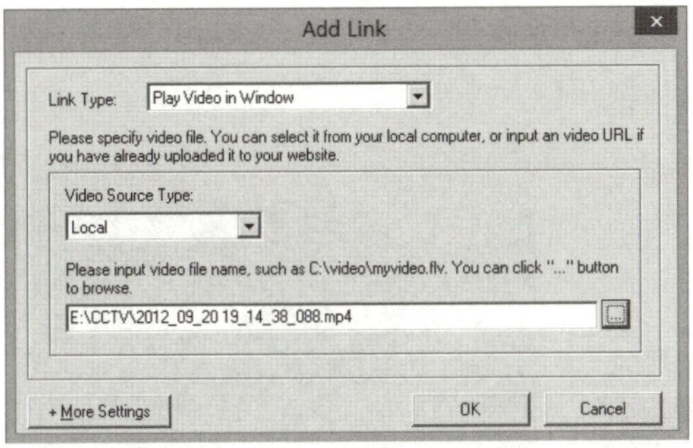

(11) 영상 파일의 경우 적절한 형식으로 자동으로 변환을 해줍니다.

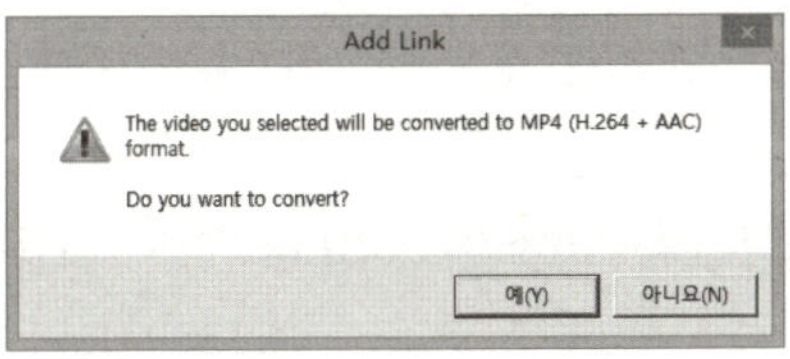

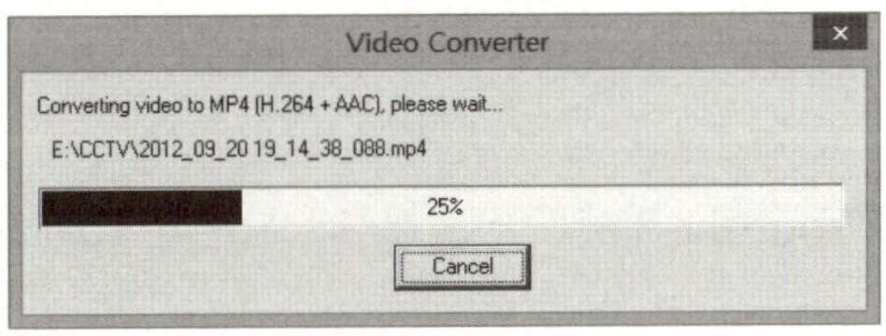

(12) 정상적으로 삽입된 영상을 미리보기에서 확인할 수 있으며 자체적으로 내장된 플레이어를 통해 재생됩니다.

(13) 링크 방식으로 영상을 삽입하기 위해 [Link]를 선택한 후 웹상의 영상 주소를 입력합니다. 이 유형의 영상 삽입은 변환 과정이 필요 없습니다.

주소: http://www.epagecreator.net/myvideo.flv

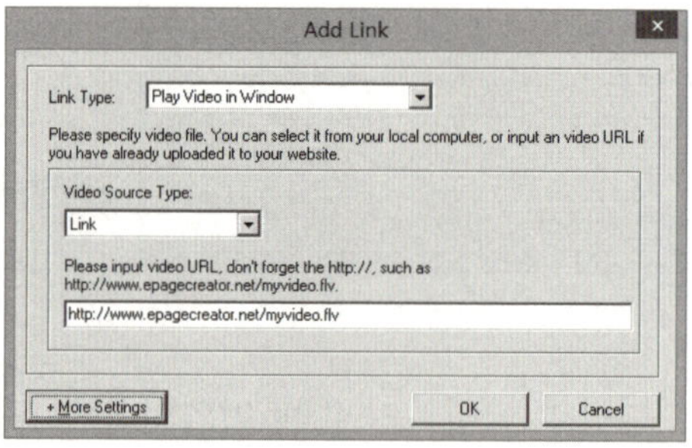

(14) 미리보기에서 삽입된 영상을 확인하면 [Local] 방식과 같이 자체 플레이어를 통해 재생됩니다.

(15) [Youtube Video] 방식으로 영상을 삽입하기 위해 주소입력란에 유튜브 영상의 ID를 입력합니다.

Youtube에서 "天坛"을 검색하여 임의의 영상을 http://youtu.be/ 이후가 ID입니다.

http://youtu.be/1RzUhaNR9Go

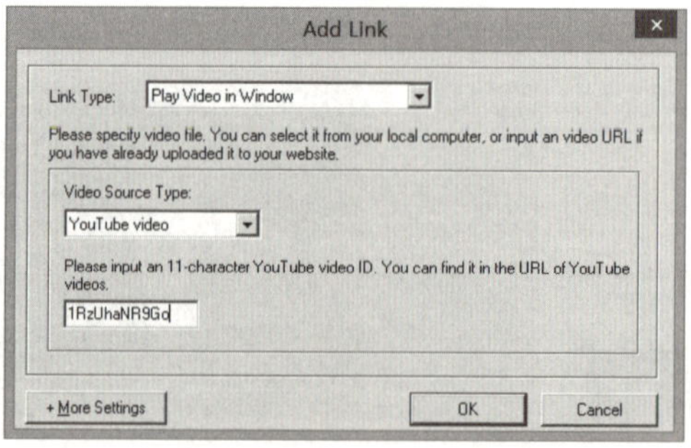

(16) 미리보기를 통해 삽입된 영상을 확인하면 [Local], [Link] 방식과 통일하게 자체 플레이어를 통해 재생되며 인터넷이 연결되어 있어야 합니다.

(17) 이미지 링크를 설정하기 위해 [Add Link] → [Open Image in Window]를 선택합니다. 다른 자원을 링크하는 방법과 동일하게 [Local]은 컴퓨터에 있는 이미지를 선택합니다.

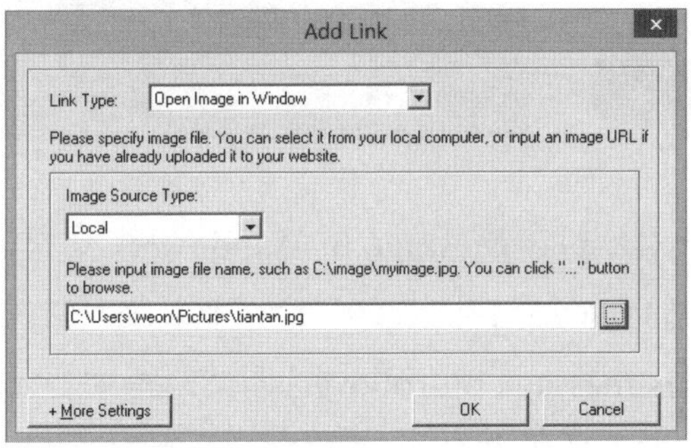

(18) [Link] 방식의 이미지 삽입은 아래와 같은 이미지의 절대 주소를 입력하며 재생 방법은 [Local]과 동일합니다. 단 이미지는 용량이 많이 차지하지 않기 때문에 [Local] 방법을 사용해도 됩니다.

http://upload.wikimedia.org/wikipedia/commons/thumb/f/f3/TempleofHeaven-HallofPrayer.jpg/800px-TempleofHeaven-HallofPrayer.jpg

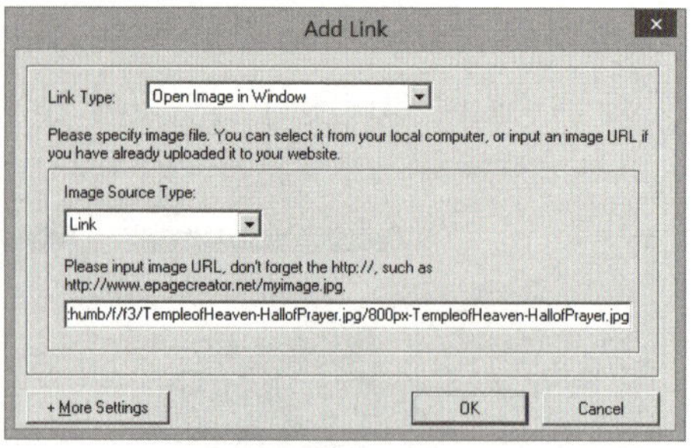

(19) 이미지는 [Local]과 [Link] 모두 동일한 방식으로 재생됩니다. 재생된 이미지는 아이콘을 클릭하면 사라집니다.

(20) [Add Link] → [Display Message in Window]를 선택하고 보여주고 싶은 메시지를 입력합니다. 메시지가 보여지는 창의 크기도 사용자가 설정할 수 있고, [Show this message on rollover]에 체크를 하면 링크 영역에 마우스를 대면 메시지가 표시됩니다.

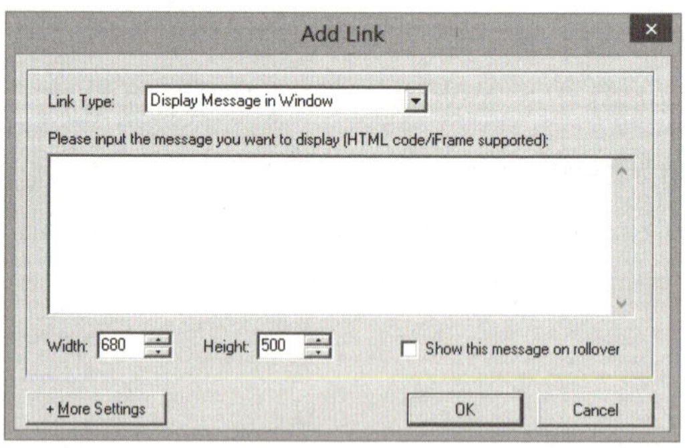

(21) 미리보기를 실행하고 링크 영역에 마우스를 대면 아래와 같이 메시지가 출력됩니다.

[참고]

(1) 영상은 [Add Link]에서 링크 형식으로 삽입할 수 있으나 [Add Video]에서는 직접 파일형식이나 Youtube 형식의 영상을 삽입할 수 있습니다. 그러나 Youtube 형식이 아닌 영상을 링크로 삽입할 때는 [Add Link] → [Play Video in Window] → [Link]에 사용자가 생성한 영상 주소를 입력합니다. 이 방법은 사용자가 스스로의 웹 공간에 있는 영상을 링크를 통해 편리하게 활용할 수 있습니다.

* Youtube 天坛영상: http://youtu.be/1RzUhaNR9Go
* 사설 웹하드 天坛영상: http://aura.wisegiga.net/contents/clip/Youtube_Tiantan.mp4

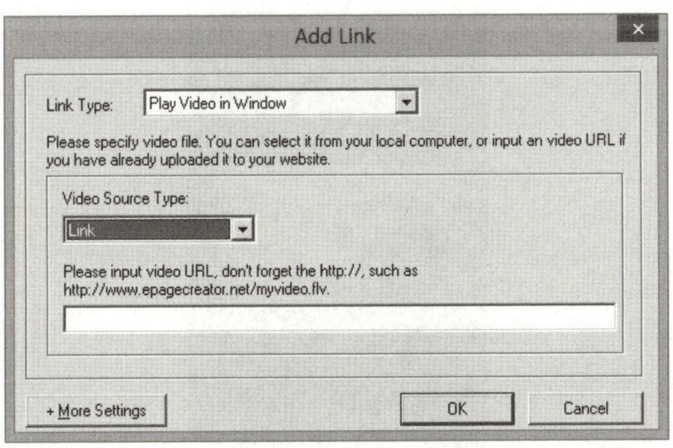

(2) Youtube 영상 링크와 동일한 방식으로 영상 주소를 입력하고 미리보기를 실행하면 영상이 재생됩니다. Youtube 보다는 속도가 느릴 수 있지만 사용자가 원하는 영상을 직접 관리할 수 있다는 점에서는 아주 편리합니다.

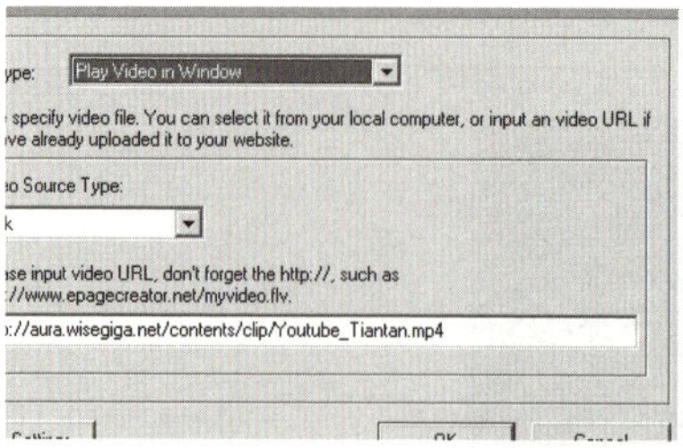

(3) 영상을 사용자의 컴퓨터로 다운로드 받을 수 있는 간단한 방법은 천단 영상 주소 (http://youtu.be/1RzUhaNR9Go)의 앞에 [ss](http://ssyoutu.be/1RzUhaNR9Go)를 삽입하고 엔터를 칩니다. 하단의 [Download Links]에서 원하는 사이즈(예, MP4 720P)를 클릭하면 다운로드가 시작됩니다.

(4) 사설 웹하드 주소로 삽입된 天坛영상은 모바일에서도 정상 재생됩니다.
http://aura.wisegiga.net/contents/epage/tiantan/html5.html

5) 영상 삽입하기

(1) 영상을 직접 삽입하기 위해 [Add Video]를 클릭합니다. 영상 삽입 방법은 영상을 직접 삽입하는 [Add Video], 유튜브 영상 링크를 삽입하는 [Add Youtube Video], 플래시 무비를 삽입하는 [Add Flash Animation]이 있습니다.

(2) 영상을 직접 파일로 삽입하기 위해 [Add Video]를 클릭하고 임의의 파일을 선택합니다. 파일을 직접 삽입하는 방식은 사용자가 확보한 영상을 직접 활용할 수 있는 장점이 있는 반면 eBook 용량이 증가하는 단점이 있습니다. 자동 재생 [Auto Play], 조절바 보기 [Show Control], 반복 재생 [Auto Repeat]를 체크하여 사용할 수 있습니다.

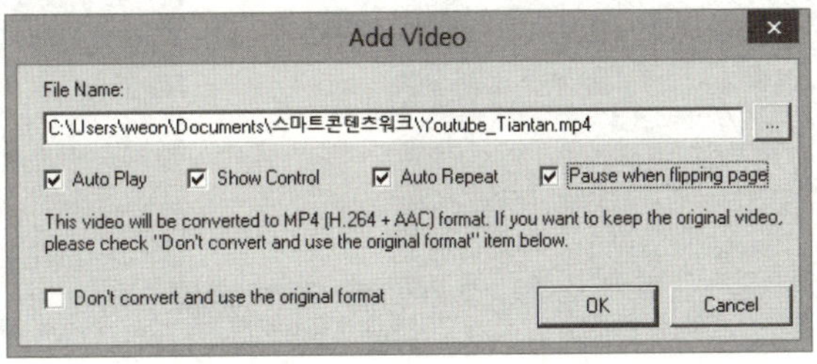

(3) 삽입된 영상은 MP4로 자동으로 변환됩니다. 변환 시간은 영상의 크기에 따라 달라집니다.

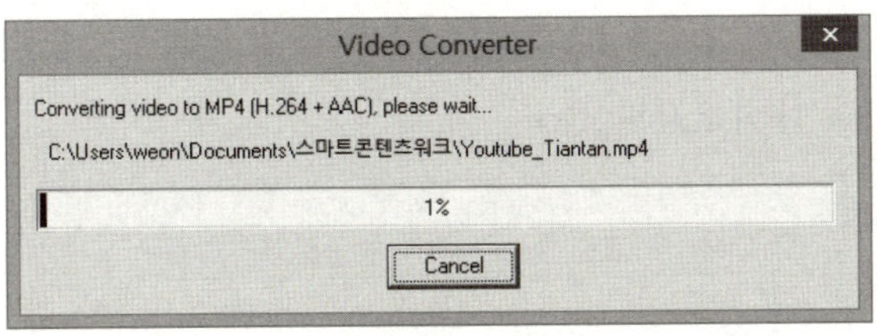

(4) 변환 과정을 통해 삽입된 영상은 위치와 크기를 사용자가 직접 설정할 수 있습니다. 또한 영상을 복사하여 다른 페이지에 붙이기를 할 수도 있습니다.

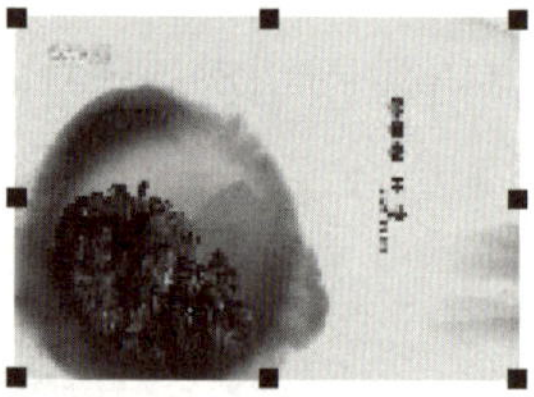

(5) 미리보기를 통해 영상을 재생할 수 있습니다. 출판할 경우 삽입된 영상은 저장 폴더 [content] → [videos]에 위치합니다. 파일명은 "*.mp4"로 원파일의 파일명을 그대로 유지합니다. 재생되는 영상은 확대, 축소 기능으로 적절한 크기로 조절합니다.

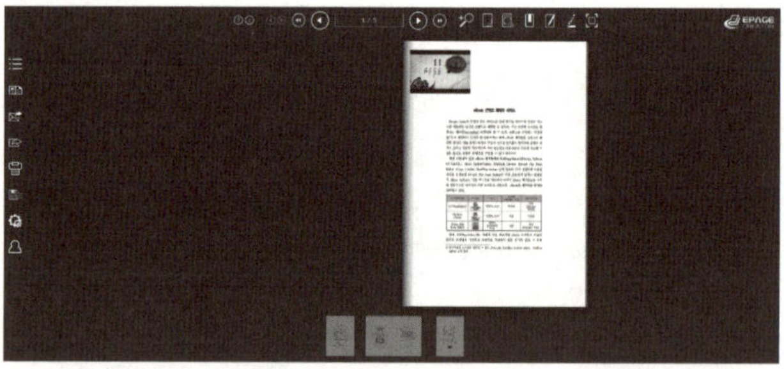

(6) Youtube 형식의 영상을 삽입하기 위해 [Add Youtube Video]를 선택합니다. 아래의 주소 중 ID부분만 입력합니다. [Check]를 클릭하여 정상적인 경로인지 확인할 수 있으며, Youtube로 이동하여 해당 영상이 재생됩니다.

http://youtu.be/1RzUhaNR9Go

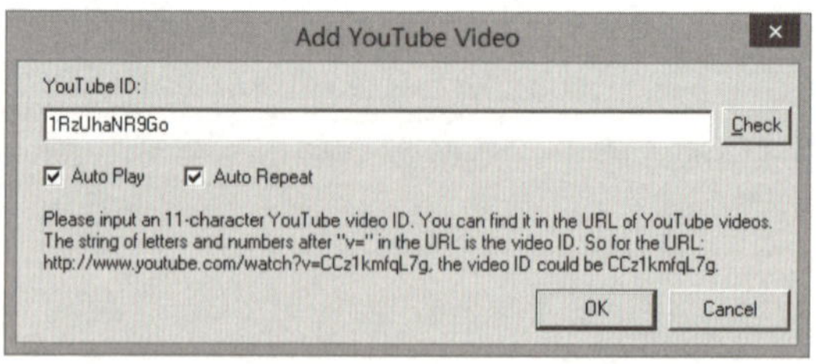

(7) 삽입된 영상은 [Add Link]에서는 영역으로 표기되는데 반해 여기에서는 영상 레이아웃이 직접 삽입되며 위치와 크기를 조절할 수 있습니다. 영상은 한 페이지에 여러 가지 방식으로 여러 개를 삽입할 수 있습니다.

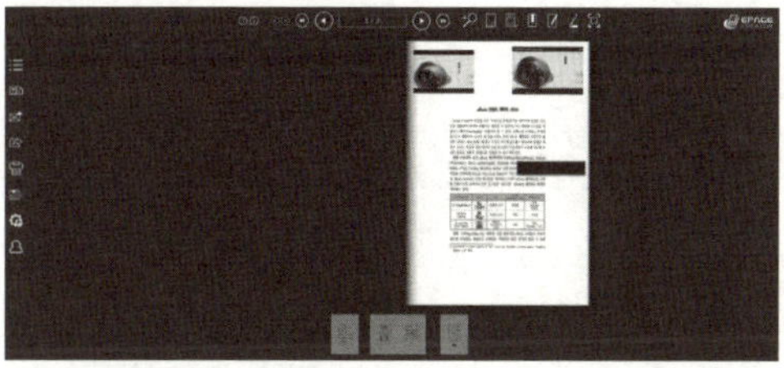

(8) [Add Flash Animation] 방식도 일반 영상 파일 삽입과 동일한 방식으로 삽입합니다. 그러나 요즘은 SWF 형식의 영상은 거의 사용하지 않기 때문에 사용 빈도는 거의 없는 편입니다.

6) 버튼 생성하기

(1) [Button]에서는 [Add Link] 기능에 버튼 아이콘을 삽입하는 기능을 결합합니다. [Add Link]에서 클릭 영역이 박스 형태로 표시된다면 [Add Video]에서는 직접 영상프레임이 표시되고 [Button]에서는 아이콘만 표시됩니다. 영상이나 사운드를 삽입할 공간이 여의치 않을 경우 [Button]을 사용하면 효율적입니다.

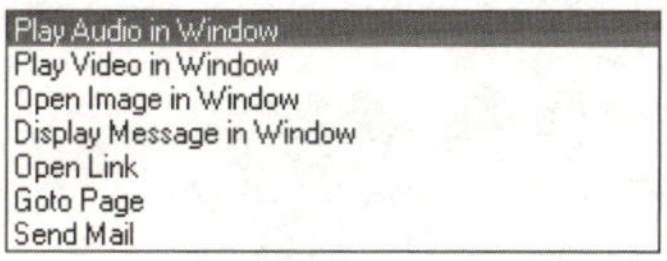

(2) [Add Link]와 사용법은 동일하며 영상을 예를 들면, 임의 영상 주소를 입력하고 [Rollover]에서 "Zooming", "Lighten" 중 하나를 선택합니다. [Custom Icon]에 체크를 하지 않으면 기본 아이콘으로 표시되고 임의의 아이콘을 선택할 수도 있습니다.

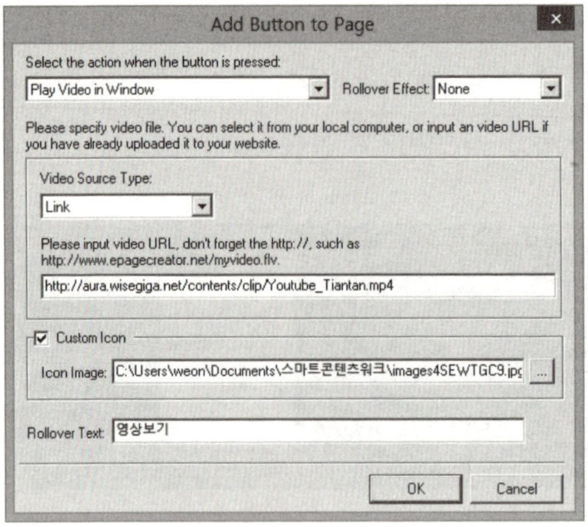

(3) 미리보기에서 영상 아이콘만 표기되며 클릭하면 자체 플레이어가 나타나며 영상이 재생됩니다. 영상은 직접 삽입되는 Local이나 웹상의 스트리밍 영상이 삽입되는 Link도 같은 방식으로 재생됩니다.

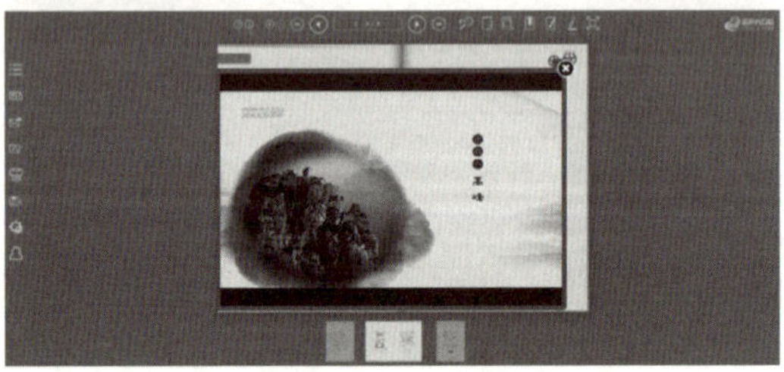

(4) 사운드의 경우 한 페이지에 버튼 형식으로 여러 개를 삽입할 수 있습니다. 영상을 삽입하는 방식과 같으며 사운드가 삽입되는 아이콘을 복사하여 붙여 여러 개를 생성할 수 있습니다. 이 방법을 사용하여 사운드가 기반이 되는 eBook을 제작할 수 있습니다.

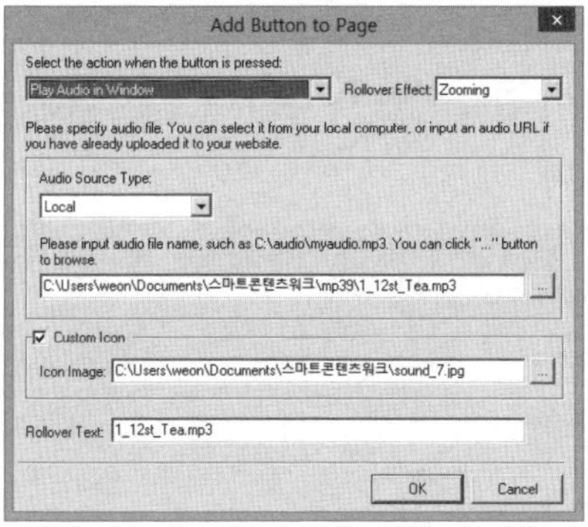

(5) 미리보기에서 오디오 아이콘을 클릭하면 [Add Audio] 방식과 같이 재생됩니다.

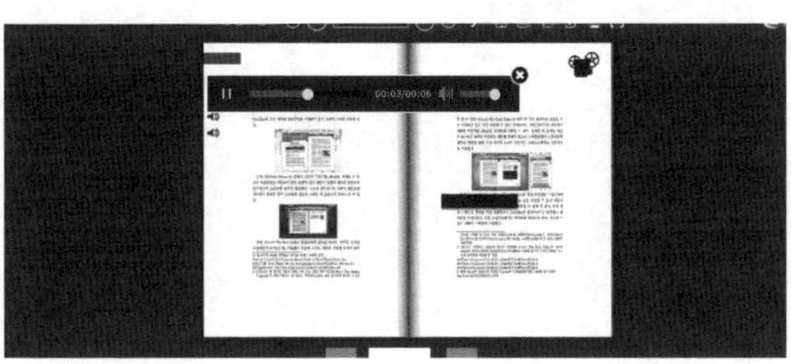

(6) 이미지는 [Picture]를 클릭하여 삽입할 수 있습니다. 위치와 크기는 사용자가 임의로 조절할 수 있습니다.

(7) 삽입된 영상은 [Design] 모드에서 이미지를 더블 클릭하면 [Edit Picture File] 창에서 다른 이미지로 변경할 수 있습니다.

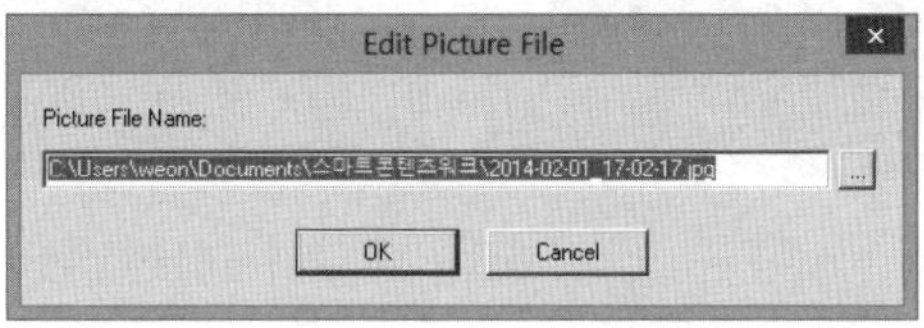

7) 설정하기

(1) eBook을 구성하는 모든 작업이 완료되면 디자인과 같은 기본 사항을 설정하기 위해 [Setting]을 클릭합니다.

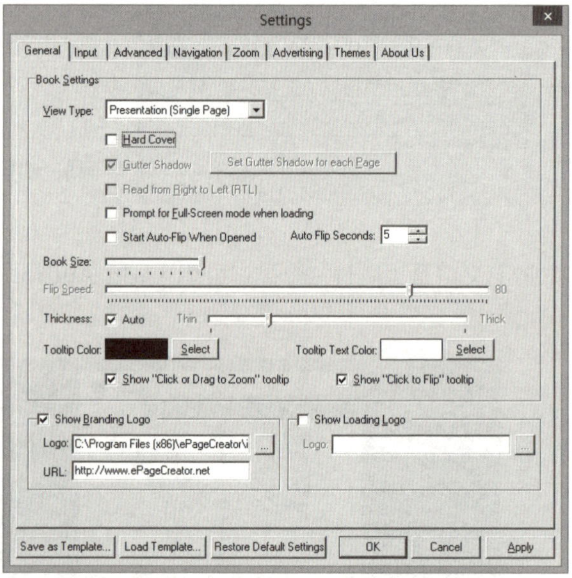

(2) [General] → [View Type]에서는 eBook을 보는 방법인 두 쪽을 동시에 보여주는 [Page Flip]와 한 쪽만을 보여주는 [Presentation]이 있습니다. 모바일용으로 제작할 경우 [Presentation]이 편리합니다. 아래의 이미지는 [Presentation] 모드로 작성한 것입니다.

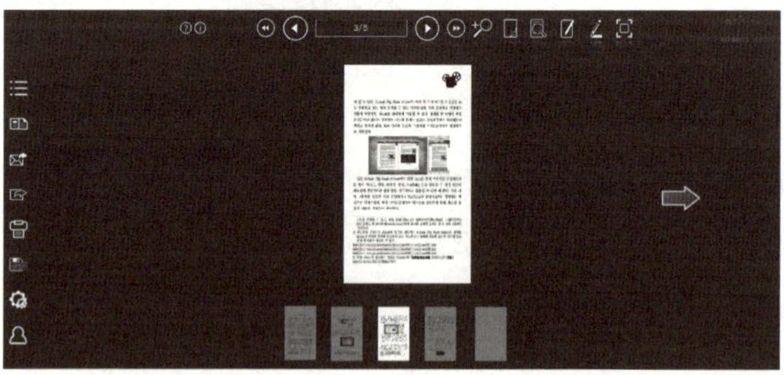

(3) [General] → [Book Size]에서는 책의 크기를 설정할 수 있습니다. 사용자의 용도에 맞게 크기를 설정합니다.

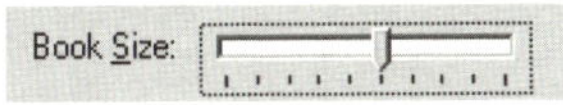

(4) [Tooltip Color]과 [Tooltip Text Color]에서는 링크 등 자원들의 설명을 마우스 클릭하면 나타나는 텍스트 박스와 텍스트 컬러를 설정합니다. 기본값은 검정과 흰색입니다.

(5) [General] → [Show Branding Logo]를 체크를 하고 사용자가 제작한 로그를 설정하고 웹 링크도 설정합니다. 로고는 eBook를 실행할 때 우측 상단에 표기됩니다. 로고는 Sothink Logo Maker과 같은 소프트웨어를 이용하여 간편하게 제작할 수 있습니다.

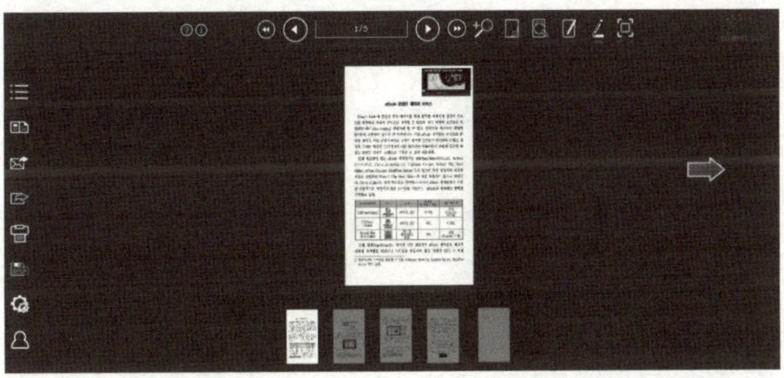

(6) [General] → [Show Loading Logo]를 체크를 하고 사용자가 제작한 로고를 설정합니다. Branding 로고와 동일한 로고를 사용해도 되며, eBook이 시작할 때 표시됩니다.

(7) [Input]에서는 불러오는 PDF의 렌더링 포맷과 해상도(DPI), 이미지 품질 등을 설정합니다. 대부분은 기본값을 유지해도 됩니다.
[Navigation]은 주로 버튼을 설정하는 기능을 포함하고 있습니다. [Layout]에서 썸네일 위치, 툴바 위치를 설정하고, [Show Buttons]에서는 목차, 썸네일, 공유(Share), 오디오 온오프, 전후이동, 프린트, PDF 저장(Save as PDF), 줌인아웃, 찾기, 자동 책장 넘기기(Auto Flip), 북마크, 하이라이트, 풀스크린 등을 설정합니다. 특징적인 점은 [Save as PDF] 기능을 통해 사용자에게 eBook의 PDF 버전 다운로드를 제공합니다.

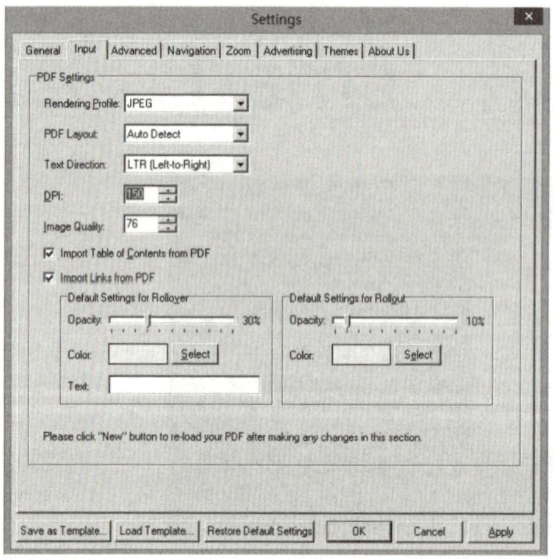

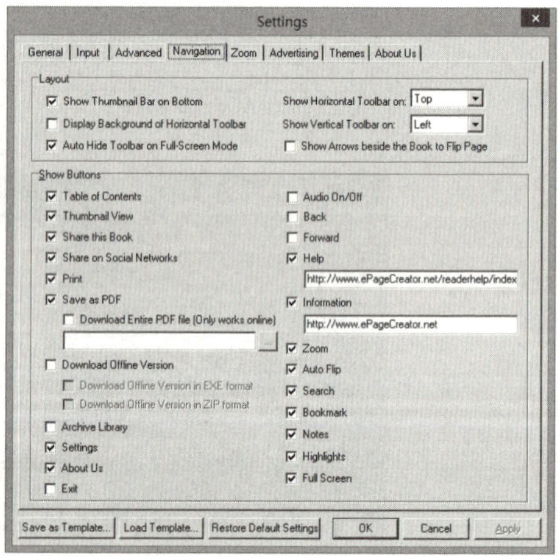

(8) [Zoom]에서는 줌 최대 크기, 줌 클릭 방식(싱글 클릭, 더블 클릭), 마우스 휠 방식 줌(Use Mouse Wheel to Adjust Zoom Level), 내비게이션 표시 등을 설정합니다. [Advertising]에서는 eBook 소개 이미지 파일, 광고 배너 등을 설정합니다. [Advertising]은 필수사항은 아닙니다.

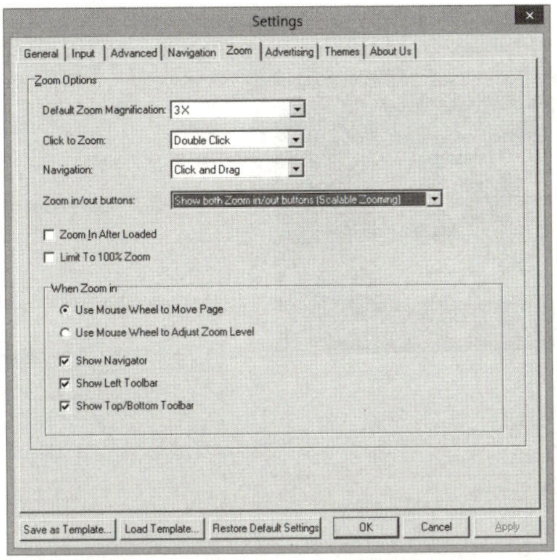

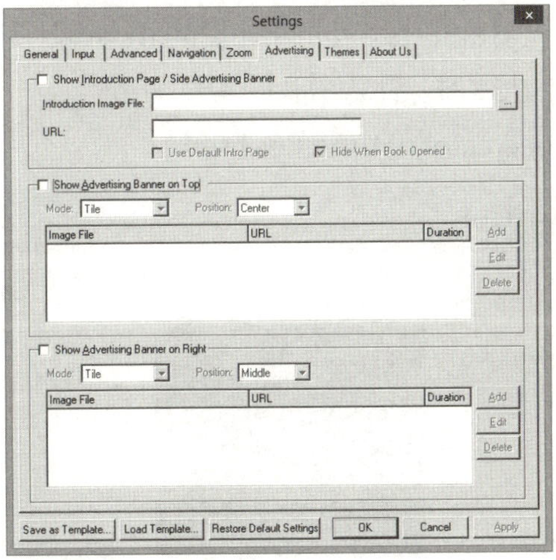

(9) [Themes]에서는 eBook 템플릿을 추가, 관리합니다. 제작사에서 기본적으로 제공하는 템플릿 이외에 다른 템플릿을 웹페이지를 통해 다운로드 설치할 수 있습니다. [More Themes...]를 클릭하고 [Download Themes] 버튼을 클릭합니다.

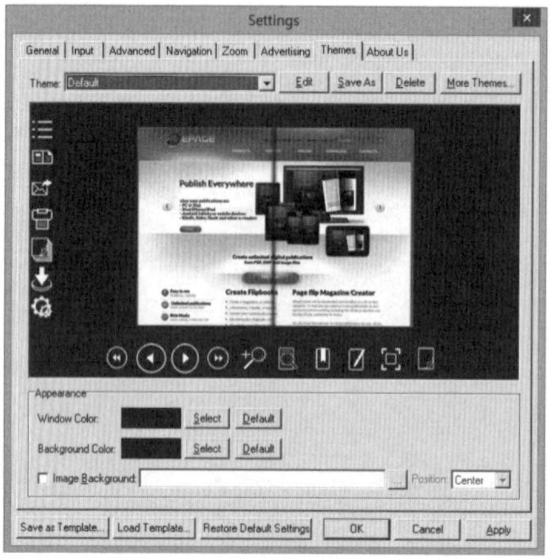

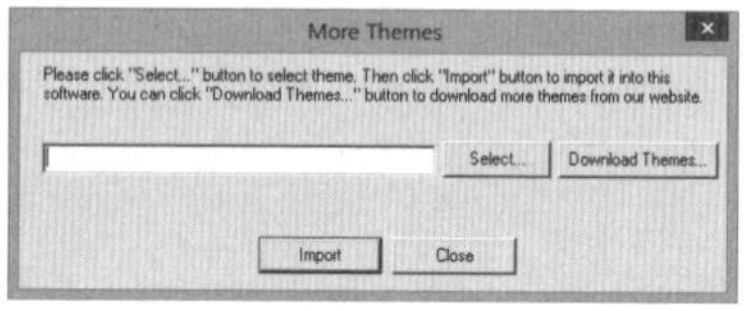

(10) 자동으로 아래의 웹페이지로 이동하며 [download]를 클릭합니다. 약 15 종류의 템프릿을 추가로 제공하고 있습니다.

http://www.epagecreator.net/themes.html

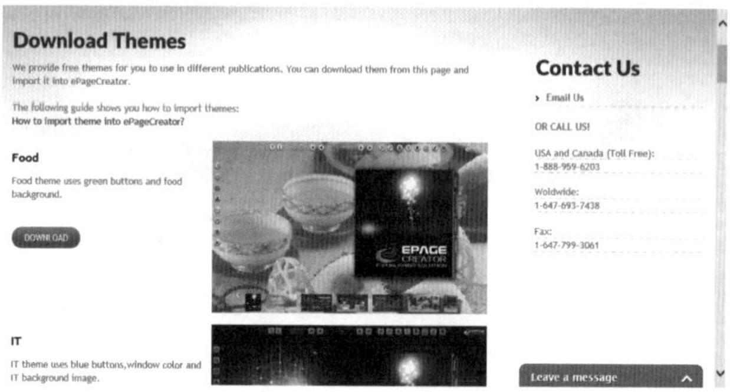

(11) 템플릿은 "*.zip" 형식으로 다운로드 되며, [More Themes] → [Select]에서 다운로드 받은 파일(zip)을 선택한 후 [Import]를 클릭합니다. 템플릿은 자동으로 등록됩니다.

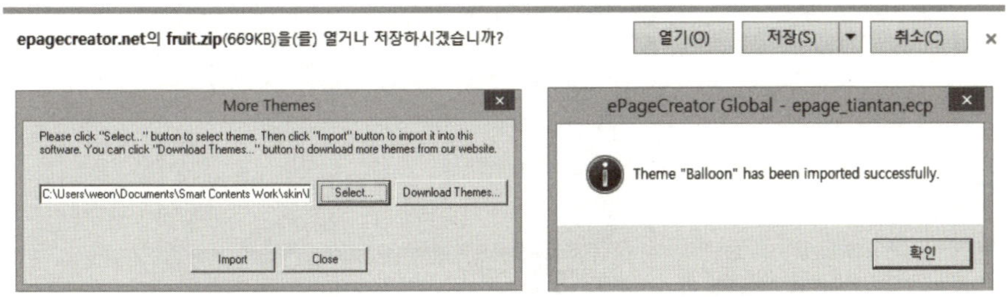

(12) 선택한 템플릿 상태에서 [Image Background]에 체크를 하고 임의의 이미지를 설정하면 템플릿 배경 이미지를 교체할 수 있습니다. 아이콘은 기존 템플릿에서 제공하는 것으로 유지됩니다.

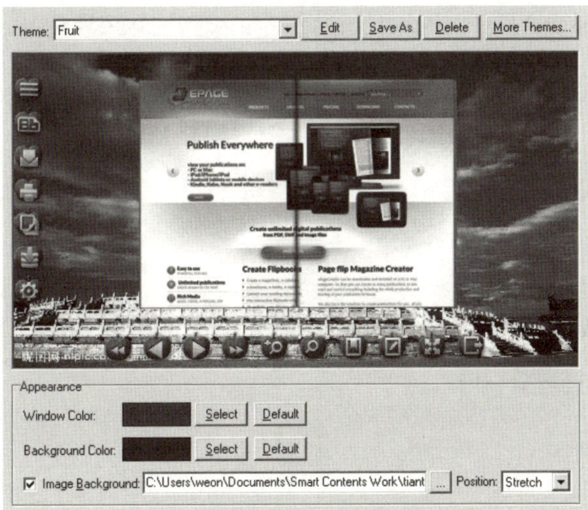

(13) 모든 사용자 설정이 완료되면 하단의 [Apply]를 클릭하여 저장하고 [Save as Template]를 클릭하여 저장합니다. 파일은 "tiantan.fct"와 같은 형식으로 저장됩니다.

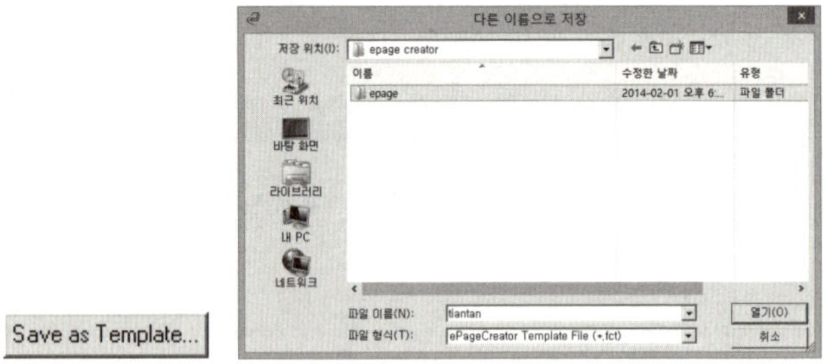

(14) 사용자 설정이 적용된 템플릿 파일을 새로운 eBook에 적용하려면 [Load Template]를 클릭하여 "*.fct" 파일을 불러오면 됩니다. 사용자 템플릿은 새로운 작업을 하거나 소프트웨어를 재설치 했을 때 효율적으로 사용할 수 있습니다. [Restore Default Setting]를 클릭하면 소프트웨어 초기 설정으로 돌아갑니다.

8) 출판하기

(1) 모든 eBook 디자인 작업이 완료되면 미리보기를 통해 최종 확인하고 [Publish]를 클릭합니다.

(2) 출판창의 [Book Name]에서 책이름을 입력하고 [Output Folder]에서 저장 위치를 설정합니다. 옵션 중 모바일(아이폰, 안드로이드폰)에서 eBook을 보기 위해 [Include Mobile Support(for iPad/iPhone/Android...)]에 체크를 합니다.

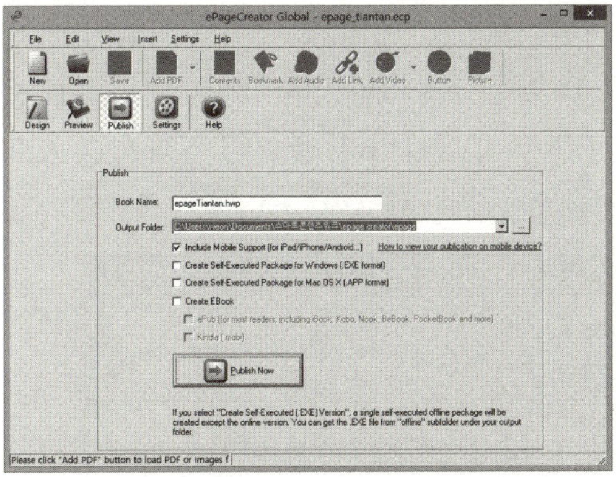

(3) [Create EBook] → [ePub]에 체크를 하면 애플 iBooks에서 볼 수 있는 eBook이 동시에 생성됩니다.

(4) 출판이 완료되면 [Publish] 창이 나타나며 [View Book]에서 책을 실행할 수 있고, [Open Folder]에서는 출력 폴더를 볼 수 있습니다. [Upload]에서는 FTP 방식으로 eBook을 웹상에 업로드할 수 있습니다. 웹상에 업로드하기 위해 [Upload]를 클릭합니다.

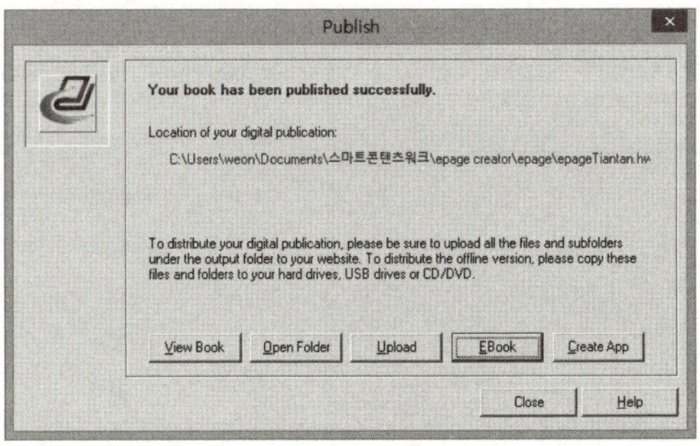

(5) FTP 주소를 추가하기 위해 [Add] 아이콘을 클릭합니다. 이미 작성된 FTP 주소는 [Edit]를 클릭하여 수정할 수 있고 [Del]를 클릭하여 삭제할 수 있습니다.

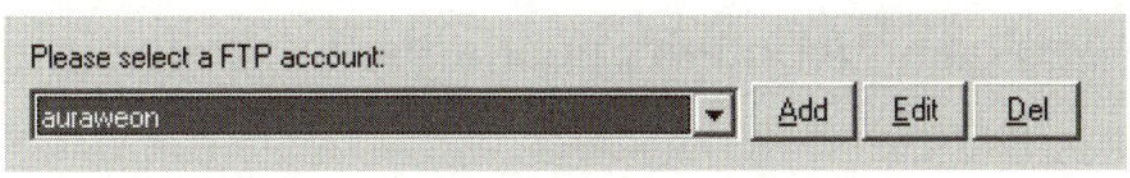

(6) [Add FTP Account] 창에서 해당 항목에 입력합니다. 이 계정은 사용자가 웹 공간을 확보하고 있을 경우에만 입력할 수 있습니다. 예를 들어 사설 웹하드나 학교의 웹 공간 등이 있습니다. 출판된 결과물은 AlFTP와 같은 소프트웨어를 이용하여 직접 업로드할 수 있습니다.

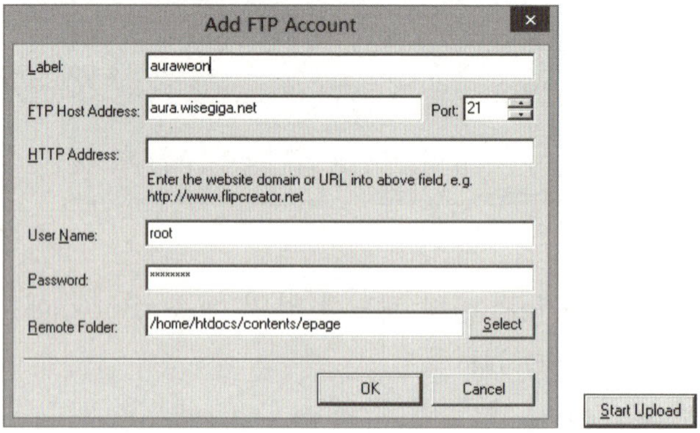

(7) 확보한 FTP 계정을 선택한 후 [Start Upload]를 클릭합니다. 설정된 웹 공간으로 eBook 결과물이 업로드됩니다. 출판 화면에서 [Open Folder]를 클릭하여 결과물의 폴더를 볼 수 있습니다. 또한 설정한 사용자의 컴퓨터의 위치에도 동시에 저장됩니다.

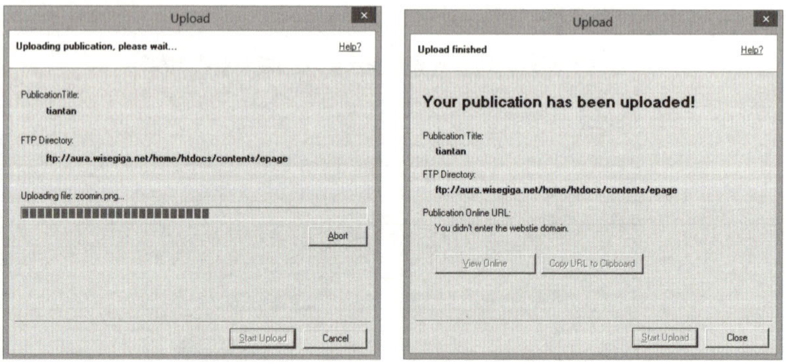

(8) 웹상에 업로드하여 모바일에서 해당 주소를 입력하여 직접 실행 시키는 방법 이외에 어플리케이션을 설치하여 전송하는 방법도 있습니다.

http://aura.wisegiga.net/contents/epage/tiantan/index.html

(9) 애플의 경우 App Store에서 [File Explorer]를 다운로드 설치합니다. 이 어플리케이션은 무료로 제공됩니다.

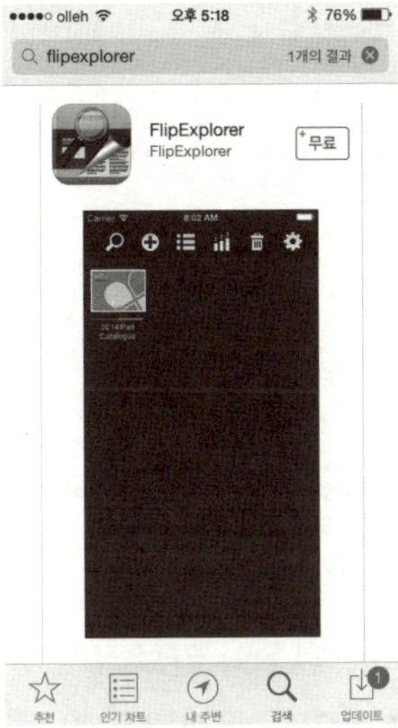

(10) 결과물을 어플리케이션으로 전송하기 위해 폴더 전체를 임의의 이름 ("tiantan.zip")으로 압축합니다.

content	2014-02-01 오후...	파일 폴더	
data	2014-02-01 오후...	파일 폴더	
history	2014-02-01 오후...	파일 폴더	
WebSearch	2014-02-01 오후...	파일 폴더	
AC_OETags.js	2011-05-24 오후...	JavaScript 파일	9KB
html5.html	2013-11-22 오후...	HTML 문서	4KB
html5.js	2013-01-07 오후...	JavaScript 파일	209KB
html5forms.html	2013-11-22 오후...	HTML 문서	17KB
html5forpc.html	2013-11-22 오후...	HTML 문서	20KB
html5forwebkit.html	2013-11-11 오전...	HTML 문서	20KB
html5forwebkit.js	2013-12-20 오전...	JavaScript 파일	233KB
html5ms.js	2013-12-20 오전...	JavaScript 파일	237KB
html5pc.js	2013-12-20 오전...	JavaScript 파일	244KB
index.html	2014-02-01 오후...	HTML 문서	6KB
main.swf	2013-12-23 오전...	GOM 미디어 파일...	830KB
playerProductInstall.swf	2011-05-24 오후...	GOM 미디어 파일...	1KB
spin.min.js	2011-08-24 오전...	JavaScript 파일	3KB

(11) USB 케이블로 컴퓨터와 모바일을 연결하고 iTunes를 실행합니다. 메인화면에서 [App] → [File Explorer]를 선택하고 압축한 결과물 파일("tiantan.zip")을 드래그하여 놓습니다. 파일이 전송됩니다.

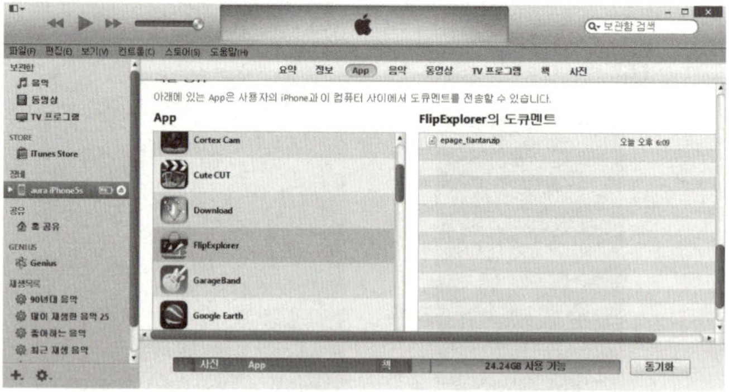

(12) 모바일로 결과물 압축 파일이 전송되며 전송이 완료되면 항목에 위치합니다. 실행은 일반 웹상에 있는 eBook과 동일하게 실행됩니다. [File Explorer]는 사용자가 ePage Creator로 생성한 eBook을 효율적으로 관리할 수 있습니다. 모바일에서 eBook은 PC 버전과 달리 영상이나 오디오를 직접 삽입하는 것 이외에 Button 방식으로 삽입된 자원은 나타나지 않습니다.

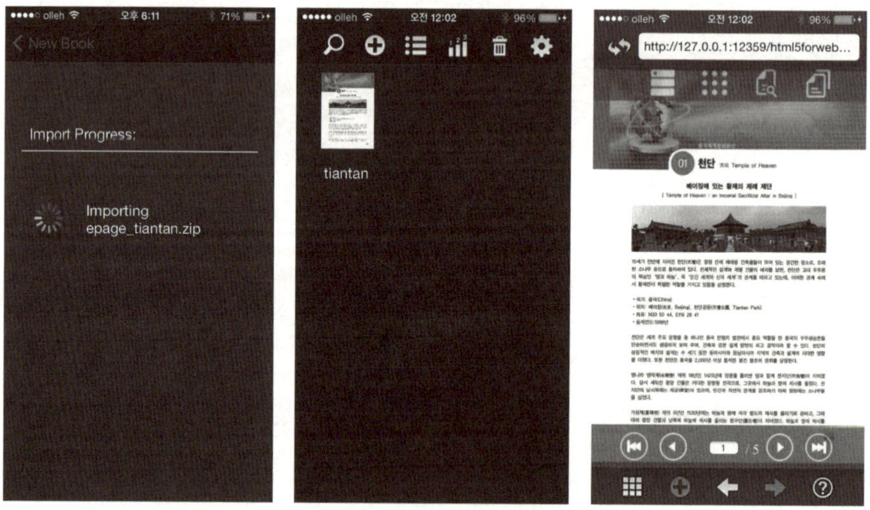

(13) 웹상에 업로드하여 주소를 확보하고 있는 eBook은 모바일과 컴퓨터를 연결하지 않고 [File Explorer]에서 [+]를 클릭하여 [URL]에 주소를 입력하고 [Start Download]를 클릭하면 모바일로 다운로드가 됩니다.

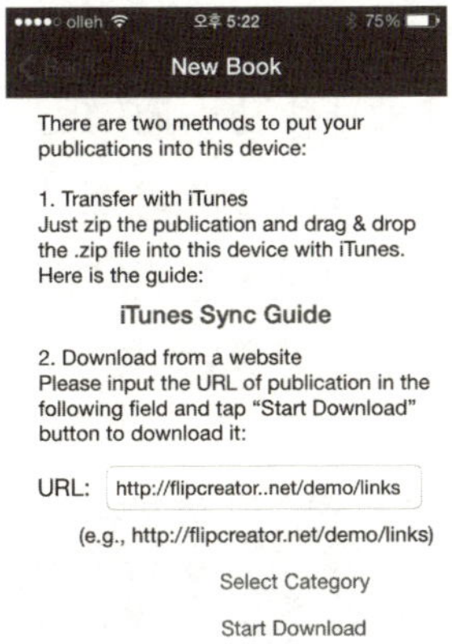

(14) 최종적으로 결과물을 출력하지만 작업 도중 프로젝트 파일을 자주 저장하여 유실에 대비해야 합니다. 메인화면에서 [File] → [Save]를 클릭하여 저장하며 파일형식은 "*.ecp"입니다.

Tip

아이폰, 안드로이드폰에서 ebook 실행

ePage Creator을 이용하여 제작한 ebook은 PC 뿐만 아니라 IOS와 안드로이드를 동시에 지원합니다. 두 종류의 스마트폰에서 텍스트, 사운드, 영상을 모두 지원합니다. 영상의 경우 아이폰에서는 클릭하면 새창에서 재생되나, 안드로이드폰에서는 새창이 나타나지 않고 재생됩니다.

Tip

ebook 콘텐츠 절대 주소 QR코드 생성하기

생성된 ebook이 업로드되어 있는 절대 주소는 문자를 통해 전달하여 서비스할 수 도 있고, 블로그나 메일 등을 통해 링크를 전달하여 서비스할 수도 있습니다.

또한 인쇄물을 통해서 제공되는 QR코드를 스마트폰에서 촬영하여 ebook을 볼 수도 있습니다. 이는 종이책과 스마트폰을 연결시켜주는 중요한 매개라고 할 수 있습니다.

1) QR코드는 많은 사이트에서 무료로 생성할 수 있습니다. 아래와 같이 확보한 ebook 절대 주소를 복사합니다.
   - QR코드 생성 사이트: https://www.the-qrcode-generator.com/
   http://auraweb.synology.me/pororo/01/index.html
   (위의 링크는 교육목적으로만 사용하시기 바랍니다)

2) QR코드 생성 사이트에 진입하고, [URL]에 ebook 절대 주소를 입력합니다.

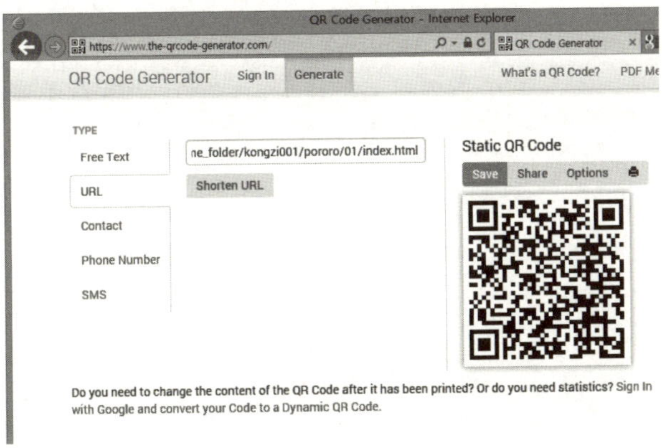

3) [Save]를 클릭하여 ebook QR코드명을 입력하고 다시 [Save]를 클릭합니다.
   QR코드가 [파일명.png]으로 저장됩니다. QR코드 이미지 파일을 인쇄물에

삽입하여 이용할 수 있습니다. 인쇄된 QR코드는 [Quick Scan]과 같은 QR 코드 어플리케이션으로 촬영하면 자동으로 인터넷 브라우저와 연결되고 절대 주소로 이동하여 ebook을 볼 수 있습니다.

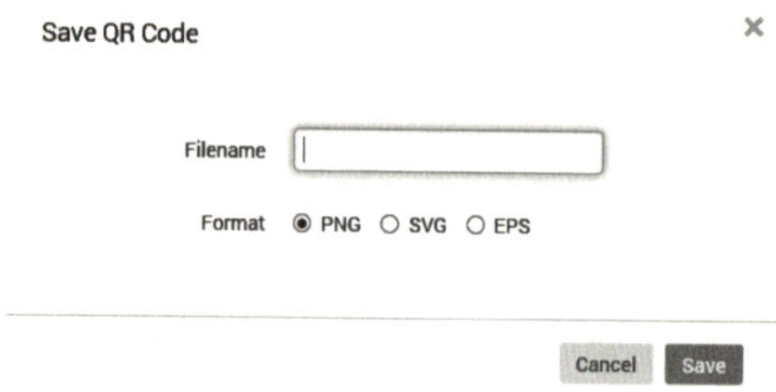

Youtube 영상 자막 제작 23

LESSON 23 Youtube 영상 자막 제작

- 제작사: Youtube
- 웹페이지: https://www.youtube.com
- 버전:
- 용도: 영상 스트리밍 서비스
- 설치환경: PC, 스마트 디바이스 웹브라우저
- 가격: 무료

왜 필요한가?

Youtube는 이제 영상 스트리밍 서비스의 경전이 되어 가고 있습니다. 다양한 영상과 빠른 스트리밍 서비스 지원은 사용자가 로컬 위치에서 영상을 재생하지 않아도 온라인 상태에서 원활하게 영상을 재생할 수 있게 되었습니다.

그러나 영상이 외국어일 경우 언어적 한계로 인해 영상 재생의 효율성을 극대화할 수 없는 장애가 발생합니다. 만약 영상이 싱글 혹은 멀티 자막을 지원한다면 영상 정보를 보완하면서 소통 효율성을 극대화할 수 있을 것입니다.

준비사항

1) Youtube 로그인을 위해 Google 계정을 확보한다.
2) Youtube에 업로드할 샘플 MP4 영상과 SRT, SMI 싱글, 멀티 자막을 준비한다.

사용법

1) Youtube에 로그인하고 영상을 업로드하기 위해 [업로드] 버튼을 클릭합니다.

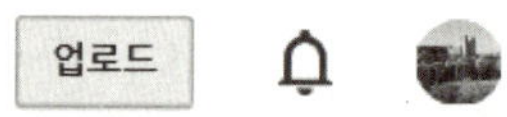

2) 파일 업로드창 에서 업로드할 파일의 공개 방법을 선택합니다. 방법은 [공개], [미등록], [미공개]로 설정할 수 있습니다. 공개를 원하지 않을 경우 [미공개]로 선택합니다. [Google 사진에서 동영상 가져오기]는 사용자가 구글 드라이브에 업로드한 동영상을 가져올 수 있습니다.

3) [채널을 설정하고 팬에게 실시간으로 스트리밍 제공하기]에서는 실시간으로 영상을 서비스할 수 있습니다.

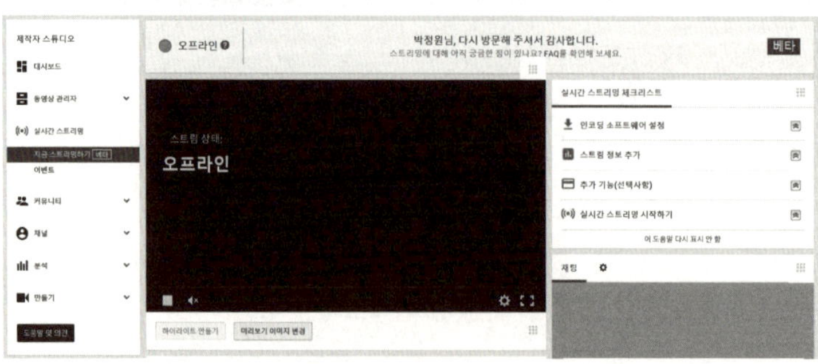

4) [업로드할 파일을 선택]에서 업로드할 영상을 선택합니다. 영상 업로드가 진행됩니다. 영상의 이름, 설명, 공개 여부, 태그 등을 설정할 수 있습니다. 업로드하는 영상의 유형은 제한을 받지 않으며 업로드시 자동 처리됩니다.

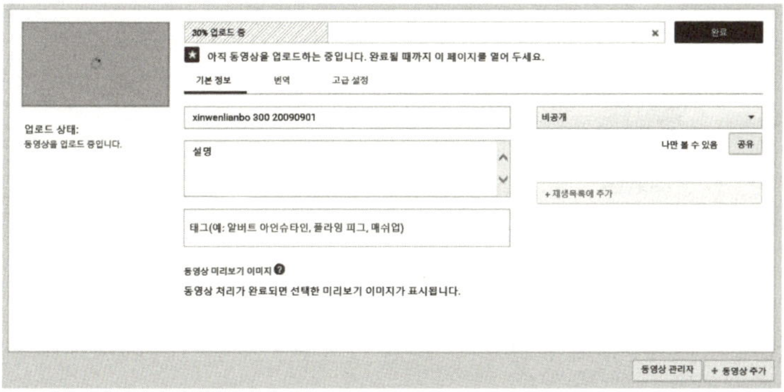

5) [고급 설정]에서 댓글 허용, 동영상 평가, 배포 옵션, 카테고리, 동영상 언어, 녹화 날짜, 동영상 통계, 콘텐츠 선언 등을 설정할 수 있습니다.

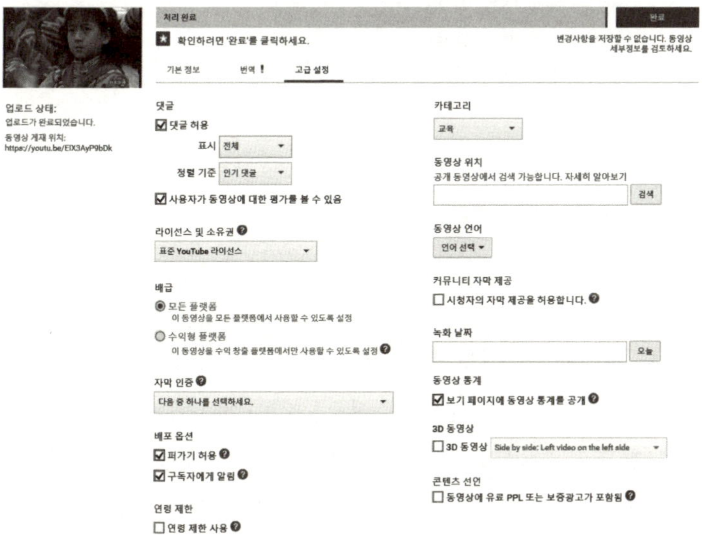

6) 모든 업로드 설정이 완료되면 [완료] 버튼을 클릭합니다. 하단의 [동영상 관리자]를 클릭하면 사용자가 업로드한 동영상 리스트가 나타납니다. 자막을 추가하기 위해 [수정]을 클릭합니다.

7) 수정 창이 나타나며, 다양한 기능들을 수정, 추가할 수 있습니다.

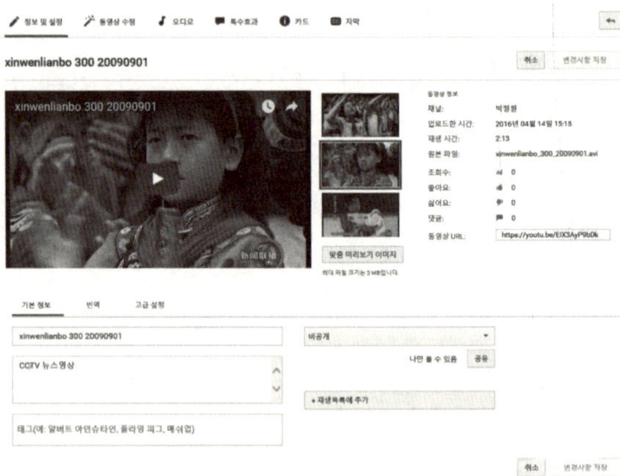

8) 기본 정보를 수정하는 [정보 및 설정], 동영상에 다양한 효과를 추가하는 [동영상 수정], 오디오를 수정하는 [오디오], 영상에 말풍선, 메노, 제목, 스포트라이트, 라벨 등을 추가하는 [특수효과], 동영상 재생 목록, 채널, 설문조사, 링크를 추가하는 [카드], 자막을 추가하는 [자막]을 지원합니다.

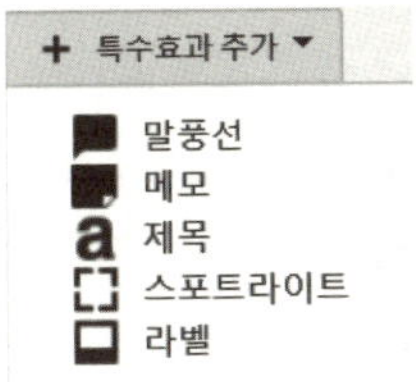

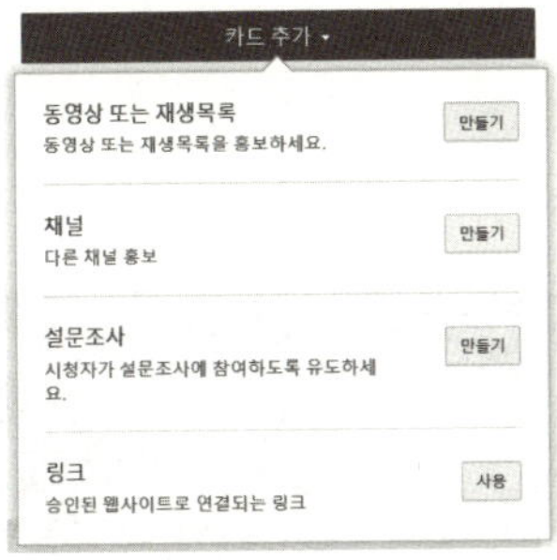

8) 자막을 추가하기 위해 [자막]을 클릭하고 [동영상 언어 설정] 창에서 동영상의 주 언어를 선택하고 [언어 설정] 버튼을 클릭합니다.

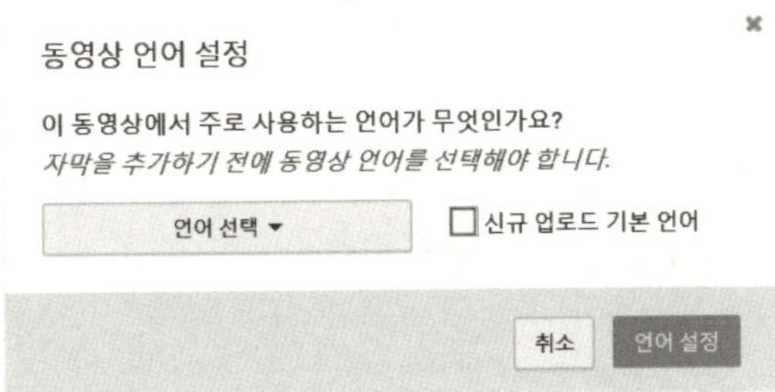

9) [자막 관리] 창이 나타나며 자막을 추가하기 위해 [새 자막 추가]를 클릭합니다.

10) [새 자막 추가]에서 추가할 자막의 언어를 선택합니다.

11) [자막 관리: 언어] 창에서 자막을 업로드하기 위해 [파일 업로드] 버튼을 클릭합니다.

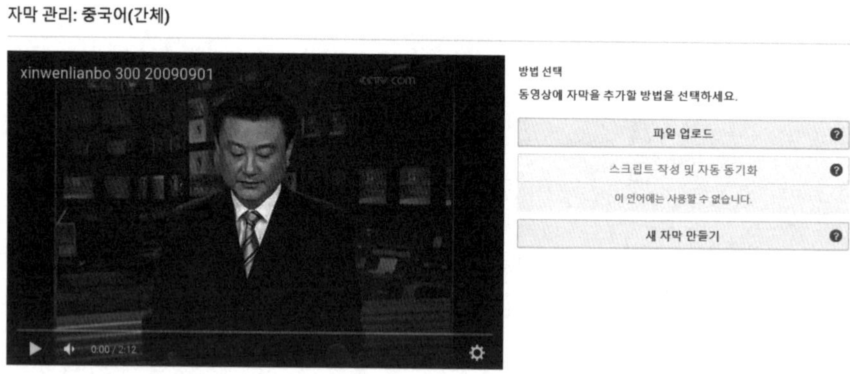

12) 자막 [파일 업로드] 창에서 자막 파일을 선택하고 [업로드] 버튼을 클릭합니다. 자막은 SRT, SMI 등을 지원합니다.

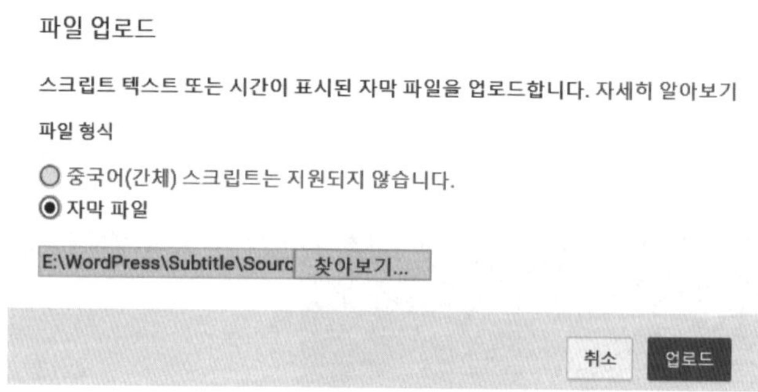

13) 영상 우측에 싱크별 자막 내용이 표기됩니다. [+]를 클릭하여 특정한 시간에 직접 자막을 삽입할 수 있습니다. 동영상을 재생시키면 자막이 영상에 표시되며 정상 작동 확인 후 [게시]를 클릭하여 자막을 서비스합니다.

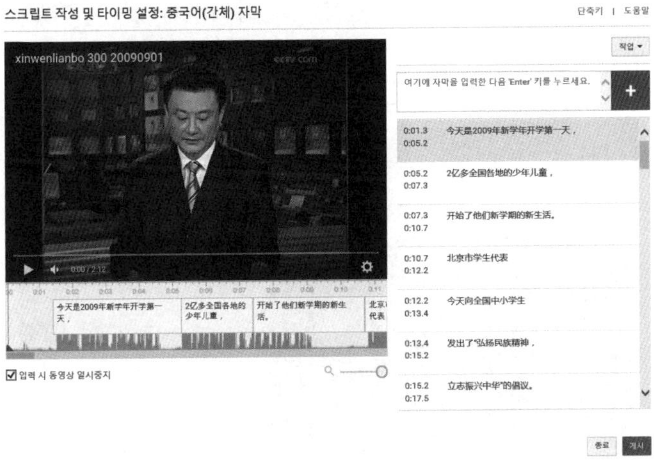

14) [자막이 게시되었습니다]라는 메시지가 나타나고, [게시됨]에 추가한 자막 언어가 표기됩니다. 추가로 다른 언어 자막을 추가하기 위해 [새 자막 추가] 버튼을 클릭합니다.

15) 동일한 방법으로 다른 언어 자막을 추가합니다. [게시됨]에 자막 언어가 추가됩니다.

16) 멀티자막을 추가할 때는 사용자 임의로 자막 언어를 설정할 수 없기 때문에 임의의 언어를 선택한 후 동일한 방법으로 멀티 자막 파일을 업로드합니다. 자막 정보창 우측에 멀티 자막 스크립트가 표시됩니다. 자막 정상 작동 여부를 확인한 후 [게시]를 클릭합니다.

17) [게시됨]에 추가된 언어 목록이 표시됩니다.

18) 추가된 자막은 동영상 [설정] → [자막]을 클릭하여 언어별로 선택할 수 있습니다.

19) 다국어 멀티 자막도 정상적으로 재생됩니다.

20) 추가된 자막은 [작업] 버튼을 클릭하여 게시 취소, 이름 변경, 삭제를 할 수 있으며. [다운로드]에서 자막의 유형(vtt, srt, sbv)을 선택하여 자막을 다운로드 할 수 있습니다. 다운로드는 외부 자막 파일을 업로드하지 않고 직접 자막을 제작할 다운로드하여 관리할 수 있습니다.

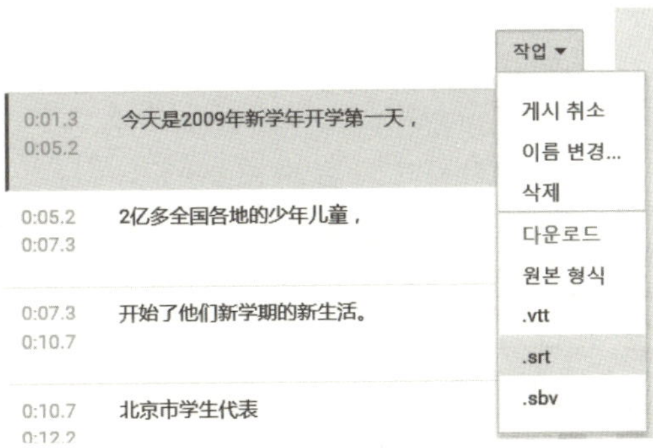

21) 로그인 상태에서 사용자가 업로드한 영상 하단에는 [정보 및 설정], [동영상 수정], [오디오], [특수효과], [카드], [자막], [Youtube 분석], [동영상 관리자] 등이 메뉴가 나타납니다. 각각의 메뉴를 클릭하여 세부 수정을 할 수 있습니다.

스마트 중국어 콘텐츠 제작 24

LESSON 24 스마트 중국어 콘텐츠 제작

- 제작사: Articulate
- 웹페이지: http://www.articulate.com
- 버전: 1.1205.123
- 용도: 스마트 디바이스 콘텐츠 제작
- 설치환경: 한글, 다국어 윈도우 XP, 7, 8, 10
- 가격: $1,398

왜 필요한가?

Articulate Storyline[1] 탁월한 대화형 동적 기능, 효율적인 콘텐츠를 구축할 수 있는 강력한 저작 도구라 할 수 있습니다. 스토리라인은 시뮬레이션, 화면 녹화, 드래그 앤 드롭 상호 작용 및 퀴즈 및 평가 등의 기능을 제공합니다. 또한 대포적인 스마트 디바이스인 iPad를 지원하기 때문에 PC와 같이 사용하여 효율성을 높일 수 있습니다.

제작사인 Articulate는 이미 [Studio '09]를 출시하였으며 플래시 기반 상호 작용 콘텐츠 제작하는 데 사용 편의성, 결과물 품질 등을 고려할 때 뛰어난 저작툴이라 할 수 있습니다. [Studio '09]는 PPT 기반에서 동적인 콘텐츠(SWF)를 제작할 수 있는 [Presenter '09], 플래시 기반 퀴즈를 제작할 수 있는 [Quizmaker '09], 상호 작용 콘텐츠를 제작할 수 있는 [Engage '09]으로 구성되어 있습니다. PPT를 SWF로 변환하는 소프트웨어는 Wondershare PPT2Flash Professional, [iSpring Pro] 등이 있으며, 플래시 기반 퀴즈를 생성하는 소프트웨어는 Wondershare QuizCreator, iSpring QuizMaker 등이 개발되어 있습니다.

---

1) 일부 설명과 이미지는 제작사에서 제공하는 도움말에서 활용하였습니다.

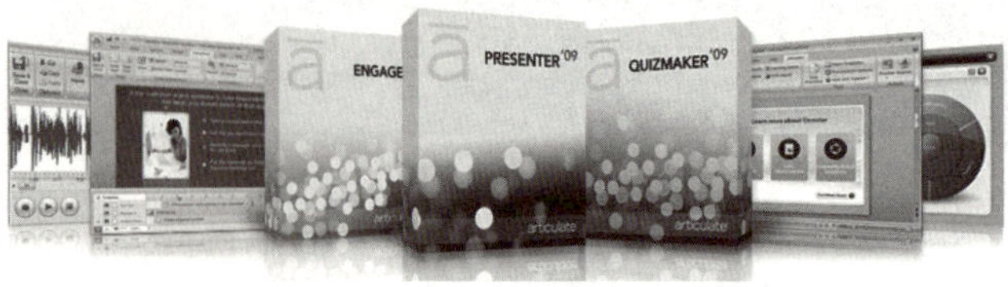

그러나 플래시 기반 상호 작용 콘텐츠를 정교하게 제작할 수 있는 소프트웨어는 iSpring Suite 등이 개발되어 있지만 [Engage '09] 만큼 효율적인지는 못하다고 할 수 있습니다. 이 소프트웨어는 프로세스, 타임 라인, 피라미드형 다이어그램, 레이블이 지정 된 그래픽 및 대화형 FAQ를 포함 하여 다양한 유형의 상호 작용 콘텐츠를 간편하게 제작할 수 있습니다.

[Engage 09로 제작한 중국 작가 모옌 정보 콘텐츠]

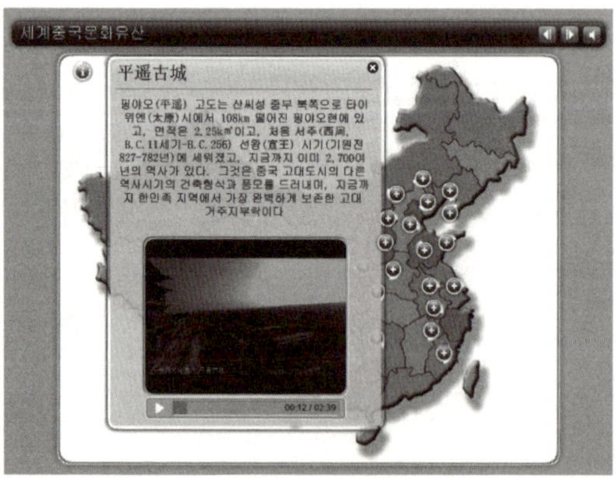

[Engage 09로 제작한 영상기반 세계중국문화유산 정보 콘텐츠]

Articulate Storyline는 기본적으로 [Engage '09]의 기능을 흡수하면서 출력 형식을 스마트 기기에서도 활용할 수 있게 하는 확장성이 있습니다. 그러나 컴퓨터 초보 조작자가 원활하게 사용하기 위해서는 사전학습이 필요하다고 하겠습니다. 구체적인 차이점은 아래와 같습니다.

소프트웨어	Studio '09	Storyline
구성	Presenter, Engage, Quizmaker, Video Encoder	기능 통합
지원 기능	PPT-> SWF 전환 상호 작용형 콘텐츠 제작 퀴즈 제작 영상 플래시 무비 전환	PPT-> SWF 전환 상호 작용 콘텐츠 제작 화면 녹화 소프트웨어 시뮬레이션
지원 형식	플래시, HTML	플래시, HTML5
iOS 지원	iPad 미지원	iPad 지원
가격	$1,398 (소프트웨어 개별 구매 가능)	$1,398

준비사항

1) 콘텐츠 작업에 필요한 텍스트, 이미지, 사운드, 영상을 준비합니다.
2) 콘텐츠 결과물을 확인할 수 있는 iPad와 어플리케이션 [Articulate]를 설치합니다. 어플리케이션은 App Store에서 무료로 다운로드 받을 수 있습니다.

사용법

1) 시작하기

(1) 소프트웨어를 다운로드 받아 설치하고 실행합니다. 초기 화면에는 작업을 위한 부분과 영상 기반 매뉴얼, 템플릿 다운로드로 구성되어 있습니다.

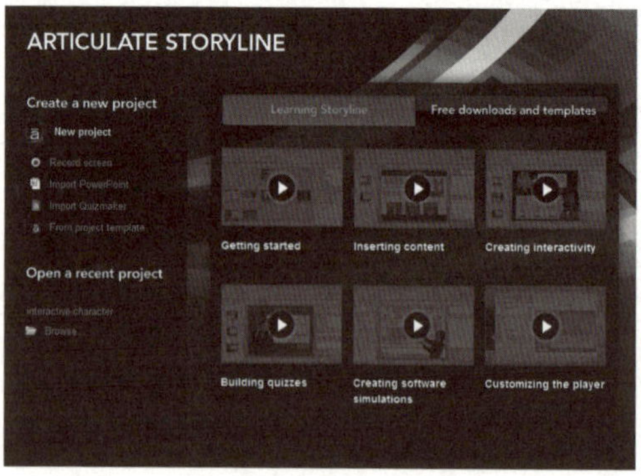

(2) [Create a new project]는 실질적인 작업을 할 수 있는 메뉴로 구성되어 있습니다. [New project]는 새로운 작업을 시작하고, [Record screen]은 화면을 캡처하며, [import Powerpoint]는 파워포인트 문서를 불러들여 작업하고, [Import Quizmaker]은 퀴즈 작업으로부터 시작하며, 마지막 [From project template]는 이미 만들어진 템플릿으로부터 작업을 시작합니다.

2) 슬라이드 생성

(1) 슬라이드는 소프트웨어의 시작할 때나 대부분의 스토리에서 슬라이드를 삽입할 수 있습니다. 슬라이드에는 사진, 비디오 및 텍스트, 콘텐츠, 퀴즈를 삽입할 수 있습니다.

(2) 소프트웨어 시작화면에서 [New Project]를 선택하여 빈슬라이드를 생성합니다.

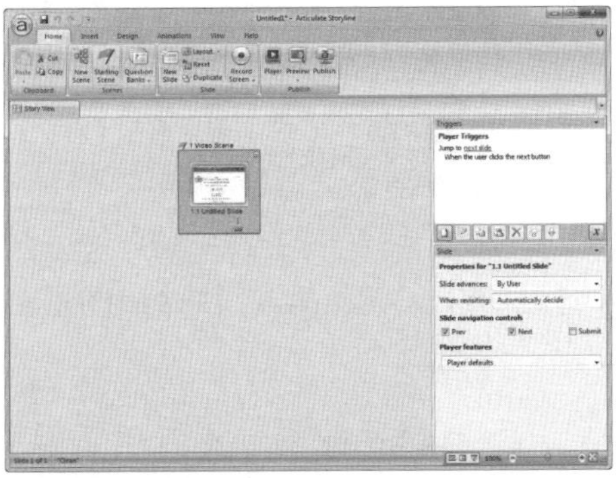

(3) [Insert]] → [New Slide]를 클릭하여 빈슬라이드를 생성합니다. [Insert]] 메뉴는 [Slide], [Illustrations], [Media], [Text], [Interactive Objects]로 구성되어 있습니다.

(4) [New Slide]를 클릭하면 [Insert Slide] 창이 나타납니다. [Insert Slide]에는 [Templates], [Basic Layouts], [Quzzing], [Screen Recording], [Import]로 구성되어 있습니다.

- [Templates]은 다양하게 이미 제작된 템플릿을 슬라이드로 삽입할 수 있습니다. 템플릿을 사용하기 때문에 사용자가 간편하게 원하는 형식의 슬라이드를 삽입할 수 있습니다.

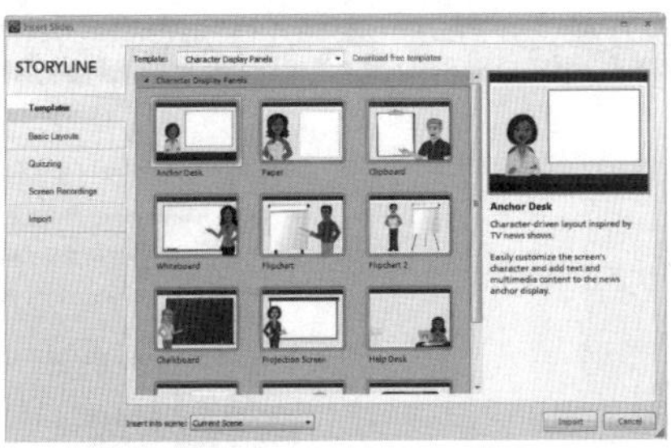

템플릿은 캐릭터가 나오는 [Character Display Panels]와 상호 작용 기반의 [Top Interactions] 유형이 있습니다.

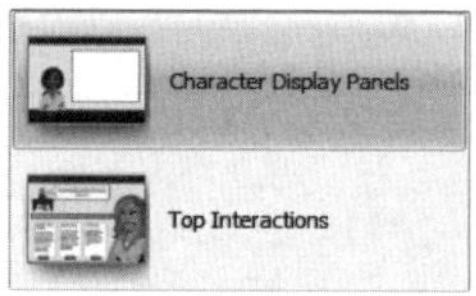

무료 템플릿을 다운로드 하고자 할 경우 상단의 [Download free templates]를 클릭합니다.

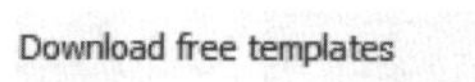

임의의 다운로드 페이지에서 임의의 템플릿을 선택한 후 [Download this file]를 클릭합니다.

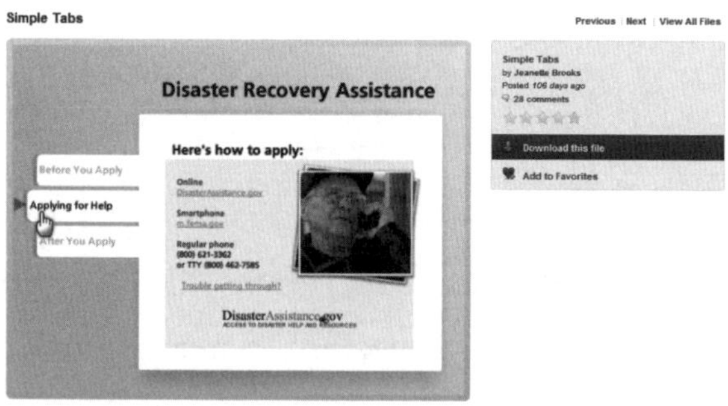

[Sign In] 창에서 메일과 패스워드를 입력합니다. 회원가입이 안되었을 경우 [Join Now For Free] 버튼을 클릭합니다. 이름, 메일, 패스워드 입력으로 간단하게 가입할 수 있습니다.

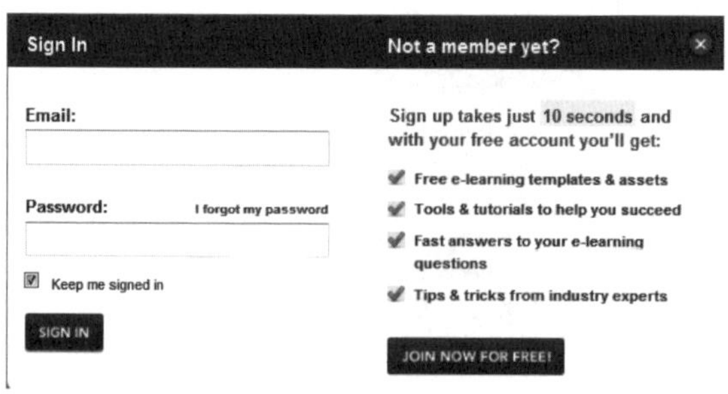

임의의 템플릿이 다운로드 됩니다.

파일을 더블 클릭하여 설치합니다. 자동으로 설치되며 [Template] 유형에 자동으로 추가됩니다.

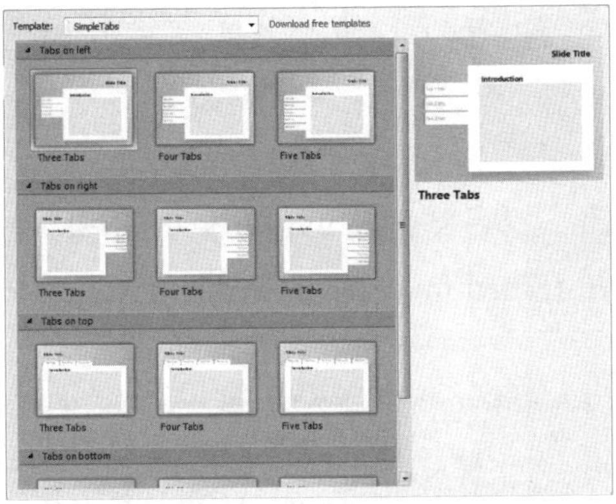

[Simple Tabs] 템플릿 메뉴가 생성됩니다. 템플릿 유형 하위에 몇 개의 템플릿이 있습니다. 임의의 템플릿은 더블 클릭하면 메인창으로 삽입됩니다. 아래는 [Simple Tabs] → [Five Tabs] 템플릿이 삽입된 모습입니다.

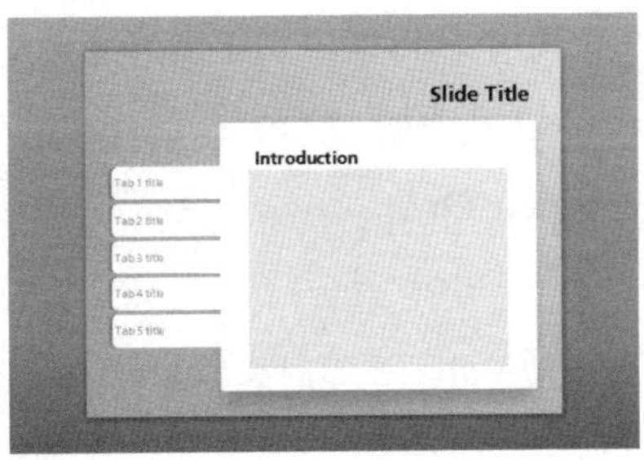

• [Basic Layouts]는 기본적인 레이아웃 형식의 슬라이드를 삽입할 수 있습니다.

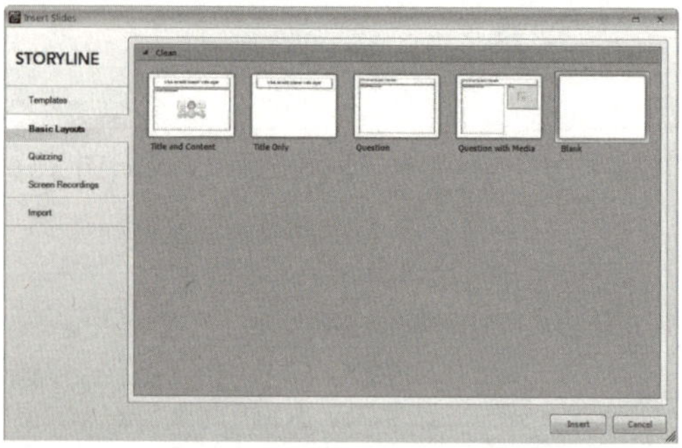

• [Quizzing]는 퀴즈 템플릿을 슬라이드로 삽입할 수 있습니다. 퀴즈는 [Graded], [Survey], [Freedom], [Draw From Bank], [Result Slides] 유형이 있습니다.

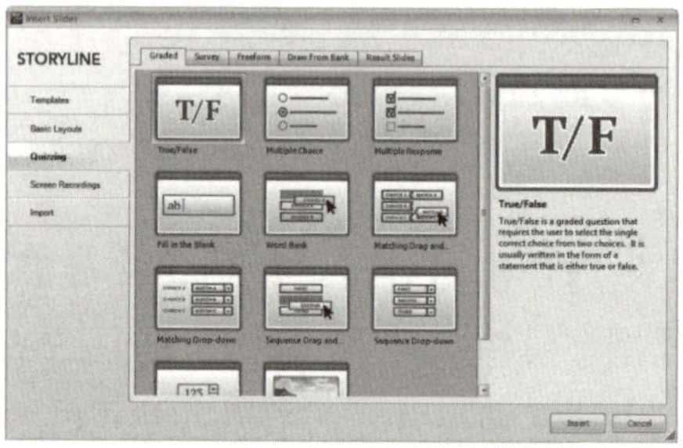

가장 일반적인 유형은 [Graded]이며, 참거짓 [True/False], 선택형 [Multiple Choice], 다중 선택형 [Multiple Response], 빈칸 채우기 [Fill in the Blank], 문장 채우기 [Word Bank], 상호 연결하기 [Matching Drag and Drop], 순서 맞추기 [Sequence Drop-down], 숫자 선택하기 [Numeric], 영역 선택하기 [Hotspot] 으로 구성되어 있습니다. 단순히 퀴즈 출제만을 원한다면 iSpring QuizMaker, Wondershare QuizCreator 등을 활용하는 것이 효율적이라 할 수 있습니다.

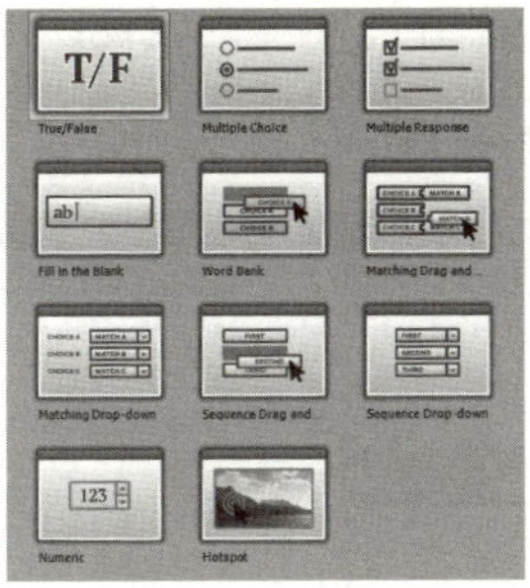

- [Screen Recording]는 화면 캡처를 한 후 슬라이드로 삽입할 수 있습니다. 화면 캡처는 컴퓨터의 화면의 내용을 연속적으로 녹화하는 것을 의미합니다.

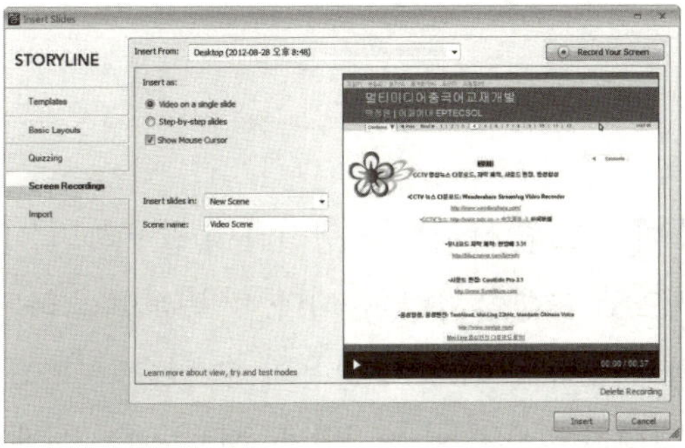

- [Import]는 파워포인트, Quiz Maker, Engage, Storyline를 불러와서 콘텐츠와 결합할 수 있습니다. 이들 자원들을 불러오기 위해서는 컴퓨터에 해당 소프트웨어가 설치되어 있어야 합니다.

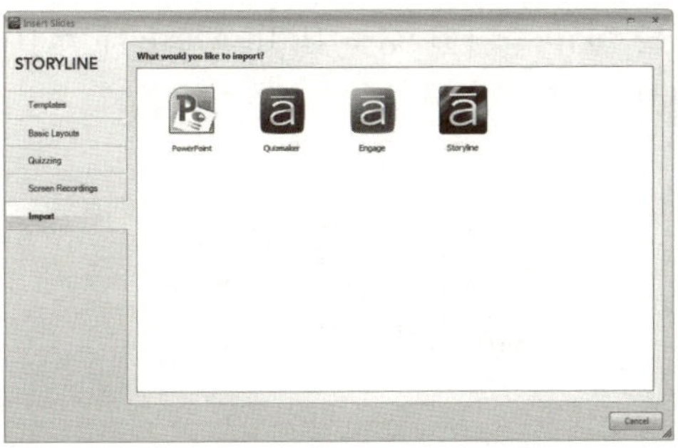

예를 들어 Engage 자료를 불러올 경우 임의의 [*.intr] 파일을 선택합니다. 해당 콘텐츠가 슬라이드에 삽입됩니다.

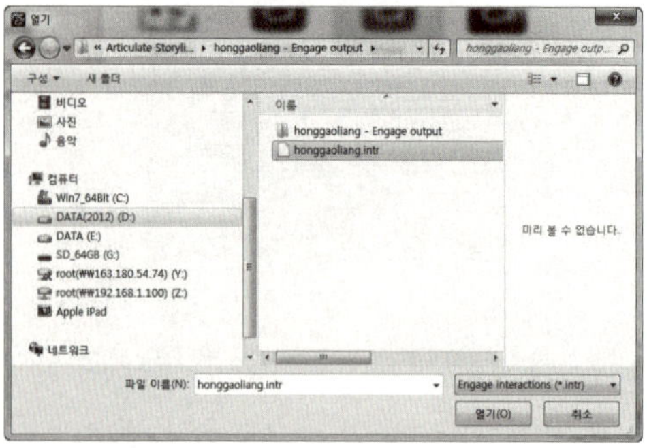

3) 마스트 슬라이드 설정

(1) 파워포인트처럼 마스트 슬라이드를 생성하여 활용하면 사용자의 작업을 통일적이고 효율적으로 수행할 수 있습니다. 반복적인 스타일이나 레이아웃을 슬라이드 마스터에 등록을 해 놓고 활용할 수 있습니다.

(2) 빈 슬라이드를 생성하고 [View] → [Slide Master]를 선택합니다.

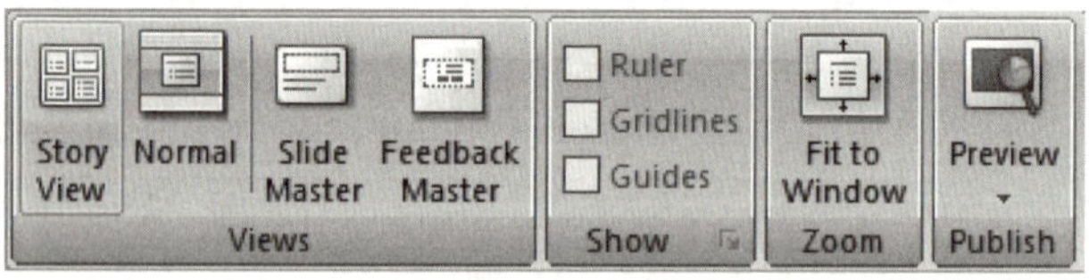

(3) 마스터 슬라이드를 신규 추가할 경우 [Edit Master] → [Insert Slide Master]를 클릭하면 됩니다.

(4) 해당 마스터 슬라이드를 삭제할 때는 슬라이드에 마우스 커서를 놓고 마우스 우클릭하여 [Delete Master]를 선택합니다.

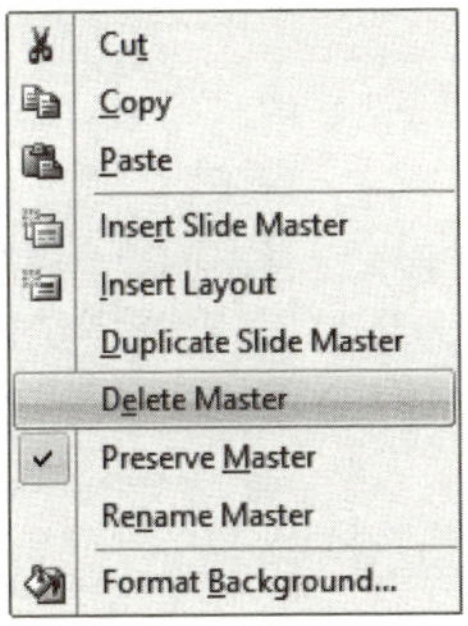

(5) 파워포인트 마스터 페이지처럼 제목과 본문으로 구성된 페이지가 나타납니다. 마스터 슬라이드에 페이지 배경, 제목, 본문 등 다양한 레이아웃을 적용하여 손쉽게 페이지를 생성할 수 있습니다.

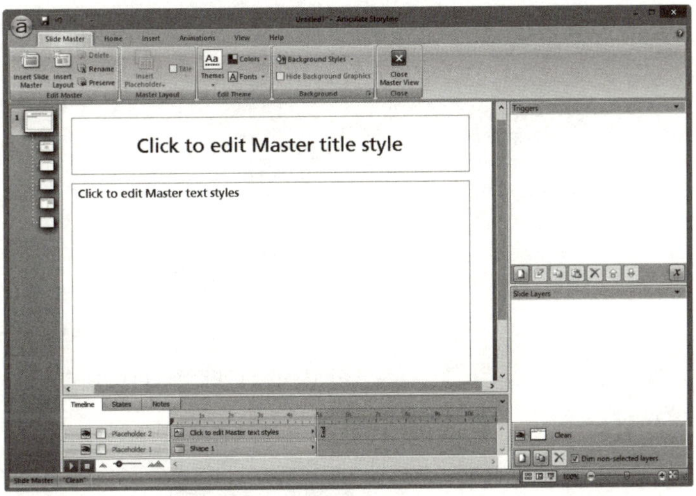

(6) 배경 스타일을 적용하기 위해 [Background] → [Background Styles]를 클릭합니다. 임의의 배경 스타일을 선택하면 빈페이지에 적용됩니다.

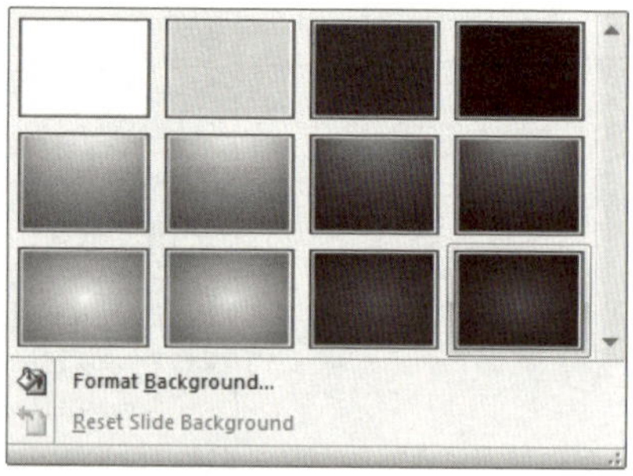

(7) 선택한 배경 스타일이 적용됩니다. 배경은 디자인 레이아웃이 아니기 때문에 평면적으로 보일 수도 있습니다.

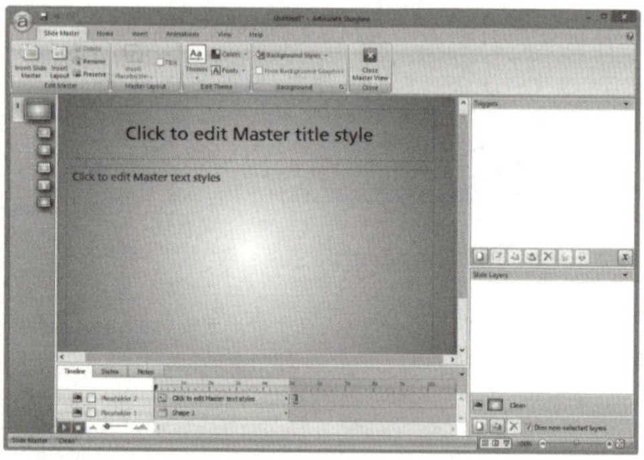

(8) 좀 더 구체적인 배경 스타일을 설정하고자 할 때는 [Format Backgorund] 버튼을 클릭합니다.

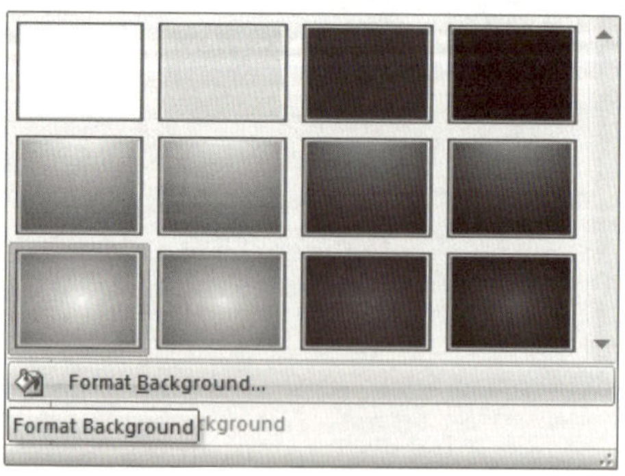

(9) 배경을 설정하는 방법에는 [Fill]과 [Picture]가 있습니다. [Fill]은 색 채우기 방식으로 배경을 설정합니다. 색을 채우는 방식에는 한 가지 색으로 구성되는 [Solid Fill], 두 가지 색을 결합하는 [Gragent Fill], 질감이나 이미지를 삽입하는 [Picture or texture Fill], 무늬가 결합된 [Pattern Fill]이 있습니다.

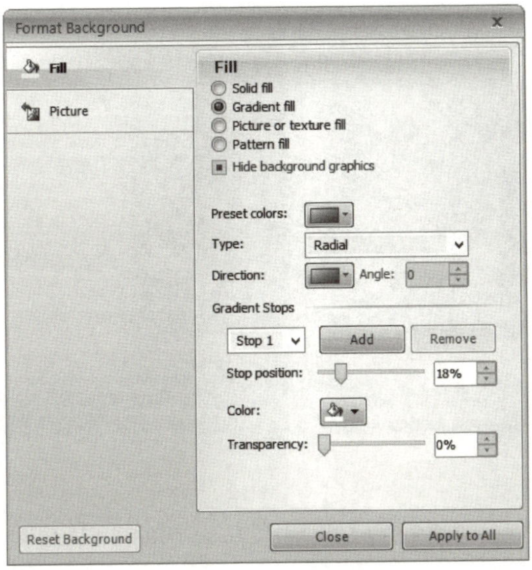

(10) [Picture or texture Fill]를 클릭하여 빈 페이지를 설정합니다.
[Texture]를 클릭하면 여러 가지 모양의 질감을 선택할 수 있습니다. 색 채우기를 선택하면 메인창에 실시간으로 설정한 내용이 나타나기 때문에 효과를 직접 확인할 수 있습니다.

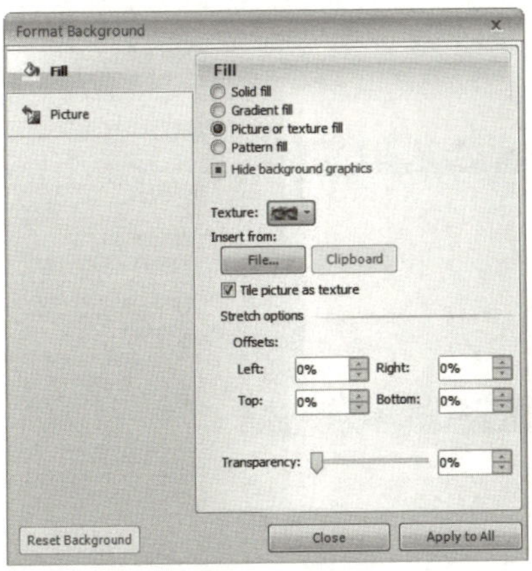

(11) 이미지를 배경으로 사용하기 위해 [Insert Picture] → [File]을 선택합니다. 임의의 이미지를 선택하면 메인 페이지에 바탕 이미지로 적용됩니다. [Clipboard]를 클릭하면 복사해 놓은 이미지가 삽입됩니다. 하단의 [Transparency] 바(Bar)로 투명도를 조절할 수 있습니다.

(12) 마스터 슬라이드 설정이 완료되면 [Close Master Wiew] 버튼을 클릭하면 메인창으로 복귀합니다.

4) 텍스트(text), 이미지(pictures), 도형(shapes) 삽입

(1) 빈 슬라이드를 생성합니다.

(2) 삽입할 텍스트, 이미지를 준비합니다. 임의의 이미지를 선택합니다.

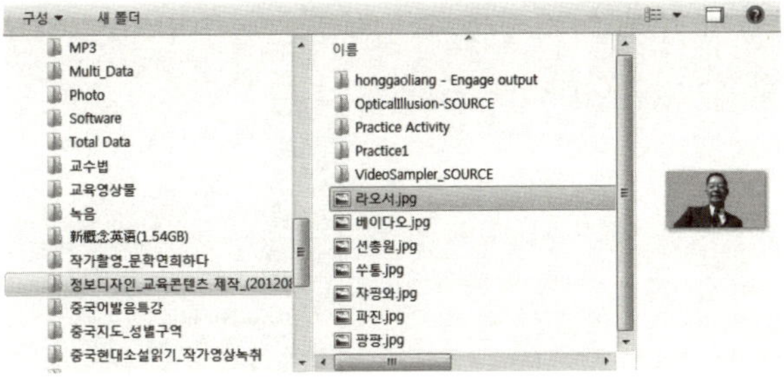

(3) 삽입된 이미지는 드래그를 통해 크기와 위치를 조절할 수 있습니다.

(4) 텍스트 삽입을 위해 [Text Box] 버튼을 클릭합니다.

(5) 제목 텍스트를 입력합니다. 한글은 직접 입력을 지원하지 않기 때문에 메모장에 입력하여 복사하는 방식으로 입력합니다.

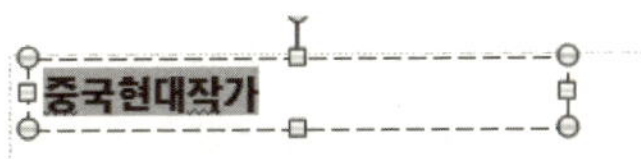

(6) 텍스트 메뉴를 생성하기 위해 [Insert] → [Shape]를 선택하여 임의의 사각형을 클릭합니다.

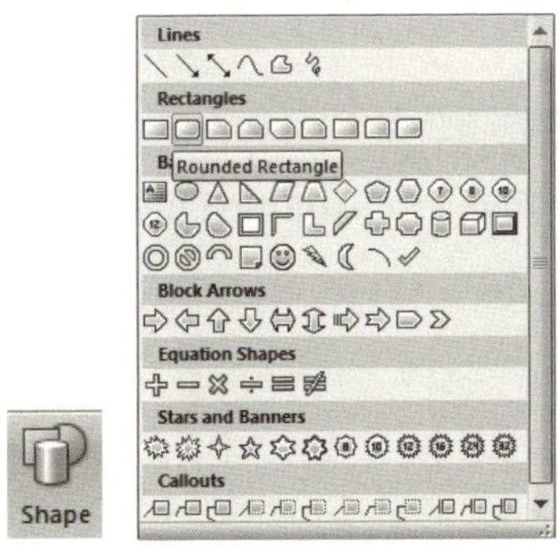

(7) 도형을 생성하고 도형 안에 메뉴 텍스트를 붙이기를 합니다. 텍스트 입력이 안될 때는 도형에 마우스 커서를 놓고 우클릭하여 [Edit Text]를 클릭하면 텍스트를 입력할 수 있습니다.

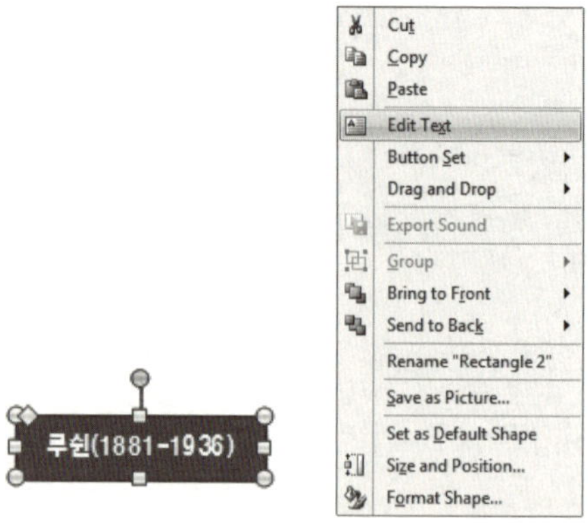

(8) 도형을 여러 개 생성하고자 할 경우 이미 생성된 도형을 선택한 후 [Ctrl] 키보드를 누른 상태에서 마우스를 드래그 하면 간편하게 생성됩니다. 도형이 복사될 때 마우스 포인터에 [+] 표시가 나타납니다.

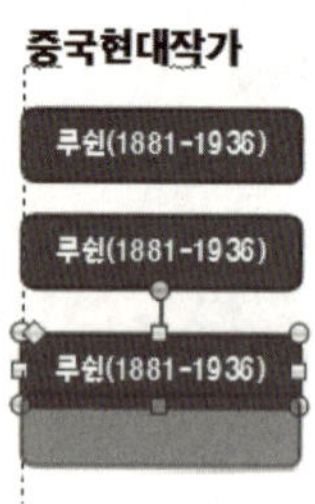

(9) 생성한 도형을 일정한 간격으로 가로, 세로로 정렬할 때는 도형을 일괄 선택한 후 [Home] → [Arrange] → [Align](배치)을 클릭합니다.

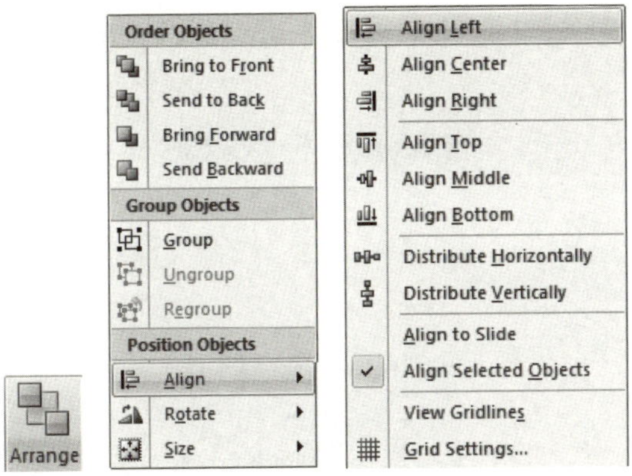

- Align Left: 왼쪽에 정렬
- Align Center: 중앙에 정렬
- Align Right: 오른쪽에 정렬
- Align Top: 상단에 정력
- Align Middle: 중간에 정렬
- Align Bottom: 하단에 정렬
- Distribute Horizontally: 수평으로 일정한 간격을 유지
- Distribute Vertically: 수직으로 일정한 간격을 유지

도형을 전체 선택한 후 화살표 키보드로 전후, 좌우로 이동할 수도 있습니다.

(10) 복사한 도형에 다른 메뉴를 입력합니다.

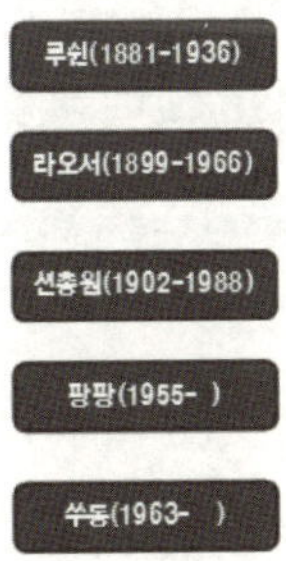

(11) Body 텍스트를 입력하기 위해 우측의 [Slides Layers] 창에서 [New Layer] 아이콘을 클릭합니다. 레이어는 Photoshop처럼 선별적으로 나타나게 할 수

있습니다. 동일한 영역에 작가 이름을 클릭하면 해당 작가의 정보가 나타나게 합니다.

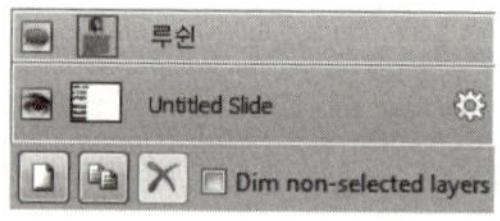

(12) 새 레이어가 생성됩니다. 새 레이어를 선택한 후 메인 창에 Body 텍스트를 입력합니다.

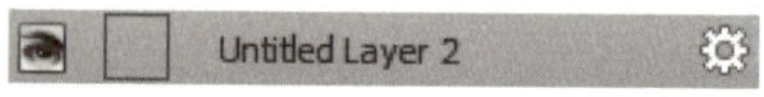

(13) 텍스트와 이미지를 삽입합니다. 두 개체를 하나로 묶기 위해 동시 선택한 다음 마우스 우클릭하여 [Group]를 선택합니다.

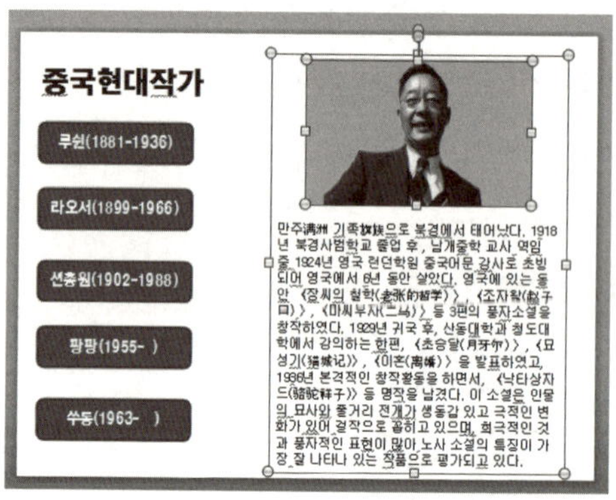

(14) 그룹화를 제거할 때는 그룹을 선택한 후 마우스 우클릭하여 [Ungroup]를 선택합니다.

(15) 완성선 레이어는 더블 클릭하거나 해당 레이어를 선택한 후 마우스 우클릭하여 [Rename]를 선택하여 이름을 수정합니다.

(16) 삽입된 이미지는 이미지를 선택한 후 [Picture Styles]를 클릭하면 간편하게 이미지의 스타일을 적용할 수 있습니다. 별도의 이미지 편집 소프트웨어에서 스타일을 다자인할 수 있지만 간단한 스타일 적용은 간편하게 작업할 수 있습니다.

(17) 이외에도 삽입된 이미지는 다양한 효과를 줄 수 있습니다. 해당 이미지를 선택한 후 [Format] → [Picture Shape] 클릭합니다. 여기에서는 이미지를 다양한 도형 모양으로 변형시킬 수 있습니다.

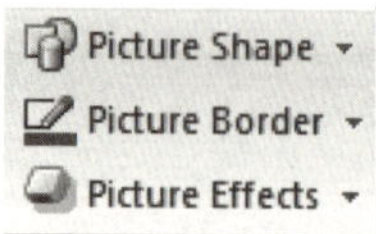

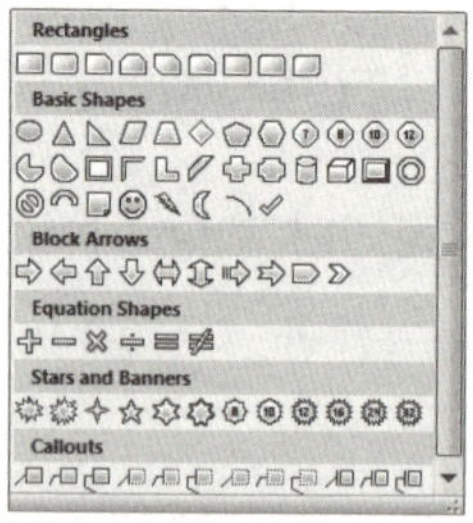

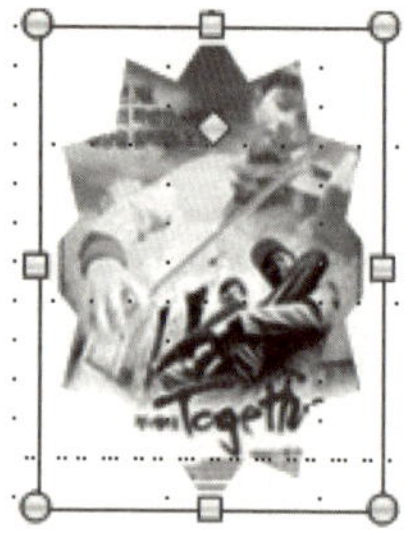

(18) [Format] → [Picture Border]에서는 이미지의 테두리 색깔과 선의 두께, 선의 종류를 설정할 수 있습니다. 이 때 테두리는 [Picture Shape]에서 설정한 도형의 테두리에 적용됩니다.

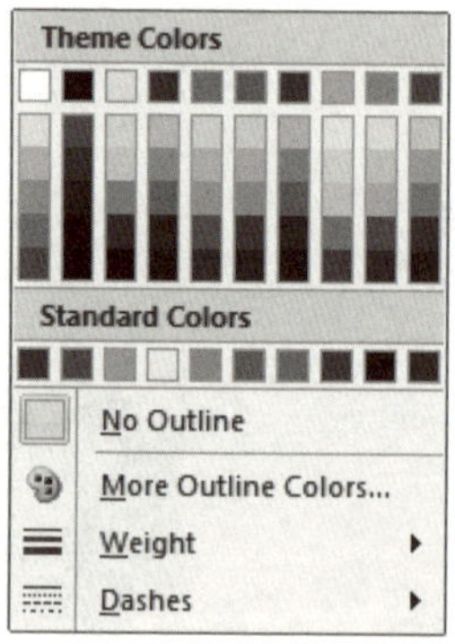

(19) [Format] → [Picture Effects]에서는 그림자(Shadow), 번영(Reflection), 가장자리 효과(Gkow), 부드러운 테두리(Soft Edges) 등을 설정할 수 있습니다. 이상과 같은 이미지 효과는 Photoshop에서는 줄 수 있지만 간단한 효과는 Storyline에서 주는 것이 더 간편하다고 할 수 있습니다. 사각형의 경직된 이미지를 삽입하는 것보다 간단한 효과를 줌으로써 콘텐츠를 부드럽게 보이게 할 수 있습니다.

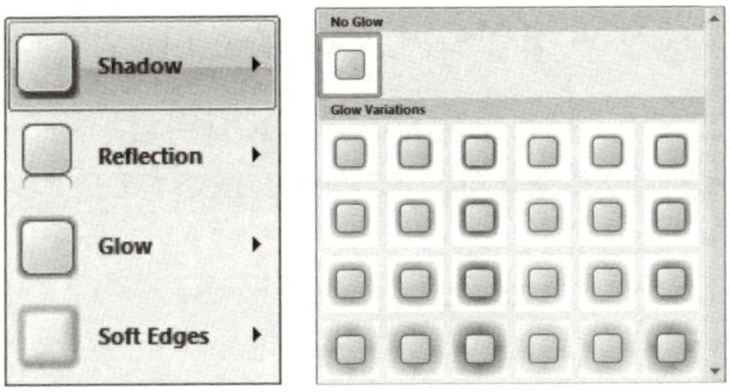

(20) 영상을 삽입하기 위해 [Video] 버튼을 클릭합니다. [Video from File]은 하드 디스크의 영상 파일을 삽입하고, [Video from Website]는 웹에 있는 영상을 삽입합니다. [Record Webcam]은 컴퓨터에 장착된 웹캠을 통해 영상을 촬영하여 삽입합니다.

(21) 비디오는 변환 과정을 거처 삽입됩니다. 삽입할 수 있는 영상은 FLV, WMV, MOV, MP4, SWF, AVI, MPG 등 대부분의 영상과 플래시 무비를 포함합니다.

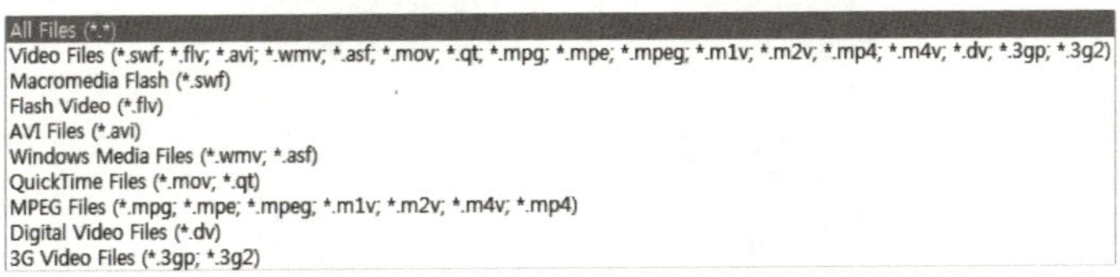

(22) 삽입된 영상은 크기와 위치를 조절할 수 있습니다.

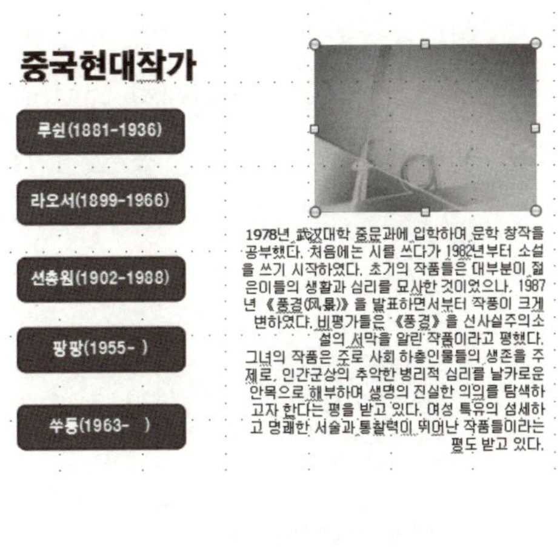

(23) 웹사이트로부터 영상을 삽입하기 위해 Youtube와 같은 영상 공유 사이트에서 원하는 영상을 검색하여 소스코드를 입력합니다.

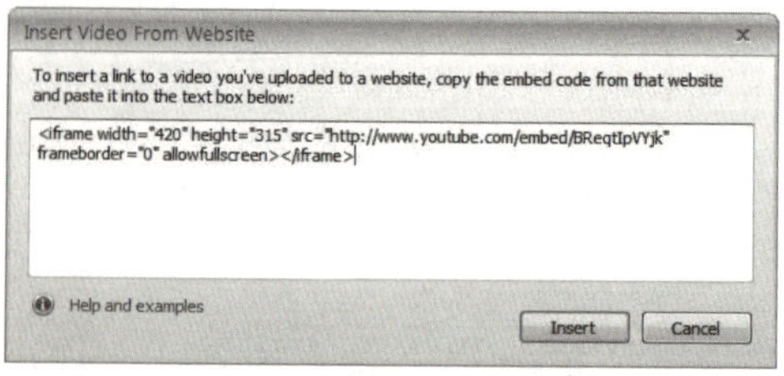

<iframe width="420" height="315" src="http://www.youtube.com/embed/BReqtIpVYjk" frameborder="0" allowfullscreen></iframe>

(24) 영상이 삽입됩니다. 파일에서 삽입하는 방식과 달리 변환 과정을 거치지 않습니다. 또한 최종 결과물 출력시 해당 파일이 포함되지 않기 때문에 용량을 차지하지 않습니다.

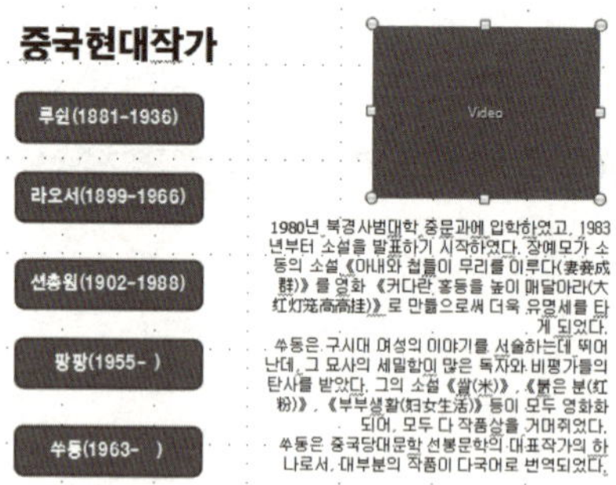

(25) 메뉴와 Body 텍스트, 이미지, 영상이 완료되면, 메뉴와 Body 텍스트를 상호 연결하는 작업을 합니다. [Slide Layers]에서 메인 슬라이드를 선택합니다. 각각의 슬라이드는 구별할 수 있도록 이름을 부여합니다.

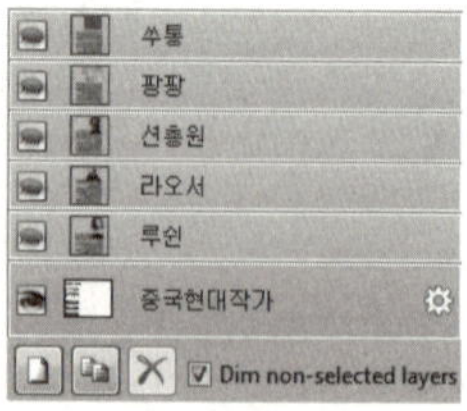

(26) 연결 작업(Trigger)은 오브젝트와 레이어를 연결하는 방식으로 이루어집니다. 연결하고자 하는 메뉴를 선택합니다.

(27) 오브젝트를 클릭하면 들어가는 입체적인 효과를 주기위해서는 [Insert] → [Button]을 클릭하여 메뉴 버튼을 제작합니다.

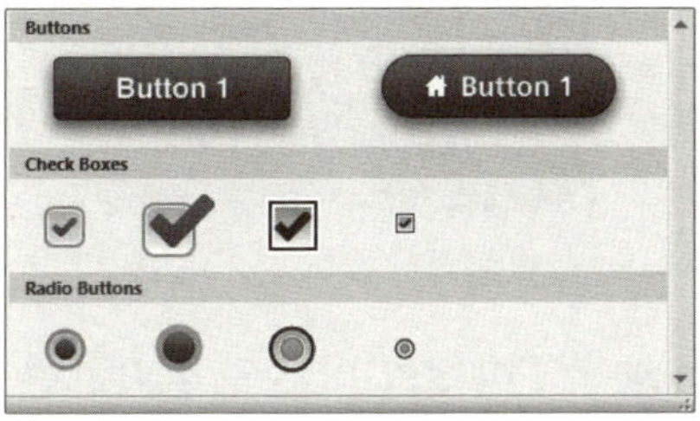

(28) 버튼에 텍스트를 입력합니다.

(29) 버튼 오브젝트를 클릭할 때 입체적인 효과를 주기 위해 오브젝트가 선택된 상태에서 하단 타임라인에서 [States]를 클릭합니다.

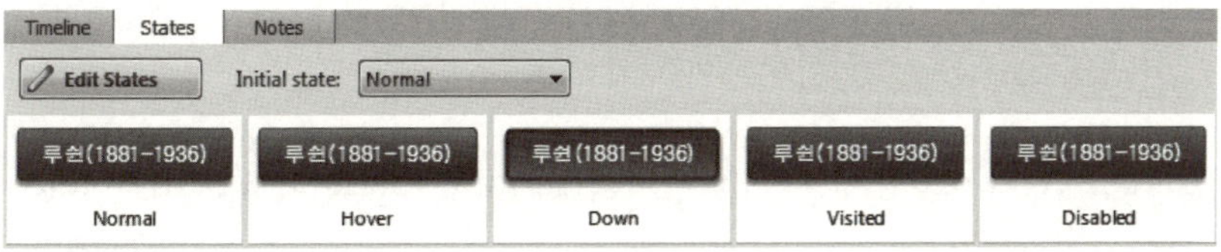

(30) [Initial state]에서 임의의 [States]를 선택합니다. 여기서는 버튼을 클릭하면 들어가는 효과를 주기위해 [Down]을 선택합니다.

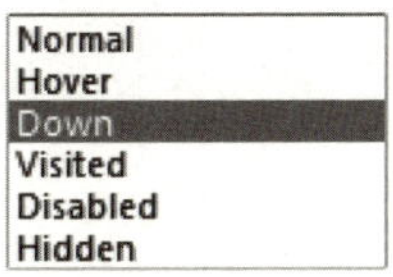

(31) 미리보기 창에서 해당 버튼을 클릭하면 입체적으로 들어가는 효과가 구현됩니다.

(32) 해당 [States]를 더블 클릭하여 선택한 후 [Drawing]에서 버튼의 스타일, 색깔, 효과를 자세하게 줄 수도 있습니다.

(33) 미리보기 창에서 아래의 위아래의 버튼을 클릭하면 우측의 버튼처럼 변화가 일어납니다. 버튼에 색이 아닌 이미지를 삽입할 수도 있습니다.

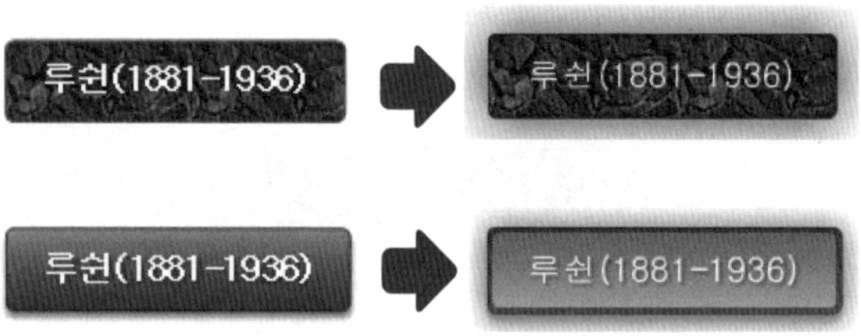

(34) 다음으로 [Trigger] 창에서 [Create a new Trigger] 버튼을 클릭합니다.

(35) [Trigger Wizard] 창이 나타납니다. [Action], [Slide], [When], [Objects]로 구성되어 있습니다.

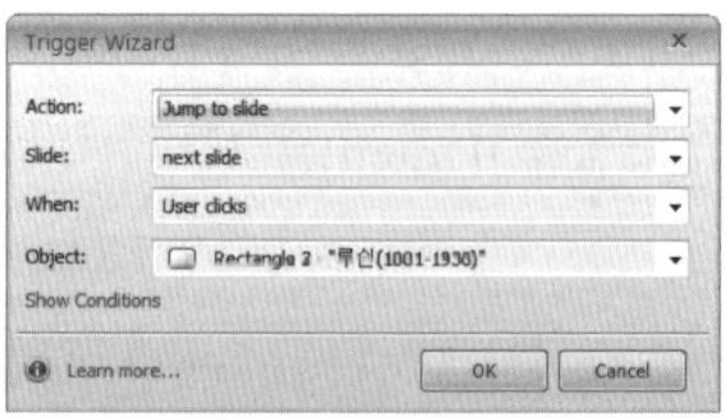

(36) [Action]은 메뉴를 클릭할 때 일어나는 동작을 의미합니다.

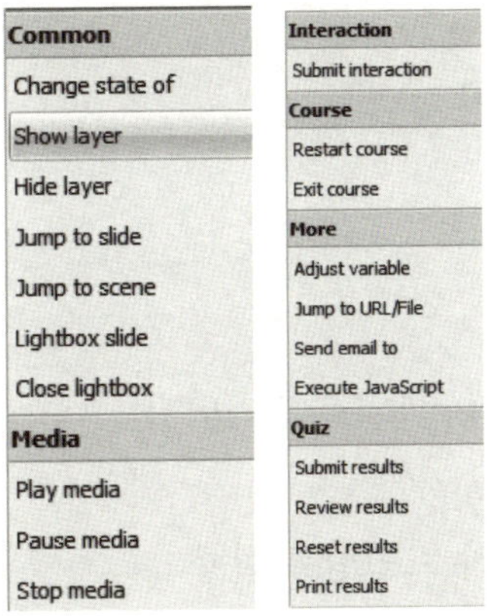

• Common

-Change Stage of: 스테이지 전환

-Show layer: 레이어 보이기, 가장 많이 사용하는 액션이라 할 수 있습니다.

-Hide layer: 레이어 숨기기

-Jump to slide: 슬라이드 건너뛰기

-Jump to scene: 장면 건너뛰기

-Lightbox slide: 라이트 박스 슬라이드 가기

-close lightbox: 라이트 박스 닫기

• Media

-Paly media: 멀티미디어 재생

-Pause media: 멀티미디어 일시정지

-Stop media: 멀티미디어 정지

• Interaction

-Submit interaction: 상호 작용 제출하기

• Course

-Restart course: 코스 재시작

-Exit course: 코스 나가기

• More

-Adjust variable

-Jump to URL/File: URL, 파일로 건너뛰기

-Send email to: 메일 발송하기

-Execute JavaScript: 자바 스크립트 실행

• Quiz

-Submit results: 결과 제출

-Review results: 결과 리뷰

-Reset results: 결과 재설정

-Print results: 결과 프린트

(37) [Action]을 레이어를 보여주는 [Show layer], [Layer]는 메뉴와 부합하는 [루쉰], [When]은 마우스를 클릭할 때 작동하는 [User clicks]을 선택하고, [Object]는 메뉴 이름이 자동으로 선택됩니다.

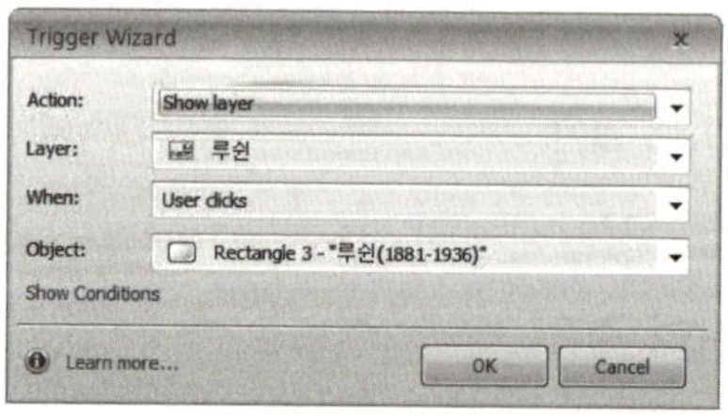

(38) 정상 작동 여부를 확인하기 위해 [Preview]를 클릭합니다. Trigger한 [루쉰] 버튼을 클릭하여 Body 텍스트와 이미지가 정상적으로 작동하는 확인합니다.

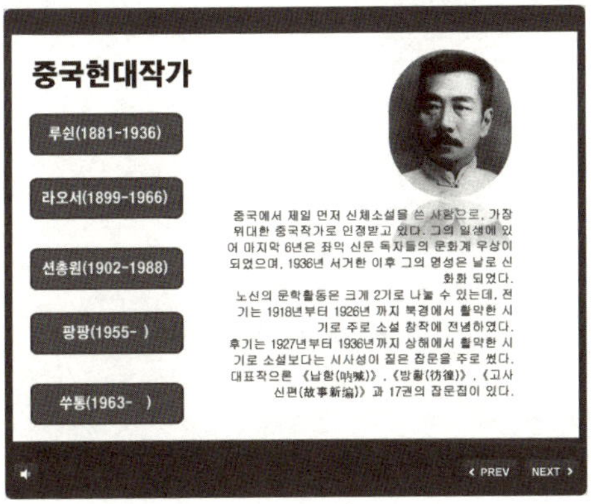

(39) 플레이어를 설정하기 위해 [Player] 버튼을 클릭합니다.

(40) [Player Properties] 창에서 세부설정을 합니다. [Features]에서 플레이어 탭을 설정하고, [Colors & Effects]에서 플레이어 스타일을 설정합니다. 나머지 설정은 플레이어의 변화를 확인하면서 작업합니다.

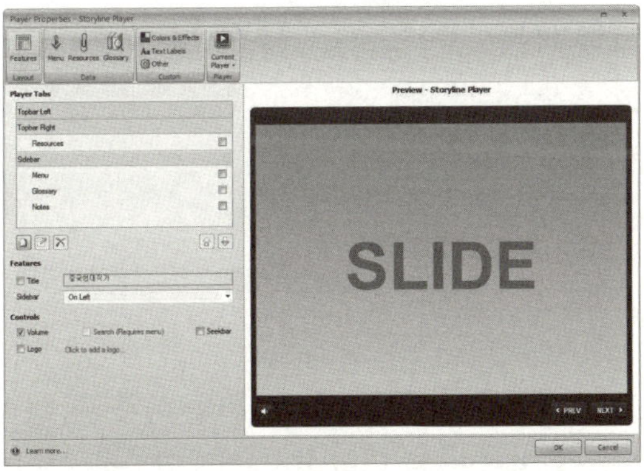

(41) [루쉰] 이외의 오브젝트의 Trigger를 각각 설정합니다. 오브젝트 Trigger를 더블 클릭하여 수정할 수 있으며, [X]표를 클릭하면 삭제할 수 있습니다. 오브젝트 Trigger를 선택하고 복사 버튼을 클릭하고 붙이기 버튼을 클릭하면

붙이기를 할 수 있습니다.

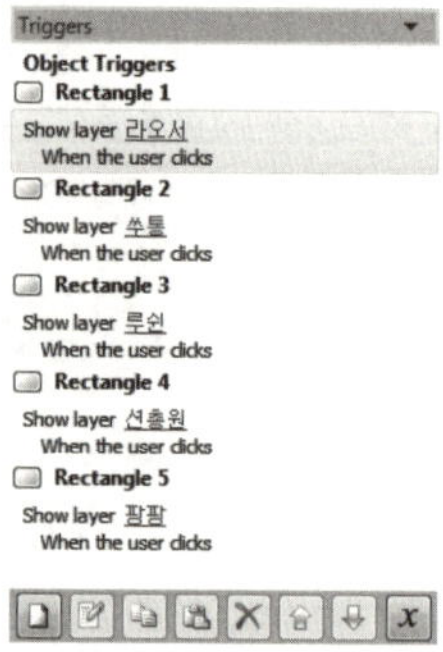

5) 출판(Publish)

(1) 콘텐츠 내용이 완성되고 정상 작동 여부가 확인되었다면, [Publish] 버튼을 클릭하여 출판합니다. [Title]에는 스토리라인 콘텐츠의 제목이 자동 입력되며 저장 위치를 설정합니다.

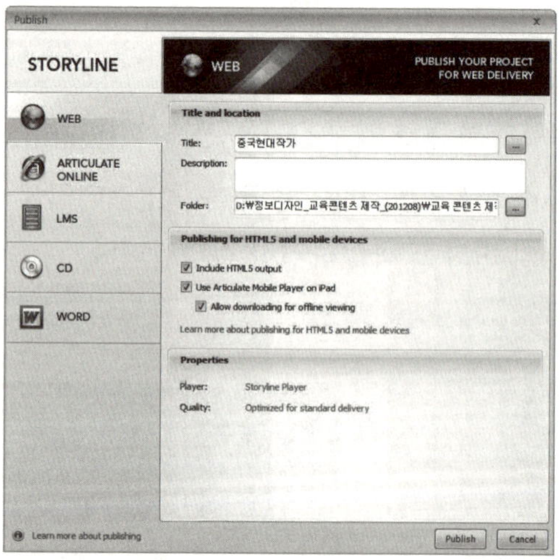

(2) [Publishing]창에서 [Include HTML 5 Output]와 [Use Articulate Mobile on iPad]에 체크를 하여 스마트 디바이스 재생되도록 합니다.

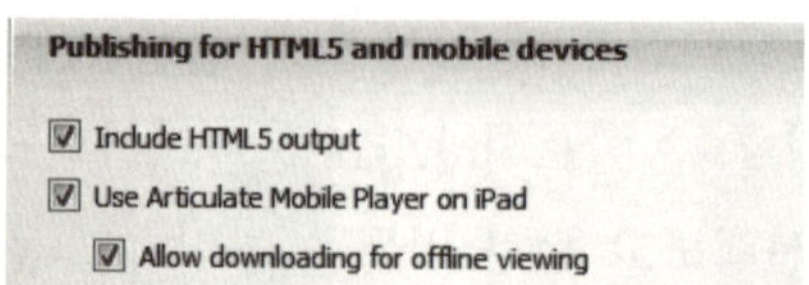

(3) 구성 요소들을 인코딩하면서 출판이 진행됩니다.

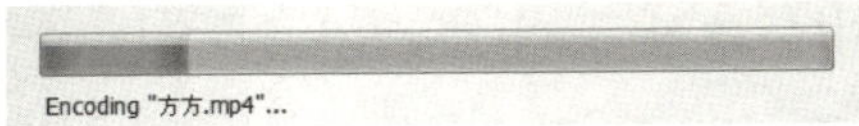

(4) 출판 완료 창이 나타납니다.

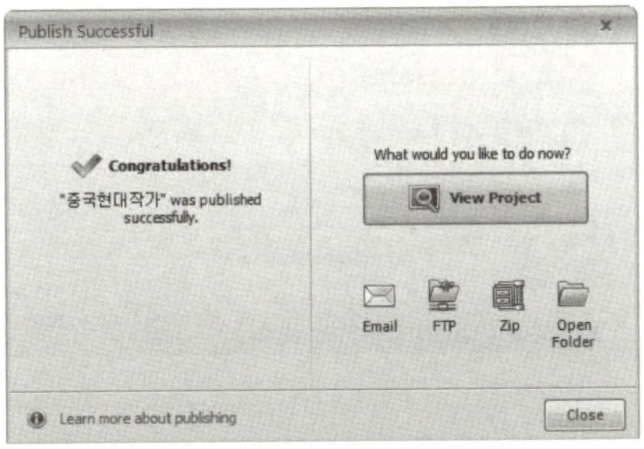

(5) [View Project]를 클릭하여 스토리라인 콘텐츠를 실행합니다. 결과물은 SWF로 생성되기 때문에 인터넷 익스플로러에서 작동됩니다. 플래시 무비 영상은 더블 클릭을 반복하면서 재생과 일시정지를 조절할 수 있습니다.

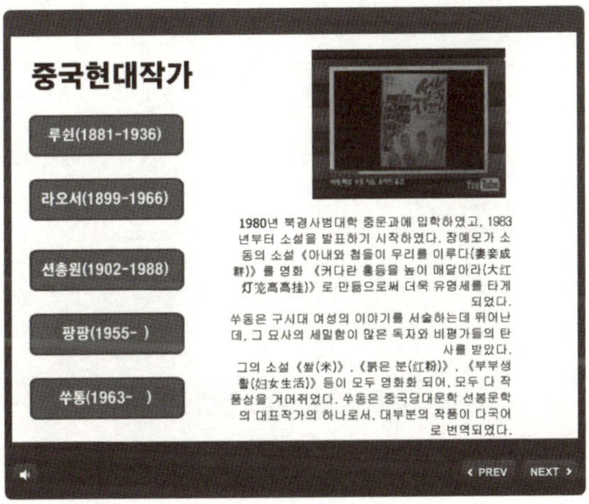

(6) 결과물은 다중 파일로 출력되며, 스마트 디바이스에서 재생할 수 있는 [mobile]과 이미지와 영상 등의 소스가 있는 [story_contents] 폴더와 HTML, SWF 파일로 구성됩니다.

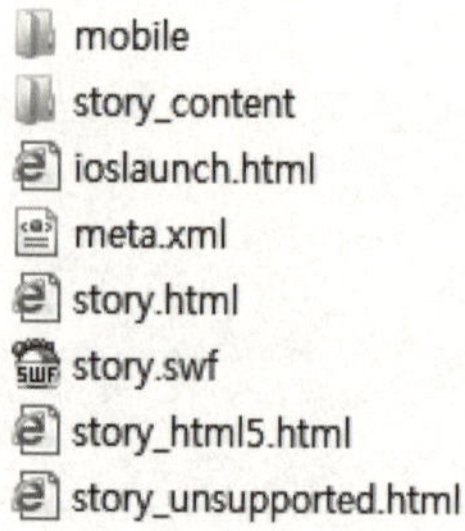

(7) 웹에서 활용하기 위해서 출력창에서 [FTP] 버튼을 클릭합니다. [FTP Published Contents] 창에서 FTP 구성요소를 설정한 후 [Send]를 클릭하여 전송합니다. FTP 전송을 위해서는 웹상에 저장 공간이 있어야 합니다. Wisegiga와 같은 웹하드를 활용하면 저렴한 비용으로 개인이 웹서버를 운영할 수 있습니다.

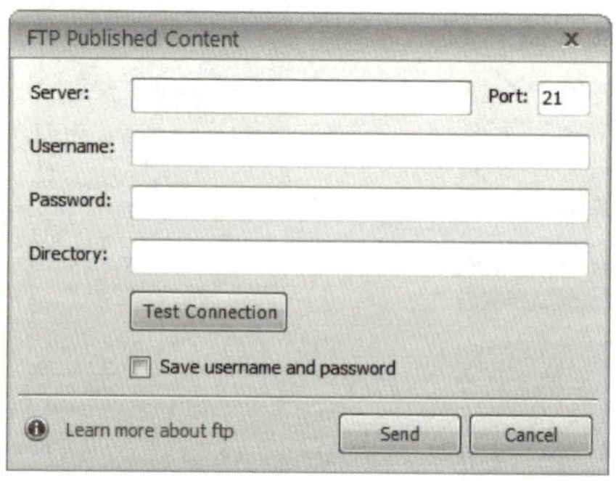

(8) FTP 전송이 완료되면 인터넷 익스플로러에서 실행 가능 여부를 확인합니다.

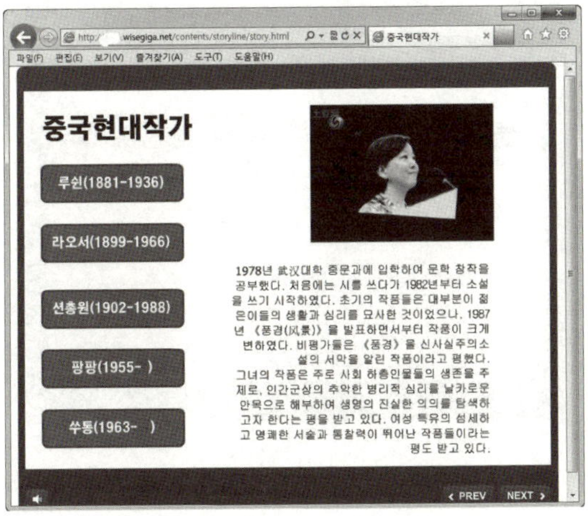

6) 스마트 디바이스에서 재생

(1) Storyline을 출판할 때 iPad에서 작동하는 체크를 했기 때문에 스마트 디바이스에서 콘텐츠를 활용할 수 있습니다. 영상의 경우 출판할 때 MP4로 변환됩니다.

(2) iPad App Store에서 어플리케이션 [Articulate]를 설치합니다. 어플리케이션은 무료로 다운로드 설치할 수 있습니다.

(3) [Safari]의 주소창에 스토리라인 콘텐츠가 있는 주소를 입력합니다. 해당 콘텐츠가 나타나면 [Launch] 버튼을 클릭합니다.

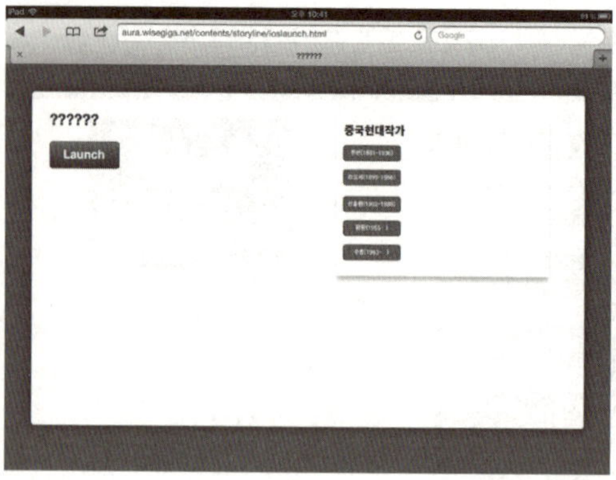

(4) [Library] 창에 스토리라인 콘텐츠가 재생됩니다. 텍스트와 영상이 정상적으로 작동하는 지 확인합니다.

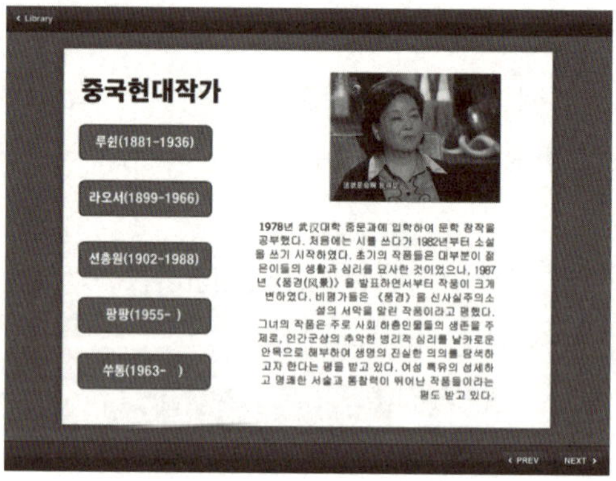

(5) 재생된 스토리라인의 Library에 보관됩니다. 재생방식은 FTP 싸이트에서 스트리밍 방식으로 제공됩니다. [Available offline]를 활성하면 콘텐츠가 iPad로 다운로드 되어 오프라인 상태에서도 재생이 가능합니다.

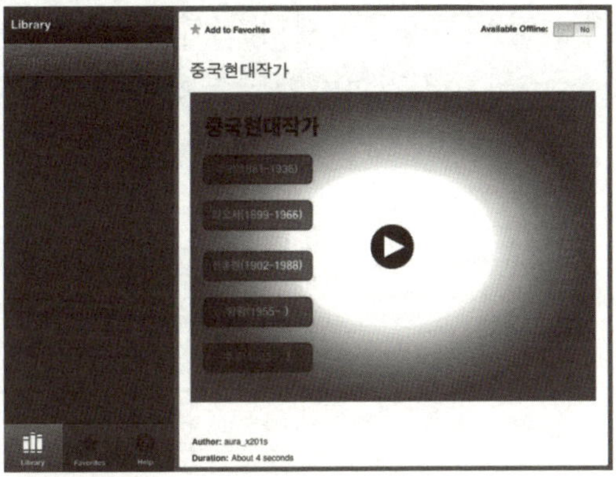

7) 화면 캡처

(1) 화면 캡처 방식으로 콘텐츠를 제작하기 위해 [Record screen]를 클릭합니다. 화면 캡처를 위한 영역 설정창이 나타납니다. 점선 사각형 모서리와 변에 있는 사각형 핸들로 영역을 설정합니다.

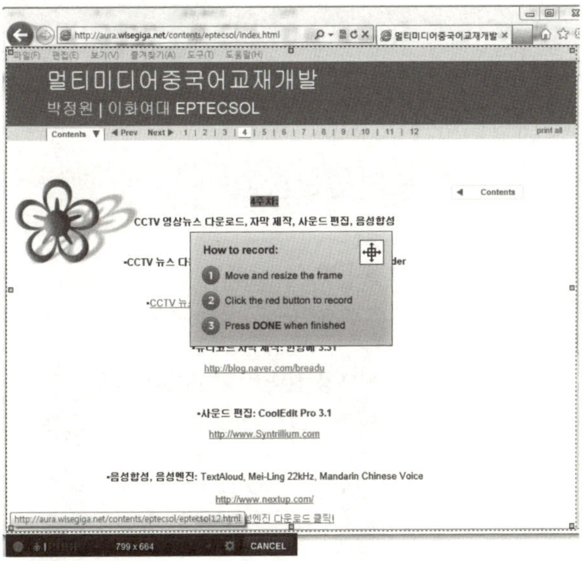

(2) 캡처와 함께 사용자 녹음을 하고자 할 경우 컴퓨터에 마이크를 연결한 후 빨간색 녹화 버튼을 클릭합니다. 사운드 레벨은 마이크 옆에 표시되며 음의 크기를 적당히 설정합니다.

(3) 톱니 바퀴 모양의 설정 버튼을 클릭합니다. 설정창에는 화면 캡처 정지와 재시작 키보드(Alt+D), 마이크와 스피커 장치 등을 설정할 수 있습니다.

(4) 기본 준비가 완료되면 캡처를 위해 빨간색 녹화 버튼을 클릭합니다.

(5) 캡처가 완료되면 [DONE] 버튼을 클릭합니다.

(6) 캡처한 내용이 저장됩니다.

(7) [Insert Slides] 창이 나타납니다.

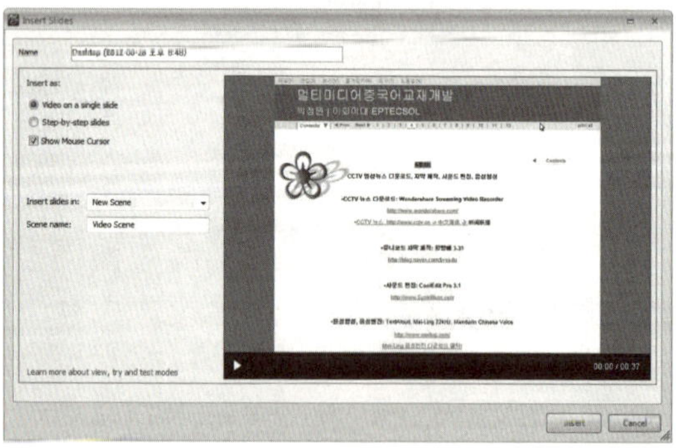

(8) [Insert as]에서는 하나의 슬라이드로 구성하는 [Video on a single slide], 단계별로 하나하나 슬라이드를 구성하는 [Step-by-step slides]와 마우스의 움

직임을 포함하는 설정을 할 수 있습니다.

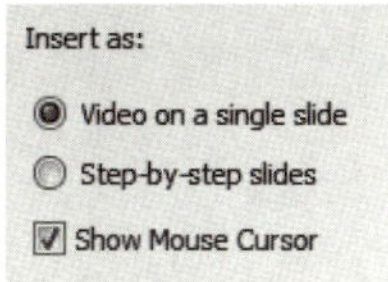

(9) [Insert slides in]에서는 처음 작업이기 때문에 [New Scene]를 선택하고 [Scene name]에서는 임의의 이름을 설정합니다.

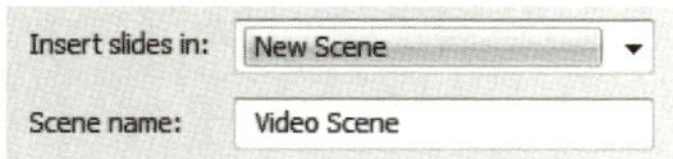

(10) 메인창으로 작업 내용을 로딩하기 위해 [Insert] 버튼을 클릭합니다. 프로젝트 초기화가 시작됩니다.

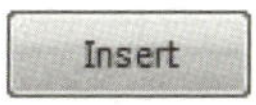

(11) 메인창에 캡처된 영상이 로딩됩니다.

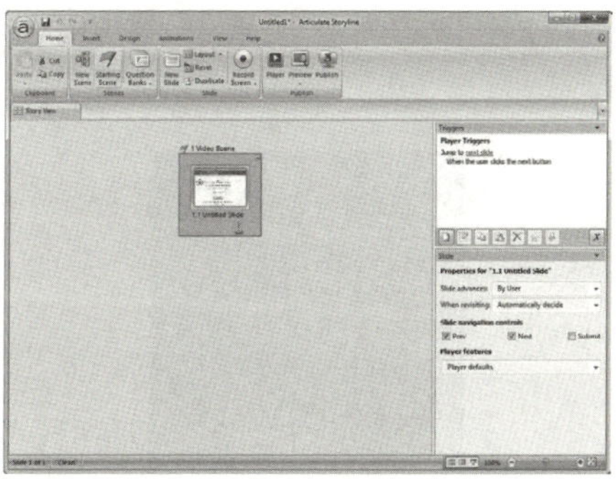

(12) 편집을 위해 [1 Video Scene]를 더블 클릭합니다.

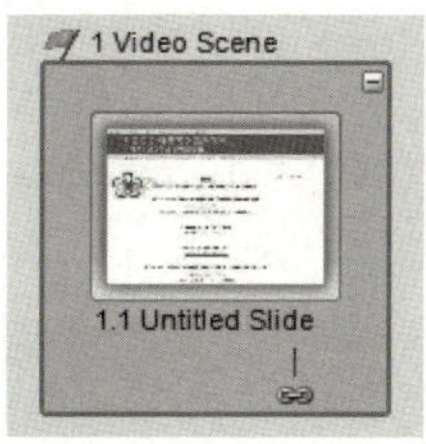

(13) 편집 가능한 창으로 변환됩니다.

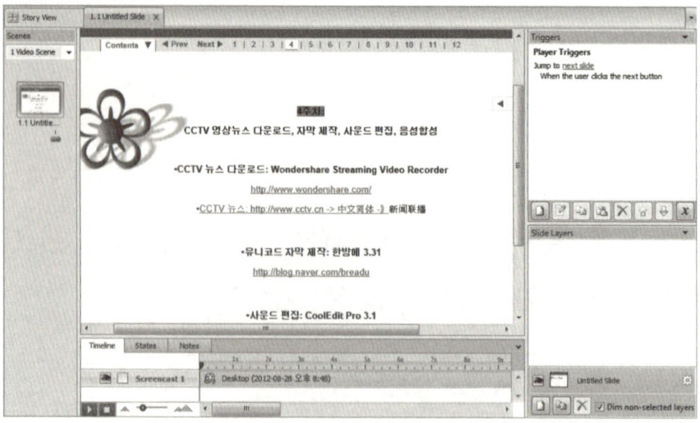

(14) [Preview]을 통해 정상 작동 여부를 확인하고 [Publish]를 클릭하여 출판합니다.

8) PowerPoint 삽입

(1) 삽입할 PPT 파일을 준비한 다음 [Create a new project] → [Import PowerPoint]를 선택합니다. PPT를 SWF로 변환하는 소프트웨어는 많지만 Storyline에서는 결과물을 iPad에서 사용할 수 있도록 출판하는 장점이 있습니다.

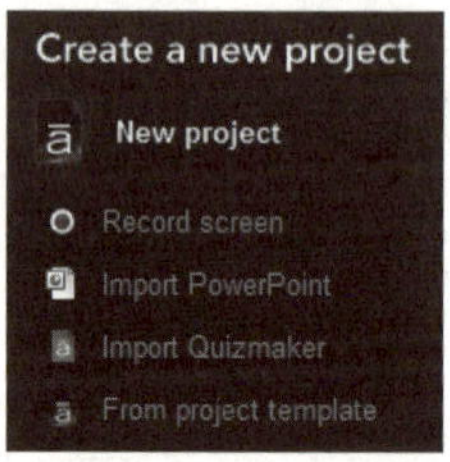

(2) 삽입할 PPT 파일을 선택합니다.

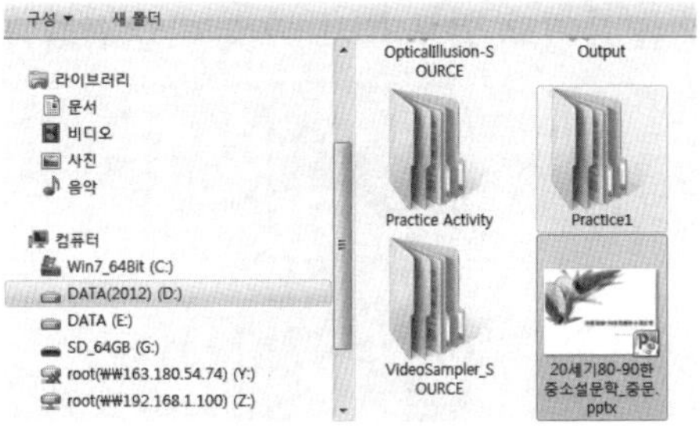

(3) PPT 삽입시 에러가 날 경우 Storyline 실행 시 마우스 선택 후 우클릭하여 [관리자 권한으로 실행](Windows 7 기준)을 선택합니다.

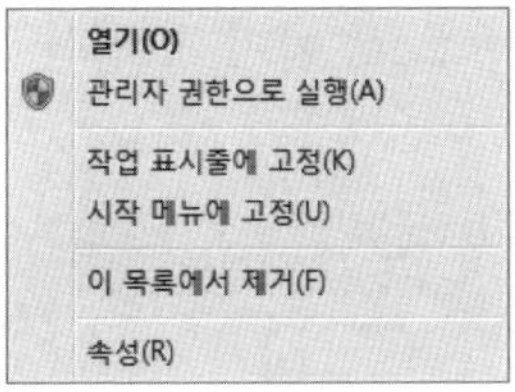

(4) [Insert Slides] 창에 슬라이드별로 PPT가 로딩됩니다. PPT 파일이 정상적으로 로딩되면 [Insert] 버튼을 클릭합니다.

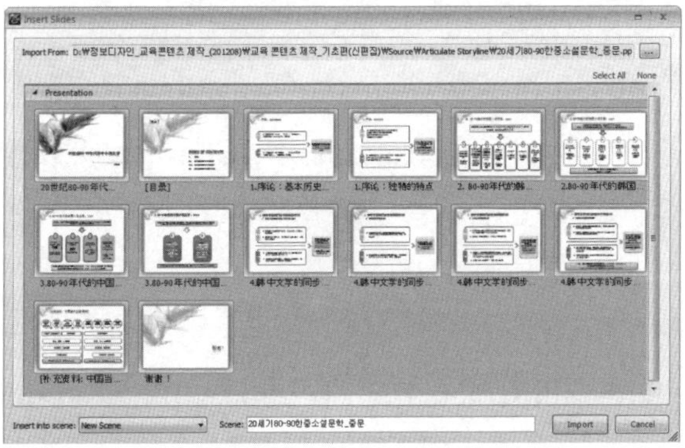

(5) PPT 파일이 메인창으로 변환됩니다.

(6) [Story View] 창에 슬라이드 별로 PPT 파일이 삽입됩니다.

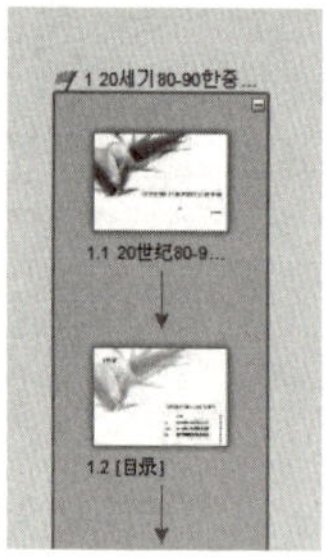

(7) [Story View]에서 개별 슬라이드를 더블 클릭하면 편집 가능한 창으로 전환됩니다. 슬라이드 단위로 텍스트, 이미지, 영상, 사운드, 퀴즈 등을 추가로 삽입할 수 있습니다.

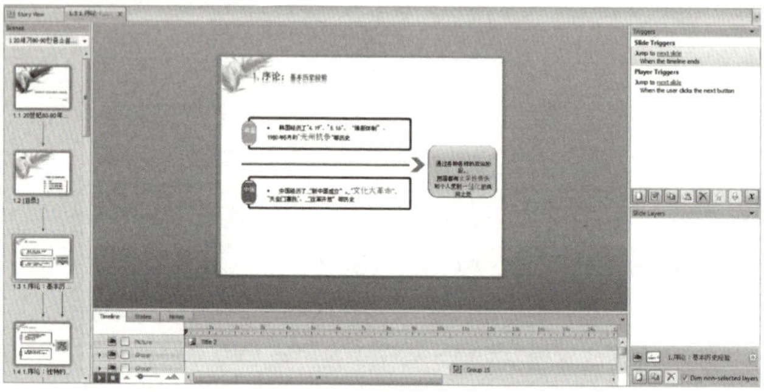

(8) 캐릭터를 삽입하기 위해 [Illustrations] → [Character]를 선택합니다.

(9) 캐릭터 입력방식은 [Illustracted]와 사진방식의 [Photographic]이 있습니다.

(10) [Character]창에서 인물 [Character], 표정 [Expression], 자세 [Pose]를 설정합니다.

(11) [Pose]에서 캐릭터의 방향은 [Left], [Front], [Right]를 클릭하여 조절할 수 있습니다.

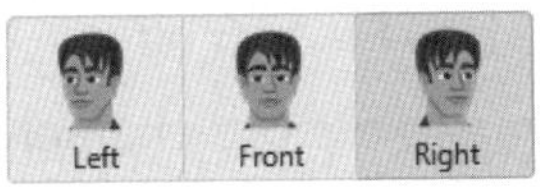

(12) 캐릭터가 슬라이드에 삽입됩니다. 캐릭터를 클릭하면 조절 포인터가 생기면서 크기와 위치를 조절할 수 있습니다.

(13) 캐릭터를 클릭하면 상단 [Style]이 활성화되면서 인물 [Character], 표정 [Expression], 자세 [Pose], 방향 [Prespective]를 클릭하여 다시 변경할 수 있습니다.

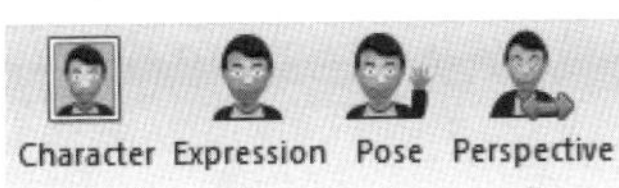

(14) 캐릭터 이외에 사진 기반의 오브젝트로 삽입할 수 있습니다. [Photographic]를 클릭하면 실제 사진 기반 캐릭터를 삽입할 수 있고, 다양한 포즈를 선택할 수 있습니다. 소프트웨어에는 한 명의 실제 캐릭터를 제공하고 있습니다.

(15) 추가로 다른 캐릭터를 삽입할 때는 제작사로부터 구매 후 사용할 수 있습니다. 캐릭터 당 299달러에 판매되고 있습니다.

http://www.articulate.com/store/store-characters.php

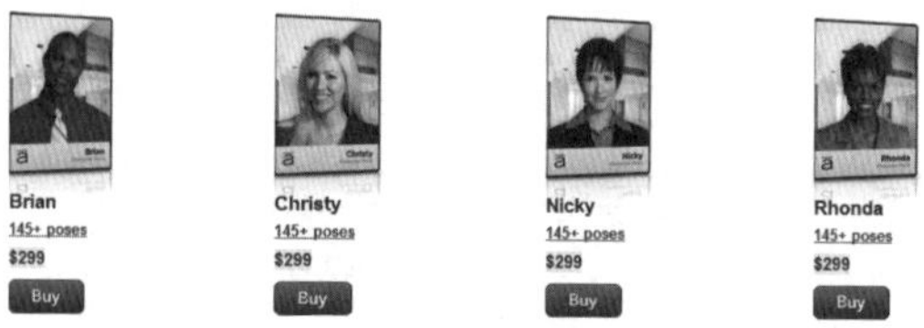

(16) 최종적으로 캐릭터가 삽입됩니다.

(17) [Player]에서 플레이어의 스타일과 색깔 선택, 제목입력을 합니다. PPT는 슬라이드가 많기 때문에 슬라이드별 제목을 보여주는 [Menu]에 체크를 하면 좌우측에 메뉴를 보여줍니다.

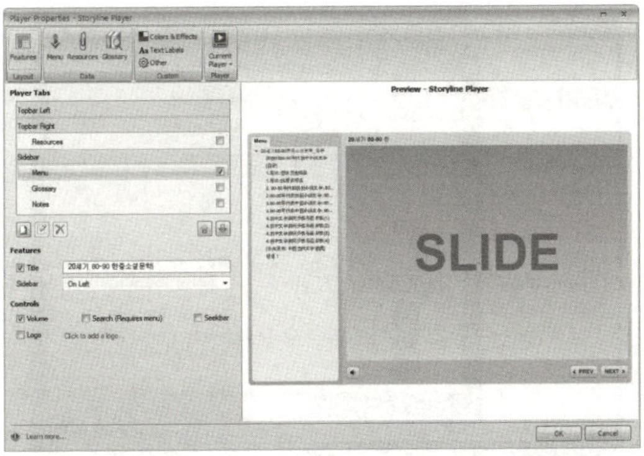

(18) [Preview]를 통해 정상 작동 여부를 확인한 다음 [Publish]를 클릭하여 출판합니다.

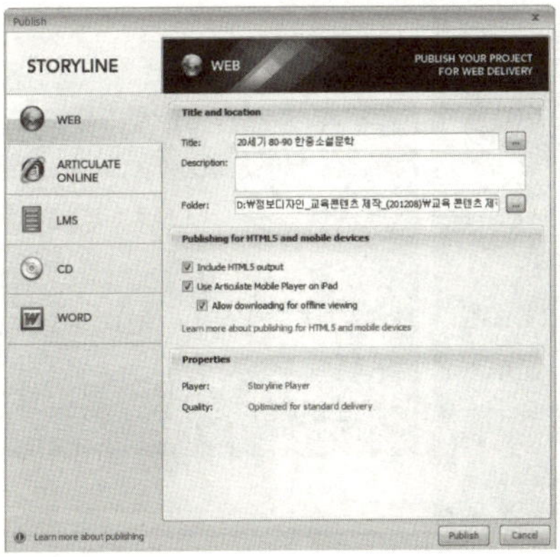

(19) 콘텐츠 출판이 완료되면 FTP를 이용하여 웹상에 업로드합니다.

(20) 인터넷 익스플로러와 iPad에서 정상 작동 여부를 확인합니다. PPT에서 온 자료일 경우 자동으로 재생되거나 하단의 [Prev], [Next] 버튼을 통해서도 조절할 수 있습니다.

(21) 스토리라인 콘텐츠는 iPad 어플리케이션 Articulate의 [Library]에 저장됩니다.

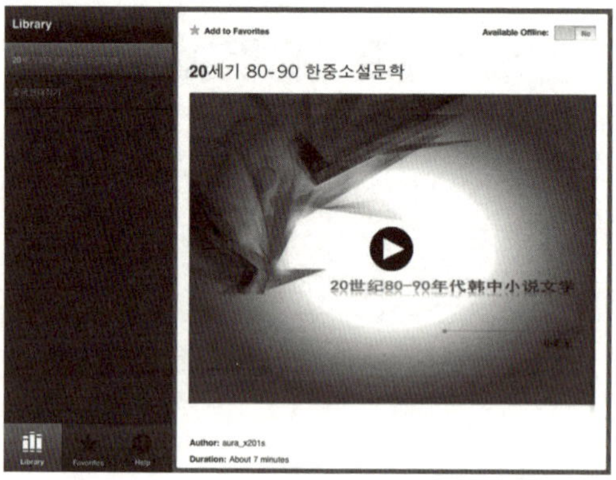

9) 상호 작용 생성

(1) 상호 작용을 생성하기 위해 빈 슬라이드를 추가합니다.

(2) 텍스트, 이미지, 캐릭터를 추가하여 슬라이드를 생성합니다.

(3) 정답 이미지를 클릭하면 교수자 캐릭터가 웃는 Trigger과 오답을 클릭하면 화를 내는 Trigger를 생성하기 위해 [Create a new Trigger]를 클릭합니다.

(4) [Trigger Wizard]에서 [Action]을 [Change state of], [On Object]를 교수자 캐릭터 오브젝트로 선택합니다. [On Object]에서 특정 오브젝트를 선택하며 아래처럼 빨각색 박스가 표시됩니다. 즉 사용가자 이름을 정확히 숙지하지 못하더라도 빨간색 박스를 보고 판별할 수 있습니다.

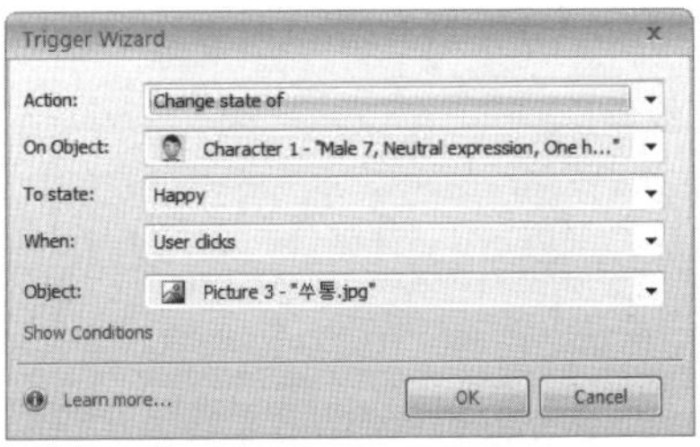

(5) 잘못된 이미지를 클릭하면 캐릭터가 화난 모습(Angry)을 하도록 [To State]를 설정합니다.

(6) 문제의 설명을 낭독하는 방식으로 사운드를 삽입할 때는 [Insert] → [Sound] 버튼을 클릭합니다. 사운드는 파일로 삽입하는 [Sound from File]와 직접 녹음하는 [Record Mic]를 지원합니다.

(7) 사용자가 직접 녹음할 수 없는 경우에는 [Text Aloud]와 같은 음성 합성 소프트웨어를 활용할 수 있습니다. 음성 합성 결과를 파일로 출력합니다.

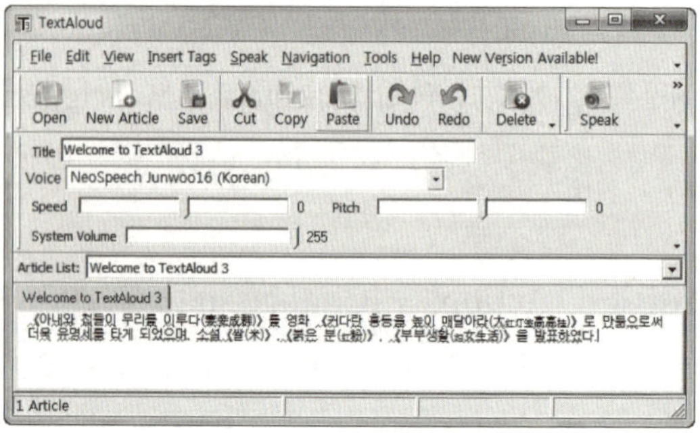

(8) [Sound from File]을 클릭하여 음성 합성 파일을 선택, 삽입합니다.

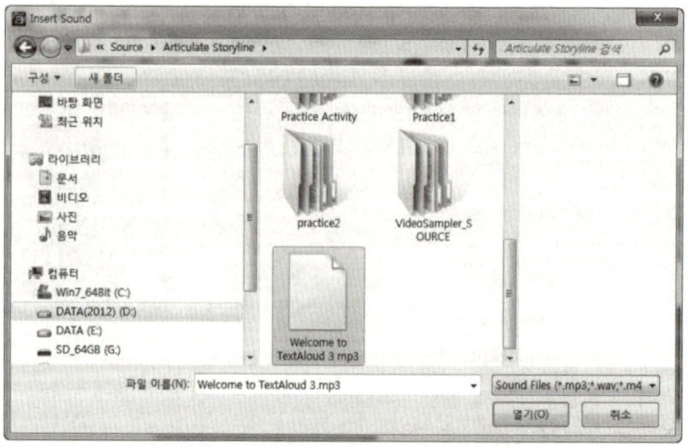

(9) 스피커 모양의 아이콘이 나타나면서 사운드가 삽입됩니다. 사운드는 스토리라인을 실행하면 자동으로 재생됩니다.

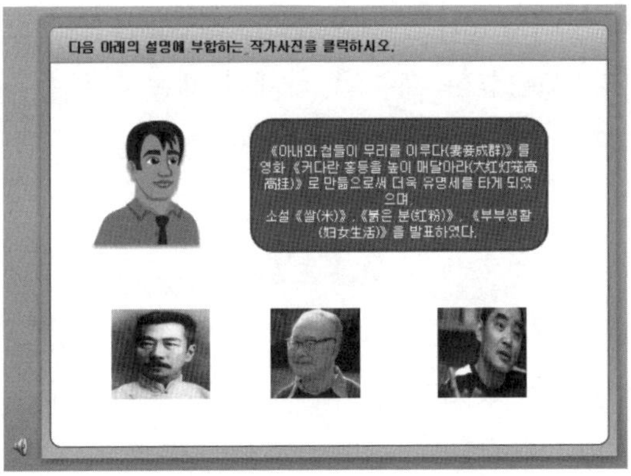

(10) 직접 녹음할 경우 컴퓨터와 마이크를 연결한 후 [Record Mic]를 클릭합니다.

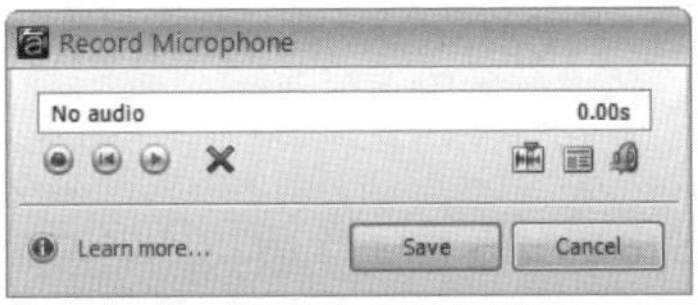

(11) 빨간색 녹음 버튼을 클릭하여 녹음을 합니다. [X] 아이콘을 클릭하면 녹음을 삭제할 수 있습니다.

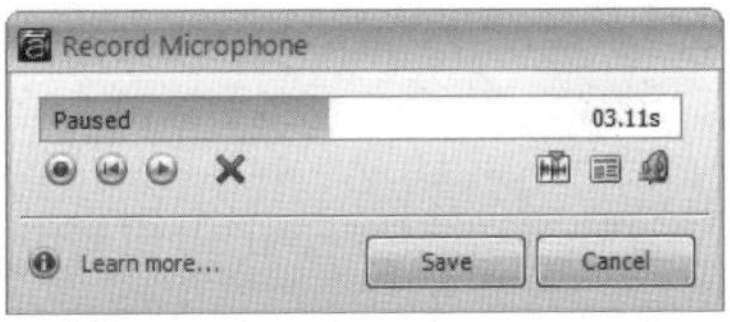

(12) 녹음된 오디오를 수정하고자 할 때는 하단의 [Edit Audio]( ) 아이콘을 클릭합니다.

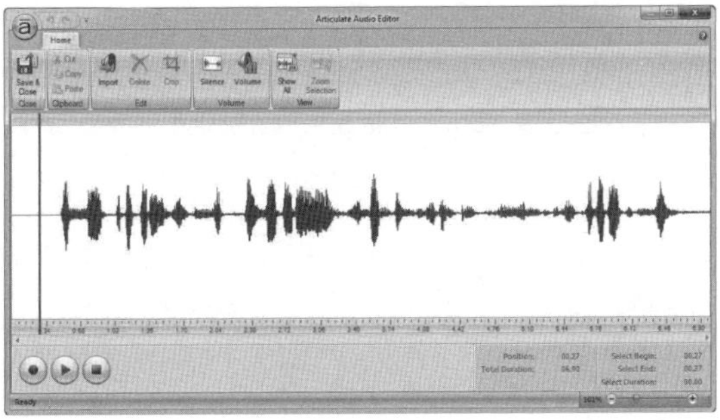

(13) [Articulate Audio Editor]는 일반적인 오디로 편집 소프트웨어와 같은 기능을 제공합니다. 불필요한 부분을 삭제할 때는 블록을 설정한 후 [Delete] 버튼을 클릭하거나 키보드 [Delete]를 클릭합니다.

(14) [Edit] → [Import]를 클릭하면 사운드 파일을 선택하면 빨간색 라인이 있는 위치에 삽입됩니다.

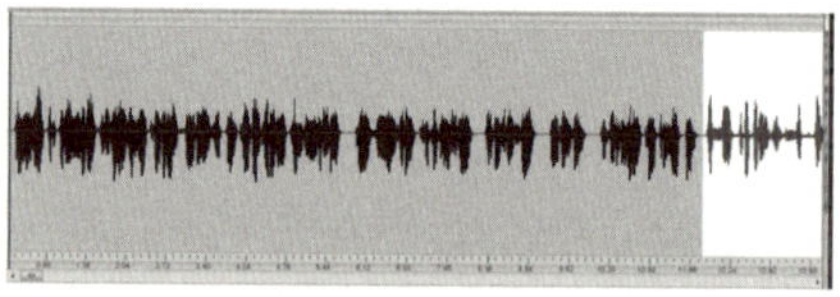

(15) [Silence]는 사운드 음량을 [0]로 만들며, [Volume]는 사운드의 음량을 설정할 수 있습니다.

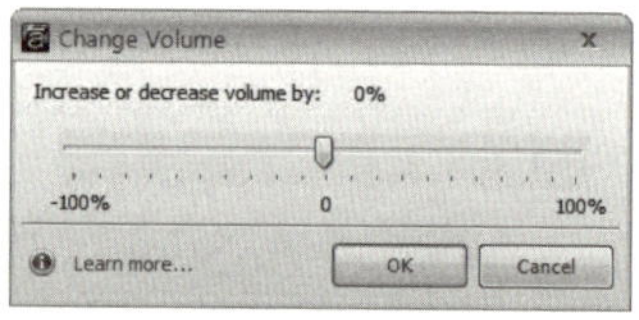

(16) 사운드는 제한없이 삽입할 수 있으며, 하단 타임라인에 [Sound 1], [Sound 2]와 같은 트랙으로 삽입됩니다. 각 트랙을 더블클릭하면 [Sound Editor]가 실행되며 편집할 수 있습니다. 사운드 트랙을 선택한 후 마우스 드래그하면 위치를 이동시킬 수 있습니다.

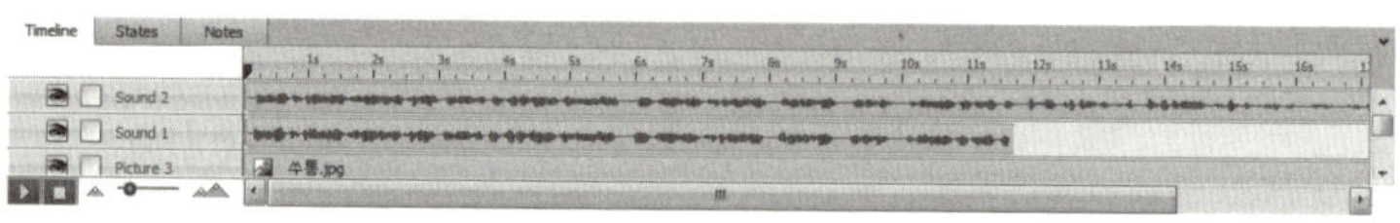

(17) 캐릭터의 표정 이외에 정답을 맞추었을 때, [정답입니다!]와 같은 텍스트를 나타나게 할 때는 [Slide Layer]에서 새 레이어를 만들어 텍스트 "정답입니다!"를 입력합니다.

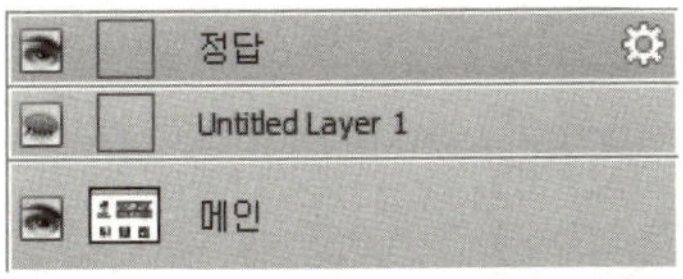

(18) [Trigger]은 메인 레이어를 선택해야 볼 수 있습니다. 다른 레이어를 선택하면 [Trigger]이 보이지 않습니다. 정답 이미지 오브젝트를 선택하고 [Create a new Trigger]를 클릭합니다. [Trigger Wizard]의 [Layer]를 [정답] 레이어를 선택합니다. 오답은 오답 메시지가 나타나게 동일한 방법으로 설정합니다.

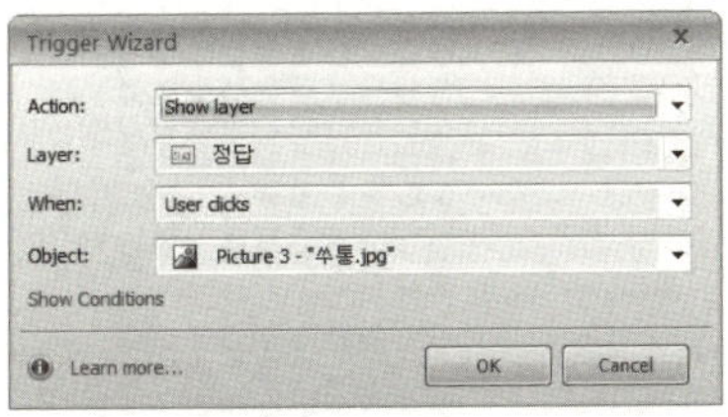

(19) [Publish]를 클릭하여 출판하고 정상 작동 여부를 확인합니다.

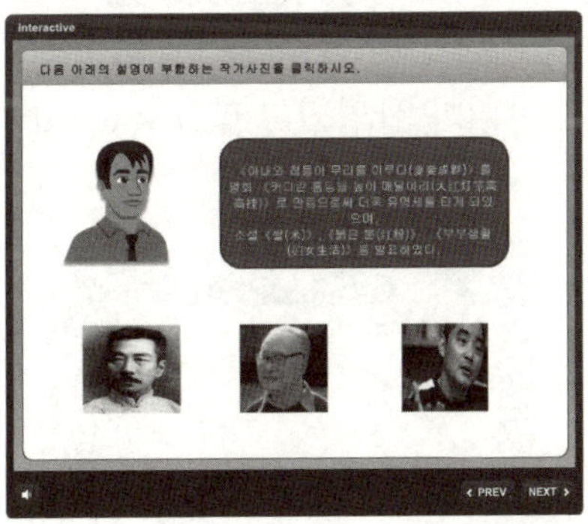

10) 상호 작용 마커(Interactive Marker) 생성

(1) 마커를 생성할 이미지와 제목 텍스트를 입력합니다. 작업할 텍스트와 영상을 준비합니다.

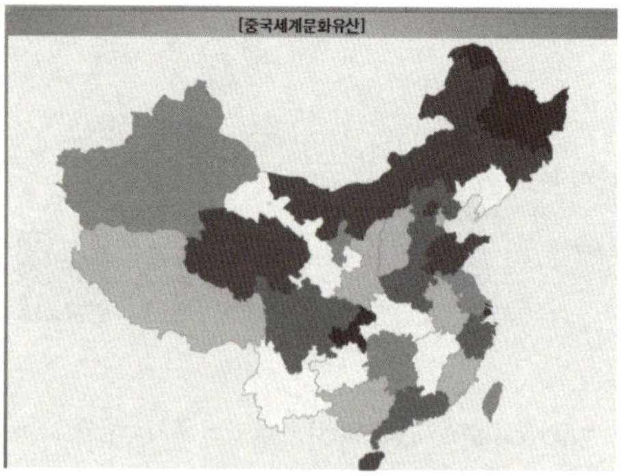

(2) [Insert] → [Marker]를 클릭하여 임의의 마커를 삽입합니다. 마커는 콘텐츠의 속성에 따라 사용자가 적절하게 선택합니다.

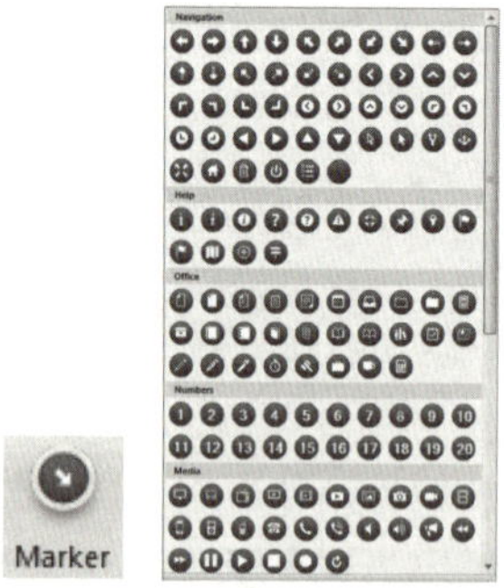

(3) 이미지의 특정 지점에 마커가 삽입되고 [Click to add title](라벨) 창이 나타납니다.

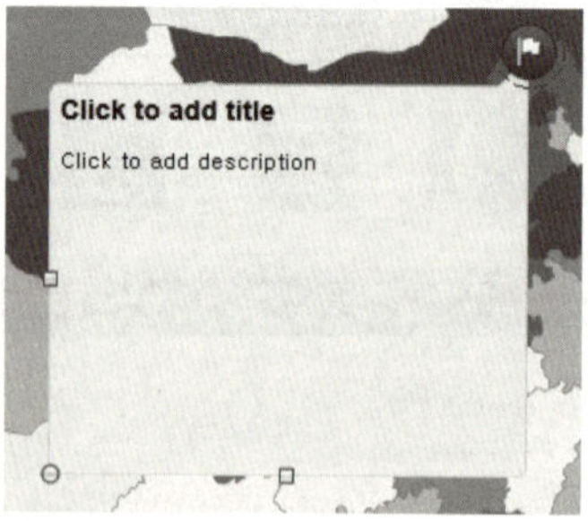

(4) [Click to add title]에 제목과 본문 텍스트를 입력합니다. 텍스트에 블록을 설정하면 텍스트 편집 도구가 나타납니다. 폰트, 크기, 색깔, 정렬, 문단 번호 등을 설정할 수 있습니다.

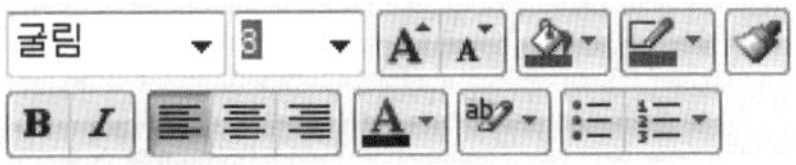

(5) 마커가 선택하면 상단에 메뉴 [Format] → [Makers Options]이 나타납니다. [Change Icon]에서는 마커 아이콘을 재설정할 수 있고, [Sound]에서 파일과 직접 녹음 방식으로 사운드를 삽입할 수 있습니다.

(6) 마커에 미디어를 삽입하게 위해 [Media]를 클릭합니다. [Video from File]를 클릭하여 영상을 삽입합니다.

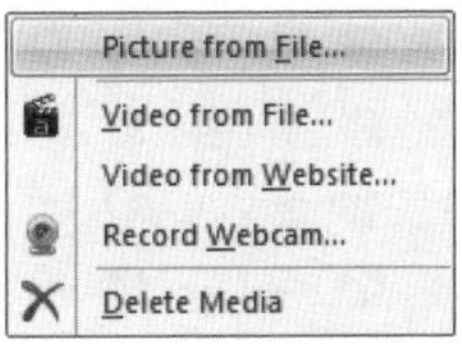

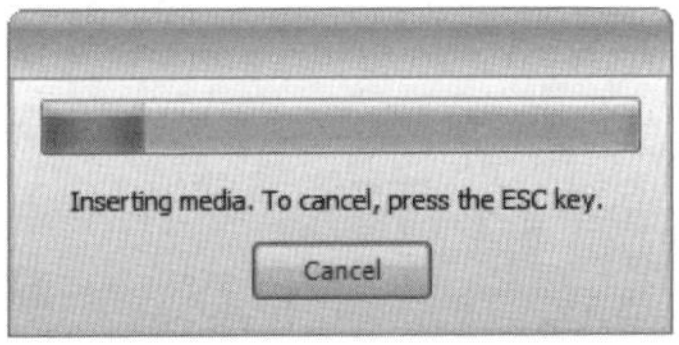

(7) 영상이 [Click to add title](라벨) 창에 삽입됩니다. 텍스트와 영상은 마우스 드래그로 크기를 조절할 수 있습니다.

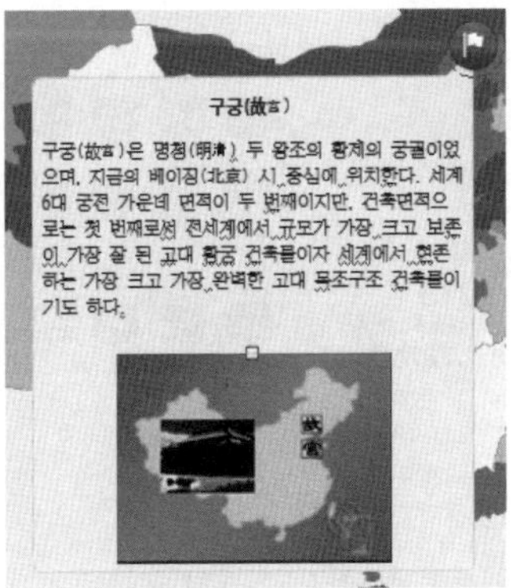

(8) 마커를 클릭하면 [Format] 메뉴가 나타나며 [Animation]에서 [Swirl]을 선택하면 마커에 에니메니션이 설정됩니다. [Preview]를 실행하면 마커 주위에 테두리가 회전하는 동적인 마커가 됩니다.

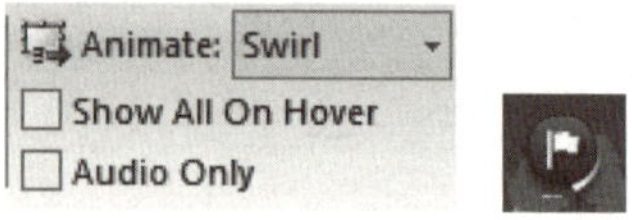

(9) [Show All On Hover]에 체크를 하면 마커에 마우스 커서를 대면 텍스트, 영상이 자동으로 펼쳐지고 때면 사라집니다. 영상을 계속 재생할 때는 체크하지 않습니다.

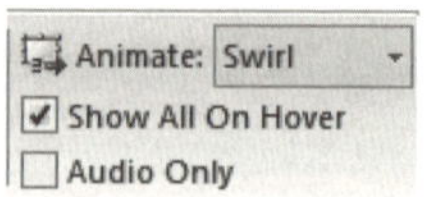

(10) [Makers Styles]에서 마커의 스타일을 간편하게 재설정할 수 있습니다.

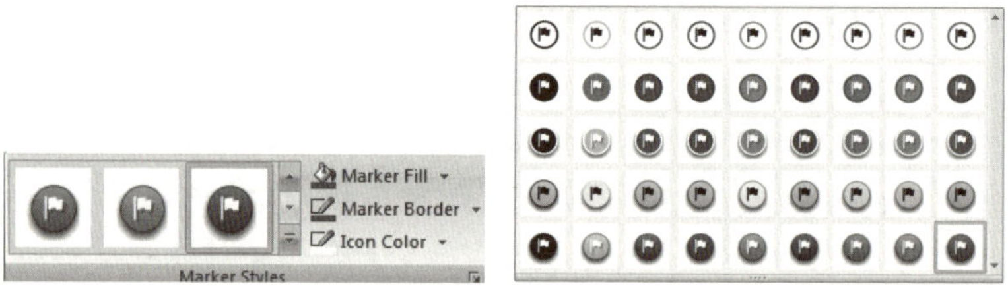

(11) 마커 라벨 스타일은 [Label Styles]를 클릭하여 재설정할 수 있습니다. 마커 템플릿이 시각적으로 제시되기 때문에 직관적으로 선택할 수 있습니다.

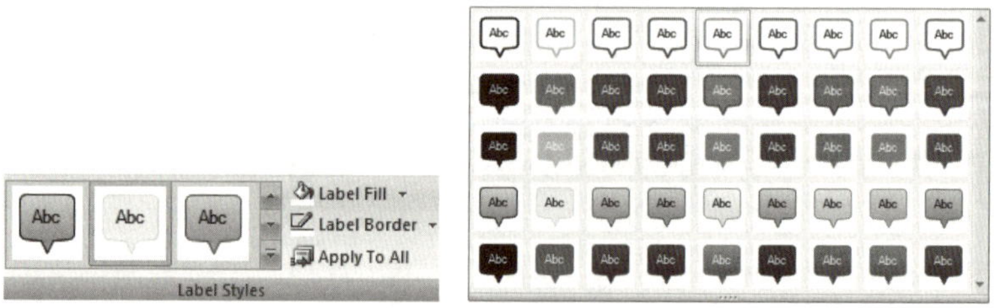

(12) 모든 설정이 완료되면 [Preview]를 통해 정상작동을 확인하고 출판합니다.

11) Drag-and-Drop 상호 작용 생성

(1) Drag-and-Drop 방식의 상호 작용을 생성하기 위해 빈 슬라이드에 아래와 같이 텍스트를 입력하고 괄호 안에 들어갈 어휘 대신에 [Shape]를 삽입합니다.

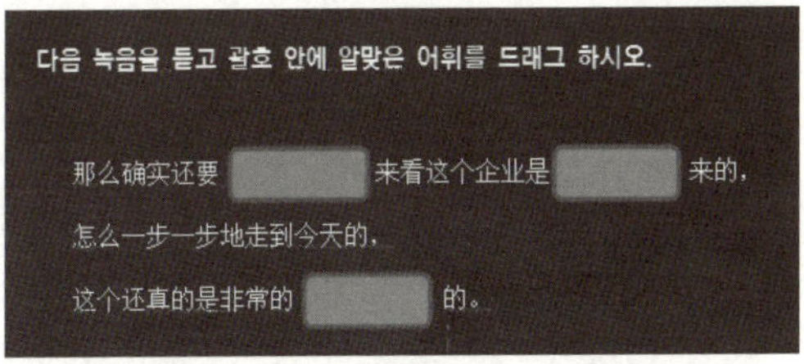

(2) 문제의 빈칸에 대등되는 정답 [Shape] 오브젝트를 생성합니다.

(3) [Sound]를 클릭하여 문제 텍스트 낭송 사운드를 삽입합니다.

(4) 사운드가 삽입되면 사운드를 재생, 일시정지, 정지 시킬 수 있는 버튼 오브젝트를 생성합니다. 이는 사용자가 반복적으로 재생과 일시정지를 통해 정답을 풀이하게 위해서입니다.

(5) 버튼 오브젝트를 선택한 후 [Create a new Trigger] 아이콘을 클릭하여 [Action]에 재생은 [Paly media], 일시정지는 [Pause media], 정지는 [Stop media]를 선택하고 [Media]는 [Sound 1]을 선택합니다.

(6) 드래그 앤 드롭 스타일을 적용하기 위해 [Style] → [Convert to Freeform]을 클릭합니다.

(7) [Convert Slide to Freeform Question]창에서 [Drag and Drop]를 선택합니다. 상호 작용을 적용할 수 있는 유형에는 하나를 선택하는 [Pick One], 다중으로 선택하는 [Pick Many], 텍스트를 입력하는 [Text Entry], 특정 영역을 클릭하는 [Hotspot]가 있습니다.

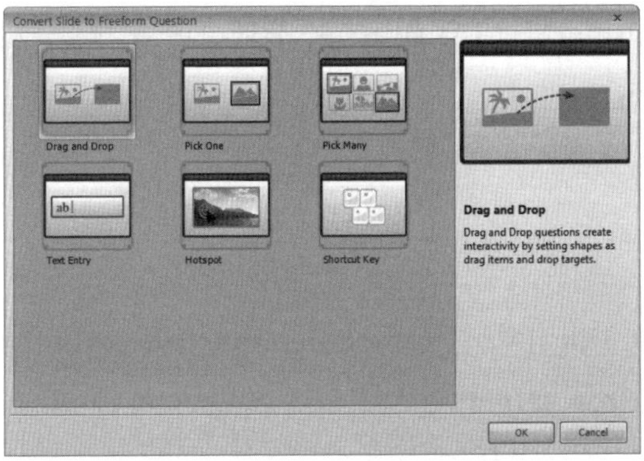

(8) [Drag and Drop Question] 창이 나타납니다.

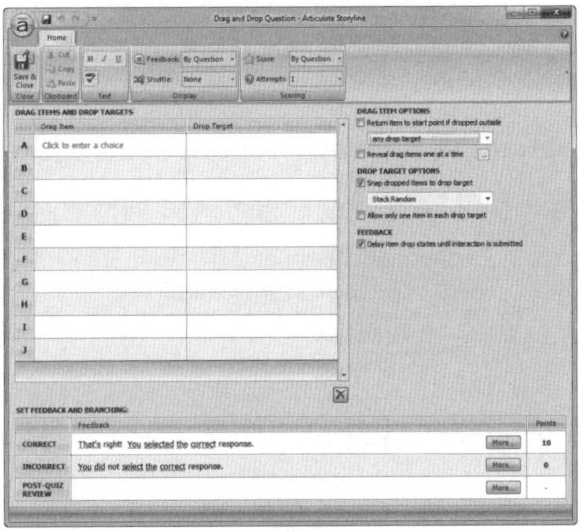

(9) [Drag Items and Drop Targets]창의 [Drag Item]에는 A, B, C 순서대로 정답 [Shape]를 차례로 설정하고, [Drop Target]에는 문제 괄호의 [Shape]를 순서대로 선택합니다. 해당 오브젝트를 선택하면 메인창에 있는 오브젝트에 빨간색 박스가 표시됩니다. 빨간색 박스를 확인하면서 작업을 하면 잘못 연결될 가능성은 없습니다.

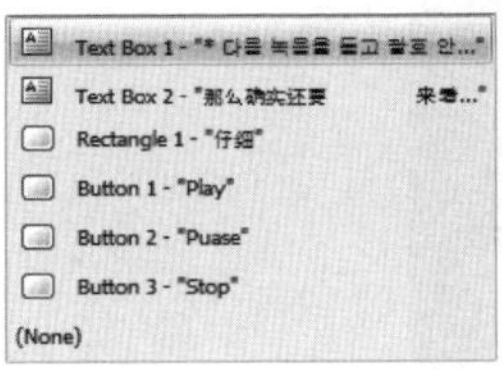

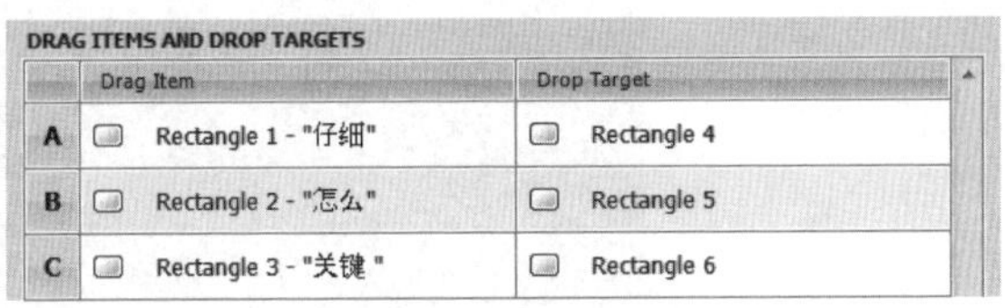

(10) [Display] [Shuffle]에서 [Answers]을 선택하면 문제를 재실행 할 때마다 정답의 위치가 변합니다.

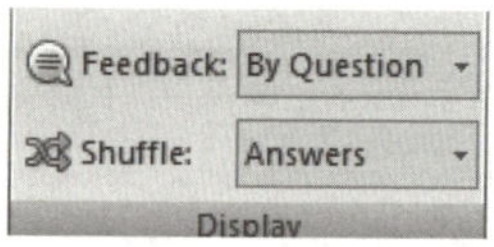

(11) [Drag Item Options]에서 [Return item to start point if dropped outside]를 [a correct drop target]로 설정하면 정답이 아닌 [Shape]를 드래그하여 드롭하면 튕겨 나오게 됩니다.

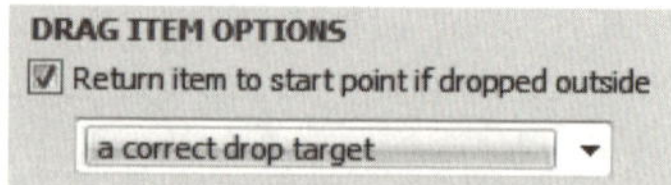

(12) [Drop Target Options]에서 [Sanp Dropped items to drop target]를 [Stack Random]으로 설정하면 정답이 불규칙적으로 배열됩니다.

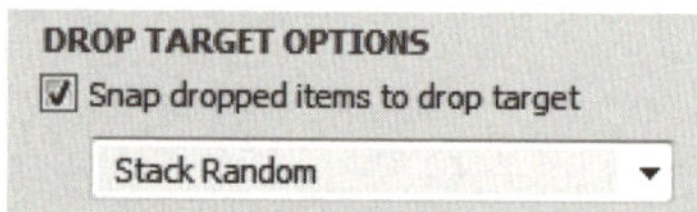

(13) 설정이 완료되면 [Save & Close] 버튼을 클릭하여 저장합니다.

(14) 최종적으로 출판 한 후 iPad에서 정상 작동하는지를 확인합니다.

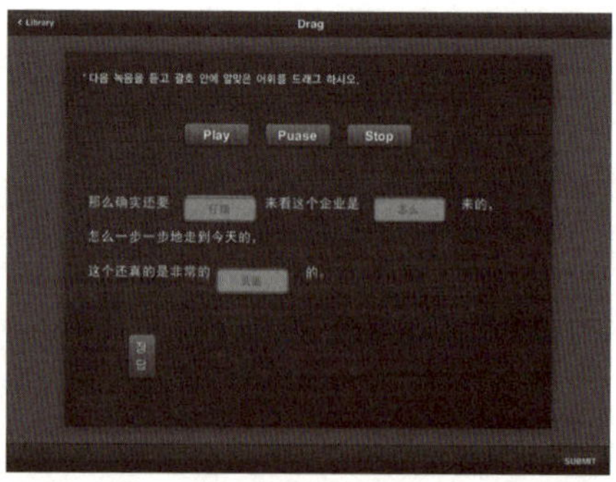

(15) [Text Entry] 방식의 드래그 앤 드롭과 동일한 방식으로 생성할 수 있습니다. 문제 텍스트의 괄호 안에 들어갈 텍스트를 입력하면 됩니다.

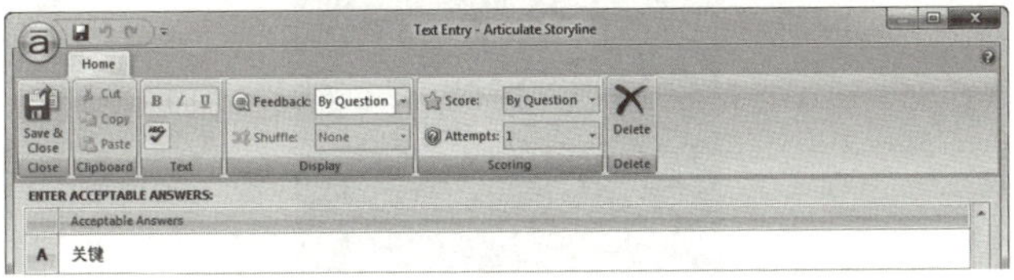

(16) iPad에서도 정상 작동 여부를 입력합니다. iPad에서 다국어 입력은 [설정] → [일반] → [다국어] → [언어] → [중국어]를 선택합니다.

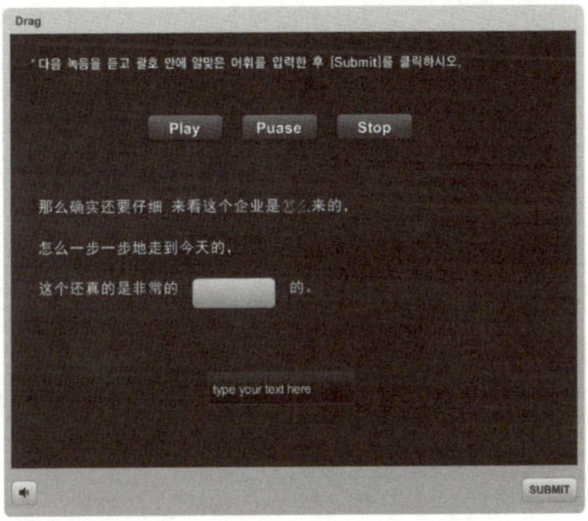

12) 퀴즈 생성

(1) 퀴즈를 생성할 수 있는 소프트웨어는 많이 있습니다. Wondershare QuizCreator, iSpring QuizMaker, Quiz Builder 등은 간편한 방법으로 퀴즈를 생성할 수 있습니다. Storyline도 기본적으로 퀴즈 생성을 지원하고 있지만 외부 소프트웨어에서 SWF 형식인 플래시를 삽입하는 방식으로 대체할 수도 있습니다.

(2) Articulate Quizmaker에서 작성된 퀴즈 프로젝트 파일을 불러올 경우 [Inport Quizmaker] 버튼을 클릭합니다.

(3) [New project]를 클릭하여 빈슬라이드를 생성합니다.

(4) Wondershare QuizCreator에서 제작한 퀴즈 SWF 파일을 불러오기 위해 [Media] → [Flash]를 클릭합니다. Wondershare QuizCreator는 간편하게 퀴즈를 생성할 수 있고 템플릿을 제공하고 있습니다.

(5) 삽입된 퀴즈는 빈 백지로 보이나 사각형 꼭지점과 변에 핸들이 나타납니다.

(6) 퀴즈의 정상 작동 여부를 확인하기 위해 [Preview]를 클릭합니다.

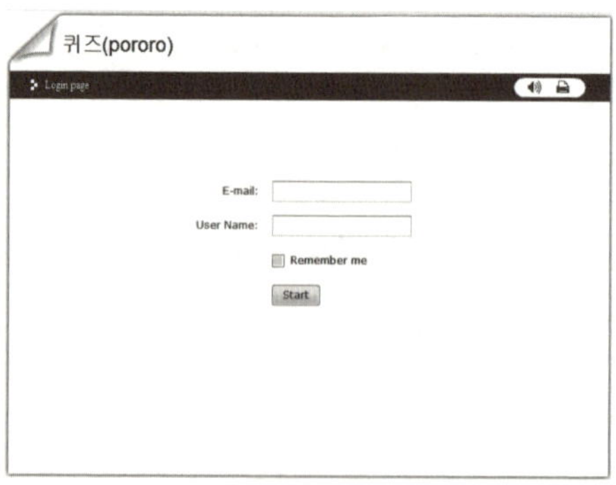

(7) [Publish]를 클릭하여 출판합니다. 최종 출판물은 PC에서는 정상적으로 작동하지만 iPad에서는 작동하지 않습니다.

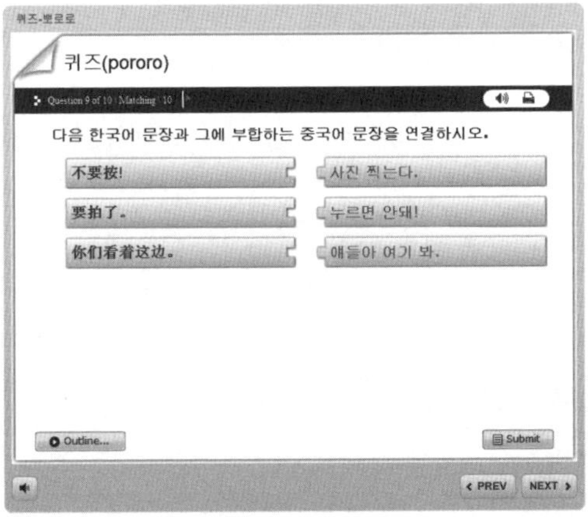

(8) 퀴즈 템플릿을 생성하기 위해 [Slide] → [New Slide]를 클릭합니다.

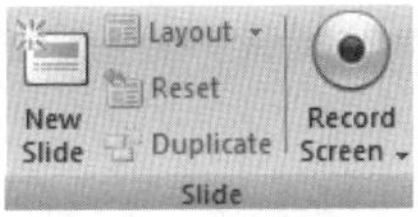

(9) 퀴즈의 유형에는 참거짓 [True/False], 선택형 [Multiple Choice], 다중 선택형 [Multiple Response], 빈칸 채우기 [Fill in the Blank], 문장 채우기 [Word Bank], 상호 연결하기 [Matching Drag and Drop], 순서 맞추기 [Sequence Drop-down], 숫자 선택하기 [Numeric], 영역 선택하기 [Hotspot]이 있습니다. 각 유형별로 퀴즈를 생성합니다.

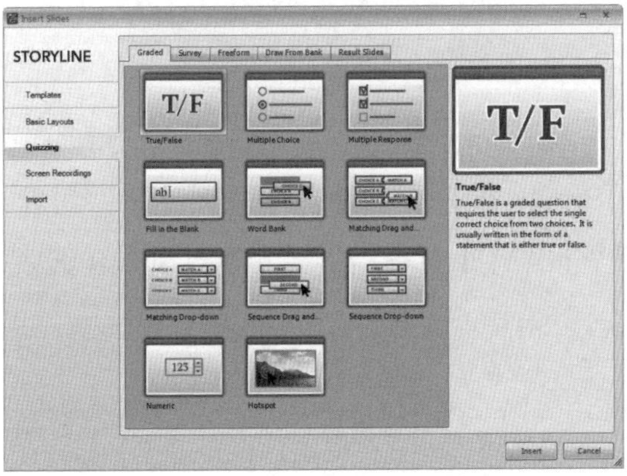

• 참거짓 [True/False]

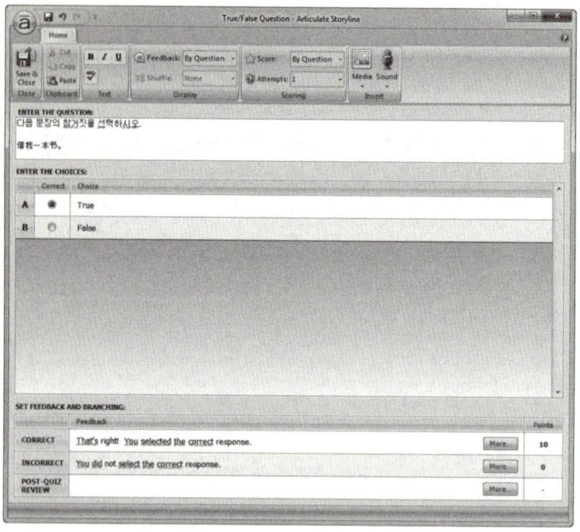

[Insert]에서는 Media나 Sound를 삽입할 수 있습니다. 출제가 완료되면 [Save & Close] 버튼을 클릭합니다.

작성된 퀴즈를 수정하려면 해당 슬라이드를 선택한 후 우측의 [Question] → [Edit True/False]를 클릭합니다.

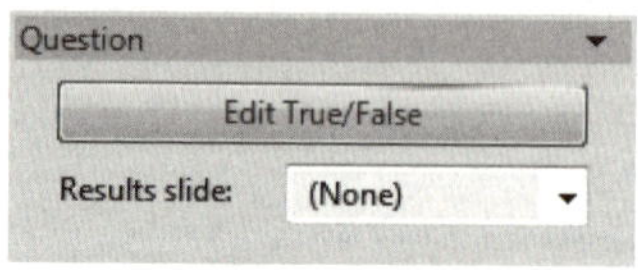

완성된 퀴즈는 [Preview]를 통해 정상 작동 여부를 확인합니다. 만약 다국어 폰트가 깨어질 경우 [굴림]과 같은 가장 일반적인 유형으로 지정합니다.

• 선택형 [Multiple Choice]

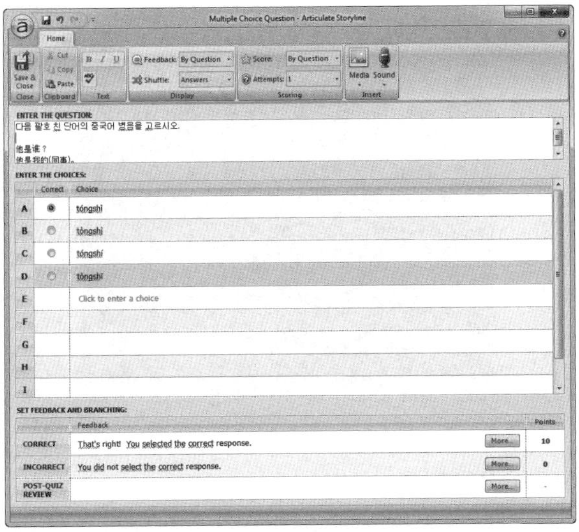

• 빈칸 채우기 [Fill in the Blank]

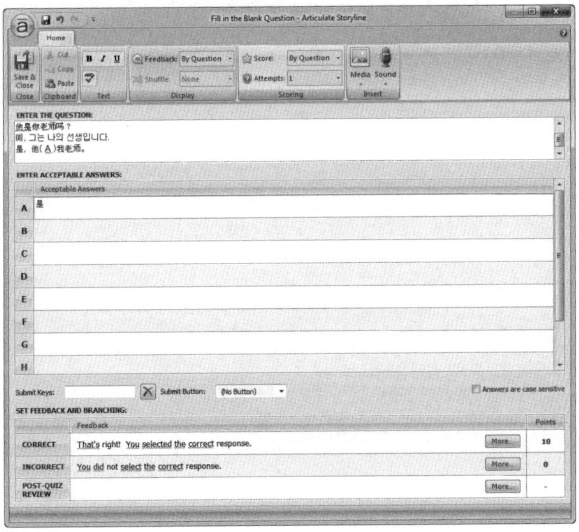

문제의 빈 칸을 [(A)]와 같은 형식으로 만들고 답안 [A]에 정답을 입력합니다. [Preview]에서 [Type your text here]에 답안을 입력합니다.

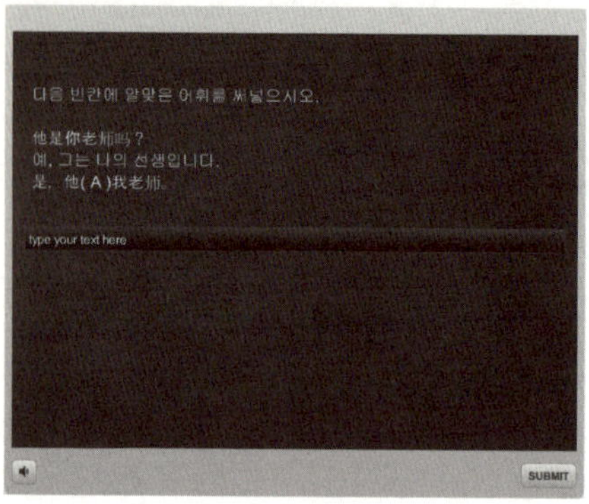

• 문장 채우기 [Word Bank]

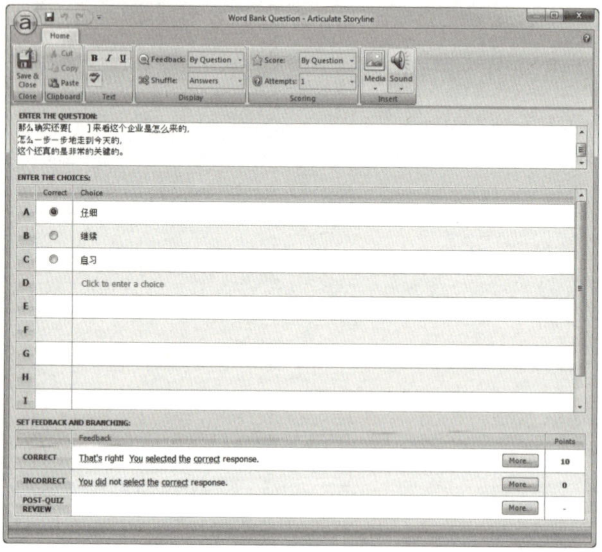

문제의 괄호 안에 들어갈 알맞은 어휘를 답안에서 드래그 하여 넣은 유형입니다. 문제의 답안을 3개정도 작성합니다.

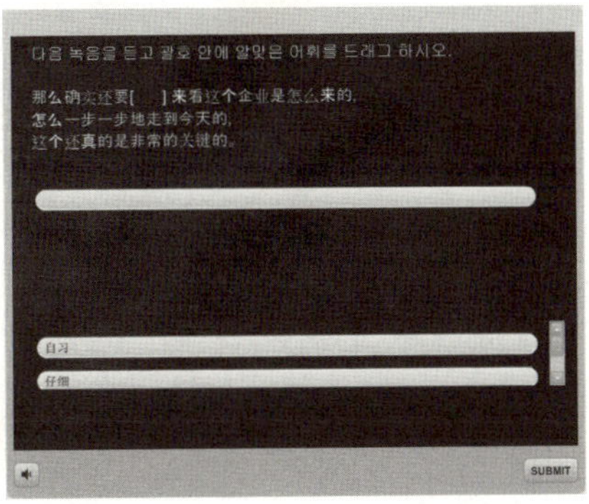

최종 출력물에서 답안을 상단의 빈칸에 드래그 하는 방식으로 풀이합니다.

• 상호 연결하기 [Matching Drag and Drop]

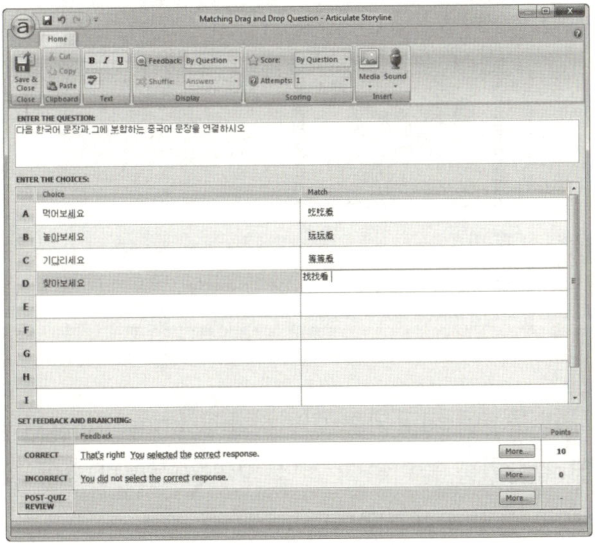

[Choice]와 [Match]에 상호 대응되는 문제를 입력합니다. 문제 출력시 순서는 자동으로 혼합합니다.

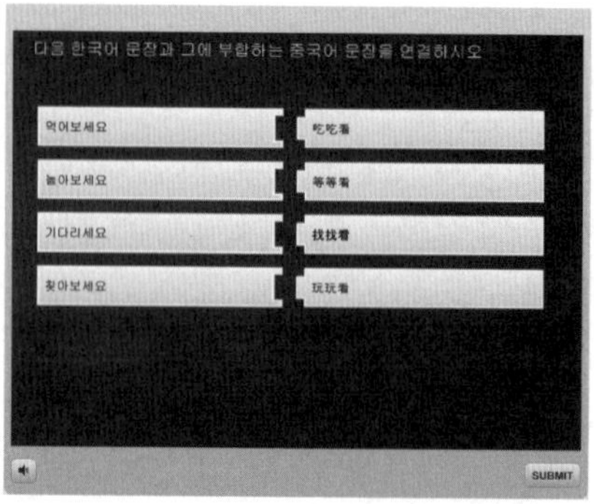

- 영역 선택하기 [Hotspot]

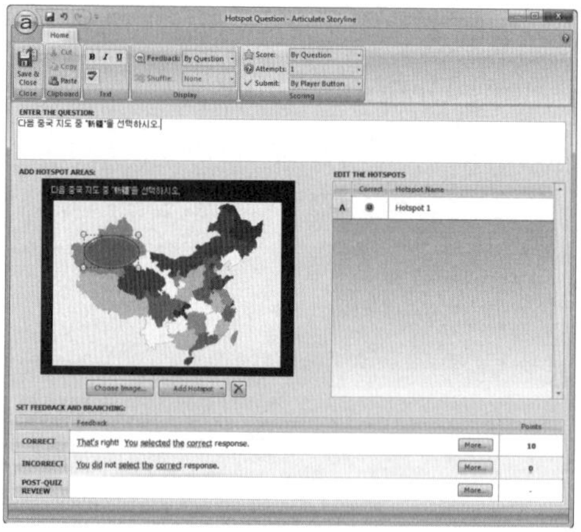

문제를 출제하고 문제에 해당되는 이미지를 [Choose Image]를 클릭하여 선택하고, [Add Hotsopt]를 클릭하여 정답 영역을 설정합니다. 정답 영역은 원, 사각형, 자유형으로 설정이 가능합니다.

출력물에서는 정답 영역을 마우스로 선택하고 [Submit]를 클릭하여 풀이합니다.

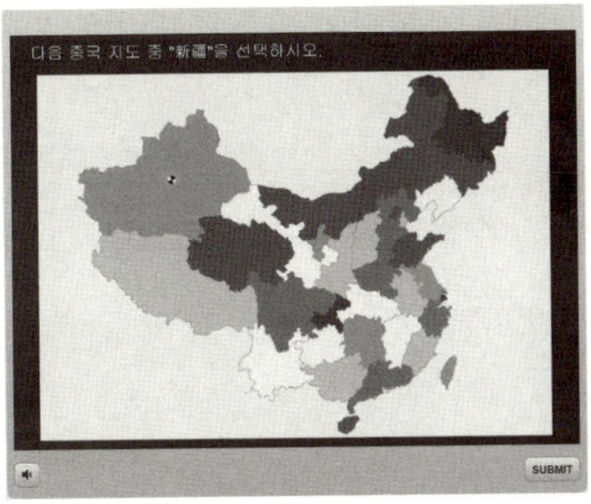

나머지 유형들의 퀴즈들도 유사한 방식으로 출제됩니다.

(10) Storyline 자체 퀴즈 기능으로 생성한 퀴즈는 PC와 iPad에서 정상적으로 작동됩니다.

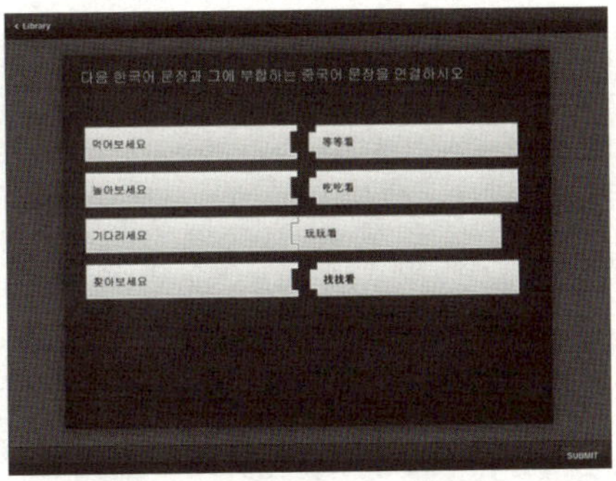

13) Web Objects 생성

(1) Web 오브젝트를 추가하기 위해 빈 슬라이드를 생성한 다음 [Media] → [Web Object]를 클릭합니다.

(2) [Insert Web Objects]창이 나타납니다. [Enter a web address]에 웹주소를 입력합니다. [Test Link] 버튼을 클릭하면 입력한 주소가 정상적으로 작동하

는지 인터넷 익스플로러가 작동되며 테스트합니다.

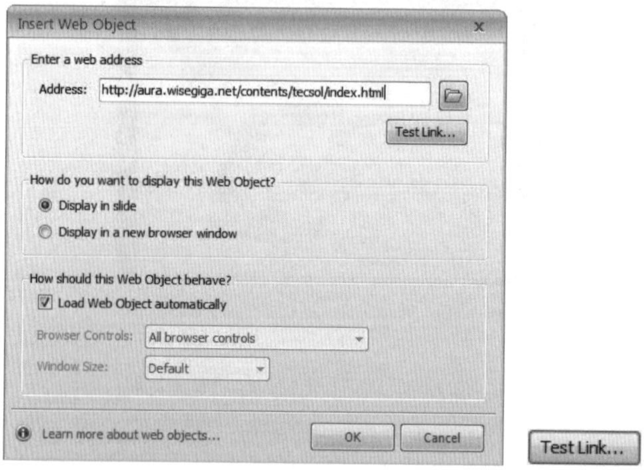

(3) [OK]를 클릭하면 웹오브젝트가 슬라이드에 삽입됩니다.

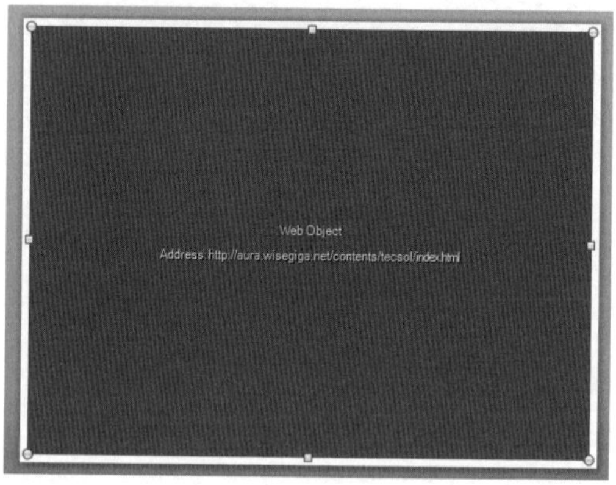

(4) [Preview] 모드에서 정상 작동 여부를 확인합니다. 단 미리보기에서는 웹페이지의 세부 구성 요소를 볼 수 있는 없습니다.

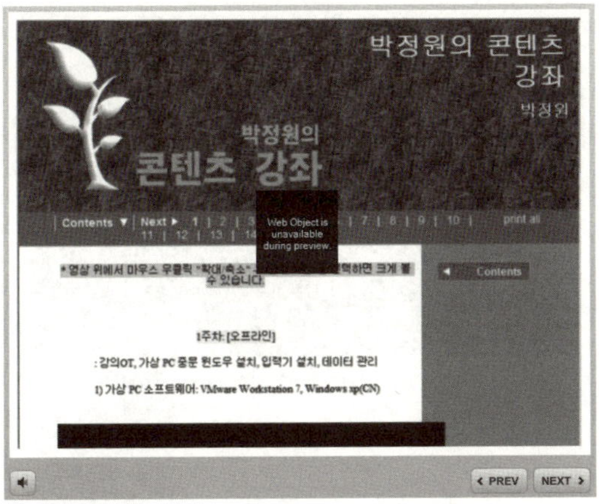

(5) 웹페이지의 크기는 일반적인 콘텐츠보다는 크기 때문에 [Design] → [Story Size]를 클릭하여 사용자 설정을 할 수 있습니다.

(6) [Change Story Size] → [Story Size]에서 기본값인 [729*540(4:3)] 이외에 와이드 화면 [16:9]와 사용자 설정을 할 수 있습니다. [Custom]을 설정한 다음 임의의 폭과 높이 수치를 입력합니다. [Lock aspect ratio]에 체크를 하면 가로와 세로의 비율이 고정됩니다.

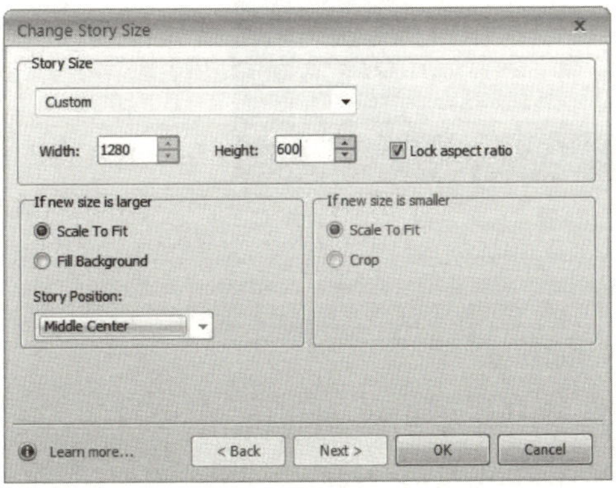

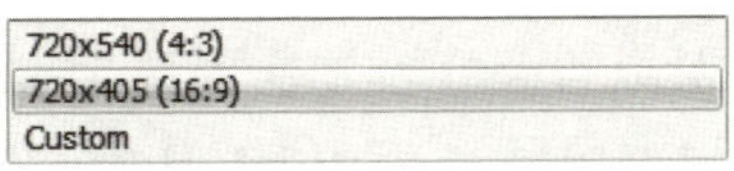

(7) [Publish]를 클릭하여 최종 출판합니다. [Story Size]에서 설정한 크기로 웹페이지가 출판되며, PC에서 정상 작동합니다.

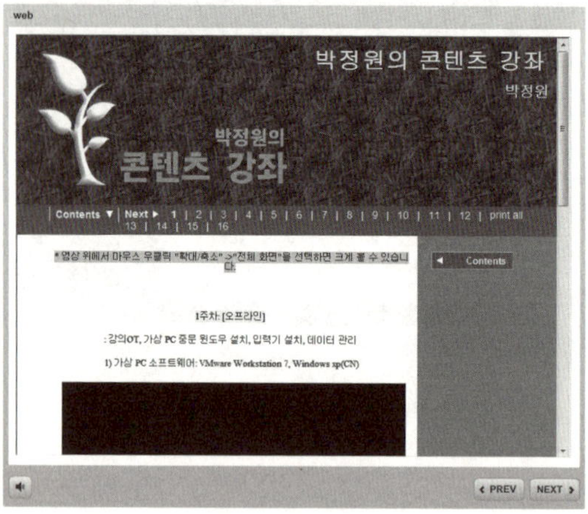

(8) iPad에서도 정상 작동 합니다. 단, 웹페이지에 영상이 포함되어 있을 경우 [MP4] 이외의 영상은 지원하지 않습니다.

14) 상호 작용 시뮬레이션(Interactive Simulation) 생성

(1) 상호 작용이 가능한 시뮬레이션을 생성하기 위해 화면 캡처 방식과 동일하게 특성 소프트웨어를 선택하여 캡처 작업을 합니다.

(2) 여기에서는 음성 합성 소프트웨어인 [TextAloud]에서 한국어 텍스트를 음

성 합성하는 과정을 시뮬레이션하도록 합니다.

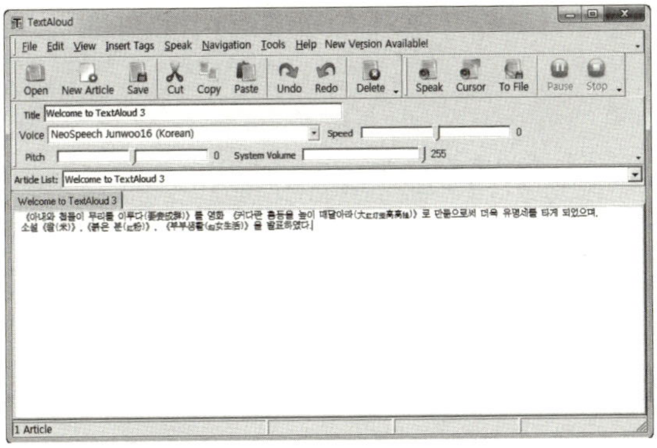

(3) Storyline 시작 화면에서 [Record Screen]을 클릭하여 화면 캡처를 시작합니다. 구체적인 방법은 [화면 캡처] 부분을 참고하시기 바랍니다.

(4) 화면 캡처가 끝나면 저장 과정을 거쳐 [Insert Slides] 창이 나타납니다.

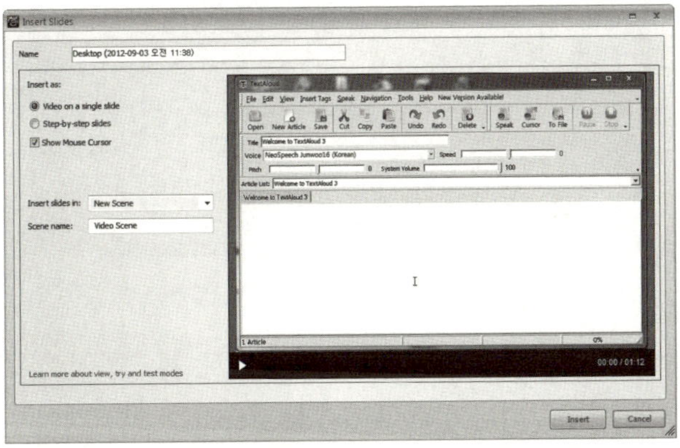

(5) [Insert as]에서 [video on a single slide]에 체크하면 화면 캡처 과정을 단독 슬라이드로 생성하며, [Step-by-step slides]에 체크를 하면 화면 캡처 장면별로 슬라이드를 생성합니다. [Step-by-step slides] 방식을 채택해야 원활한 시뮬레이션을 할 수 있습니다.

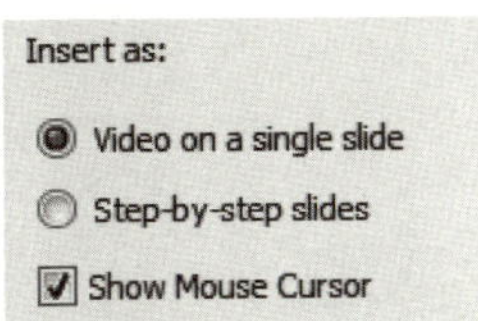

(6) [Insert slides in]에서는 캡처 슬라이드가 삽입되는 방식을 설정하며, [New Scene]는 기존 슬라이드에 삽입되는 것이 아니라 새 슬라이드가 생성된다는 의미입니다.

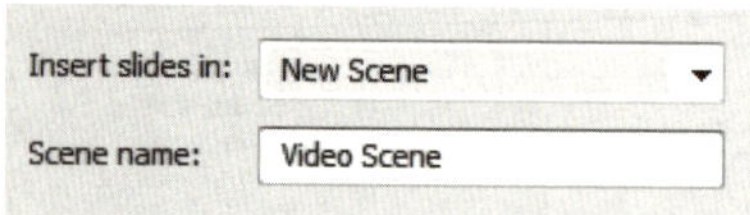

(7) 보다 전문적인 화면 캡처와 시뮬레이션을 제작하기 위해서는 전문 소프트웨어인 Demo Builder 9를 추천합니다. 단, 결과물이 영상으로도 출력이 가능하지만 상호 작용은 주로 SWF에서만 가능하기 때문에 iPad에서 원활하게 사용할 수 없는 한계가 있습니다.

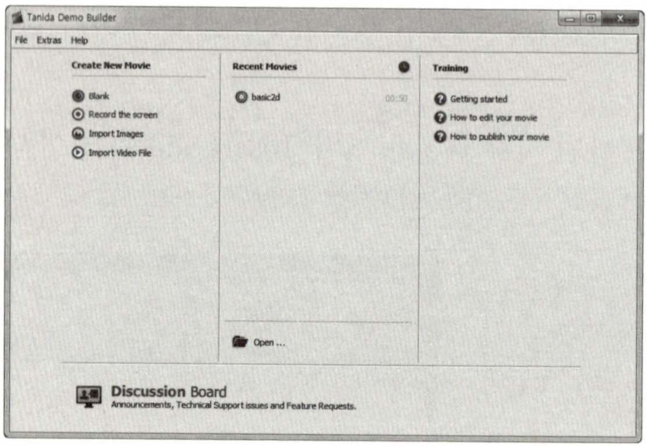

(8) [Insert as]에서 [Step-by-step slides] 방식으로 체크하고 하위 설정을 [Try mode steps]로 설정합니다. [View mode steps]는 일반적인 보기 모드이며, [Test mode steps]는 테스트 방식의 모드입니다.

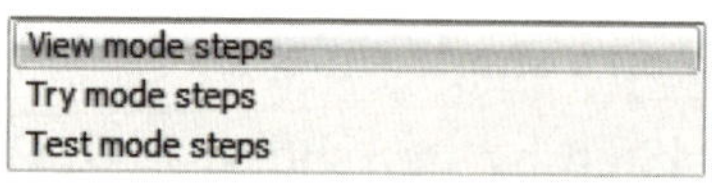

(9) 기본 설정이 완료되면 [Insert]를 클릭합니다. 프로젝트를 초기화하면서 작업이 진행됩니다.

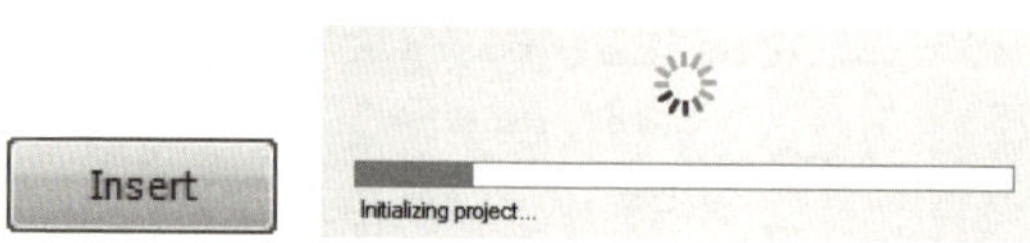

(10) 장면(Scene)별로 슬라이드가 생성됩니다. 슬라이드는 화면 캡처 숫자에 기반하여 생성됩니다.

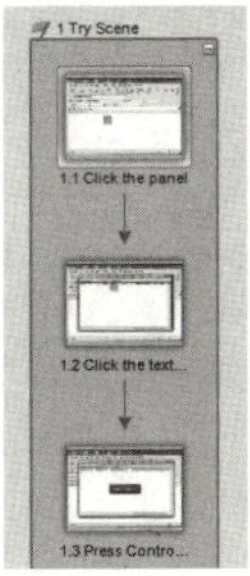

(11) [Player Properties] → [Features] → [Title]에 소프트웨어 제목을 입력하고 슬라이드별로 목차를 생성할 수 있도록 [Menu]에 체크를 합니다.

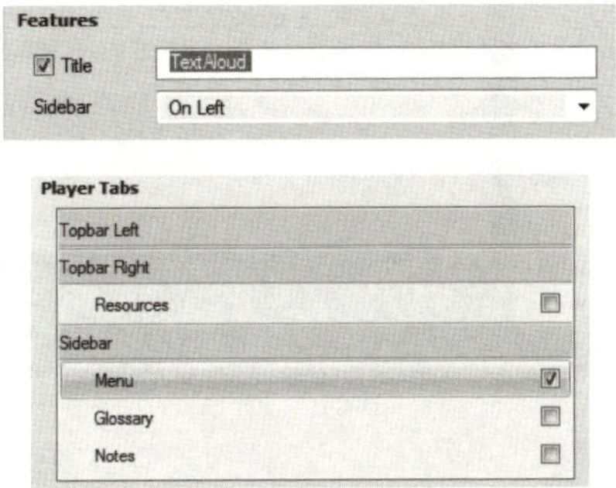

(12) [Step-by-step slides] 모드를 다른 방식으로 설정하고자 할 경우 [Slide] → [Record Screen]를 클릭합니다. 해당 시뮬레이션을 선택하면 [Insert Slides] 창이 나타나며 여기서 수정할 수 있습니다.

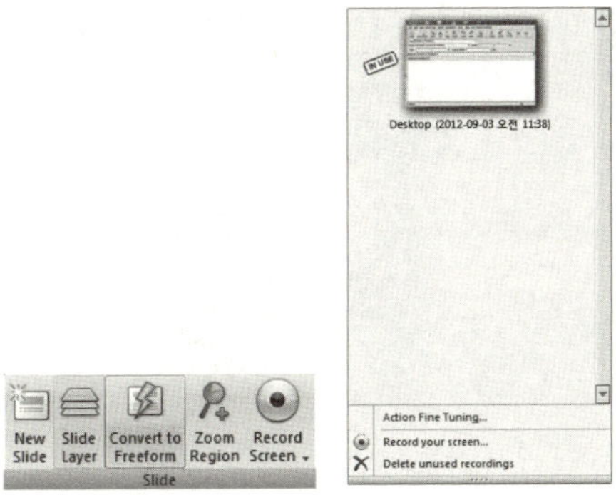

(13) [Step-by-step slides]에서 [Test mode steps]를 선택하고 [Insert] 버튼을 클릭하여 설정된 정보로 슬라이드가 다시 로딩됩니다.

(14) [Publish]를 클릭하여 출판합니다. FTP로 전송하여 iPad에서 정상 작동 여부를 확인합니다.

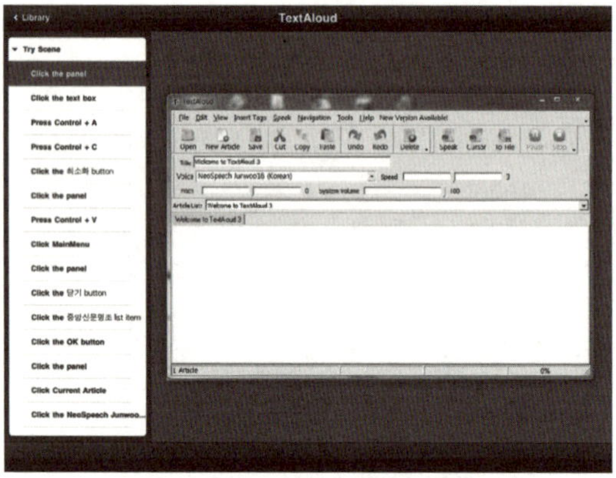

15) 장(Scene)과 슬라이드(Slide) 연결

(1) 장과 슬라이드는 효율적인 Storyline 콘텐츠를 만들기 위해서 이해가 필요합니다. 장과 슬라이드는 종이책의 장과 절의 개념과 유사하다고 할 수 있습니다. [New a Project]를 클릭하여 빈 [장]과 [슬라이드]를 생성합니다.

(2) [1 Untitled Scene]에 마우스 커서를 놓고 우클릭하여 슬라이드와 장을 추가할 수 있습니다.

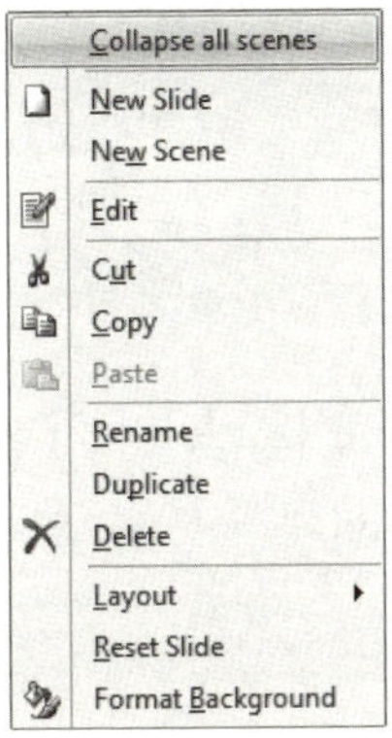

(3) [New Slide]를 클릭하여 슬라이드를 생성합니다. [Inserts Slide] 창에서 템플릿을 [Blank]를 선택합니다.

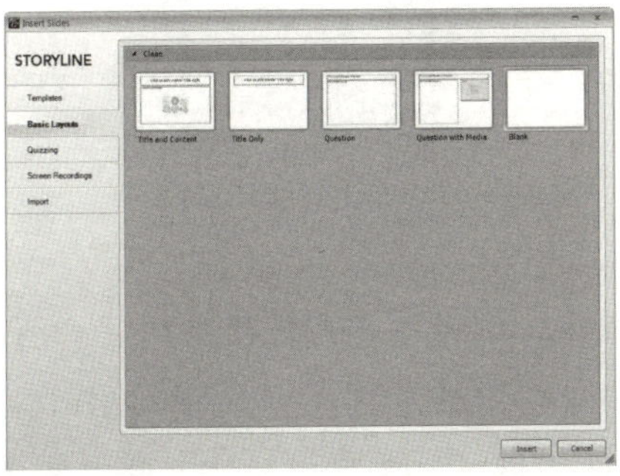

(4) [1.1 Untitled Slide] 하위에 [1.2 Untitled Slide] 슬라이드가 생성됩니다. [New Scene]를 클릭하여 장을 생성합니다. [1 Untitled Scene] 옆에 [1 Untitled Scene]이 생성됩니다.

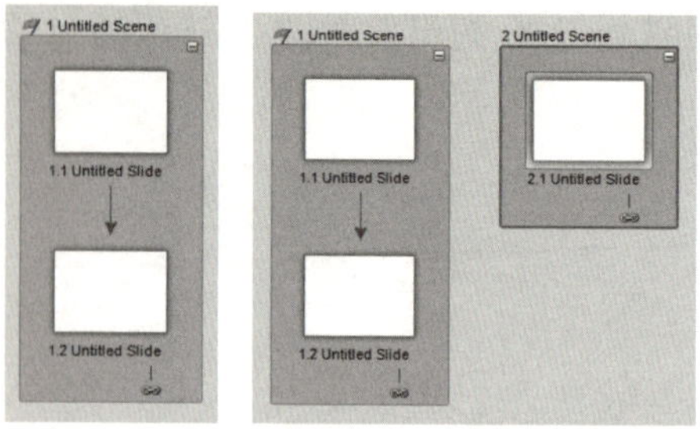

(5) 메인창 메뉴에는 [Storyline]과 [Slide]가 차례대로 나타납니다. 장과 슬라이드의 전체 구조는 [Story View]에서 볼 수 있습니다.

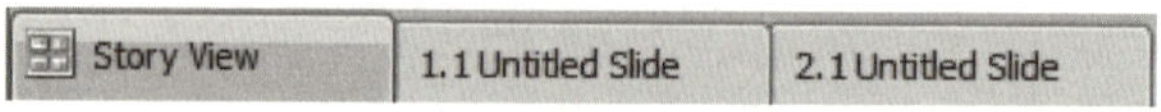

(6) [Scene] 추측 상단에 있는 [+] 아이콘을 클릭하면 슬라이드를 세로로 펼칠 수 있고 [-]를 클릭하면 가로로 접을 수가 있습니다.

(7) 슬라이드를 복사할 때는 해당 슬라이드에서 마우스 우클릭하고 [Duplicate]를 선택합니다. 아래에 동일한 슬라이드가 복사됩니다. 삭제할 때는 해당 슬라이드가 [Delete]를 선택하거나 키보드 [Delete]를 클릭합니다. [Collapse all scene]를 클릭하면 모든 슬라이드가 가로로 접혀서 배열됩니다.

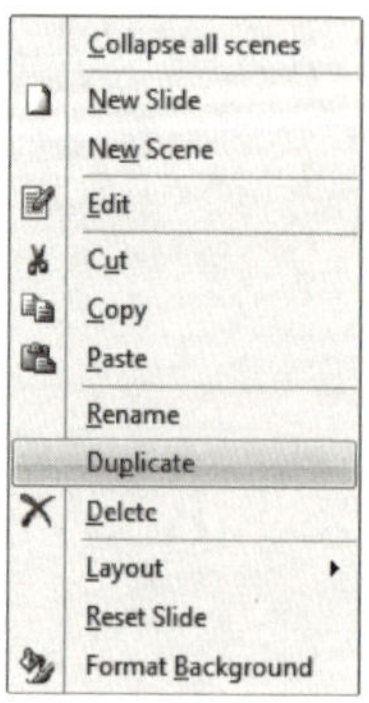

(8) 장과 장에 있는 슬라이드는 선택 드래그해서 위치를 변경할 수 있습니다.

(9) 장(Scene)에서 슬라이드를 펼치고 특정 슬라이드를 선택하면 다른 슬라이드와의 Link 구조가 나타납니다. 청색 Navigation 선위에 마우스 커서를 대면 Link 상황이 박스로 나타납니다.

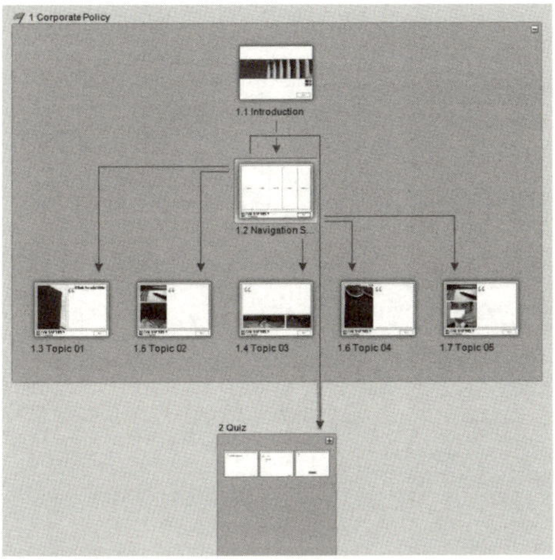

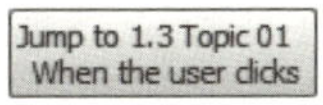

(10) Navigation 선위에 마우스를 놓고 우클릭하여 새 슬라이드, 새 장, 새 Trigger, Trigger 편집, Link 해제 등을 할 수 있습니다.

(11) Navigation 선에서 마우스 우클릭하며 [Link to Slide] 버튼을 클릭하면 [Link to Slide] 설정창이 나타납니다. 장-슬라이드가 나타나며 이미지를 보고 슬라이드를 연결할 수 있습니다.

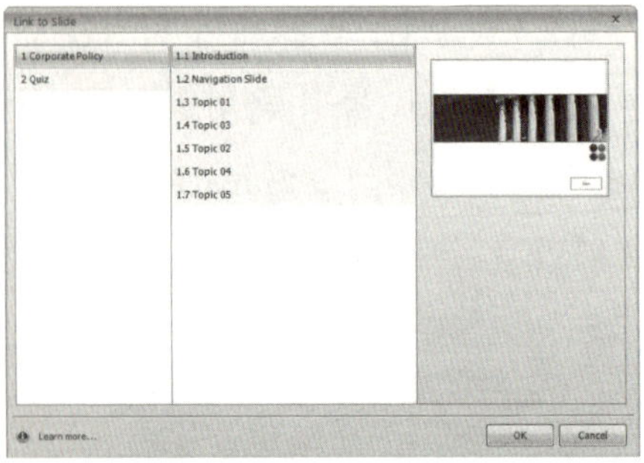

(11) Navigation 선을 클릭하면 [Trigger Wizard] 창이 나타납니다. [Action], [Slide] 등을 재설정할 수 있습니다.

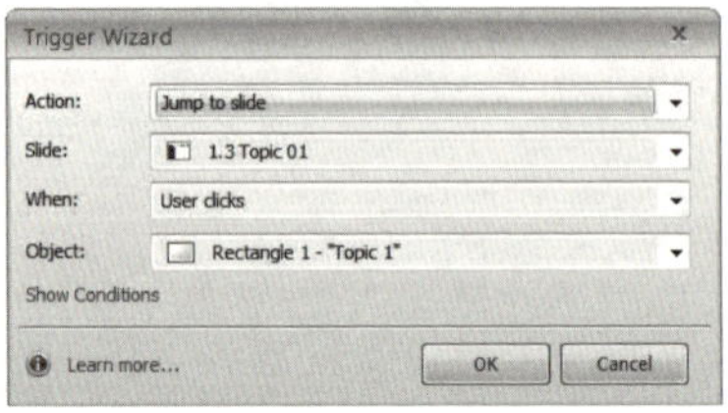

(12) 임의의 슬라이드를 선택하면 우측에 [Trigger], [Slide] 설정상항이 나타납니다. 특정 Trigger를 클릭하여 수정할 수 있습니다. Trigger를 수정하면 Navigation 선이 자동으로 변경됩니다.

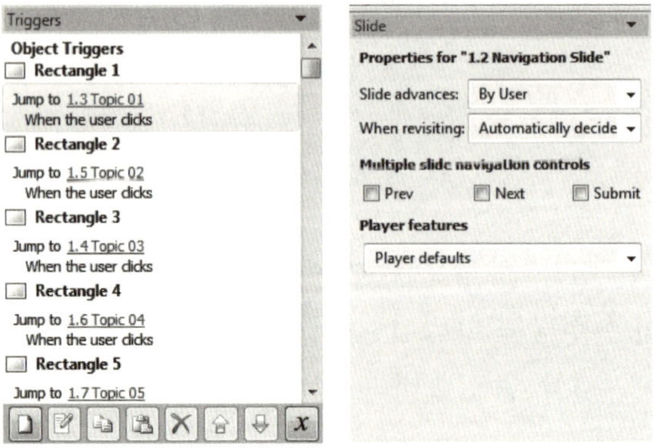

(13) 빈 슬라이드를 생성한 후 우측 [Trigger]의 [next slide]를 클릭하며 임의의 슬라이드를 선택하면 연결됩니다.

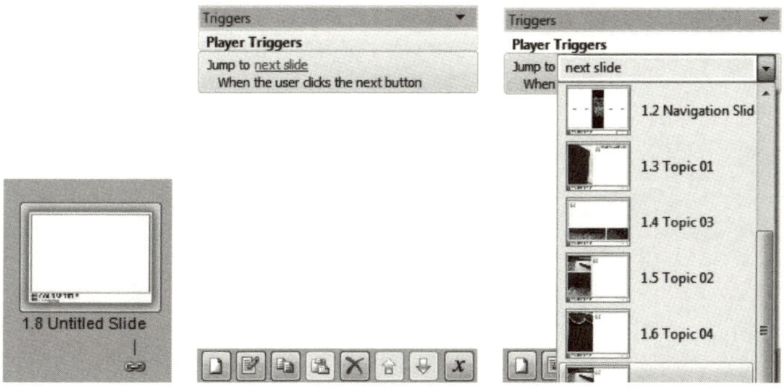

(14) 다른 방법은 해당 슬라이드를 선택한 후 하단의 [Create a new Trigger]를 클릭하고 [Trigger Wizard] → [Slide]에서 슬라이드를 선택해도 됩니다.

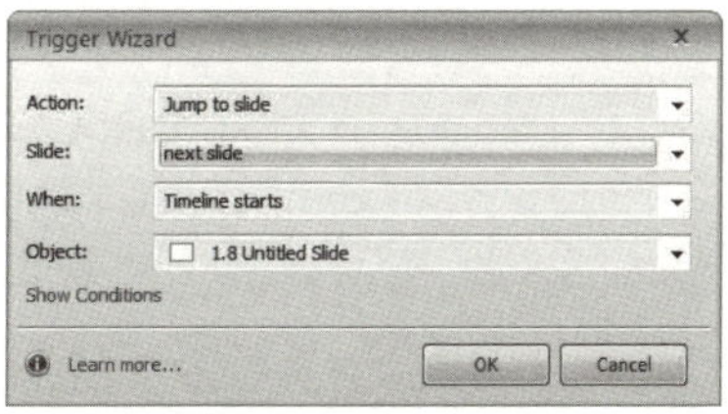

(15) [Story View] 모드의 Navigation 구조는 스토리의 흐름을 한 눈에 볼 수 있기 때문에 전체 구조를 파악하는 데 편리합니다.

16) 출판 설정

(1) 모든 콘텐츠 작성이 완료되었다면 플레이어 설정을 위해 [Publish] → [Player]을 클릭합니다.

(2) [Player Properties]창에서 [Custom] → [Text Labels]를 클릭하여 언어레벨을 설정합니다. 언어라벨은 제시되는 메뉴와 메시지를 설정한 언어로 보이게 합니다.

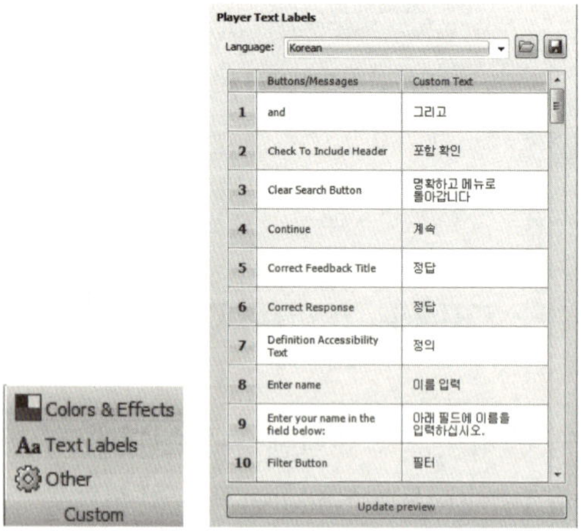

(3) 설정 후 [Update preview]을 클릭하면 설정한 언어로 메뉴들이 나타납니다.

(4) 완성된 콘텐츠를 웹에서 사용하고자 할 경우 [Custom] → [Other]에서 [Browser Settings] → [Browser size]를 [Resize browser to fill screen] 즉 풀사이즈로 설정합니다.

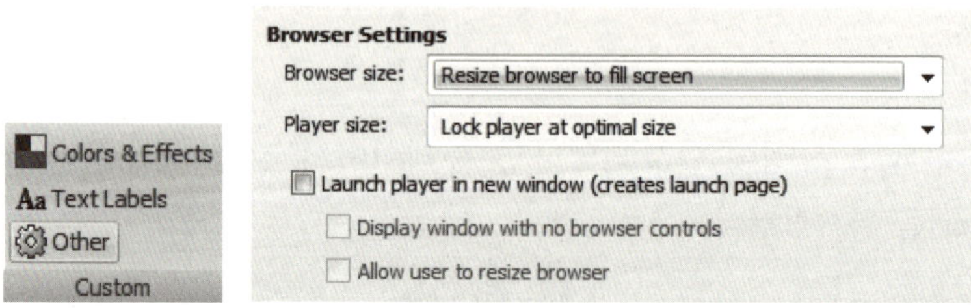

Tip

뉴스 반복 청취 콘텐츠 제작

영상 뉴스에서 사운드를 추출하고 텍스트 스크립터를 문장 단위로 분할하여 사운드를 반복적으로 재생할 경우 외국어 교육에서 듣기 능력을 향상시킬 수 있습니다. 텍스트(다국어), 사운드, 영상을 PC와 iPad에서 지원하기 때문에 효율적으로 활용할 수 있습니다.

1) 새 스토리라인을 열어 전체 영상을 삽입합니다.

2) [Story View]에서 슬라이드의 이름은 더블 클릭하여 수정할 수 있습니다.

3) 뉴스 스크립터와 번역 텍스트를 문장 단위별로 삽입합니다. 텍스트에 해당하는 분할된 사운드 MP3 파일을 삽입합니다. [Shape]를 만들고 "Play" 텍스트를 입력하여 재생 버튼을 만듭니다. 재생 버튼은 계속 복사해서 사용할 수 있습니다. Storyline은 유니코드 기반으로 다국어 텍스트 혼용을 지원합니다.

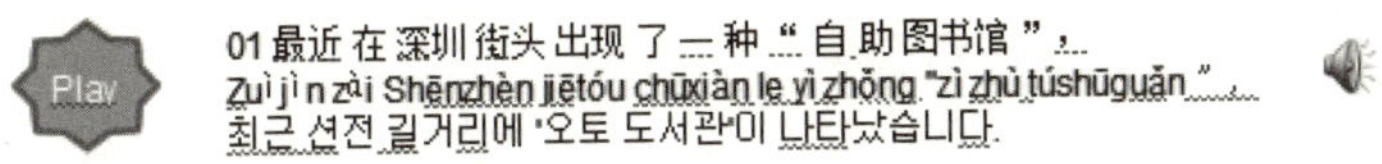

4) 재생 버튼을 클릭하면 사운드가 재생되는 Trigger를 설정합니다. 플레이 버튼 오브젝트를 클릭하여 해당 사운드가 재생되는 설정을 합니다.

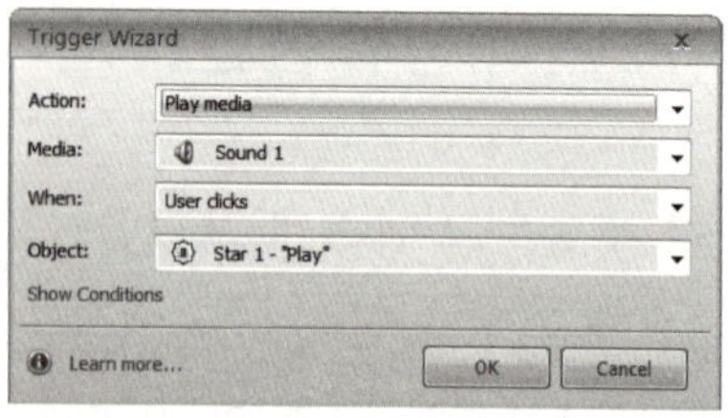

5) 플레이 오브젝트를 복사하여 붙이고 난 후 클릭하면 우측의 [Trigger]에 해당 오브젝트의 Trigger이 자동으로 선택됩니다. 더블 클릭하여 [Media] 만 변경하면 됩니다.

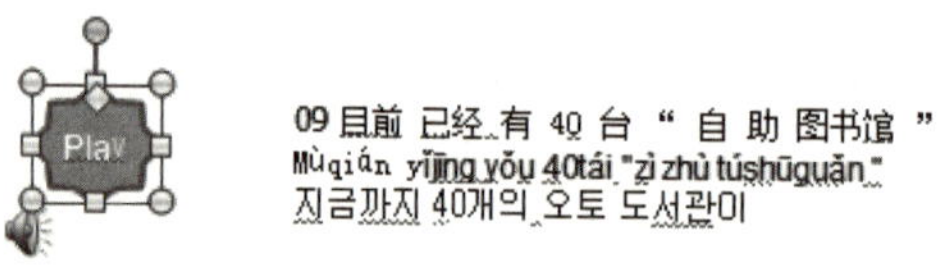

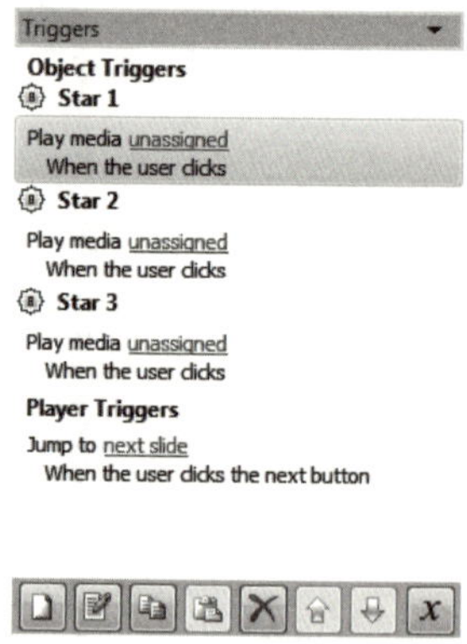

6) [Trigger Wizard] [Media]는 사운드가 삽입되는 순서대로 [Sound 1], [Sound 2]와 같이 표시되며, 해당 사운드를 선택하면 메인 화면에 삽입된 사운드 아이콘이 빨간색 박스로 나타납니다. 사운드를 재생해서 확인하지 않더라도 손쉽게 사운드 플레이어 버튼 오브젝트를 생성할 수 있습니다.

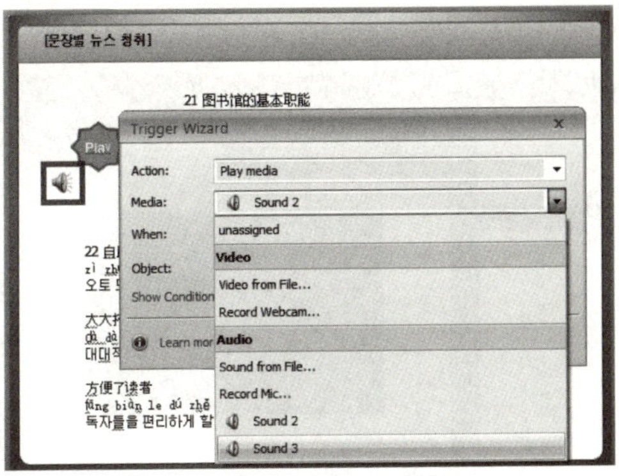

7) 사운드를 [Hootech mp3 to swf converter]와 같은 소트프웨어를 사용하여 SWF로 변환하여 사용할 경우 삽입은 간편하나 iPad에서 장애가 발생합니다. 그러나 PC의 인터넷 익스플로러에서만 사용할 때는 정상적으로 플래시 사운드가 작동합니다.

8) PC에서는 SWF, MP3 사운드 모두 정상적으로 작동합니다. Storyline의 장점은 PC와 스마트 디바이스에서 작동되는 콘텐츠를 동시에 출판할 수 있다는 것입니다.

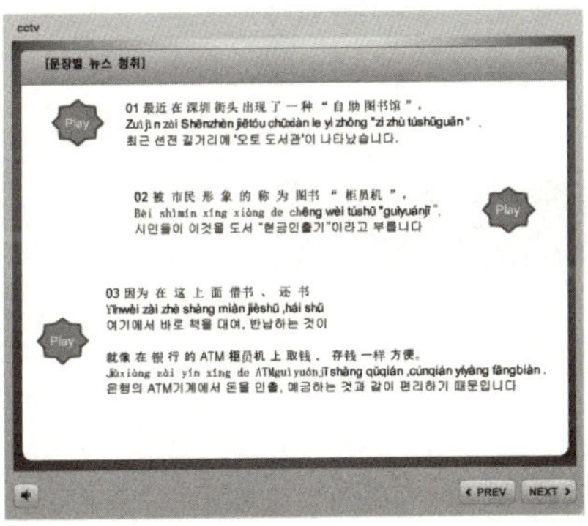

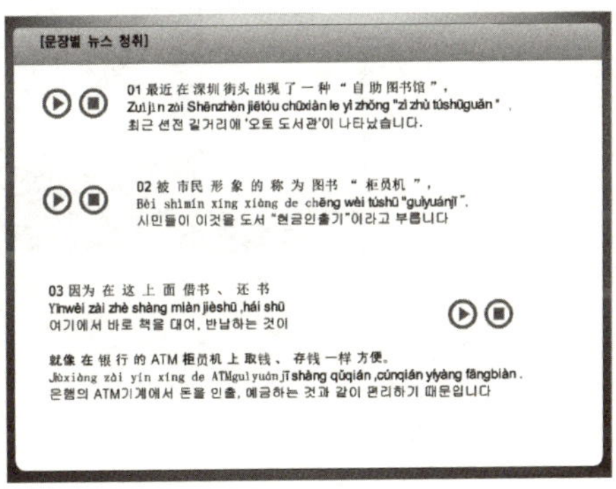

9) iPad에서도 한국어 자막 기반 영상이 정상적으로 작동합니다

10) 사운드도 MP3 기반에서 작업을 했기 때문에 iPad에서도 정상적으로 작동합니다. 또한 한 사운드에 대해 재생, 일시정지, 정지 버튼을 각각 생성할 수도 있습니다.

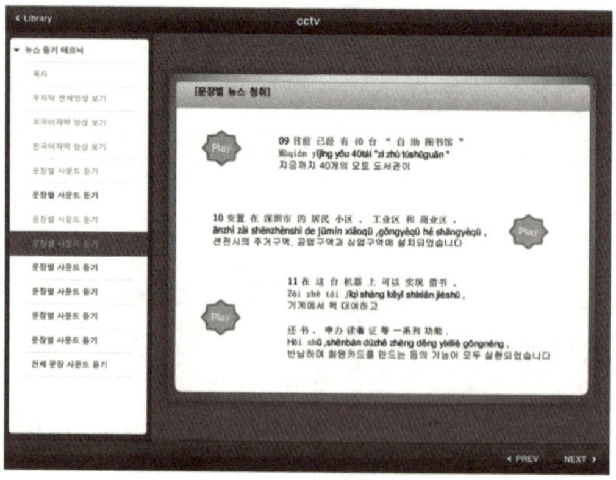

중국어 콘텐츠 큐레이팅

초판 인쇄	2017년 8월 18일
초판 발행	2017년 8월 25일

지은이	박정원
발행인	김인철
총괄 · 기획	가정준 Director, University Knowledge Press
편집장	신선호 Executive Knowledge Contents Creator
도서편집	김민정 Contents Creator
전자책편집	이리나 e-Contents Creator
재무관리	김은혜 Managing Creator
마케팅 파트장	백승이 Chief Marketing Creator
마케팅	박종원 Marketing Creator
발행처	한국외국어대학교 지식출판원 02450 서울특별시 동대문구 이문로 107 전화 02)2173-2493~7 팩스 02)2173-3363 홈페이지 http://press.hufs.ac.kr 전자우편 press@hufs.ac.kr 출판등록 제6-6호(1969. 4. 30)
디자인 · 편집	디자인퍼브 02)2254-4308
인쇄 · 제본	네오프린텍 02)718-3111

ISBN 979-11-5901-219-8 13000 정가 26,000원

*잘못된 책은 교환하여 드립니다.

HUiNE은 한국외국어대학교 지식출판원의 어학도서, 사회과학도서, 지역학 도서 Sub Brand이다. 한국외대의 영문명인 HUFS, 현명한 국제전문가 양성(International +Intelligent)의 의미를 담고 있으며, 휴인(携引)의 뜻인 '이끌다, 끌고 나가다'라는 의미처럼 출판계를 이끄는 리더로서, 혁신의 이미지를 담고 있다.

중국어 콘텐츠 큐레이팅